Zákynthos - die Insel

Reisepraktisches

Zákynthos-Stadt

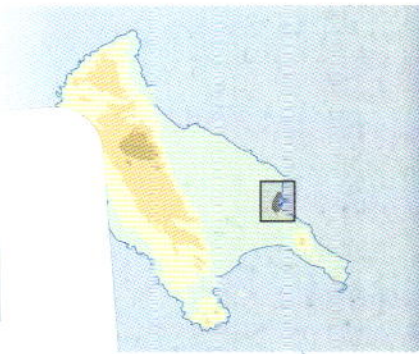

W0183385

Halbinsel Skopós

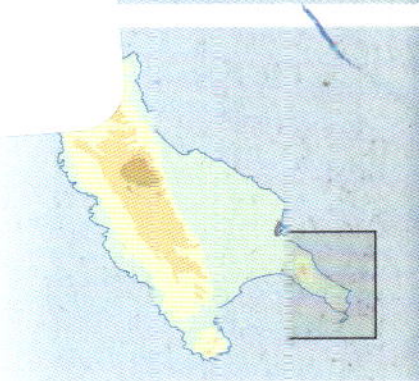

Die Bucht von Laganás

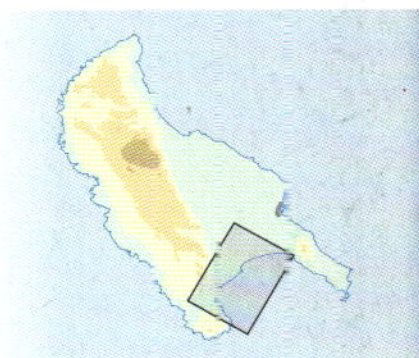

Der Osten:
das Flach- und Hügelland

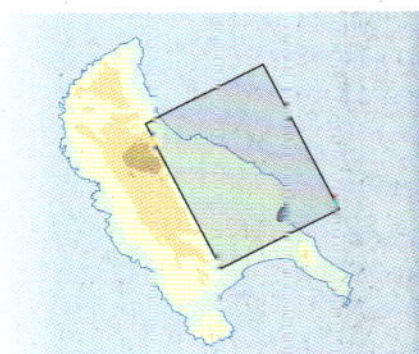

Der Westen und der Norden:
das Bergland

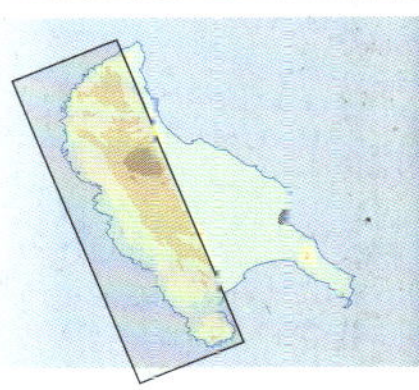

Text und Recherche: Antje und Gunther Schwab
Lektorat: Peter Ritter, Carmen Wurm
Redaktion und Layout: Sebastian Sabors
Fotos: Antje und Gunther Schwab
Karten: Judit Ladik, Hana Gundel, Joachim Bode, Michaela Nitzsche, David Wendler
Covergestaltung: Karl Serwotka
Covermotive: oben: Beliebtes Souvenir – Teppiche mit Schildkrötenmotiven; unten: Shipwreck-Beach
Fotomotive: S. 3: Glockenturm der Panagía-Kirche in Kerí
S. 8/9: Blick vom Aussichtsbalkon über dem Shipwreck-Beach
S. 92/93: Agios Sóstis

Danksagung

Für wertvolle Unterstützung, viele Informationen und herzliche Gastfreundschaft möchten wir uns v. a. bei Níkos Malános Egárchos aus Zákynthos-Stadt bedanken. Eine große Hilfe war uns außerdem Karin Berthold aus Lithakiá. Ein herzliches Dankeschön geht nicht zuletzt an Sía Aidi. Auch bei diesem Reiseführer ist sie uns mit Rat und Tat bei allen Fragen zur griechischen Sprache zur Seite gestanden.

Die in diesem Reisebuch enthaltenen Informationen wurden von den Autoren nach bestem Wissen erstellt und von ihnen und dem Verlag mit größtmöglicher Sorgfalt überprüft. Dennoch sind, wie wir im Sinne des Produkthaftungsrechts betonen müssen, inhaltliche Fehler nicht mit letzter Gewissheit auszuschließen. Daher erfolgen die Angaben ohne jegliche Verpflichtung oder Garantie der Autoren bzw. des Verlags. Beide Parteien übernehmen keinerlei Verantwortung bzw. Haftung für mögliche Unstimmigkeiten. Wir bitten um Verständnis und sind jederzeit für Anregungen und Verbesserungsvorschläge dankbar.

ISBN 978-3-89953-543-3

© Copyright Michael Müller Verlag GmbH, Erlangen 2001, 2004, 2007, 2010.
Alle Rechte vorbehalten. Alle Angaben ohne Gewähr.

Druck: Stürtz GmbH, Würzburg.

Aktuelle Infos zu unseren Titeln, Hintergrundgeschichten zu unseren Reisezielen sowie brandneue Tipps erhalten Sie in unserem regelmäßig erscheinenden Newsletter, den Sie im Internet unter **www.michael-mueller-verlag.de** kostenlos abonnieren können.

4. komplett überarbeitete und aktualisierte Auflage 2010

ZAKYNTHOS

Antje &
Gunther Schwab

INHALT

Zákynthos – die Insel ... 10

Überblick: Wohin auf Zákyrthos? ... 12
Zákynthos auf einen Blick ... 16
Geographie und Geologie ... 16
Klima ... 19
Reisezeit ... 21
Die Pflanzenwelt der Insel ... 22
Die Tierwelt der Insel ... 23
Caretta-caretta-Meeresschildkröten ... 24
Wirtschaft ... 30

Geschichte ... 34

Kultur und Brauchtum ... 44

Literatur und Theater ... 45
Musik ... 47
Malerei ... 48
Traditionen und Bräuche ... 49
Nationale Feiertage ... 51
Lokale Feiern/Patronatsfeste ... 52

Anreise ... 54

Mit dem Flugzeug ... 54
Mit der Bahn oder dem eigenen Fahrzeug ... 56
Fährüberfahrt nach Griechenland ... 57
Innergriechische Verbindungen von und nach Zákynthos ... 58

Unterwegs auf Zákynthos ... 61

Mit dem Auto oder Zweirad ... 61
Mit dem Bus ... 65
Mit dem Taxi ... 67
Bootsausflüge ... 67
Wandern ... 68

Übernachten ... 70

Essen und Trinken ... 72

Wissenswertes von A bis Z ... 82

Zákynthos-Stadt (Chóra) ... 94

Der erste Rundgang: durch die Unterstadt ... 108

Ágios-Dionýsios-Kirche ... 108
Kloster der Strophaden und des heiligen Dionýsios ... 108
Faneroméni-Kirche ... 109
Stráda Marína ... 109
Platía Solomoú ... 111
Platía Agíou Márkou ... 113
Odós 21. Maïoú ... 114
Widerstandsgedenkstätte ... 114
Bischofskirche Ágios Nikólaos ... 114
Kirche Kiría ton Angélon und Herrenhaus der Familie Róma ... 115
Britischer Friedhof ... 115

Der zweite Rundgang: Oberstadt und Kástro ... 116

Kirche Panagía Pikritiótissa ... 116
Kástro ... 116
Kirche Zoodóchos Pigí ... 118
Lófos (Hügel) Stráni ... 118
Kirche Ágios Geórgios Filikón/Jüdischer Friedhof ... 119

Halbinsel Skopós ... 120

Argássi ... 121
Spaziergang auf den Argássi Hill ... 126
Xirokástello ... 128
Kamínia-Beach ... 130
Vourdéri-Beach ... 130
Vassilikós ... 130
Pórto Zóro ... 132
Banána-Beach/Iónion-Beach ... 132
Ágios Nikólaos ... 134
Mavrátzis-Beach ... 137
Pórto Róma ... 137
Kap Gérakas ... 138
Dáfni-Beach ... 142
Sekánia-Beach ... 143

Die Bucht von Laganás ... 144

Kalamáki ... 145
Laganás ... 150
Insel Marathoníssi ... 157
Siedlungen und Strände südlich von Laganás ... 158
Ágios Sóstis ... 158
Pórto Koúkla ... 162
Límni Kerioú ... 163
Marathiá ... 168
Höhlen von Kerí ... 169

Der Osten: das Flach- und Hügelland ... 171

Plános/Tsiliví ... 173
Zwischen Plános und Alikanás ... 180
Ámboula-Beach/Katragáki-Beach ... 181
Pachiá Ámmos Beach ... 181
Drossiá-Beach ... 182
Psaroú-Beach ... 183
Amoúdi-Beach/Ámboula-Beach ... 184
Exchoriátis-Beach ... 185
Alikanás ... 185
Alikés ... 186
Die Wein- und Hügeldörfer ... 191
Vanáto ... 193
Kallipádo ... 193
Tragáki ... 196
Kipséli ... 197
Káto Gerakári ... 198
Méssa Gerakári ... 198
Áno Gerakári ... 199
Die Hangdörfer ... 200
Lithakiá ... 200
Pantokrátoras ... 201
Mouzáki ... 202
Macherádo ... 202
Lagadákia und Umgebung ... 205
Agía Marína ... 206
Skoulikádo ... 208
Pigadákia ... 209
Katastári ... 210
Kloster Ágios Ioánnis Prodrómou ... 211

Der Westen und der Norden: das Bergland ... 212

Kerí ... 214
Agalás ... 219
Kilioméno ... 223
Kloster Iperagáthou ... 225
Loúcha ... 226
Girí ... 229
Ágios Léon ... 231
Kambí ... 232
Éxo Chóra ... 234
Mariés ... 236
Pórto Vrómi ... 237
Anafonítria ... 238
Kloster Ágios Geórgios Krimnón ... 241
Shipwreck-Beach ... 242
Volímes ... 244
Weiler rund um Volímes/Skinári ... 250
Kap Skinári ... 252
Ágios Nikólaos ... 253
Die „Blauen Grotten“ ... 256
Mikró Nissí/Makrís Gialós ... 256
Xíngia ... 258
Orthoniés ... 258

Register ... 262

Verzeichnis der Karten und Wanderungen

Achtung bei den Seitenangaben zu den Wanderungen:
Textbeginn|Karte (wenn differierend)

Zákynthos-Stadt ..... Umschlag vorne
Zákynthos (Übersicht) ..... Umschlag hinten

Alikés 189
Argássi 124/125
Kalamáki 147
Laganás 152/153
Límni Kerioú 165
Plános/Tsilivi 176/177
Strände auf der Halbinsel Skopós 129
Strände südlich von Laganás 161
Strände zwischen Plános/Tsiliví und Alikanás 182/183
Wanderung 1: Von Argássi zur Gipfelkirche Panagía Skopiótissa und weiter nach Kalamáki ..... 126|127
Wanderung 2: Rundtour am Kap Gérakas ..... 140|141
Wanderung 3: Von Kalamáki nach Argássi ..... 149|127
Wanderung 4: Von Límni Kerioú nach Kerí und über Marathiá zurück 169
Radtour/Wanderung 5: Von Plános zu zwei Hügeldörfern und zurück ..... 179|180
Wanderung 6: Rund um Kerí ..... 217|218
Wanderung 7: Rund um den Leuchtturm am Kap Kerí 218
Wanderung 8: Rund um Agalás ..... 222|223
Wanderung 9: Von Kilioméno über das Kloster Iperagáthou nach Loúcha ..... 225|228
Wanderung 10: Von Loúcha auf das Dach der Insel ..... 227|228
Wanderung 11: Von Girí zur Höhle Chagióti ..... 230|228
Wanderung 12: Rund um Éxo Chóra 235
Wanderung 13: Von Volímes zum verlassenen Kloster Ágios Andréas 249

Zeichenerklärung für die Karten und Pläne

- Fernstraße
- Landstraße
- asphaltierte Straße
- Staubstraße, Piste
- Fußweg
- Wanderroute
- 4 GPS-Waypoint
- Olivenbaum
- Kiefer
- Zypresse
- Buschwerk/Garigue
- Weinstock
- Campingplatz
- Badestrand
- Berggipfel
- Aussicht
- Höhle
- Wegweiser/Schild
- Gatter
- Leuchtturm
- Sendemast
- Turm
- Kirche
- Kloster
- allg. Sehenswürdigkeit
- Museum
- Bushaltestelle
- Taxistandplatz
- Flughafen/-platz
- Parkplatz
- Information
- Post/Briefkasten
- Bank/Wechselstube
- Apotheke
- Telefon
- Tankstelle
- Reisebüro
- Autovermietung
- Fahrradverleih
- Supermarkt
- Waschsalon

Zákynthos-Stadt – Kástro 117
Zákynthos-Stadt – Museum für nachbyzantinische Kunst 112
Zonen des Zákynthos National Marine Park 28
Zwischen Iónion-Beach und Ágios Nikólaos 135

Mittels **GPS kartierte Wanderungen** – Waypoint-Dateien zum Downloaden unter: *www.michael-mueller-verlag.de/gps/homepage.html*

Alles im Kasten

Zákynthos auf einen Blick 16
Erdbeben 19
Kräuter, Gewürzpflanzen und Wildgemüse 23
Verhaltensmaßnahmen an den ausgewiesenen Niststränden 29
Über den Ölbaum 31
Die Rache des Odysseus bringt Zákynthos die Freiheit 35
Italienisch-griechisches Sprachgemisch 45
Dionýsios Solomós – Nationalpoet und Volksdichter 46
Zakynthische Küche 73
Ladotíri 79
Der heilige Dionýsios, der Schutzpatron von Zákynthos 95
Die Erdbebenkatastrophe von 1953 .. 98
24. August: Ein Fest der Sinne für den Inselheiligen 110
Neues Gotteshaus in altem Gemäuer 128
Laganás außerhalb der Saison 154
Die Pechtümpel des Herodot 164
Gedenke des Feiertags, dass du ihn heiligst 182
Korinthen 192
Oliven und Olivenöl 195
Legenden um die heilige Mávra ... 203
Jagdfieber auf Zákynthos 209
Vergákia-Hütten: geniale Architektur auf den Feldern 211
Verheerende Brände im Sommer 2009 213
Kerí, die Panagía und die Piraten 216
Zisternen 220
Wie der Riese Andronio überlistet wurde 222
Höhle ist nicht gleich Höhle 231
Wer war der Mörder? 241
Geheimnisvolles Schmugglerwrack 243
Alles Handarbeit? 245
Käse in Ziegenhaut 247
Andreaskloster: Erinnerung an längst vergangene Tage 250
Die Strophaden 260

Was haben Sie entdeckt?

Trotz gründlicher Recherche kann es passieren, dass uns etwas entgeht. Für Empfehlungen, Kritik und Verbesserungsvorschläge sind wir dankbar. Schreiben Sie an:

Antje & Gunther Schwab
Stichwort „Zakynthos“
c/o Michael Müller Verlag
Gerberei 19
91054 Erlangen
antje.schwab@michael-mueller-verlag.de

Zákynthos – die Insel

Überblick: auf Zákynthos 12
Geographie und Geologie 16
Klima 19
Reisezeit 21
Die Pflanzenwelt der Insel 22
Die Tierwelt der Insel 23
Wirtschaft 30
Geschichte 34
Kultur und Geschichte 44
Anreise 54
Unterwegs auf Zàkynthos 61
Übernachten 70
Essen und Trinken 72
Wissenswertes von A bis Z 82

Blick auf Zákynthos-Stadt

Zákynthos – die Insel

Die südlichste der Ionischen Inseln wurde schon in der Vergangenheit immer wieder von Reisenden und Dichtern wegen ihrer üppigen Vegetation und landschaftlichen Schönheit gerühmt. Als „Fior di Levante" (Blume des Ostens) priesen sie enthusiastisch die weit herumgekommenen Venezianer, die Zákynthos – damals offiziell Zante genannt – jahrhundertelang beherrschten. Heute hat sich das Eiland im internationalen Tourismus vor allem als Badeparadies einen Namen gemacht. Was das Besucheraufkommen angeht, nimmt es unter den Ionischen Inseln nach Korfu den zweiten Platz ein. Zu bieten hat Zákynthos jedoch weitaus mehr als nur traumhafte Strände, Sonne und blaues Meer.

Viele Gegensätze machen den Reiz der unmittelbar dem Peloponnes vorgelagerten Insel aus. Dicht bevölkert ist das **fruchtbare Flach- und Hügelland** im Osten und Südosten. In diesem Garten Eden, der das ganze Jahr über blüht und grünt, findet man einerseits **idyllische Bauerndörfer**, umgeben von Olivenhainen, Obstbäumen und Weinbergen, andererseits **quirliges Stadtleben** in der viel Charme ausstrahlenden Chóra, häufig auch als Zákynthos-Stadt bezeichnet. Zudem entstanden seit den 80er Jahren des 20. Jh. an den flach abfallenden, **feinen Sandstränden** der Ostküste, der Halbinsel Skopós und der Laganás-Bucht – sie gehören zweifelsohne zu den schönsten des Ionischen Archipels – die Hochburgen des Tourismus. Kalamáki, Laganás, Argássi, Plános/Tsiliví, Alikés und einige andere Siedlungen sind seit dieser Zeit fester Bestandteil der Kataloge internationaler Reiseagenturen und im Hochsommer entsprechend voll. Aber zum Glück gibt es so viele Buchten und Strandsiedlungen, dass man dem ganz großen Trubel ausweichen kann.

Kontrastprogramm pur bietet das karge und herbe, nur **dünn besiedelte Bergland** im Westen und Norden von Zákynthos. Der 756 m hohe Gipfel des Vrachíonas bildet die höchste Erhebung dieses Kalkmassivs. Jäh stürzen die weißen Steilhänge bis zu 200 m senkrecht ins glasklare Meer; die des spektakulären Shipwreck-Beach – das Fotomotiv der Insel schlechthin – sind sicherlich die bekanntesten. Imposante Bögen und andere fast kunstvolle Steingebilde sowie märchenhafte Grotten und Höhlen hat die Brandung in die Felsen hineingefressen – mit kleinen Booten kann man sie erkunden und die z. T. phantastischen Farbspiegelungen des Lichts bewundern. Und wer zudem noch begeisterter Sport- oder Hobbytaucher ist, findet hier ein wahres Paradies vor. Aber auch Wanderer kommen im Bergland nicht zu kurz: Um die sehr ursprünglichen Bergdörfer Kerí, Éxo Chóra oder Volímes kann man seine Stiefel schnüren und zu herrlichen Touren aufbrechen.

Felsen und Strände prägen die Insel

Ökologisch Interessierten ist Zákynthos auch als **Schildkröteninsel** bekannt, dienen doch einige der feinsandigen Strände im Südosten der Unechten Karettschildkröte als Brutstätte. Jeden Sommer halten sich hier im Meer Hunderte dieser Reptilien auf. Die weiblichen Tiere kriechen in den Nächten an Land und vergraben ihr Gelege im Sand. Dass durch die rasche Entwicklung des Tourismus ernste Gefahren für den Fortbestand der Art entstanden sind, liegt auf der Hand. Zu hoffen bleibt, dass nach der Einrichtung eines Meeresnationalparks vor wenigen Jahren die Verordnungen zum Schutz der Tiere in Zukunft konsequent umgesetzt werden. Bisher ist das leider nur halbherzig geschehen. Ausführliche Hinweise zu diesem Thema finden Sie im Kapitel „Die Tierwelt der Insel“ ab Seite 23.

Geprägt wurde bzw. ist die Insel auch heute noch durch die langjährige **Herrschaft der Venezianer:** die frei stehenden Glockentürme der Kirchen, ein paar an venezianische Paläste erinnernde Prachtbauten und Herrenhäuser, die nach der Zerstörung durch das fürchterliche Erdbeben von 1953 z. T. originalgetreu wieder aufgebaut wurden, die oft von hohen Zypressen durchsetzte, zumindest im Osten geradezu lieblich wirkende Landschaft und nicht zuletzt die Empfänglichkeit ihrer Bewohner für die schönen Künste – all dies verleiht der Insel einen gewissen norditalienischen Charakter. Und wenn man dann noch am Abend die mehrstimmigen, von Gitarre und Mandoline begleiteten Kantaten hört, fühlt man sich tatsächlich ein bisschen nach Venedig versetzt.

To Zante

Fair isle, that from the fairest of all flowers
Thy gentlest of all gentle names dost take!
How many memories of what radiant hours
At sight of thee and thine at one awake!
How many scenes of what departed bliss!
How many thoughts of what entombed hopes!
How many visions of a maiden that is
No more no more upen thy verdant slopes
No more! Alas, that magical sad sound
Transforming all! Thy charms shall please no more
Thy memory no more! Accursed ground
Henceforth I hold thy flower enamelled shore,
O hyacinthine isle! O purple Zante!
Isola d'Oro! Fior di Levante!

An Zante

O schönes Eiland, das den holden Namen
Der Blumen allerlieblichster entlehnt.
Du weckst in meiner Seele wundersamen
Erinnerungszauber, den ich tot gewähnt.
Wie viele Stätten namenloser Wonnen,
Wie viele Schatten von verwehten Träumen,
Verlor'nen Hoffnungen, wieviel Visionen
Von ihr, von ihr, die unter diesen Bäumen
Nie mehr verweilt! Nie mehr! Weh, dieses Wort
Magischen, dunklen Lauts verwandelt dich,
Hin ist dein Zauber – ein verfluchter Ort
Ist dein Gestade fürderhin für mich,
O Hyazintheninsel, goldne Zante,
Isola d'oro, fior di Levante!

Edgar Allan Poe (Übersetzung aus E. A. Poe, Gesammelte Schriften, Bd. 1, Melzer Verlag 1980)

Überblick: Wohin auf Zákynthos?

Bei der Durchsicht der Kataloge der Reiseveranstalter im heimischen Mitteleuropa fällt die Auswahl des idealen Urlaubsortes oft gar nicht so leicht – auf den Bildern sehen alle Siedlungen nahezu gleich aus, keine scheint ein eigenes Profil zu besitzen. Wo soll man also seine Ferien verbringen? Für Individualreisende kann es schon allein wegen der so unterschiedlichen Landschaftsräume auf der Insel reizvoll sein, bei einem längeren Aufenthalt einmal oder sogar mehrfach den Standort zu wechseln. Die folgende Kurzübersicht soll Ihnen einige Anregungen zur Auswahl der für Sie richtigen Gegend auf Zákynthos geben und gleichzeitig ein erstes Bild der Insel vermitteln. Die Reihenfolge der einzelnen Regionen entspricht dabei dem Aufbau dieses Reiseführers.

Zákynthos-Stadt (Chóra)

Der lebhafte Hauptort der Insel ist vor allem für diejenigen interessant, die gerne am Alltag der Einheimischen teilhaben möchten, denn die Stadt führt ein ausgeprägtes Eigenleben. Ein gutes kulturelles Angebot, schöne Tavernen und ein typisch griechisches Nachtleben machen für manche vielleicht den Mangel an Stränden wett. Die Verkehrsanbindungen sind zudem natürlich die besten der Insel, sodass Unternehmungslustige Möglichkeiten zu zahlreichen Exkursionen finden.

Übernachtungsmöglichkeiten Fast alle Unterkünfte müssen recht teuer bezahlt werden und sind zudem nicht pauschal buchbar.

Halbinsel Skopós

Die landschaftlich sehr reizvolle Halbinsel im Südosten von Zákynthos bietet traumhafte und zumindest z. T. noch ruhigere Sandstrände. Für Wanderer ist die Gegend nur sehr bedingt geeignet, das kleinräumige Terrain ist nämlich recht steil.

• *Wichtige Ferienorte* Gleich am Anfang der Halbinsel liegt mit **Argássi** eines der großen Touristenzentren der Insel, obgleich der Strand sicher der bescheidenste auf Skopós ist. Das Angebot an Unterhaltungsmöglichkeiten ist groß. Außerdem bestehen gute Busverbindungen in die nahe Chóra.

Darüber hinaus gibt es eine Reihe von **Strandsiedlungen**. Je nachdem, welche man wählt, verbringt man den Urlaub mehr oder weniger ruhig oder im Trubel. Zu den ruhigeren Siedlungen gehören z. B. Pórto Iónio und Pórto Róma, mehr los ist in Ágios Nikólaos. Alle Badeplätze sind aber absolut kinderfreundlich und gut erschlossen. Die Anmietung eines Fahrzeugs ist empfehlenswert, wenn man mehr von der Insel sehen möchte.

Weit ragt die Halbinsel Skopós ins Meer hinaus

Die Bucht von Laganás

Diese Bucht ist das mit Abstand beliebteste Touristengebiet der Insel, was vor allem an den feinen, flach abfallenden Sandstränden in ihrem östlichen Teil liegt. Je weiter man nach Westen kommt, desto kiesiger und schmaler wird der Beach und desto ruhiger werden die Ferienorte. Die gesamte Laganás-Bucht ist in Schutzzonen für die Meeresschildkröten eingeteilt, daher sind die Wassersportmöglichkeiten stark eingeschränkt. Entsprechend dem Touristenaufkommen bestehen in der Saison von Laganás und Kalamáki aus hervorragende, von den weiter westlich liegenden kleineren Orten weniger häufige Busverbindungen mit Zákynthos-Stadt.

• *Wichtige Ferienorte* **Laganás** ist das Mekka der mitteleuropäischen und britischen Pauschalurlauber. Abends ist der Bär los, tagsüber liegt man am Strand Handtuch an Handtuch. Richtig für alle, die Trubel suchen. Die Atmosphäre ist allerdings nicht mehr griechisch.

Eines der schönsten Dörfer der Insel ist Volímes

Kalamáki, der benachbarte Ort mit weißem Sandstrand (Schildkrötengebiet), ist weniger quirlig. Allerdings wurde auch hier in den letzten Jahren viel gebaut. Je nach Wahl der Unterkunft kann man Trubel oder mehr Ruhe haben.

Ágios Sóstis und Pórto Koúkla sind kleinere Siedlungen westlich von Laganás. Die Atmosphäre ist angenehm, und die feinsandigen Strände bieten eine gute touristische Infrastruktur.

Límni Kerioú, ein ehemaliger Fischerhafen, ist das Ziel vieler Individualtouristen, die z. T. auch wegen der Tauchmöglichkeiten kommen. Statt großer Massenhotels findet man hier kleinere Pensionen und Apartmentanlagen. Zum Baden geht man an den sandigen bis kiesigen Beach des Ortes oder an den 2 km entfernten Kiesstrand von Marathiá.

Das Flach- und Hügelland

Diese abwechslungsreiche Gegend bietet zahlreiche Ausflugsmöglichkeiten, wozu jedoch ein fahrbarer Untersatz notwendig ist. An der Küste reihen sich hinter den meist kinderfreundlichen Stränden die Feriensiedlungen aneinander. Da hier keine Einschränkungen durch den Naturschutz bestehen, findet man in den größeren Buchten beste Wassersportmöglichkeiten vor.

• *Wichtige Ferienorte* **Plános/Tsiliví** ist eine quirlige Siedlung mit traumhaftem Strand. Noch nicht ganz so voll wie Laganás, aber sehr griechisch geht es im Sommer auch nicht mehr zu. Der Ort bietet viele Unterhaltungsmöglichkeiten, zudem lädt das Hinterland zu schönen Entdeckungstouren ein.

Dieser Strand wird von Schildkröten und Menschen genutzt

Bestechend ist die Lage von **Alikés** an einer riesigen Bucht, und auch atmosphärisch hat der Ferienort mit dem kinderfreundlichen Strand sehr viel mehr zu bieten als das benachbarte **Alikanás**, das nahezu ausschließlich in der Hand britischer Reiseveranstalter ist.

Zwischen Plános/Tsiliví und Alikés gibt es zahlreiche kleinere und in den letzten Jahren auch schon größer gewordene **Strandsiedlungen**. Die Badeplätze sind von unterschiedlicher Qualität, an einigen kann man oft noch viel Ruhe genießen.

Das Bergland im Westen und Norden

Landschaftlich sicher der Höhepunkt der Insel: spektakuläre Steilküste, tief eingeschnittene fjordartige Buchten, malerische Höhlen, idyllische Gebirgsdörfer, z. T. noch dichte Wälder. Wanderer kommen im Bergland auf ihre Kosten. Wer gerne badet, sollte einen der Küstenorte im Norden als Standort wählen. Die Strände sind zwar meist kiesig, dafür jedoch sauber und ziemlich ruhig.

• *Wichtige Ferienorte* Die Bergdörfer **Kerí** und **Volímes** haben besonders viel Atmosphäre und bieten in ihrer Umgebung schöne Wandermöglichkeiten. In **Ágios Léon** lockt vor allem der nahe gelegene Felsstrand Pórto Limiónas.

Ágios Nikólaos ist optisch nicht gerade das, was man sich unter einem idyllischen Fischerhafen vorstellt. In der HS ist der Ort zudem stark vom Ausflugstourismus zu den nahen „Blauen Grotten" betroffen. Doch wenn die Busse wieder abgefahren sind, wird's ruhiger. Im Angebot sind Unterkunftsmöglichkeiten aller Preiskategorien, und abends kann man es sich in einer der Fischtavernen gut gehen lassen. Außerdem bieten sich viele Ausflugsmöglichkeiten mit dem Mietfahrzeug oder dem Boot. Auto oder Bike benötigen Sie in der abgeschiedenen Lage unbedingt.

Mikró Nissí/Makrís Gialós gewinnt bei Einzelreisenden immer mehr an Beliebtheit. Viel los ist hier zwar nicht, aber der kleine Ort auf der Minihalbinsel hat eine zauberhafte Lage, und am benachbarten „Langen Strand" kann man wunderbar baden. Auch hier bieten sich gute Ausflugsmöglichkeiten per Boot.

Zákynthos auf einen Blick

Geographische Lage: Ca. 38 ° nördliche Breite und ca. 21 ° östliche Länge. Damit liegt die Insel in der sommertrockenen Subtropen und etwa auf der gleichen geographischen Breite wie Athen, das türkische Izmir und die südlichste Stiefelspitze Italiens. Die kürzeste Entfernung zum Peloponnes beträgt 9,5 Seemeilen, zum Nachbareiland Kefaloniá 8,5 Seemeilen.

Größe: Mit einer Fläche von etwa 410 qkm und einer Küstenlänge von ca. 123 km ist Zákynthos die drittgrößte Insel des Ionischen Archipels und die zehntgrößte Griechenlands. Die größte Ost-West-Ausdehnung beträgt ca. 19 km, und vom Kap Gérakas im Südosten bis zum Kap Skinári im Norden sind es knapp 40 km. Zu Zákynthos gehören noch die Strophaden, zwei Miniinseln, die 37 Seemeilen weiter südlich liegen.

Bevölkerung: Etwa 40.000 Einwohner leben auf der im östlichen Flachland sehr dicht besiedelten Insel, ungefähr 10.000 davon in Zákynthos-Stadt.

Wichtige Orte: Zákynthos-Stadt (Chóra): Inselhauptstadt und Fährhafen; Laganás: Touristenzentrum Nummer eins; Argássi, Plános/Tsiliví und Alikés: beliebte Badeorte; Macherádo und Anafonítria: Pilgerziele; Kerí und Volímes: schöne Bergdörfer; Ágios Nikólaos (in der Nähe von Kap Skinári): Fischerörtchen und Hafen nach Kefaloniá.

Mit der letzten Verwaltungsreform hat man die insgesamt 57 Dörfer und Weiler zu sechs Großgemeinden (eine davon ist die Chóra) zusammengefasst.

Straßen: Alle Haupt- und auch Nebenstraßen sind asphaltiert, manche, z. B. auf der Halbinsel Skopós, sind relativ schlaglochreich. Im Süden und Osten ist das Straßennetz sehr dicht, hier herrscht auch ein hohes Verkehrsaufkommen.

Entfernungen von Zákynthos-Stadt: Laganás 10 km, Pórto Róma 17 km, Kerí 25 km, Macherádo 10 km, Alikés 18 km, Volímes 33 km, Ágios Nikólaos (beim Kap Skinári) 30 km.

Auto- und Zweiradverleih: In Zákynthos-Stadt und allen größeren Touristenorten gibt es ein ausgesprochen großes Angebot. Genauere Informationen im Kapitel „Unterwegs auf Zákynthos" ab S. 61.

Postleitzahlen: Region Zákynthos-Stadt 29100, Region Katastári 29090, Region Volímes 29091, Region Macherádo 29092.

Telefonvorwahl: 26950 (für ganz Zákynthos). Sie muss grundsätzlich immer mitgewählt werden, gleichgültig ob bei Orts- oder Ferngesprächen. Näheres s. S. 90. Aus dem Ausland wählt man 0030/26950.

Wichtige Telefonnummern: Touristenpolizei ✆ 2695024482; Krankenhaus ✆ 2695059100; Polizei ✆ 2695022100; Flughafen ✆ 2695023970/-71; Taxizentrale ✆ 2695048400; Busstation (KTEL) ✆ 2695022255.

Geographie und Geologie

Zákynthos lässt sich, geomorphologisch betrachtet, ganz grob in zwei Einheiten gliedern, die beim Studium einer Inselkarte sofort ins Auge fallen: in die bis zu einer Höhe von 756 m ansteigende, etwa zwei Drittel des Eilands einnehmende Gebirgszone im Westen und Norden sowie in das Flachland im Osten und Südosten, aus dem nahe der Küste mehrere ca. 200 m hohe Hügel herausragen. In der Halbinsel Skopós mit dem gleichnamigen Gipfel (492 m) setzen sie sich fort.

Mehrere Miniinseln – z. B. Peloúzo, Marathoníssi, Korakoníssi, Ágios Ioánnis, Ágios Nikólaos und Wódi – sowie ein paar kleinere Felsbrocken umgeben Zákynthos wie Trabanten einen Planeten. Dazu kommen nur 37 Seemeilen weiter südlich

Atemberaubender Blick über die Westküste

die von Zákynthos mitverwalteten Strophaden. Diese zwei winzigen, ausgesprochen flachen Inselchen bedeuten den Zakynthern viel, lebte doch dort in einem Kloster lange Jahre ihr Schutzpatron, der heilige Dionýsios.

Das Ionische Meer zwischen Zákynthos und dem Festland sowie der größeren Nachbarinsel Kefaloniá ist vergleichsweise flach: Meist ist es nur zwischen 50 und 200 m tief, lediglich in einer schmalen Rinne zwischen dem Peloponnes und der Insel wird die 600-Meter-Tiefenlinie überschritten. Angesichts dieser geringen Werte wird verständlich, dass Zákynthos, wie die anderen ionischen Eilande auch, vor Urzeiten ein Teil des Festlandes war. Westlich der Insel fällt der Meeresboden jedoch rasch sehr steil ab, und nur wenige Kilometer von ihr entfernt befindet sich sogar mit über 5000 m die tiefste Stelle des gesamten Mittelmeeres, der sogenannte Inoússa-Graben. Er gehört zu einem System kleinerer, gegenseitig versetzter Tiefseegräben (dem Hellenic Trench), die westlich der Ionischen Inseln bogenförmig um Kreta herum bis südlich von Rhódos verlaufen und für die vielen Erdbeben und vulkanischen Erscheinungen in West- und Südgriechenland mitverantwortlich sind (s. u.).

Die Küste des Flach- und Hügellandes weist zahlreiche weite, flache Sandbuchten auf, die größte ist die von Laganás, was der Landschaft einen fast sanften Charakter verleiht. Im Gegensatz dazu stürzen die Felsen des Berglandes im Westen und im Norden fast senkrecht bis zu 200 m ins Meer hinab, bilden eine spektakuläre Steil- bzw. Kliffküste, in die die Brandung fjordartige Vertiefungen und Höhlen hineingefressen hat.

Geologie: Das Flach- und Hügelland besteht im Wesentlichen aus jüngeren Ablagerungen aus dem Tertiär (vor 65 bis vor 2 Millionen Jahren) und dem Quartär (vor 2 Millionen Jahren bis zur Gegenwart) wie Mergeln, Kalkmergeln, Tonen und Sanden. Nur auf der Halbinsel Skopós finden sich ältere Kalkgesteine aus dem Mesozoikum und Gips. Diese Gipslager sind ungefähr 100 m mächtig, die Reserven schätzt man auf gut 300 Millionen Tonnen. Das mächtige Bergland dagegen besteht nahezu ausschließlich aus Kalken aus dem Mesozoikum und weist die für dieses

Die Mizíthres-Felsen

Karbonatgestein typischen Karsterscheinungen wie Karren (Rillen im Fels), Dolinen und Poljen (runde und wannenartige Vertiefungen) sowie Höhlen auf.

Tektonik: Kalkgebirge bedeutet, man spaziert auf einem im Mesozoikum (vor 225 bis 65 Millionen Jahren) entstandenen ehemaligen Meeresboden herum, der vor 65 bis 20 Millionen Jahren durch Kräfte im Erdinnern bzw. aufgrund des Drucks der afrikanischen auf die europäische Großplatte allmählich emporgehoben wurde. Zákynthos und die anderen Ionischen Inseln waren nun Teil eines jungen Faltengebirges, das sich vom westgriechischen Festland über den Peloponnes und die Ägäischen Inseln bis in die heutige Türkei erstreckte. Und wenn schon die antike Überlieferung von einem ägäischen Festland spricht, zu dem die Inseln einst gehörten, dann ist das ein Beleg für das Wissen der Alten. Im Jungtertiär (vor 20 bis vor 2 Millionen Jahren) kam es als Folge der Heraushebung der Alpen und des Druckes der verschiedenen Erdplatten erneut zu gewaltigen Erdbewegungen. Entlang von Verwerfungen (geologischen Störungslinien) zerbrach dieses Gebirge in ein Mosaik von einzelnen Schollen, die sich unterschiedlich tief absenkten, wieder hoben, um sich dann erneut zum großen Teil zu senken. Von Süden her, vom Mittelmeer, wurde das Gebiet überflutet und in etwa die heutige Form des Ägäischen und Ionischen Meeres geschaffen. Was gegenwärtig als Inseln aus dem Wasser herausragt, sind nur die Gipfel des ehemaligen Festlandgebirges. Der Bereich des heutigen Tief- und Hügellandes auf Zákynthos sank damals tiefer ab als die Scholle des westlichen Berglandes und war in jüngerer Zeit auch häufiger vom Meer überflutet – daher die geologischen Unterschiede. Die Bewegungen, die das Eiland betreffen, sind keinesfalls zum Stillstand gekommen. Zákynthos liegt heute direkt an einer tektonisch sehr aktiven Nahtstelle, nämlich an der Grenze zweier Großschollen, der sogenannten „präapulischen" und der „ionischen Zone", wobei sich letztere unaufhaltsam auf erstere aufschiebt.

Dass die Erde in Hellas noch längst nicht zur Ruhe gekommen ist, zeigen auch die vielen Erdbeben. Das Land weist einen Jahresdurchschnitt von 270 bis 300 Beben auf, von denen die meisten allerdings nur mit empfindlichen Geräten messbar sind. Aber immer mal wieder kommt es auch zu größeren Katastrophen, so wie 464 v. Chr. in Sparta, im 6. Jh. n. Chr. in Olympía, 1856 in Iráklion (Kreta), 1928 in Korinth oder im August 1953 auf Ithaka, Kefaloniá und Zákynthos. Nach diesem Beben und durch die von ihm verursachten Folgebrände lag die Insel im wahrsten Sinn des Wortes in Schutt und Asche, 94 % aller Gebäude wurden zerstört.

Erdbeben

Überall in Griechenland können Erdstöße auftreten, doch die Zone der größten Erdbebenaktivität verläuft bogenförmig von den Ionischen Inseln im Westen über den Peloponnes und Kreta im Süden bis nach Kárpathos, Rhódos und Kos im Osten. Sie erstreckt sich damit im Abstand von 50 bis 100 km mehr oder weniger parallel zu den oben erwähnten Tiefseegräben des Hellenic Trench. Erst seit wenigen Jahrzehnten hat die geophysikalische und geologische Erforschung der langsam driftenden, „absterbenden" und neu entstehenden Platten, aus denen sich die gesamte Erdoberfläche (Festländer wie Ozeanböden) zusammensetzt, mehr Licht ins Dunkel gebracht. Dennoch ist die Situation gerade im Mittelmeer eine hochkomplizierte, da mehrere größere und kleinere Platten daran beteiligt sind, und noch längst ist nicht alles geklärt. Jedenfalls hat man festgestellt, dass das Hellenische Grabensystem (Hellenic Trench) eine Plattengrenze darstellt, die sich vor etwa drei Millionen Jahren gebildet hat. An dieser sinken Teile der schweren, unter dem Meer verlaufenden afrikanischen Platte (der afrikanische Kontinent ist nur ein Teil dieser immer kleiner werdenden Großplatte) mit einer Geschwindigkeit von 3 bis 4 cm pro Jahr in einem Winkel von 20 bis 30 Grad unter die leichtere ägäische Platte ab und werden weiter im Erdinnern aufgeschmolzen. Folge dieses Absinkens, das nicht gleichmäßig ruhig, sondern aufgrund des häufigen Verhakens der Platten oft ruckartig geschieht, sind Erdstöße. Die Herde liegen in Tiefen von 50 bis 180 km. Von hier breiten sich die energiereichen Erdbebenwellen aus und erreichen senkrecht über den Herden an der Erdoberfläche ihre größte, oft verheerende Wirkung. Bei der Katastrophe von 1953 lag der Erdbebenherd unter der Insel Kefaloniá, was nahe genug war, um auch Zákynthos zu verwüsten.

Ein Teil der in großen Tiefen aufgeschmolzenen afrikanischen Platte kommt übrigens durch Vulkanausbrüche wieder an die Erdoberfläche. Auf diese Weise sind z. B. die Inseln Santorin und Níssyros bei Rhódos entstanden.

Klima

Auf Zákynthos herrscht, wie in ganz Hellas, typisch mediterranes Klima, d. h. die Sommer sind heiß und trocken, die Winter mild und regenreich. Dennoch unterscheidet es sich deutlich von dem anderer Regionen in Griechenland. So sind z. B. die winterlichen Regenfälle stärker, und übers Jahr gesehen ist die Sonnenscheindauer höher, die Insel hat diesbezüglich sogar absolute Spitzenwerte zu verzeichnen.

Im Sommer liegt das gesamte Land unter dem Einfluss der subtropischen Hochdruckzone. Auf Zákynthos ist der Himmel dann strahlend blau, Bewölkung gibt es kaum, die Luft ist relativ trocken, wenngleich weniger extrem als anderswo in Griechenland, und die Mittagstemperaturen klettern auf über 30° C. Dass es sich am Strand trotzdem meist gut aushalten lässt, dafür sorgt der Meltémi, der Sommernordwind im östlichen Mittelmeer. Allerdings ist er auf Zákynthos und den anderen Ionischen Inseln deutlich weniger ausgeprägt als etwa in der Ägäis. Zudem setzt er später ein (Anfang Juli) und ebbt früher wieder ab (Ende August). Bleibt er mal ein paar Tage aus, kann es richtiggehend schwül werden. Trotzdem ist Zákynthos von allen Inseln im Ionischen Meer dank seiner relativen Flachheit noch die windreichste.

Das Klima begünstigt den Anbau von Weinreben

Da sich die subtropische Hochdruckzone im Winterhalbjahr Richtung Äquator verschiebt, ist auch Zákynthos den Einflüssen der nachrückenden Westwindzone mit ihren wandernden Tiefdruckgebieten ausgesetzt. Die aus südlicher, südwestlicher und westlicher Richtung kommenden Winde bringen der Insel vergleichsweise viel Regen. Immerhin fallen im langjährigen Mittel etwa 1000 mm Niederschlag pro Jahr und damit deutlich mehr als z. B. in Köln (701 mm), Berlin (587 mm) oder auch Athen (406 mm). Mit mitteleuropäischem Nieselwetter haben diese Winterregen aber wenig gemeinsam. Es regnet ausgesprochen heftig, oft nur ein paar Stunden am Tag, dann lässt sich die Sonne wieder blicken, bis der nächste Schauer einsetzt. Schnee und Frost treten so gut wie nie auf. Aus den starken Winterregen erklären sich auch die zahlreichen ergiebigen Quellen und die üppige Vegetation auf der Insel.

Die Übergangsphasen im Frühling und Herbst sind vergleichsweise kurz, sodass unser gewohntes Schema der vier Jahreszeiten nur bedingt gilt und man insbesondere im Hinblick auf die Vegetation von einer Blüte- und Reifezeit (März bis Mai), einer Trockenzeit (Juni bis Oktober) und einer Regenzeit (November bis Februar/März) spricht.

Klimatabelle für Zákynthos (Durchschnittswerte)

Monat	*April*	*Mai*	*Juni*	*Juli*	*August*	*Sept.*	*Okt.*
Tagestemperatur	19° C	24° C	28° C	31° C	32° C	28° C	23° C
Nachttemperatur	9° C	12° C	16° C	18° C	18° C	16° C	13° C
Wassertemperatur	16° C	18° C	23° C	24° C	24° C	23° C	21° C
Regentage	8	4	2	1	1	5	9
Sonnenstunden/Tag	7	9	10	12	11	8	7

Reisezeit

Die günstigste Reisezeit variiert je nach Interessenlage – Wanderurlaub und Badeferien lassen sich besonders im Früh- und Spätsommer gut verbinden. Eine Reisesaison auf Zákynthos sieht etwa folgendermaßen aus:

Im Sommer sinkt die Zahl der Regentage fast bis auf null

Ab Anfang April: Hotels und Tavernen öffnen allmählich, wenn die ersten Touristen auf die Insel kommen. Während die Tageshöchsttemperaturen schon auf über 25° C klettern können, ist das Meerwasser mit etwa 16° C noch recht kalt – zum Baden kaum geeignet. Ideal ist das Frühjahr dagegen für Wanderungen. Die Felder sind grün, auf den Wiesen blühen die verschiedensten Wildblumen, und es ist nicht so heiß wie im Hochsommer. Die Atmosphäre auf der Insel ist entspannt, denn die Griechen, die hier im Tourismus arbeiten, haben den Winter zur Erholung genutzt, um sich auf die neue Saison vorzubereiten.

Bis Mitte Juni nehmen sämtliche touristischen Einrichtungen ihren Betrieb auf. Während die Zahl der Regentage fast bis auf null sinkt, nimmt die Hitze zu. Einem ausgedehnten Bad im Meer steht nichts mehr im Wege. In diesen Monaten präsentieren sich die Strände von ihrer schönsten Seite, denn noch hält sich die Zahl der Besucher in Grenzen. Flugpreise und Übernachtungskosten sind vergleichsweise niedrig – der Mai und der Juni sind die beste Reisezeit!

In der Hochsaison, den Sommermonaten von Ende Juni bis Ende August, geht es dann an manchen Orten etwas hektisch zu. Wer sich bei Tageshöchsttemperaturen von bis zu 36° C (im Schatten!) in der Sonne aalen möchte und abends bis spät in der Nacht ausgehen will, kommt nun voll auf seine Kosten. Wenn der Meltémi weht, sind aber durchaus auch noch Wanderungen und Radtouren möglich.

Mit dem September kehrt die Ruhe langsam zurück. Die Strände sind nicht mehr so voll, die Mittagstemperaturen sinken, und die Tanzflächen der Diskotheken leeren sich. Da die touristische Infrastruktur aber noch komplett zur Verfügung steht und die Meerestemperatur bei angenehmen 21 bis 24° C liegt, ist der September für einen Badeurlaub und für Touren auf der Insel bestens geeignet.

Ende Oktober ist die Saison vorbei, die Chartermaschinen bringen die letzten Urlauber nach Hause. Dennoch kann man jetzt Tage erleben, wie wir sie aus dem Wonnemonat Mai gewöhnt sind.

Die Pflanzenwelt der Insel

Zákynthos ist eine ausgesprochen vegetationsreiche Insel. Insbesondere im Frühling gleicht sie einem Meer aus Blumen und macht ihrem einstigen Beinamen „Fior di Levante" alle Ehre. Aber auch im trocken-heißen Sommer ist üppiges Grün aufgrund der reichlichen Niederschläge im Winterhalbjahr die vorherrschende Landschaftsfarbe.

Klatschmohn, Anemonen, Schwertlilien, Margeriten, Pfingstrosen etc., aber auch verschiedene Orchideenarten zeigen ihre Blütenpracht von März bis in den Juni hinein überall auf Zákynthos. Aber dennoch gibt es Unterschiede. Waldreich, wie von Homer einst beschrieben, ist das Eiland nur noch zum geringen Teil. Im fruchtbaren Flach- und Hügelland dominiert schon seit Jahrhunderten die **Kulturvegetation:** Oliven, Weinreben, Korinthen, Orangen-, Zitronen-, Feigen-, Mandel-, Walnuss-, Kirsch-, Aprikosen-, Birn- und Granatapfelbäume sowie Gemüse aller Art. Dazwischen stehen ab und zu Zypressen, an den Straßenrändern Eukalyptusbäume und gelegentlich auch Platanen, Pappeln, Tamarisken und Maulbeerbäume. **Wälder,** zum größten Teil aus Aleppo-Kiefern und Pinien bestehend, findet man nur auf den aus der Ebene herausragenden Kuppen sowie auf der Halbinsel Skopós, aber auch dort gibt es wahrscheinlich mehr Oliven- als Waldbäume. An den sandigen Stränden wächst nicht nur Sandgras, sondern auch die seltene, bis zu 50 cm hohe Meeresnarzisse, die von Juli bis November ihre weißen Blüten zeigt.

Wilde Schönheiten

Ganz anders sieht es im nordwestlichen Bergland aus. Vor noch nicht allzu langer Zeit war es dicht bewaldet, doch durch Raubbau und Waldbrände wurden die Bestände stark dezimiert. Dichtere Kiefern- und Pinienwaldflecken gibt es heute nur noch um Kerí und in der Umgebung von Volímes und Orthoniés. Erwähnenswert sind auch die vielen Zypressen um das Dörfchen Loúcha. Charakteristisch für das Bergland ist die **Macchia,** das sind verschiedenartige, bis zu drei Meter hohe immergrüne Hartlaubgewächse bzw. verkrüppelte Bäume. Sie ist als „verarmte Ersatzgesellschaft" für den Wald entstanden und fast undurchdringlich. Mastixsträucher, Dorngínster, Stechwinden, Myrte, Kermeseiche, Erdbeer- und wilder Birnbaum u. v. m. gehören dazu. Und dann gibt es hier noch die **Phrygana,** kniehohe, kugelige und oft dornige bzw. stachelige Büsche und Sträucher, die typische Vegetation von Regionen, in denen eine Überweidung durch Ziegen stattgefunden hat. Vertreter sind neben Wolfsmilchgewächsen und Zistrosenarten auch Kräuter wie Salbei, Thymian und Oregano. Entsprechend aromatisch duftet es im Sommer.

Kräuter, Gewürzpflanzen und Wildgemüse

Wer ein Auge dafür hat, findet auf Zákynthos jede Menge davon: Anis, Basilikum, Kardamom, Dill, Fenchel, Kapern, Krauseminze, wilden Lauch, Lorbeer, Löwenzahn, Oregano, Rosmarin, Salbei und Thymian. Und auch Freunde des aromatischen Bergtees kommen auf ihre Kosten.

Die Tierwelt der Insel

Weniger spektakulär als die Flora ist die Fauna, sieht man von der berühmten, leider sehr bedrohten Caretta-caretta-Meeresschildkröte ab.

Wenn man die zahlreichen Hunde und Katzen sowie Nutztiere wie Schafe, Ziegen, Schweine, ein paar Rinder und die immer seltener werdenden Maulesel außer Acht lässt, sind **Säugetiere** auf Zákynthos nur in geringem Maße vertreten: Kaninchen, Marder, Wiesel, kleine Fledermäuse – das ist alles. Die Jagdleidenschaft der Zakynther, die vergleichsweise hohe Bevölkerungszahl, der zunehmende Verkehr und der Einsatz von Pestiziden sind dafür verantwortlich.

Reptilien und Amphibien: Immer mal wieder sieht man einen Mauergecko, eine Taurische Mauer- oder eine Smaragdeidechse, in Tümpeln oder Feuchtgebieten auch Frösche und Sumpfschildkröten. Auf Schlangen, Vipern oder Nattern, trifft man dagegen selten. Giftig soll, wie man uns versichert hat, keine sein.

Vögel gibt es auf Zákynthos vergleichsweise viele, auch einige Zugvögel halten sich zeitweise auf der Insel auf. Spatz, Elster, Wiedehopf, Eisvogel, Eichelhäher, Wachtel, Schnepfe, Turteltaube, Krähe, Nachtrabe, verschiedene Arten von Reihern, auch Eule, Bussard und Schwarzfalke sind einige der wichtigsten Vertreter.

Einst unentbehrlich, heute nur noch selten zu sehen

Er lebt im Stone-Naturpark im Weiler Askós

Insekten: Überall kreucht und fleucht es – Schmetterlinge, Käfer, Heuschrecken und natürlich Zikaden, die an Sommertagen ihr lautstarkes Konzert veranstalten. Das Geräusch entsteht, indem die männlichen Tiere ihr Zirporgan (durch Rippen versteifte Chitinplatten) mit Hilfe von Muskeln bis zu 8000-mal pro Sekunde schwingen lassen, um die Weibchen anzulocken.

Leider gibt es auf der Insel, insbesondere im feuchten Flachland, auch jede Menge Stechmücken. Ein entsprechendes Abwehrmittel sollte deshalb in Ihrem Gepäck sein. Ab und zu trifft man im Bergland auf bunt bemalte Bienenkästen, denen man sich mit Vorsicht nähern sollte.

Meerestiere: Neben den Caretta-caretta-Meeresschildkröten, die einige der stark frequentierten Sandstrände in der Bucht von Laganás aufsuchen, um ihre Eier abzulegen (s. u.), sind an der steilen Westküste noch ein paar wenige **Mittelmeer-Mönchsrobben** (Monachus monachus) heimisch. Sie leben ständig im Meer, nur ihre Jungen bekommen und säugen sie in Felshöhlen. Davon gibt es auf Zákynthos genügend, aber durch die vielen Bootstouren werden die zu den zwölf meistbedrohten Tierarten gehörenden Robben – im gesamten Mittelmeer soll es keine 300 Tiere mehr geben – sehr gestört. Erst seit einigen Jahren besteht das Verbot, die Höhlen anzufahren, die von ihnen aufgesucht werden.

Die wichtigsten Fische sind: Sardelle, Petersfisch, Meerbarbe, Meerbrasse, Kabeljau, Meeräsche und Mollusken wie Tintenfisch und Oktopus – viele sind es aber nicht im nährstoffarmen Ionischen Meer. Zahlreicher sind Kleintiere wie Röhrenwürmer, Schnecken, Krebse und Garnelen. Und ab und zu bekommt man in den Gewässern um die Insel auch mal Delfine zu sehen.

Caretta-caretta-Meeresschildkröten

Die bis zu zwei Zentner schwere und maximal einen Meter lange Unechte Karettschildkröte (Caretta caretta) ist eine der Hauptattraktionen der Insel und wird entsprechend touristisch vermarktet: Souvenirläden verkaufen Plüschschildkröten in allen nur denkbaren Variationen oder speziell bedruckte T-Shirts, Tassen etc., und einige Agenturen haben sogenannte „Turtle-Spotting-Trips“ im Angebot, bei denen die zur Brutzeit im seichten Wasser schwimmenden Tiere den Touristen zum Foto-Shooting präsentiert werden – mit Erfolgsgarantie, versteht sich.

Die Crux bei all dem ist, dass die Tiere vom rasant fortschreitenden Tourismus aus unterschiedlichen Gründen (s. u.) in ihrem Bestand extrem bedroht sind. Das Management des im Dezember 1999 nach langem Hin und Her endlich ausgewiesenen Zákynthos National Marine Park (ZNMP) soll nun gemeinsam mit den lokalen Behörden einen ganzen Katalog von Maßnahmen zum Schutz der Meeresschildkröten durchsetzen und damit auch einer Forderung des Europäischen Gerichtshofs an Griechenland entsprechen. Bei manchen Zakynthern stößt dies allerdings auf wenig Gegenliebe. Der Grund: Die Maßnahmen zielen im Wesentlichen auf eine Einschränkung des touristischen Angebots gerade in den hochfrequentierten Gebieten der Insel, auf das viele Insulaner ihre wirtschaftliche Existenz gründen. Interessenskonflikte sind damit nicht zu vermeiden. Wie wir bei unseren letzten Besuchen feststellen konnten, kommt es allerdings bei vielen Einheimischen verstärkt zu einem Umdenken, wird der Nationalpark mehr und mehr gutgeheißen, wozu neben Informationsveranstaltungen auch Kompromisse beigetragen haben. Über Letztere sind allerdings die auf der Insel tätigen verschiedenen Naturschutzorganisationen gar nicht glücklich (Näheres s. u.). Da das Thema für die Insel außerordentlich relevant ist, gehen wir an dieser Stelle etwas ausführlicher darauf ein.

Biologie der Caretta caretta: Die Unechte Karettschildkröte – eine von weltweit acht Meeresschildkrötenarten – verbringt ihr gesamtes Leben im Meer, wo sie frisst, sich paart und große Strecken zurücklegt. Wie alle Reptilien atmet sie über die Lunge und kommt deshalb während des Schwimmens regelmäßig an die Wasseroberfläche, um Luft zu holen. Da sie den aufgenommenen Sauerstoff besonders effizient nutzen kann, ist sie fähig, viele Stunden unter Wasser zu bleiben, z. B. während des Schlafs.

Die Schildkröten können lange unter Wasser bleiben

Zur Eiablage kommen die erst mit 20 bis 30 Jahren geschlechtsreifen Weibchen von Mai bis August während der Nacht an den Strand, graben ein etwa 50 cm tiefes Nest, legen bis zu 120 tischtennisballgroße Eier ab und bedecken diese zur Tarnung mit Sand. Anschließend kriechen sie wieder ins Meer, um aber nach 10 bis 14 Tagen zurückzukehren und ein zweites, später vielleicht sogar ein drittes Mal zu legen. Dies wiederholt sich bei einem Weibchen alle zwei bis drei Jahre.

Bei der Eiablage folgen die Tiere einem „biologischen Programm": Sie legen ihre Brut dort ab, wo sie vor Jahren selbst geboren worden sind. Und genau hier liegt das Problem: Auf Zákynthos, ihrem mit Abstand wichtigsten Brutgebiet im Mittelmeerraum, sind die weiblichen Karettschildkröten auf die in der Bucht von Laganás gelegenen Strände von Marathoníssi, Laganás, Kalamáki, Sekánia, Dáfni und Gérakas geprägt. Werden die Muttertiere bei der Eiablage durch Lichter, Geräusche oder Hindernisse – Tavernenbeleuchtung, Liegen, Sonnenschirme etc. – gestört, kehren sie unverrichteter Dinge ins Wasser zurück. Ihr biologisches Programm sieht dann lediglich noch geringfügige Variationen vor, d. h. sie werden allenfalls versuchen, in einer der folgenden Nächte auf einen nahe gelegenen anderen Strand auszuweichen, um dort ihre Eier abzulegen. Gelingt dies wieder nicht, verlieren sie ihre Brut im Meer. Wie sehr die Schildkröten in ihrem natürlichen Verhalten vom Tourismus beeinträchtigt werden, sieht man daran, dass sie eine ihrer früher sehr bedeutenden Brutstätten, den Strandabschnitt in der Nähe des Ortes Laganás, mittlerweile völlig meiden – der Rummel ist einfach zu groß. Da das Nisten hier nicht mehr möglich ist, legen die ursprünglich auf den Laganás-Beach geprägten Weibchen ihre Eier günstigstenfalls auf einem der fünf anderen verbliebenen Strände ab. Deren Schutz ist also unerlässlich, will man das Aussterben der noch bestehenden Population verhindern. Dabei zielen die notwendigen Schutzmaßnahmen nicht nur auf die Sicherstellung der Eiablage. Denn selbst wenn die Muttertiere erfolgreich waren, droht den von der Sommersonne in etwa 60 Tagen „ausgebrüteten" Tieren große Gefahr. Meist kommen die 3 bis 5 cm großen Schlüpflinge nachts aus dem Sand und orientieren sich an der am hellsten leuchtenden Fläche – dem im Mondlicht glänzenden Wasser. Fatal, wenn die Lichter von Hotels, Tavernen etc. sie in die falsche Richtung leiten: Die Kleinen trocknen aus und gehen jämmerlich zugrunde. Neben dieser durch den Menschen verursachten Gefahr werden die Jungtiere mit ihrem noch weichen Panzer aber auch durch zahlreiche natürliche Feinde wie Seevögel und größere Fische bedroht. Man geht davon aus, dass von 1000 kleinen Schildkröten, die den Weg ins Wasser geschafft haben, nur eine einzige das Erwachsenenalter erreicht.

Archelón Sea Turtle Protection Society und andere Umweltorganisationen: Schon bald, nachdem die große Tourismuswelle auf Zákynthos angerollt war, wurde im Jahre 1983 die „Archelón Sea Turtle Protection Society" zum Schutz der Meeresschildkröten in Griechenland gegründet. Denn obwohl die Tiere schon zu Beginn der 80er Jahre gesetzlich geschützt wurden, verringerten sich die Populationen dramatisch. Auf Zákynthos wurden jeden Sommer unzählige Tiere bei Unfällen mit Schnellbooten und durch Fischernetze lebensgefährlich verletzt oder gar getötet, die Zahl der Nester ging auch durch störende Einwirkungen an den Stränden zurück. 1985 zählte man in der gesamten Bucht nur noch 857 Nester, zuvor sollen es über 2000 gewesen sein. Ein alter Zakynther erzählte uns, in seiner Jugend sei der Strand von Laganás am Morgen oft schwarz von Schlüpflingen gewesen.

Die Archelón-Mitarbeiter hatten es anfangs nicht leicht, sahen doch vom Tourismus lebende Einheimische ihre Lebensgrundlage bedroht. Der am Strand von La-

Die Schlüpflinge schaffen es oft nicht bis ins rettende Wasser

ganás errichtete Infostand musste, nachdem er dreimal niedergebrannt worden war, schließlich aufgegeben werden, 1990 wurden drei freiwillige Helfer krankenhausreif geschlagen, und noch im Jahre 2000 berichtete man uns, dass eine Zakyntherin mutwillig morgens um halb sechs Uhr die Schildkrötenspuren verwischt habe, um die Arbeit der Tierschützer zu erschweren.

Dennoch führte der Druck von Archelón und anderer Umweltorganisationen wie Medasset, EuroNatur, Earth Sea & Sky und WWF zu wichtigen Schutzbestimmungen, die z. B. den Aufenthalt an Niststränden während der Nacht untersagen, Bautätigkeiten einschränken, Sonnenschirme und Liegen nur an bestimmten Abschnitten zulassen etc. Zudem teilte man die Bucht in Schutzzonen auf und reglementierte damit den Bootsverkehr und die Fischerei. Auch nach der Einrichtung des Nationalparks (s. u.) liegt die praktische Arbeit zum Schutz der Schildkröten zum Teil nach wie vor bei Archelón. Die Organisation führt seit Jahren genau Buch über die Fortpflanzungstätigkeit der Tiere. Unterstützt wird sie dabei von freiwilligen Mitarbeitern aus aller Welt. Jeden Morgen werden Spuren gezählt und mit der Anzahl der neuen Gelege verglichen, um so herauszufinden, wie viele Weibchen in der Nacht gestört wurden. Die Nester werden genau beobachtet, denn man will wissen, wie viele Jungtiere schlüpfen. An besonders gefährdeten Stellen schützt man sie durch Metallgestelle. Von großer Bedeutung ist aber auch die Öffentlichkeitsarbeit. In Kalamáki unterhält Archelón einen Infostand, Earth Sea & Sky am Kap Gérakas, und in zahlreichen Hotels veranstaltet man kostenlose Diavorträge, durch die die Touristen sensibilisiert werden sollen. Der Wert dieser Maßnahmen lässt sich an Zahlen ablesen: Heute zählt man auf den ca. 5 km langen Niststränden immerhin wieder durchschnittlich 1300 Gelege pro Sommer. Sehr viel dazu beigetragen hat auch, dass der WWF 1994 Sekánia, den wichtigsten Niststrand der Schildkröten, gekauft und für Besucher gesperrt hat.

Zákynthos National Marine Park: Aber man möchte mehr erreichen. Große Hoffnung setzt man in den neuen Nationalpark. Seit seiner Konstituierung 1999 können die Maßnahmen nämlich nicht nur von den Mitarbeitern der Umweltorganisationen eingefordert, sondern auch von der Polizei, der Hafenpolizei und den Angestellten des Parks durchgesetzt werden. Letztere bewachen nun z. B. die Schildkrötenstrände rund um die Uhr und informieren die Badegäste über die Meeresschildkröten. Vor jedem Strand steht ein Info- bzw. Wächterkiosk. Weiterhin hat man die Bautätigkeit im Hinterland der Strände durch die Ausweisung von Bebauungszonen unterschiedlicher Stufen genau reglementiert, ein Konzept zur angemessenen Durchführung der umstrittenen Turtle-Watching-Trips (s. S. 153) entwickelt, die kooperationsbereiten Ausflugsagenturen mit Nationalpark-Logos kenntlich gemacht und man verlangt von jedem Fahrgast einen geringen Aufschlag auf den Ticketpreis. Denn gefördert werden soll in Zukunft auf jeden Fall ein ökologisch orientierter Tourismus im Nationalpark.

Doch immer wieder gibt es auch Rückschläge. Weil die griechische Regierung die zugesagten Gelder einfach nicht mehr auszahlte, legten die Nationalparkmitarbeiter in der Saison 2004 ihre Arbeit nieder, was zu völlig chaotischen Zuständen an einigen Schildkrötenstränden führte. Erst als die Europäische Union massiv intervenierte, reagierte Griechenland. Im Sommer 2005 wurden die Gehälter wieder bezahlt, die Führung des Nationalparks ausgewechselt, die Strände wieder überwacht und neue Pläne entwickelt. Derzeit ist im Gespräch, die Zahl der Badegäste an den geschützten Stränden Dáfni und Gérakas einzuschränken bzw. deren Aufenthaltszeit zu begrenzen. Nach drei Stunden soll man Platz für die nächsten Besucher machen. Doch dieses Konzept lässt sich in der Praxis nur schwer umsetzen. Oberhalb vom Dáfni-Strand hat man zudem ein großes Informationszentrum über die Caretta-caretta-Schildkröten eingerichtet. Dass man den Eigentümern der Grundstücke unten am Strand weiterhin gestattet, Tavernen zu betreiben, führte zu massiven Protesten der verschiedenen Umweltorganisationen. Zwar hatten die Wirte die Auflage, ihre Gaststät-

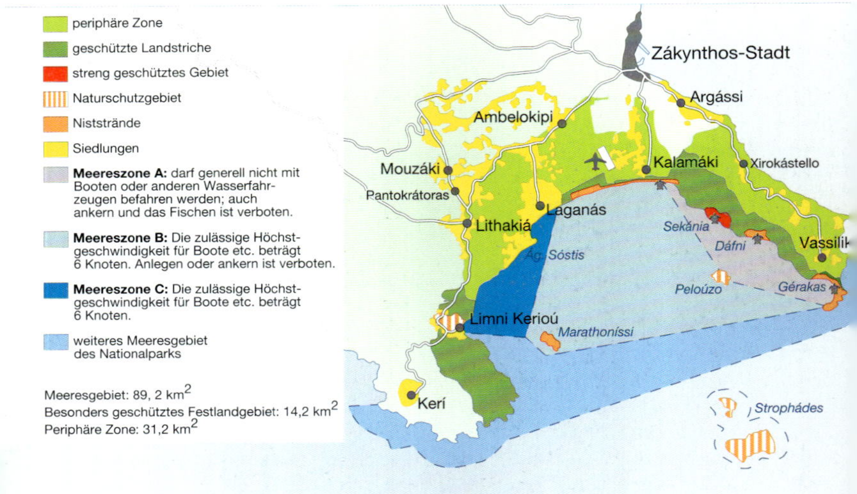

Zonen des Zákynthos National Marine Parks

ten baulich den ökologischen Erfordernissen anzupassen, Archelón, Medasset, Earth Sea & Sky und der WWF weisen aber darauf hin, dass das Betreiben von Tavernen an diesem Strand illegal ist.

Verhaltensmaßnahmen an den ausgewiesenen Nistständen

- Der Aufenthalt zwischen Sonnenunter- und Sonnenaufgang ist streng untersagt.
- Lichtquellen, die von der Küste aufs Meer leuchten, sind verboten (Autoscheinwerfer, Taschenlampe, Blitzlicht etc.). Die in der Nacht schlüpfenden kleinen Schildkröten werden dadurch in die Irre geleitet und sterben.
- Halten Sie sich tagsüber am Strand nur bis zu 5 m hinter der Uferlinie auf, denn in diesem meernahen Nassbereich legen die Schildkröten ihre Eier nicht ab.
- Graben im Sand (Sandburgen etc.) kann Gelege zerstören oder auch zur tödlichen Falle für die frisch geschlüpften Jungtiere werden.
- Sonnenschirme im Sand können Gelege, die sich darunter befinden, zerstören. Deren Schatten vermindert die Temperaturen im Sand, sodass die natürlichen Bedingungen des Reifens und Schlüpfens stark verändert werden. Sonnenschirme und Liegestühle sind an allen Nistständen verboten mit Ausnahme einiger genau festgelegter Abschnitte in Kalamáki und Gérakas.
- Entfernen Sie nicht die um die Gelege aufgestellten Schutzzäune.
- Berühren Sie auf keinen Fall frisch geschlüpfte Jungtiere. Diese müssen unbedingt den Weg ins Meer aus eigener Kraft bewältigen, so hart es erscheinen mag.
- Halten Sie sich, was Bootsbenutzung angeht, an die geltenden Bestim-mungen.
- Bitte halten Sie die Strände und das Wasser sauber. Nicht selten verwechseln Schildkröten Plastiksäcke mit Quallen, die ihnen als Futter dienen. Dies führt zu einer für die Tiere tödlichen Verstopfung des Darms.

Weitere Informationen erhalten Sie im Verwaltungszentrum des Marine Parks in Zákynthos-Stadt (s. Stadtplan), an dessen Informationskiosken an den Stränden, am Infostand von Archelón in Kalamáki (s. S. 147), an dem von Earth Sea & Sky von Gérakas (siehe s. S. 138 f.) sowie unter www.nmp-zak.org.

Konsequenzen: Längst klappt noch nicht alles, vieles liegt weiterhin im Argen, teilweise werden nach wie vor die Gesetze unterlaufen bzw. sogar missachtet, aber es hat sich doch auch viel zum Positiven hin verändert. Damit dieser Trend anhält, muss die griechische Regierung den Auflagen der EU zum Schutz der Meeresschildkröten konsequenter als bisher nachkommen und zudem für eine ausreichende und zuverlässige Finanzierung des Nationalparks sorgen. Ziel muss es in jedem Fall sein, ein Miteinander von Tourismus und Artenschutz zu ermöglichen. Unerlässlich dafür ist, dass zum einen die am Fremdenverkehr verdienenden Einheimischen Art und Ausmaß ihrer Dienstleistungen auf die Lebensgewohnheiten der Tiere abstimmen. Daneben müssen aber auch die Gäste, die in der Zeit von Mai bis September die Schildkrötenstrände aufsuchen, unbedingt die im oben stehenden Kasten aufgeführten Verhaltensmaßregeln einhalten und in jedem Falle nachts diese Küstenabschnitte meiden. Der Wahlspruch von Archelón „We can live together" kann nur Wirklichkeit werden, wenn die Touristen in diesem Sinne verantwortungsbewusst handeln.

Hinweis: Damit Sie sich schnell orientieren können, an welchen Stränden die Maßnahmen gelten, haben wir die entsprechenden Stellen im Reiseteil mit einem Schildkröten-Piktogramm markiert.

Wirtschaftsfaktor Weinbau: Eine der größten Kellereien der Insel

Wirtschaft

Den Zakynthern geht es ökonomisch vergleichsweise gut. Da große Gebiete ihres Eilands ausgesprochen fruchtbar sind, spielt die Landwirtschaft seit alters eine wichtige Rolle. Zudem bietet die Chóra – für Inselverhältnisse eine große Stadt – eine Menge Arbeitsplätze im Handels- und Dienstleistungssektor. Und seit den 80er Jahren des 20. Jh. ist der ständig zunehmende Tourismus der Motor der Wirtschaft auf Zákynthos.

Die weitgehend flache Osthälfte der Insel ist von der Natur bevorzugt. Auf den sandigen, tonigen und mergeligen Ablagerungen konnte sich ein äußerst ertragreicher Boden entwickeln. Und da es auf Zákynthos im Winterhalbjahr ziemlich viel regnet und zudem an der Grenze zwischen dem westlichen Kalkgebirge und dem östlichen Flach- und Hügelland zahlreiche ergiebige Quellen austreten, ist dieses Gebiet so etwas wie der Garten Eden des Eilands und entsprechend dicht besiedelt. Intensiv wird hier **Landwirtschaft** betrieben.

Neben der jahrhundertealten **Olivenölproduktion** hat insbesondere der **Weinbau** eine große Tradition. Schon im Altertum war Zákynthos bekannt für seine Weine, und die Venezianer kümmerten sich zur Zeit ihrer Herrschaft intensiv um die Kultivierung des Rebensaftes. Auf den Schwarzhandel mit Trauben soll damals sogar die Todesstrafe gestanden haben. Derzeit gibt es vier größere Weinkellereien auf der Insel. Sie produzieren wohlschmeckenden Weiß-, vor allem aber Rotwein und bemühen sich in letzter Zeit auch mehr um den Export. Drittes wichtiges Erzeugnis sind **Korinthen** (s. Kasten auf S. 192). Die kleinen, kernlosen, schwarzblauen Trauben wurden im 16. Jh. von Bewohnern des Peloponnes, die vor den Türken flüchteten, nach Zákynthos gebracht. Da mit ihnen viel Gewinn zu machen war, verdrängten sie bald große Teile des Getreideanbaus. Daneben werden v. a. Orangen, Zitronen, Melonen, Hülsenfrüchte, Tomaten, Gurken und die ausgesprochen großen Zwiebeln angebaut.

In sehr viel geringerem Maße betreibt man Landwirtschaft im dünn besiedelten westlichen Kalkgebirge. Der Boden ist dazu nur wenig geeignet, zudem ist diese Gegend ausgesprochen wasserarm (der Regen versickert im porösen Kalkgestein), sodass man früher mehr von der Waldwirtschaft lebte. Diese spielt heute überhaupt keine Rolle mehr, zumal der Baumbestand aus verschiedenen Gründen (Waldbrände, Abholzung) deutlich zurückgegangen ist.

Über den Ölbaum

Wie in großen Teilen Griechenlands trägt auch auf Zákynthos der Olivenbaum, eine der ältesten Kulturpflanzen im Mittelmeerraum überhaupt, zum typischen Landschaftsbild bei. Nach der mythologischen Überlieferung brachte ihn die Göttin Athene nach Griechenland. Tatsächlich stammt er ursprünglich wohl aus dem südlichen Vorderasien, man kultivierte ihn aber schon in minoischer Zeit (ab 3000 v. Chr.) im Ägäisraum und in der Blütezeit des klassischen Athen trug er viel zum Reichtum der Stadt bei. Außerdem galten die Olivenzweige damals sowohl als Symbol des Friedens als auch des Sieges, weswegen man bei den Olympischen Spielen den Siegern einen Ölbaumzweig überreichte.

Der knorrige immergrüne Baum (selten auch Strauch) wird 3 bis 7 m hoch. Seine derben, ledrigen Blätter sind an der Oberseite dunkelgrün, an der Unterseite dagegen hellgrau und dicht mit Schuppenhaaren besetzt, sodass sie in der Sonne silbrig glänzen. Er besitzt weit verzweigte, bis zu 6 m in die Tiefe reichende Pfahlwurzeln, mit denen er sich auch dann noch versorgen kann, wenn der Grundwasserspiegel im Sommer abgesunken ist.

Olivenbäume können uralt werden. Was den Boden betrifft, sind sie sehr anspruchslos. Allerdings vertragen sie nur wenige Frosttage, und auch die dürfen nicht kälter als maximal –5°C sein. Im Sommer verlangen sie nach Wärme und Trockenheit, im Herbst und Winter jedoch brauchen sie einige kräftige Regengüsse. Die kleinen gelbweißen Blüten zeigen sich im Mai und Juni, Reifezeit ist zwischen September und November. Der Anbau verlangt Geduld: Je nachdem, ob aus Stecklingen oder Samen gezogen, trägt der Baum erst nach fünf bis zehn Jahren die ersten Früchte, den höchsten Ertrag erzielt er aber erst nach 20 Jahren – dann jedoch bei guter Pflege mehrere Jahrhunderte lang (zur Olivenernte und zum Olivenöl s. Kasten auf S. 195).

In diesem Teil der Insel, in dem es in den letzten Jahren verstärkt zu Landflucht gekommen ist, wurde und wird immer noch etwas **Viehzucht** betrieben, allerdings deutlich weniger als in anderen Regionen Griechenlands. Ab und zu sieht man eine kleine Schaf- oder Ziegenherde. Einige Familien stellen verschiedene Milchprodukte her, darunter besonders schmackhafte Käsesorten, die zu den Spezialitäten von Zákynthos gehören. Rinder gibt es auf der Insel kaum. Traditionell halten die meisten Bauern Hühner, z. T. auch Gänse und Truthühner und ab und zu ein paar Hasen und Schweine. Aber immerhin befindet sich auf Zákynthos eine der größten Kaninchenfarmen Griechenlands – kein Wunder, ist doch Kaninchen in Tomaten- bzw. Rotweinsauce eines der traditionellen Gerichte der Insel.

Nicht sonderlich gut ist es um die **Fischerei** bestellt, denn die Gewässer um Zákynthos waren noch nie besonders ergiebig. Durch jahrelange Überfischung, das berüchtigte Dynamitfischen (verhängnisvoll v. a. auch für die Fischbrut), Wasserverschmutzung und Abnahme des Nährstoffgehalts gingen die Erträge noch weiter zurück. Die Fischer von Zákynthos-Stadt, Límni Kerioú und Ágios Nikólaos (in diesen Orten gibt es noch die größten Flotten) können den Bedarf der Touristen während der Hochsaison keinesfalls decken.

Die **Industrie** spielt auf der rohstoffarmen Insel nur eine sehr untergeordnete Rolle. Zwar ließ man in der Gegend um die sogenannten „Pechseen" von Límni Kerioú, in denen in der Antike das für den Schiffsbau als Dichtungsmasse begehrte Pech gefördert wurde, Erdölprobebohrungen durchführen, doch die gefundenen Mengen waren so gering, dass sich eine Ausbeutung nicht lohnte (s. Kasten auf S. 164). Das einzig nennenswerte Rohstoffvorkommen bildet neben Gips der Kalkstein, der in zahlreichen Steinbrüchen im westlichen Bergland abgebaut und dann zu Zement und anderen Baumaterialien weiterverarbeitet wird. Insbesondere durch den wachsenden Tourismus, der immer mehr Hotelneubauten erforderlich macht, hat die **Baustoffindustrie** mittlerweile eine gewisse Bedeutung erlangt.

Der Schein trügt: das Angebot reicht nicht aus

In Zákynthos-Stadt und der näheren Umgebung werden zudem noch heimische Produkte wie Oliven, Trauben und Obst zu Seife, Öl, Wein und Likör verarbeitet. Einige kleinere, aber traditionsreiche Betriebe stellen „Mandoláto" (süßes Mandelgebäck) und „Pastélli" (Sesam-Nuss-Gebäck mit Honig) sowie Puder und Parfüm her. Die Chóra ist auch das **Dienstleistungs- und Handelszentrum** auf der Insel mit entsprechendem Arbeitsplatzangebot. Von Banken über Autohäuser und Möbelgeschäfte bis zu Computerfachläden ist hier alles vorhanden, was man in einer größeren Stadt erwarten kann.

Seit einigen Jahren ist der **Tourismus** der wichtigste Wirtschaftsfaktor und eine unermüdlich sprudelnde Geldquelle. 1981 landete die erste Chartermaschine, 1994 kamen etwa 230.000, im Jahre 2001 bereits etwa 435.000 und 2006 ungefähr 475.000 Touristen pro Jahr auf die Insel; erklärtes Ziel für die nahe Zukunft ist das Erreichen der 500.000er-Marke. Um dies realisieren zu können, wurde in jüngster Zeit der Flughafen ausgebaut. Wer immer nur kann, versucht, sich vom Tourismuskuchen ein Stück abzuschneiden.

In Lithakiá wird eine der modernsten Ölmühlen der Insel betrieben

Keine Frage, der Tourismus schafft viele Arbeitsplätze und bietet den Einheimischen Möglichkeiten zur Eigeninitiative: Man kann Hotels, Tavernen, Souvenirläden oder Reisebüros betreiben, Bootsausflüge organisieren, Surfbretter verleihen, oder man kann – wie es viele Frauen in Heimarbeit tun – Spitzen häkeln und Decken besticken, die dann in den entsprechenden Läden der Touristenzentren oder in den von den Ausflugsbussen angefahrenen „traditionellen Dörfern“ an der Straße verkauft werden (vieles stammt freilich auch aus Großproduktionen vom Festland, aber auch dann verdient man daran). All dies hat – vor allem in den größeren Badeorten – zu einem üppigen Tourismusangebot geführt, das so manchen abstoßen könnte. Man sollte dabei aber bedenken, dass viele Zakynther ihre Existenz darauf aufbauen. Ohne Tourismus wären heute sicherlich einige von ihnen zur Auswanderung gezwungen.

Doch natürlich hat der Tourismusboom auch seine Schattenseiten für die wirtschaftliche, ökologische und soziale Entwicklung der Insel. Er schafft ökonomische Abhängigkeiten, insbesondere von Hoteleinkäufern und ausländischen Reiseveranstaltern, er hat die Verschandelung ganzer Küstenstriche und Strände mit sich gebracht und stellt nicht zuletzt auch eine ernsthafte Bedrohung für seltene Tiere wie die Caretta-caretta-Schildkröte dar. Hinzu kommen Veränderungen in den traditionellen Sozialstrukturen der Insel: Junge Menschen wandern aus den Bergdörfern ab, weil sie sich lieber als Kellner in einer Strandkneipe oder als Zimmermädchen im Hotel verdingen, als sich auf den Feldern zu plagen. Nicht zu vergessen schließlich die Konfrontation mit mittel- und westeuropäischen Sitten, die gravierende Umwälzungen mit sich gebracht hat und oft die Ursache für sozialen Unfrieden, Neid und Konkurrenzdenken untereinander ist. Diese und ähnliche Faktoren sind der Preis, den man für den relativen Wohlstand durch den Tourismus zahlen muss.

Mythische Wesen bewachen die Küste

Geschichte

Frühe Geschichte und Mythologie

Über die früheste Geschichte der Insel ist nicht viel bekannt. In der Bucht von Laganás hat man einige spärliche Siedlungsspuren aus dem Neolithikum (Jungsteinzeit) gefunden. Ob das Eiland von dieser Zeit an dauerhaft bewohnt war, ist nicht sicher. Jedenfalls legte man bei Kerí und Kambí Gräber frei, die man in die mykenische Zeit datiert.

Nach Homer soll ein Sohn des legendären trojanischen Königs Dárdanos namens Zákynthos mit einigen Leuten aus Arkadien (Peloponnes) zwischen 1600 und 1500 v. Chr., also zu Beginn des mykenischen Zeitalters in Griechenland, auf die Insel gekommen sein und eine Burg namens Psofída oder Psophís auf dem heutigen Kástro-Hügel gegründet haben, in deren Schutz sich allmählich eine Stadt entwickeln konnte. Dafür spricht auch, dass man auf Zákynthos später noch jahrhundertelang die Jagdgöttin Ártemis verehrte, ein Kult, der für Arkadien besonders charakteristisch war.

Der antike Geschichtsschreiber Thukydides meint dagegen, Archäer seien die ersten griechischen Siedler gewesen, aber auch die kamen vom Peloponnes und gelten als die Träger der mykenischen Kultur. Nicht auszuschließen, dass es sowohl Arkadier als auch Archäer waren, die etwa zeitgleich das Griechentum nach Zákynthos brachten. Und da man auch auf den Nachbarinseln Kefaloniá, Lefkáda und Ithaka mykenische Siedlungsreste gefunden hat, kann man davon ausgehen, dass diese Kultur auch auf Zákynthos Wurzeln geschlagen hat. Zumal Homer auch berichtet, das „waldreiche Zákynthos“ habe später zum Königreich Ithaka gehört und unter der Führung des listenreichen Odysseus um 1200 v. Chr., also gegen Ende der mykenischen Epoche, mit mehreren Schiffen am Trojanischen Krieg teilgenommen. Einige junge zakynthische Adlige sollen auch zu den aufdringlichen Freiern gehört haben, die um die Hand seiner Frau Penelope warben, während Odysseus auf der Heimfahrt von Troja zehn Jahre auf dem Meer umherirrte.

Die Rache des Odysseus bringt Zákynthos die Freiheit

Nach etwa 20 Jahren, darunter eine 10-jährige Irrfahrt mit mehreren gefahrvollen Abenteuern, nach Ithaka zurückgekehrt, verkleidete sich Odysseus auf Rat der Göttin Athena hin als Bettler und gelangte so unerkannt in seinen Palast. Dort hielten sich mittlerweile mehr als hundert Freier auf, darunter auch etwa zwanzig aus Zákynthos, die sich die Zeit mit ausschweifenden Gelagen und aufdringlichen Brautwerbungen vertrieben. Mehr als drei Jahre lang hatte Penelope diese dadurch hingehalten, dass sie vorgab, zunächst für ihren Schwiegervater Laertes ein Leinentuch weben zu müssen, das sie nachts immer wieder heimlich auftrennte. Der verkleidete Odysseus stahl nun den Freiern heimlich die Waffen, während Penelope ihnen verkündete, sie wolle den heiraten und damit zum König machen, der mit dem schweren Bogen ihres verschollenen Mannes am besten schießen könne. Keiner der Freier schaffte es, diesen Bogen überhaupt zu spannen, nur dem „Bettler", der auch mitschießen durfte, gelang es, und er traf zur Verblüffung aller das Ziel. Anschließend metzelte er zusammen mit seinem Sohn Telémachos, dem er sich zuvor schon geoffenbart hatte, nahezu alle Freier nieder, sodass der Palast voller Blut und Leichen zurückblieb.

Diese Morde des Odysseus sollen der Anlass gewesen sein, dass sich die Inseln Kefaloniá und Zákynthos von der Herrschaft Ithakas befreiten. Zwar blieb man noch eine Zeit lang tributpflichtig, aber beide Inseln erhielten durch die Vermittlung von Neptólemos, einem Sohn des Achilleus, der als Schiedsrichter zwischen Odysseus und den Verwandten der ermordeten Freier bestellt wurde, das Selbstbestimmungsrecht zugesichert. Möglicherweise schildert Homer mit dieser mythischen Geschichte nichts anderes als einen Aufstand der von Ithaka beherrschten Inseln. Zákynthos soll sich danach jedenfalls eine demokratische Verfassung gegeben haben.

Zákynthos in der Zeit der griechischen Antike

In den folgenden Jahrhunderten scheint es den Zakynthern wirtschaftlich recht gut gegangen zu sein. Hauptverantwortlich dafür waren der fruchtbare Boden im Ostteil der Insel, das begehrte Pech aus den Quellen beim heutigen Dorf Kerí und auch die günstige geographische Lage zwischen West und Ost, die den Handel erblühen ließ.

Die Bevölkerung nahm zu, und die Zakynther gründeten Kolonien, sogenannte „Tochterstädte", in Sizilien, Süditalien, Spanien, auf Kreta und auf der Kykladeninsel Páros. Früher als die meisten Stadtstaaten auf dem Peloponnes prägte man schon im 6. Jh. Silbermünzen, auf denen Apollon abgebildet war. Wie zu seiner Schwester Ártemis hatten die Zakynther zu diesem Gott der Künste eine ganz besondere Beziehung; schon damals scheinen sie Kulturellem gegenüber sehr aufgeschlossen gewesen zu sein. Wo sich größere Ansiedlungen auf der Insel befanden, ist nicht sicher, denn die zahlreichen Erdbeben führten dazu, dass kaum Siedlungsreste gefunden wurden. Immerhin entdeckte man auf dem heutigen Kástro-Hügel

Die idyllisch gelegenen Ruinen des Kástros zeugen von einstiger Größe

eine marmorne Skulptur einer Göttergruppe (Apollon, Ártemis und Aphrodite) sowie jede Menge Münzen. Deswegen ist sicher, dass hier, im Schatten ihrer Akrópolis (der legendären Burg Psophís), die einzige größere antike Stadt der Insel lag, in der damals, so wird geschätzt, insgesamt etwas mehr als 20.000 Menschen lebten.

An den Kriegen der Griechen gegen die Perser beteiligte die Insel sich erst ganz zum Schluss. Als dann der langjährige Konkurrenzkampf zwischen Sparta und Athen ausbrach, war sie zunächst mit den peloponnesischen Spartanern verbündet, wurde aber 455 v. Chr. nach einem Sieg der Athener genötigt, die Front zu wechseln. Wie Thukydides berichtet, schickten die Zakynther 434 v. Chr. immerhin 1000 schwer bewaffnete Soldaten dem von Korinth bedrängten befreundeten Inselstaat Kérkira (Korfu) zu Hilfe, eine im Verhältnis zur Größe der Insel enorme Zahl. Im nun folgenden Peloponnesischen Krieg gehörten die Zakynther zu den Bundesgenossen Athens. 430 v. Chr. wurde ihre Insel deshalb von 100 spartanischen Schiffen angegriffen, die aber wegen des Widerstands der Zakynther wieder abziehen mussten. Fünfzehn Jahre später kämpften sie an der Seite Athens gegen die sizilianische Stadt Syrakus. Nach der vernichtenden Niederlage geriet die Insel doch unter den Einfluss Spartas, ein oligarchisches Regiment nach spartanischem Vorbild wurde eingesetzt, und die Anhänger der Demokratie mussten in die Verbannung gehen. 375 v. Chr. kehrten sie unter dem Schutz des Athener Feldherrn Timótheos nach Zákynthos zurück, und die Demokratie setzte sich schließlich, begünstigt durch den endgültigen Friedensschluss zwischen Athen und Sparta, wieder durch. Dies zeigt sich auch daran, dass man 357 v. Chr. den aus seiner Heimat fliehenden Syrakuser Dion nicht nur aufnahm, sondern ihm höchste Ehre erwies und ihm vor allem gestattete, auf der Insel Söldner zusammenzuziehen, um seine Vaterstadt Syrakus von dem Tyrannen Dionýsios dem Jüngeren zu befreien. Gegen Ende des 3. Jh. v. Chr. fiel Zákynthos schließlich in die Hände der Makedonier.

Zákynthos im Römischen Reich

Im Jahr 150 v. Chr. wurde Zákynthos durch den General Fulvius trotz heftiger Gegenwehr seiner Bewohner endgültig ins Imperium Romanum eingegliedert, nachdem die Insel etwa 50 Jahre zuvor schon einmal von den Römern erobert, aber gegen die Makedonier nicht gehalten werden konnte. Zunächst von römischen Stadthaltern regiert, wurde ihr dann eine gewisse Selbstverwaltung zugebilligt. Allerdings musste man Steuern nach Rom entrichten und ein bestimmtes Kontingent Soldaten für die römische Armee abstellen. Das Verhältnis zwischen Zakynthern und den Herren aus Rom entspannte sich mehr und mehr, und als 87 v. Chr. Archelaos, der General des Königs Mithridates von Pontus und Erzfeind Roms, die Insel erobern wollte, kämpften die Einheimischen an der Seite der Römer und schlugen den Feind in die Flucht, während andere griechische Regionen offen mit Mithridates sympathisierten.

Ein Problem, von dem auch Zákynthos mehrfach betroffen war, stellte in dieser Zeit das Seeräuberwesen dar. Pompejus „säuberte" mit einem Spezialkommando in 50 Tagen das Mittelmeer und siedelte 20.000 Piraten in Kleinasien an, was den Römern bei den Zakynthern weitere Wertschätzung einbrachte. Aufgrund der Lage auf einer vielfach befahrenen Handelsroute sowie stabiler politischer Verhältnisse in der römischen Kaiserzeit erlebte Zákynthos, das zur Provinz Achaía gehörte, eine Periode des Wohlstands. Immer wieder soll die Insel Reiseziel römischer Intellektueller gewesen sein, möglicherweise diente sie zeitweise auch als Verbannungsort für vornehme römische Bürger, die man nicht allzu schwer bestrafen wollte

Zákynthos im byzantinischen Zeitalter

Als nach dem Tod des Kaisers Theodosius I. das immer schwächer werdende Imperium Romanum im Jahre 395 endgültig in ein weströmisches und ein oströmisches Reich geteilt wurde, gehörte Zákynthos, wie ganz Griechenland, zu Letzterem mit der Hauptstadt Konstantinopel (Byzanz). Aber es lag am Rande dieses Reiches und hatte in der Folgezeit unter ständigen Überfällen zu leiden. Piraten trieben ihr Unwesen, Hunnen und vor allem die Vandalen unter ihrem König Geiserich, Ostgoten, dann Sarazenen raubten, plünderten, vergewaltigten, mordeten und zerstörten auf Zákynthos. Die byzantinischen Streitkräfte kamen zwar immer mal wieder zu Hilfe, waren aber letztlich nicht stark genug, die weiter entfernt liegenden Reichsgebiete wirklich zu schützen und für dauerhafte Ruhe zu sorgen.

Zákynthos gehörte anfangs zur Provinz Illyrien, dann war es sogar mit dem zeitweiligen byzantinischen Besitz in Norditalien um Ravenna ein „Thema" (Verwaltungsbezirk) und wurde ab 887 zusammen mit den anderen Ionischen Inseln zum „Thema Kefaloniá". Die Bevölkerung war in drei Klassen eingeteilt, in die der Großgrundbesitzer, die der Arbeiter und Händler sowie die der Bauern.

Auch die Kreuzritter setzten Zákynthos stark zu. Sizilianische Normannen plünderten auf dem Rückweg vom zweiten Kreuzzug die Insel, 1147 besetzten sie sie unter ihrem Führer Roger I. erneut. Mit letzter Kraft gelang es den Byzantinern, Zákynthos und die anderen Ionischen Inseln noch einmal zu befreien.

Zákynthos unter wechselnder Herrschaft

Doch die Uhr war im Ionischen Meer bald endgültig abgelaufen für Byzanz. 1185 wurden Zákynthos und seine Nachbarinseln erneut von den Normannen erobert.

Damit waren sie endgültig aus dem Byzantinischen Reich herausgelöst und wurden vom sizilianischen König Wilhelm II. seinem Großadmiral Margaritone von Brindisi als Lehen überlassen. Anfang des 13. Jh. gingen sie dann an die italienische Grafendynastie der Orsini über. Diese verfolgten das Ziel, in ihrer Grafschaft Kefaloniá-Zákynthos mit allen Mitteln den Katholizismus durchzusetzen. Sie verboten – für die Insulaner mit das Schlimmste – den orthodoxen Glauben und lösten den orthodoxen Bischof durch einen römischen ab. Zumindest die letzten Vertreter der Dynastie scheinen skrupellose Herrscher und Abenteurer gewesen zu sein, die nicht davor zurückschreckten, sich gegenseitig umzubringen, wenn es dem Machterwerb bzw. -erhalt dienlich war. Gewalt, Intrigen, Verschwörungen und Morde waren an der Tagesordnung, und als 1335 der letzte Orsini von seiner Frau vergiftet wurde, fiel die Grafschaft Kefaloniá-Zákynthos in die Hände der Anjou, der Könige von Neapel. Diese schenkten sie rund zwanzig Jahre später der florentinischen Familie de Tocchi, unter der Zákynthos zunächst wirtschaftlich und kulturell aufblühte. Die Menschen genossen nun auch wieder Religionsfreiheit.

Anfang des 15. Jh. trat mit den osmanischen Türken eine neue Weltmacht im griechischen Raum in Erscheinung. Die de Tocchi, die ihre Grafschaft um Teile des Festlands und Albaniens vergrößert hatten, führten mehrere Kriege gegen sie, siegten, verloren aber häufiger, schlossen Friedensverträge, mussten Gebiete abtreten und Tribut zahlen. Als sie Letzteres nicht mehr konnten, schickte der türkische Sultan 1479 seine Flotte, um Zákynthos zu besetzen. Der letzte De-Tocchi-Herrscher war zuvor nach Italien geflohen und hatte dort seinen ihm verbliebenen Besitz, darunter auch Zákynthos, noch schnell an den Dogen von Venedig verkauft. Die Venezianer verhandelten nun mit den Türken, und in einem diplomatischen Meisterstück gelang es ihnen, die Osmanen dazu zu bringen, ihnen Zákynthos für jährlich 500 Golddukaten wieder abzutreten. Dieser im Jahre 1485 geschlossene Vertrag sollte sich für Zákynthos zunächst als Glücksfall erweisen. Es blieb nämlich, wie die anderen Ionischen Inseln auch, von der jahrhundertelangen Herrschaft der Türken, unter der ansonsten ganz Griechenland zu leiden hatte, verschont und nahm eine gänzlich andere Entwicklung.

Zákynthos unter venezianischer Herrschaft

Unter den Venezianern erlebte Zákynthos einen deutlichen Aufschwung. Die Bevölkerung wuchs stark an und erreichte mit knapp 25.000 Bewohnern bald wieder die Zahl wie zu ihrer Blütezeit in der Antike. Viele Einheimische, die vor den Türken geflohen waren, kehrten zurück. Zudem lockten die neuen Herren aus der Lagunenstadt durch Steuervergünstigungen und andere Privilegien Landsleute auf die Insel, darunter recht viele Adlige. Schon bald pries man die nun offiziell Zante genannte Insel als „Fior di Levante“, als „Blume des Ostens“. Ein moderner Verwaltungsapparat entwickelte sich, neue Siedlungen entstanden, und ein großer Handelshafen, Straßen sowie prachtvolle Gebäude und Kirchen wurden gebaut. Auch die schönen Künste blühten auf, wobei sich Venezianisch-Westliches mit Griechisch-Östlichem vermischte, sodass eine typisch zakynthische Kultur entstand. Deren Zentrum war die sich im Laufe der Zeit deutlich vergrößernde Inselhauptstadt, die damals Äjalos hieß und auch schon mal als „Florenz Griechenlands“ bezeichnet wurde. Die Akzeptanz der Venezianer bei den Zakynthern war zunächst auch deshalb recht hoch, weil sie – im Vergleich zu den vergangenen Jahrhunderten – für ruhige, relativ friedliche und stabile Verhältnisse sorgten und Religionsfreiheit gewährten.

Manche Häuser weisen heute noch die venezianischen Farben auf

Regierungsform war die aristokratische Oligarchie, d. h. ein Adligenrat verwaltete die Insel, dem ein sogenannter „Prevedouros", ein oberster Führer, vorstand. Dieser unterstand direkt dem „Oberprevedouros", dem höchsten Repräsentanten Venedigs auf den Ionischen Inseln, dessen Sitz in Korfu war. Wie in allen damals von der Dogenrepublik beherrschten Regionen teilte man auch auf Zákynthos die Gesellschaft strikt in drei soziale Klassen ein. An oberster Stelle standen die „Nobili", die Adligen, fast ausschließlich Venezianer. Sie waren Großgrundbesitzer und alle im sogenannten „Libro d'Oro", im Goldenen Buch, eingetragen. Die zweite Klasse bildeten die „Civili", die Bürgerlichen, wozu z. B. Anwälte, Lehrer, Händler und Priester gehörten. Ihnen ging es in der Regel nicht schlecht, politisch aber waren sie rechtlos. Ganz unten war die zahlenmäßig größte Gruppe angesiedelt, die „Popolari", also Seeleute, Handwerker, Bauern und Landarbeiter, die im Laufe der Zeit immer skrupelloser ausgebeutet und dazu noch als Soldaten rekrutiert wurden. Teilweise hatten sie den Status von Leibeigenen. Es war die unersättliche Habgier der Nobili, welche zu immer schärfer werdenden Spannungen führte, die sich von 1528 bis 1632 in einem Aufstand der Populari gegen die Adligen entluden. Doch der Doge in Venedig schickte Truppen, die die Revolte schließlich blutig niederschlugen.

Diese „Rebellion der Populari" war nicht die einzige kriegerische Auseinandersetzung in der immerhin mehr als 300 Jahre andauernden Herrschaft der Venezianer. Mehrfach mussten türkische Angriffe und Piratenüberfälle abgewehrt werden. 1571 nahmen zakynthische Schiffe an der berühmten Seeschlacht von Náfpaktos teil, bei der es den vereinigten christlichen Mächten gelang, den türkischen Vorstoß ins westliche Mittelmeer zu stoppen.

Doch zwischen 1645 und 1669 mussten die Zakynther im Krieg um Kreta mit ihren Herren erneut gegen die Türken kämpfen. Venedig verlor zwar seine dortigen Besitzungen an die Osmanen, erreichte aber in einem Friedensvertrag immerhin, dass es die jährlichen Abgaben für den Besitz von Zante nicht mehr zahlen musste. Nach diesem Krieg zogen zahlreiche Kreter nach Zákynthos um und bereicherten nachhaltig die dortige Kultur. Schließlich unterstützten Soldaten aus Zante im Rahmen eines russisch-türkischen Krieges einen erfolglosen Aufstand der Festlandsgriechen gegen die türkischen Besatzer. Danach kamen etwa 8000 Flüchtlinge vom Peloponnes auf die Insel.

Die Nikolauskirche wurde einst von Fischern erbaut

Ende des 18. Jh. geriet die venezianische Herrschaft auf Zákynthos, wie in anderen von der Markus-Republik beherrschten Gebieten auch, in immer größere Schwierigkeiten. Die repräsentativen Gebäude, die teuren Kirchen und die enormen Rüstungsausgaben hatten Unsummen verschlungen, und die Bevölkerung litt schwer unter der erdrückenden Steuerlast. Außerdem waren viele Populari und Civili in den Bann der Französischen Revolution geraten – auf der Insel wurde sogar ein Jakobinerverein gegründet. Immer massiver wurden die Forderungen nach Freiheit, Gleichheit und Brüderlichkeit. Als schließlich der letzte Prevedouros der Venezianer am 14. Juli 1797 die Segel strich, jubelte und tanzte das Volk auf den Straßen von Zákynthos und feierte stürmisch die zur Unterstützung des Umsturzes auf der Insel gelandeten französischen Soldaten. Das Libro d'Oro – Adelsregister und verhasstes Symbol der venezianischen Herrschaft – wurde demonstrativ öffentlich verbrannt, man pflanzte feierlich einen Friedensbaum, und auf dem Kástro wurde die Flagge der französischen Demokraten aufgezogen.

Zákynthos zwischen venezianischer und englischer Herrschaft

Zusammen mit den anderen Ionischen Inseln war Zákynthos 1797 im Vertrag von Campoformio – darin wurde das Ende der „Republik von San Marco" besiegelt – dem revolutionären Frankreich zugesprochen worden. Unter der Führung des französischen Konsuls Charles de Guys bildete man unter Ausschluss der Adligen einen Inselrat. Die Bürgerrechte wurden ausgerufen, alle Adelstitel abgeschafft. Man führte die allgemeine Schulpflicht ein, und die Gemeinden auf der Insel verwalteten sich unter der Regie von Bürgermeistern, die aus dem Volk stammten, selbst. Doch schon ein Jahr später, am 25. Oktober 1798, bereiteten der russische Zar und der türkische Sultan dem „demokratischen Spuk" mit der Vertreibung der Franzosen ein Ende. Die Nobili kehrten zum großen Teil in ihre alten Positionen zurück, Zákynthos wurde zusammen mit den anderen Ionischen Inseln Teil der „Unabhängigen Republik der Eptaníssou" (sieben Inseln), die unter russischer Schutzherrschaft stand und an die Türkei Steuern abführen musste. Immerhin war dies seit der Antike – wenn auch nur wenige Jahre lang – das erste nicht von fremden Herrschern direkt verwaltete Gebiet Griechenlands. Es folgte ein erneutes kurzes Intermezzo des nun napoleonischen Frankreich, bis 1809 englische Marinesoldaten die Insel besetzten. Für einige Jahrzehnte wehte nun die Flagge des britischen Empire auf dem Kástro.

Zákynthos unter englischer Herrschaft

1814 machten die Engländer mit Zustimmung der übrigen europäischen Großmächte (Wiener Kongress) Zákynthos und die anderen Ionischen Inseln offiziell zu ihrem Protektorat, das sie mit harter Hand regierten, sodass es sich im Prinzip um eine Kolonie handelte. Insbesondere der erste Gouverneur, Thomas Maitland, griff so hart durch, dass sich die Zakynther sogar mit einer Petition an den englischen König Georg IV. wandten, in der sie – natürlich erfolglos – um eine Änderung der neu eingeführten Verfassung baten. Auf der anderen Seite kümmerten sich die Engländer aber auch um den Aufbau einer modernen Infrastruktur. Wasserleitungen wurden verlegt, Straßen und Brücken gebaut, öffentliche Gebäude renoviert, man eröffnete eine Druckerei und verbesserte das Gesundheits- und Erziehungswesen.

Obwohl es den meisten Zakynthern in dieser Zeit nicht schlecht ging, kam es immer wieder zu Auseinandersetzungen mit den Engländern. Ein wichtiger Grund dafür war sicher der, dass im jahrhundertelang von den Osmanen besetzten Griechenland die Unabhängigkeitsforderungen immer drängender wurden und auch auf den Ionischen Inseln auf fruchtbaren Boden fielen. Vorbereitet wurde der griechische Freiheitskampf v. a. von zwei Geheimgesellschaften, der „Filémousos" und der „Filikí Etairía" („Geheimbund der Befreundeten"). Letztere hatte auch auf Zákynthos viele Mitglieder und Sympathisanten.

Britischer Friedhof in Zákynthos-Stadt

Der Weinbau hat große Tradition: Geräte aus alter Zeit

Als dann 1821 tatsächlich der Befreiungskrieg ausbrach, nahmen auch einige Zakynther aktiv daran teil, obwohl die Engländer mit drastischen Sanktionen gedroht hatten. Der einflussreiche Dionýsios Rómas gründete auf der Insel ein Komitee, das sich um die Versorgung und den Nachschub für die Freiheitskämpfer bemühte. Insbesondere beim berühmten Kampf um Messolónghi, an dem auch Lord Byron beteiligt war, taten sich auch Zakynther hervor. In dieser Zeit schrieb der zakynthische Dichter Dionýsios Solomós auf der Insel seine berühmte „Hymne an die Freiheit", die später vertont und zur Nationalhymne der Hellenen wurde.

Nachdem der Staat Griechenland 1830 gegründet worden war, wollten auch Zákynthos und die anderen Ionischen Inseln beitreten, doch das ließen die Engländer nicht zu. Auf der Insel kam es nun ständig zu Rebellionen. Immerhin erreichte man die Abschaffung der Zensur sowie die Zulassung politischer Parteien, und 1850 kam es tatsächlich zu freien Wahlen. 40 Männer aus Zákynthos zogen als Abgeordnete ins Parlament der Ionischen Inseln auf Korfu ein. Ihre Parteizugehörigkeit zeigt deutlich, was die Insulaner damals wollten. 30 Gewählte gehörten der Partei der „Radikalen" an, deren vordringliche Ziele die Vertreibung der Briten und der Anschluss an Griechenland waren. Vier Abgeordnete stellten die „Reformatoren", denen es nur um Verbesserungen auf der Insel unter der englischen Verwaltung ging, und sechs gehörten der Partei der „Reichen" an, die englandfreundlich gesinnt war. Nun wurde der Kampf um den Anschluss ans Mutterland auch auf parlamentarischer Ebene ausgetragen. Aber erst nach der Absetzung des aus Bayern stammenden und von den Briten wenig geliebten Königs Otto von Griechenland und der Wahl seines Nachfolgers, des Dänen Georg I., der mit dem englischen Königshaus verschwägert war, gab die Regierung dem Drängen des ionischen Parlaments nach Vereinigung der Inseln mit Hellas nach, und am 21. Mai 1864 wurde endlich die griechische Fahne auf dem Kástro aufgezogen.

Zákynthos im griechischen Staat

Nachdem der Jubel über die Vereinigung mit Griechenland abgeklungen war, erlebte Zákynthos einen Niedergang. Zu groß waren die ökonomischen und sozialen Probleme des jungen Staates. Negativ für die Insel, auf der 1879 etwa 45.000 Menschen lebten, wirkte sich auch die Eröffnung des Kanals von Korinth im Jahre 1893 aus, denn bis dahin war sie wichtiger Hafen und Warenumschlagplatz entlang der griechisch-italienischen Schiffsroute gewesen.

Der Erste Weltkrieg ging ohne nennenswerte Ereignisse an der Insel vorbei, doch die Weltwirtschaftskrise 1929/30 traf sie, wie das gesamte Land, fürchterlich. Die für den Export bestimmte Produktion von Korinthen und Wein konnte auf dem Weltmarkt nicht mehr verkauft werden. Außerdem war bereits zuvor, nach der vernichtenden Niederlage Griechenlands gegen die Türkei 1922, ein Heer von Griechen aus Kleinasien vertrieben worden, von denen einige auch auf Zákynthos angesiedelt wurden, was die Situation auf der Insel noch verschärfte.

Was macht man nicht alles für den Tourismus

Während des Zweiten Weltkriegs wurde Zákynthos zunächst von den Italienern besetzt – Mussolini plante, einen erneuten ionischen Staat unter italienischer Vorherrschaft zu errichten – und dann von der deutschen Wehrmacht eingenommen, was den massiven Widerstand der Insulaner hervorrief. Die Insel wurde mehrfach bombardiert, und zwar sowohl von den Alliierten wie von den Deutschen. Zum Glück hielten sich die Schäden in Grenzen. Verheerend war dann hingegen das Erdbeben von 1953, das beinahe die gesamte Insel dem Erdboden gleichmachte. Doch die Zakynther ließen sich nicht unterkriegen, bewundernswert ihre Leistungen beim Wiederaufbau, auch wenn vieles aus der Blütezeit der Insel für immer verloren ging. Danach setzte eine Auswanderungswelle ein, Mitteleuropa und die USA sowie Kanada waren die bevorzugten Ziele. Erst der Tourismus, von dem Zákynthos heute zum großen Teil abhängig ist, brachte ab den 80er Jahren des 20. Jh. wieder einen wirtschaftlichen Aufschwung.

Das Osterfest wird ausgiebig gefeiert

Kultur und Brauchtum

Wer auf Zákynthos bedeutende Zeugnisse aus der Antike sucht, wird enttäuscht sein. Auch aus der byzantinischen Epoche ist nicht viel übrig geblieben. Das liegt nicht daran, dass die Insel in diesen Zeiten nichts hervorgebracht hätte, vielmehr sind die enorm vielen Erdbeben mit ihren Zerstörungen daran schuld.

Dafür entwickelte sich seit dem 16. Jh. eine blühende Kultur, wie sie so – mit Ausnahme Korfus – in Griechenland nirgendwo entstanden ist. So nannte man Zákynthos bzw. Zante nicht nur „Fior di Levante", sondern auch „Klein-Paris" und „Florenz des Ostens", weil in der Literatur, der bildenden Kunst, der Musik und Architektur Beachtliches geschaffen wurde. Immerhin gründete man hier bereits im 16. Jh. die erste griechische Akademie. Die kunstfreudigen, weltgewandten Venezianer, jahrhundertelang die Herrscher über die Insel, waren dafür verantwortlich, auch einige vor den Türken geflohene Kreter, darunter bekannte Poeten und Maler, die sich hier niederließen. Es kam zu einer Vermischung griechisch-östlicher und italienisch-westlicher Kultur, wobei Letztere dominierte, war doch Italienisch bis 1852, also lange nach dem Abzug der Venezianer, Amtssprache.

Deren relativ liberales Regiment, der durch sie begründete Wohlstand der Insel und auch die Sicherheit nach außen förderten neben dem „dolce vita" eben auch das Geistesleben, das aber ausschließlich vom Adel und Teilen des Bürgertums getragen wurde, während sich die einfachen Leute auf den Äckern plagten. Aber es färbte auch ab: Denn heute noch nehmen die schönen Künste einen großen Stellenwert bei den Zakynthern ein, was sich nicht nur in der Beliebtheit der Kantaten, sondern auch in zahlreichen kulturellen Aktivitäten – Theatervorstellungen, Konzerten, Ausstellungen, Vorträgen etc. – zeigt, die in einem mehrtägigen Kulturfestival im August jeden Jahres gipfeln. Und nicht zuletzt sagt man in Hellas den Zakynthern viel Esprit nach.

Italienisch-griechisches Sprachgemisch

Fremde Herrscher hinterlassen ihre Spuren – das ist bekannt. In Zákynthos wird das an Gebäuden, Plätzen, Gemälden und Kirchtürmen sichtbar. Hörbar ist es an den Liedern, aber auch an der Sprache der Zakynther. Die Oma heißt hier nämlich wie im Italienischen „nóna“, das Schlafzimmer „kámera“, eine Blume nennt man „fióro“, und Fleisch kauft man in der „makeliá“, jenseits des Meeres „macelleria“ genannt. Die vielen Italiener, die so gerne auf Zákynthos Urlaub machen, finden diese Einsprengsel natürlich wunderbar.

Auch für das Brauchtum auf der Insel sind die Venezianer direkt oder indirekt verantwortlich. Sie brachten z. B. den Karneval nach Zante, der bis heute nach venezianischem Vorbild gefeiert wird. Sie versuchten aber auch, den Katholizismus durchzusetzen, wogegen sich die Zakynther, aber auch die Einwohner der anderen Inseln mit Erfolg wehrten. So hielt man an den religiösen Traditionen fest, aber nicht nur das: Man suchte auch nach Vorbildern zur Wahrung der Identität. So ist es zu erklären, dass man volkstümliche Heilige verehrte, die bzw. deren Familien man kannte: auf Zákynthos den heiligen Dionýsios, auf Korfu den heiligen Spirídonas, auf Kefaloniá den heiligen Gerásimos. So sind einige der großen religiösen Volksfeste entstanden.

Literatur und Theater

Die Zakynther sind stolz auf ihre **Poeten.** Namen wie Panagiótis Doxarás, Hugo Fóskolos, Andréas Kálvos, Dionýsios Solomós und Grigóris Xenópoulos, um nur die allerwichtigsten zu nennen, werden Ihnen immer wieder auf Straßenschildern begegnen, oder Sie werden irgendwo ihre Büsten sehen. Alle diese Literaten sind in ganz Griechenland und darüber hinaus wegen ihrer Gedichte, Dramen und Erzählungen bekannt. Dem berühmtesten Sohn der Insel, Dionýsios Solomós, ist in der Chóra ein eigenes Museum gewidmet, in dem sich auch seine Grabstätte befindet (daneben die von Andréas Kálvos).

Natürlich etablierte sich im venezianischen Zante auch das **Theater.** Bereits 1571 führte man erstmals „Die Perser“ von Aischylos auf, wie die meisten folgenden Komödien, Tragödien und später auch Opern auf Italienisch und in den Salons der Herrschaftshäuser der Adligen. Theatergebäude errichtete man erst ab Anfang des 19. Jh., also zur Zeit der Briten. Erhalten ist keines mehr. Heute werden regelmäßig Aufführungen in der Freilichtbühne in Zákynthos-Stadt veranstaltet.

Eine ganz besondere Form des Theaters auf der Insel und ein großer Spaß mit ernstem Hintergrund sind die sogenannten **„Omílies“** (Gespräche), eine Art volkstümliches, satirisches bis groteskes Kabarett. Seine Wurzeln liegen in der venezianischen Commedia dell'Arte, doch ist auch einiges vom kretischen Volkstheater mit eingeflossen. Bei diesen Stegreifspielen wurde viel improvisiert, Darsteller waren nur Männer, die auch Frauenrollen spielten und Masken trugen. Die Verfasser der Omílies waren unbekannt, thematisiert wurden die Schwächen der Adligen,

Dionýsios Solomós – Nationalpoet und Volksdichter

Geboren wurde er am 8. April 1798 als Sohn eines begüterten Tuchhändlers in Zákynthos-Stadt. Seine Mutter war die Dienstmagd des Vaters. Schon als kleinen Jungen von 10 Jahren schickte man ihn zur Ausbildung nach Italien. Dort blieb er die nächsten Jahre und studierte in Venedig, Cremosa und Padua Jura, Philosophie und Philologie. Seine ersten Werke schrieb er folglich auf Italienisch. Erst nach seiner Rückkehr auf die Heimatinsel beschäftigte er sich mit dem Griechischen, und zwar mit der einfachen Sprache des Volkes. So ist überliefert, dass er mit Begeisterung den volkstümlichen Liedern eines blinden Sängers zuhörte. Und in dieser lebendigen, ausdrucksreichen, nicht sehr formstrengen Volkssprache, dem Dimothikí, schrieb er dann auch, obwohl sich die Gebildeten in Griechenland damals dieser schämten und ein verknöchertes, gestelztes Gelehrtengriechisch sprachen und schrieben, das viele Elemente des antiken attischen Dialekts enthielt. Zwar hatte vor ihm schon der Zakynther Doxarás in der Volkssprache gedichtet, aber erst mit Solomós Werken wurde sie in der Literatur populär. Sein Bekenntnis dazu hatte damals aber auch patriotische Gründe, denn das Dimothikí war die Sprache der griechischen Freiheitskämpfer, die besser mit dem Gewehr als mit dem Federhalter umzugehen wussten. Zum großen Teil auf dem Stráni-Hügel über der Stadt, so zumindest die Überlieferung, schrieb das Mitglied des „Geheimbundes zur Befreiung Griechenlands" 1823 im Alter von 26 Jahren die „Hymne an die Freiheit". Deren erste vier Strophen wurden von dem aus Korfu stammenden Komponisten Nikólaos Mántaros vertont, sind seit 1864 die Nationalhymne Griechenlands und machten Solomós zum Nationalpoeten.

Statue des Nationalpoeten Solomós

Im Alter sammelte sich um ihn eine Gruppe von Literaten, die sogenannte Ionische Dichterschule, deren Vorbild er war. Zu seinen bedeutendsten Werken zählen neben der „Hymne an die Freiheit" die Versdichtung „Die freien Belagerten", die vom Kampf der Griechen gegen die türkischen Unterdrücker handelt, und die Erzählung „Die Frau aus Zákynthos", eine Klage über die Gleichgültigkeit mancher Griechen über die Niederlage bei Messolónghi. Am 9. November 1857 starb er auf Korfu, seinen Leichnam überführte man auf seine Heimatinsel.

auch deren Ungerechtigkeiten. Besonders beliebt waren die deftigen Stücke auf den Dörfern, in der Stadt wurden sie nur während der Karnevalszeit gespielt.

Heute gibt es in vielen Orten auf Zákynthos Laienspielgruppen, die die Tradition der witzigen, ironischen Omílies fortsetzen. Die Themen haben sich gewandelt, kritisch sind sie aber immer noch, den Zuschauern wird der moralische Spiegel vorgehalten. Meist zur Karnevalszeit, aber auch im Sommer finden Aufführungen statt. Wenn sich Ihnen die Möglichkeit bietet und Sie sich für Theater interessieren, sollten Sie sich diesen Spaß nicht entgehen lassen.

Kantaten werden mit viel Inbrunst gesungen

Musik

Die Zakynther haben Musik im Blut. Schon in der Antike wurde auf der Insel Apollon, der oft mit einer Leier in der Hand dargestellte Gott der Künste, ganz besonders verehrt. Dieses Instrument fand sich auch auf der einen Seite von Münzen aus dieser Zeit, auf der anderen Seite war ein berühmter Inselmusiker abgebildet worden.

Zur Zeit der Venezianer pflegte man vor allem die Blasmusik, wie man sie heute noch bei Prozessionen erleben kann. Aber es entstand auch eine ganz besondere Form des Liedes, die **Kantate.** Diese unterscheidet sich deutlich vom traditionellen Liedgut auf dem Festland und den Ägäisinseln, ist viel getragener bzw. wird mit mehr Schmelz gesungen (meist mehrstimmig) und von Gitarren und/oder Mandolinen begleitet. Oft geht es um das Thema Nummer eins, die Liebe. Eine Sonderform der Kantaten, beeinflusst von der kretischen Gesangskunst, sind die **Arékia,** vierstimmige Lieder ohne Instrumentalbegleitung. In den typischen Musiklokalen der Hauptstadt, an der Uferpromenade Richtung Krionéri und oben in Bóchali, werden Kantaten und Arekía im Sommer nahezu jeden Abend gesungen und gespielt, die Instrumente hängen an den Wänden. Und natürlich bieten auch die Souvenirgeschäfte auf der Insel entsprechende Kassetten und CDs an.

Malerei

Wo immer man in Griechenland Kirchen oder Museen mit sakraler Kunst besucht, wird man feststellen, dass sich die figürlichen Darstellungen auf Ikonen und Fresken, ganz gleich ob aus dem 14., dem 17. oder dem 20. Jh., gleichen. Christus, die Panagía (= Muttergottes), Heilige – immer sind sie von vorne gemalt, immer erscheint ihr Blick mystisch-entrückt. In der Orthodoxie gelten sie als geoffenbarte Abbilder, daraus ergibt sich das Festhalten an überlieferten Vorbildern, d. h. eine bestimmte Figur wird immer auf die gleiche Weise und relativ abstrakt dargestellt. Bis ins kleinste Detail ist dem Maler ein traditioneller Kanon vorgeschrieben, auch die Maltechnik ist genau reglementiert, individuelle künstlerische Freiheit gibt es nicht. Untergeordnet ist alles der theologischen Aussage, daher signieren die Künstler ihre Werke auch nie.

Sakrale Malerei in Kirche und Museum

Andere sakrale Malerei bekommt man z. T. in den Kirchen auf Zákynthos (und den anderen Ionischen Inseln) zu sehen, vor allem aber im „Museum für nachbyzantinische Kunst“ in der Chóra. Manche Werke erinnern sehr viel mehr an das, was man aus katholischen Gotteshäusern kennt. Grund dafür ist wieder der italienisch-westliche Einfluss auf die einheimischen Künstler. Nachdem im Jahre 1484 die Herrschaft der Venezianer über Zákynthos begonnen hatte, wurden die Darstellungen ganz allmählich lebendiger und bewegter. Diese Tendenz verstärkte sich noch deutlich, als sich nach der Einnahme Kretas durch die Türken Mitte des 17. Jh., das bis dahin vier Jahrhunderte lang (seit 1204) ebenfalls von Venedig beherrscht war, viele kretische Maler auf der Flucht vor den Osmanen auf Zákynthos und anderen Ionischen Inseln niederließen (der berühmteste war Machaíl Damaskinós). Sie brachten ihren von der italienischen Malerei stark inspirierten kretischen Renaissancestil mit, der sich mit dem venezianisch-byzantinischen Stil auf Zákynthos vermischte, woraus sich dann im Verlauf der nächsten zwei Jahrhunderte ein eigener ionischer Stil entwickelte. Die Heiligen wurden nun natürlicher gemalt, es entstanden fröhliche, lachende, nicht überirdisch-mystische Figuren. Dimítrios und Geórgios Móskos, Panagiótis und Nikólaos Doxarás, Nikólaos Koutoúsis und Nikólaos Kantoúnis u. a. waren die wichtigsten Vertreter, studierten fast alle in Italien und gestalteten einige Kirchen auf Zákynthos aus. Die beiden Letztgenannten gingen aber auch weit über die Kirchenkunst hinaus, malten Szenen aus dem Alltagsleben, Stillleben und Porträts und beeinflussten so andere Künstler. Kantoúnis war auch politisch aktiv als Mitglied im

Absolut sehenswert ist das Museum für nachbyzantinische Kunst

Geheimbund zur Befreiung Griechenlands, was sich auch in einigen seiner patriotischen Bilder zeigt. Viele Werke der Maler der Ionischen Schule kann man im Museum in Zákynthos-Stadt anschauen, ein großer Teil hängt auch in der Nationalgalerie in Athen.

Traditionen und Bräuche

Die Mitgliedschaft Griechenlands in der EU, der ständig zunehmende Tourismus und sicher auch Fernsehen und Internet haben auch auf Zákynthos uralte Werte und Gewohnheiten ins Wanken gebracht. Doch wer genau hinschaut, wer nicht nur in den Touristenorten bleibt, sondern auch die Dörfer der Insel besucht und sich dort Zeit nimmt, der findet auch im Alltag noch Ursprüngliches, das sich trotz aller modernen Einrichtungen erhalten hat.

Am offensichtlichsten werden die Sitten und Bräuche natürlich bei den Festen. Dem Einfluss der Venezianer ist es zu verdanken, dass auf allen Ionischen Inseln der **Karneval** auch heute noch begeistert gefeiert wird, wenn auch nicht mehr ganz so ausgiebig wie zur Zeit der Herrschaft der Dogenrepublik über die Insel, als die Adligen sich bei rauschenden Bällen vergnügten und das Volk auf den Straßen tanzte und den Omílies-Rednern zujubelte. Heute feiern alle Zakynther zusammen. In der etwa zweiwöchigen Karnevalszeit finden in der Chóra, aber auch in den Dörfern Veranstaltungen statt, zu denen man verkleidet kommt, tanzt und singt. Und zwischendurch werden sie noch aufgeführt, die Omílies, die satirischen Spottgespräche (s. o. „Literatur und Theater"). Für das lustige Treiben der Kinder ist ein besonderer Tag reserviert, der **Piccolo Karnevali.** Höhepunkt ist dann der eigentliche Karnevalssonntag. Mittags wird zu Hause ein traditioneller im Ofen gegarter Braten mit Kartoffeln gegessen, dann geht man mehr oder weniger verkleidet in die

Stadt, um den närrischen Umzug anzuschauen. Anschließend wird auf dem Markusplatz eine aus Stoff und Stroh gebastelte Puppe mit viel Pomp verbrannt, die Masken werden symbolisch bestattet – der Karneval ist vorbei, und die Kirchenglocken künden den Beginn der Fastenzeit an.

Doch Griechenland wäre nicht Griechenland, wenn man nicht dieses an sich traurige Ereignis mit einem kleinen Fest begehen würde. Am darauf folgenden **„sauberen Montag"** – früher waren die Hausfrauen einen Tag lang damit beschäftigt, Küche und Haus von den Spuren des Karnevals zu säubern – macht man einen Ausflug ans Meer oder in die Berge und packt dort den Picknickkorb aus, der etliche Köstlichkeiten enthält: Maroúli-Salat (ein in Streifen geschnittener Blattsalat), frische Zwiebeln, jede Menge Meeresfrüchte und in Essig eingelegtes Gemüse. Dazu isst man die Laganá, ein längliches, flaches, mit viel Sesam bestreutes Brot, das nur an diesem Tag gebacken wird.

Prachtvolle Gewänder tragen die Bischöfe am Festtag des heiligen Dionýsios

So richtig streng halten sich auch in Zákynthos nur noch die Alten ans Fastengebot, am **Karfreitag** jedoch isst kaum jemand Öl oder Fleisch. Mittags um 14 Uhr, also zu der Stunde, in der Jesus gestorben sein soll, trägt man das Sinnbild des Gekreuzigten in einem an der Kirche Ágios Nikólaos tou Moloú beginnenden Schweigemarsch durch die Stadt – ein Brauch, den man sonst in Griechenland nicht kennt. Um 4 Uhr in der Nacht bzw. am frühen Morgen findet dann eine weitere Prozession statt, nun mit dem geschmückten Epitaph, dem Symbol des Grabes Jesu. In dieser Nacht wird aber auch allerhand Schabernack getrieben, so ähnlich, wie es in manchen Gegenden Mitteleuropas in der „Hexennacht" zum 1. Mai Brauch ist. Dabei werden z. B. Ladenschilder vertauscht – beim Metzger gibt es dann also frisches Obst –, Fahrräder „gestohlen", und Mülleimer bekommen Füße. Es soll auch schon vorgekommen sein, dass ein Esel einsam und allein am Solomós-Platz wartete, bis sein Herr ihn wiederfand. Am Samstag läuten die Glocken wieder, und man bereitet die **Feier der Auferstehung** vor. In der Chóra findet sie gegen Mitternacht am Markusplatz statt. Dabei muss der Bischof einen Wettlauf gegen die Zeit gewinnen. Die Worte der Liturgie spricht er so langsam oder so schnell, dass er genau um 24 Uhr mit den Worten „Christós anésti" (Christus ist auferstanden) endet. Kerzen werden entzündet, die Glocken sämtlicher Stadtkirchen läuten, Schiffssirenen im Hafen tuten, und Knallkörper werden entzündet. Anschließend servieren die Tavernen die traditionelle Ostersuppe Magirítsa, bestehend aus Innereien vom Lamm, Reis und Ei-Zitronensauce, dazu rote Eier und etliches mehr. Und am **Ostersonntag** fährt man dann mit der Familie in eines der Ausflugslokale oder grillt ein Lämmchen im eigenen Garten.

Schön sind auch einige der **Kirchenfeiertage in den Dörfern** auf Zákynthos (zum Dionýsios-Fest in der Chóra s. S. 110). Am Abend wird dann oft gemeinsam gegessen, gespielt und getanzt. Der beliebteste **Tanz** auf der Insel ist der Sírtos, ein Reihentanz im Zweivierteltakt, der aber in einzelnen Dörfern zahlreiche Varianten hat. Zu solchen Anlässen tragen die Tänzer oft auch die traditionellen **Trachten.** Diese waren je nach Gesellschaftsschicht verschieden und wandelten sich im Laufe der Zeit ab. Beispiele können Sie in der Bibliothek von Zákynthos-Stadt anschauen (s. S. 111). Zakynthische Tänze und Trachten bekommt man im Sommer auch oft im Freilichttheater in der Chóra bei Auftritten verschiedener Volkstanzgruppen der Insel zu sehen.

Nationale Feiertage

1. Januar	Neujahr und Fest des Ágios Vassílios – in Griechenland statt Weihnachten der Tag der Geschenke.
6. Januar	Epiphanie (Erscheinungsfest) – man feiert Jesu Taufe im Jordan und damit seine erste öffentliche „Erscheinung" als Licht im Dunkel der Welt. In den Küstenorten wirft in Erinnerung daran der Papás ein Kreuz ins Meer, das von jungen Männern im Wettstreit wieder heraufgeholt wird.
25. März	Griechischer Unabhängigkeits- und Nationalfeiertag. Erinnerung an den 1821 begonnenen Freiheitskampf gegen die Türken.
Katharí Devtéra	Am orthodoxen Rosenmontag, dem „sauberen Montag", endet der Karneval und beginnt die Fastenzeit.
Karfreitag/Ostern	Ein Erlebnis! Das Osterfest der griechisch-orthodoxen Kirche wird, da nach dem Julianischen Kalender berechnet, in der Regel später gefeiert als bei uns: 2010 am 4.4., 2011 am 24.4., 2012 am 15.4., 2013 am 5.5. Nur gelegentlich, wie in den Jahren 2010 und 2011, fallen die Termine zusammen.
1. Mai	Frühlingsfest und Tag der Arbeit.
Pfingsten	Ebenfalls ein bewegliches Fest, 50 Tage nach Ostern
15. August	Mariä Entschlafung – man gedenkt des leiblichen Todes Marias (der Panagía), eines der größten Feste in Griechenland (die eigentliche Himmelfahrt findet für die orthodoxe Kirche erst drei Tage später statt).
28. Oktober	„Óchi-Tag" – „Nein" (= „óchi") zu Mussolinis Ultimatum von 1940, das von der griechischen Regierung die Kapitulation forderte, Nationalfeiertag.
25./26. Dezember	Weihnachten – wird in den Familien mit einem großen Festessen gefeiert.

Lokale Feiern/Patronatsfeste

Manchmal nur mit einer Messe, oft auch mit einer Prozession, Musik und Tanz feiern die Bewohner der Dörfer und der Stadt ihre jeweiligen Kirchweihfeste.

10. Februar	Ágios Charálambos in Mariés.
Karneval	Umzug am Faschingssonntag in Zákynthos-Stadt. Am Abend findet eine große Veranstaltung auf der Platía Márkou statt. Höhepunkt ist das „Begräbnis der Masken".
23. April	Ágios Geórgios, einer der wichtigsten Heiligen der orthodoxen Kirche. In allen Gotteshäusern, die ihm geweiht sind, findet eine Messe statt, oft mit anschließender Feier. Besonders schön im Kloster Ágios Geórgios Krimnón. Falls dieses Datum in die Karwoche oder auf Ostern fällt, wird das Fest am Montag nach Ostern gefeiert.
Abend des Ostersonntag	Ágios Lázaros in Zákynthos-Stadt.
Montag nach Ostern	Feier der Gottesmutter als Quell des Lebens im Stadtteil Bóchali und in Kerí (wichtigstes Kirchenfest in diesem Bergdorf).
3. Mai	Agía Mávra in Macherádo.
21. Mai	Ágios Konstantínos und Agía Élena. Auf den Ionischen Inseln ein doppelter Festtag, da sie an diesem Tag mit Griechenland wiedervereint wurden. In der Chóra wird auf den Straßen ein Volksfest gefeiert. Schön ist auch das Fest in der Ágios-Konstantínos-Kirche in Plános/ Tsiliví.
2. Sonntag im Juli	Agía Mávra und Ágios Thimótheos in Macherádo. Eines der bedeutendsten Feste der Insel.
7. Juli	Agía Kiriakí in Alikanás.
22. Juli	Großer Feiertag der María Magdalena in Mariés.
26. Juli	Agía Paraskeví in Méssa Volíma.
27. Juli	Ágios Panteleímonas in Pigadákia.
15. August	Mariä Entschlafung in Katastári, Kerí und vielen anderen Orten mit Panagía-Kirche.
24. August	Ágios Dionýsios in Zákynthos-Stadt, aber auch in etlichen anderen Dörfern. Die Feier der Überführung des Leichnams des Heiligen von den Strophaden nach Zákynthos ist nach Ostern das größte Fest auf der Insel.
Letzter Samstag im August	Panagía Anafonítria im Kloster nahe beim gleichnamigen Ort.
21. November	Panagía Iperagáthou im gleichnamigen Kloster. Nach der Liturgie gibt es ein kostenloses Festmahl.
6. Dezember	Ágios Nikólaos in Áno Gerakári.
17. Dezember	Ágios Dionýsios in Zákynthos-Stadt. Man gedenkt des Todestags des Heiligen mit einer großen Prozession.

ΚΑΦΕΝΕΙΟΝ
ΤΟ
ΝΕΟΝ
ΝΙΚΟΛΑΟΥ ΑΚΤΥΠΗ

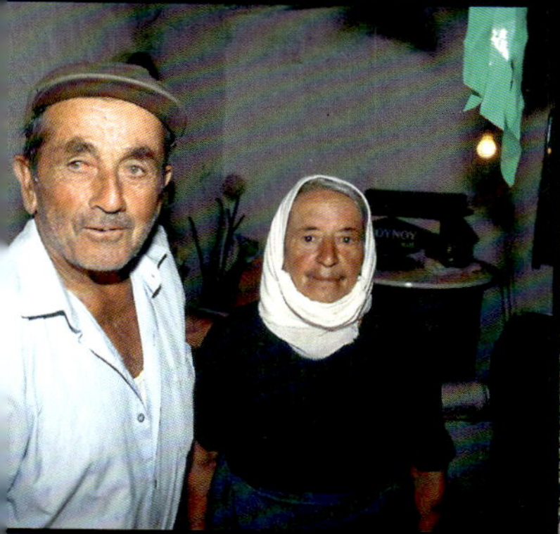

Reizvoll ist die Anreise über Venedig

Anreise

Am bequemsten und schnellsten ist die Insel mit dem Flugzeug zu erreichen. Von zahlreichen großen Flughäfen in Deutschland, Österreich und der Schweiz gelangt man in zwei bis drei Stunden per Charterflug vom regenverhangenen Mitteleuropa ins mediterrane Zákynthos. Selbst in der teuren Hochsaison werden Tickets bereits für 250 bis 360 Euro angeboten.

Alle anderen Verkehrsmittel lohnen nur, wenn man lange bleiben will oder zusätzlich ausgedehnte Trips in Griechenland plant. Immerhin gibt es ganzjährig sehr gute Fährverbindungen von mehreren italienischen Adriahäfen zum nahe gelegenen Peloponnes, im Sommer auch nach Kefaloniá, von wo man bis zu zweimal täglich nach Zákynthos übersetzen kann. Bei geschickter Planung ist die Insel so in etwa drei Tagen von Mitteleuropa aus zu erreichen.

Mit dem Flugzeug

Die schnellste Variante ist der **Charterflug direkt auf die Insel.** Mitteleuropäer können sie in der Saison von verschiedenen Flughäfen mehrmals in der Woche erreichen: Abflughäfen in Deutschland sind derzeit Berlin, Düsseldorf, Frankfurt/M., Hannover, München und Nürnberg. In Österreich starten die Jets von Graz, Linz, Salzburg und Wien, in der Schweiz von Bern, Genf und Zürich.

Jeweils einmal pro Woche wird derzeit von Frankfurt, Hannover, Köln-Bonn, München, Stuttgart, Wien und Zürich der an der Nordwestküste des Peloponnes gelegene **Flughafen Áraxos** angeflogen (z. B. Austrian Airlines, Hamburg International, Swiss, TUIFly). Von dort kommt man schnell nach Kilíni, wo die Fähren nach Zákynthos abfahren (s. S. 59). Inselhüpfer bevorzugen vielleicht einen Charterflug nach Korfu, um sich dann – per Boot oder Flugzeug – von Insel zu Insel immer weiter nach Süden in Richtung Zákynthos treiben zu lassen. Eine weitere Möglichkeit ist ein **Direktflug nach Athen** (Charter oder Linie), wo man in eine der im Sommer täglich verkehrenden Inlandsmaschinen von Olympic Airlines umsteigt, die einen in etwa einer Stunde nach Zákynthos fliegen.

Charterflüge

Von Anfang Mai bis Mitte Oktober bringen mehrere Chartergesellschaften Pauschaltouristen verschiedener Reiseveranstalter aus Deutschland, Österreich und oder Schweiz auf die Insel. Insbesondere in der Hauptsaison ist – vor allem für Familien mit Kindern – die **Pauschalbuchung von Flug und Unterkunft** anzuraten. Denn die Zimmersuche kann in dieser Zeit zu einem langwierigen Unternehmen ausarten, da im Sommer auch griechische Urlauber vermehrt nach Zákynthos kommen. Um im Dschungel von Saisonpreisen, Sonderarrangements und Billigangeboten das für sich günstigste Angebot zu finden, sollte man sich jedoch immer in mehreren Reisebüros informieren – nicht alle haben dieselben Veranstalter im Programm, und oft zahlt man bei verschiedenen Veranstaltern für die gleiche Leistung erheblich unterschiedliche Preise. Erfahrungsgemäß muss man in der Hauptsaison mit 460 bis 890 € pro Person und Woche in einem Doppelzimmer mit Frühstück rechnen; für Halbpension sollte man zwischen 750 und 990 €, für ein All-inclusive-Paket bis 1100 € einkalkulieren.

Wer möchte, kann auch auf **Kombi-Pauschalangebote** zurückgreifen und seinen Urlaub auf Zákynthos z. B. mit dem Besuch der Insel Kefaloniá oder mit einem Aufenthalt auf dem Peloponnes verbinden (zu buchen beispielsweise bei Attika). Ebenfalls möglich sind **Wander- und Studienreisen** auf den Ionischen Inseln, bei denen zusätzlich zum Pauschalarrangement aus Flug und Unterkunft die Wandertouren und Führungen gleich mitgebucht werden. Anbieter ist z. B. Studiosus Reisen, Riessstr. 25, 80992 München, ✆ 089/500600, ℻ 089/50060-100, www.studiosus.com.

Kreativurlaub vom Feinsten mit Programmen im Bereich Malen, Keramik, Tanz, Theater usw. bietet die Sommerakademie Griechenland, Dresdner Str. 81–85, A-1200 Wien, ✆ 01/58800-500, www.sommerakademie.at.

Only Flights, d. h. Flüge ohne Hotelbuchung oder sonstige Zusatzleistungen, kann man direkt bei den Chartergesellschaften, aber auch über die Reiseveranstalter buchen. Auch hier gilt: Suchen Sie verschiedene Reisebüros auf, vergleichen lohnt sich! Für einen Only-Flight direkt nach Zákynthos bezahlte man im Sommer 2009 ab München zwischen 230 und 350 €, ab Hannover 420 bis 450 €, ab Wien 340 bis 750 €, ab Zürich 180 bis 500 CHF.

Folgende Fluggesellschaften boten im Jahr 2009 aus Deutschland, Österreich und der Schweiz einen Direktflug nach Zákynthos an: Air Berlin, Austrian Airlines, Belair, Edelweiß Air, Hamburg International, Hello Air, LTU, NIKI, Swiss und TUIFly.

Linienflüge

Wer Zákynthos per Linie ansteuern will, muss in Athen in eine der Inlandsmaschinen der griechischen Fluggesellschaften Olympic Airlines oder Athens Airways umsteigen bzw. per Bus oder Taxi zum westpeloponnesischen Hafen Kilíni reisen und von dort die Fähre nehmen (zur Weiterreise per Flieger oder Fähre siehe „Innergriechische Verbindungen von und nach Zákynthos“ auf S. 58 ff.). Reguläre Linienflüge nach Athen werden von den großen Fluggesellschaften im deutschen Sprachraum fast täglich angeboten. Sie sind im Normaltarif zwar ausgesprochen teuer, doch wer rechtzeitig bucht, erhält eines der begehrten Sondertariftickets, die mit den Preisen der Chartergesellschaften durchaus konkurrieren können.

- *Gepäckmitnahme im Flugzeug* Auf allen internationalen **Linien- und Charterflügen** dürfen pro Pers. 20 kg Freigepäck mitgenommen werden, auf innergriechischen dagegen nur 15 kg. Wer aber aus dem Ausland kommt und einen Anschlussflug gebucht hat, darf seine 20 kg trotzdem kostenfrei mitnehmen.
- *Sportgeräte, Fahrrad usw.* Pro Pers. können bis zu 30 kg mitgenommen werden, die Gebühren sind je nach Fluggesellschaft unterschiedlich. Fahrrad, Surfbrett oder Taucherausrüstung kosten ca. 50 € hin und zurück. Auf Linienflügen zahlt man mehr. Wichtig sind rechtzeitige Anmeldung und sachgemäße Verpackung.
- *Flughafen in Athen* Alle Flugzeuge, also auch die innergriechischen, starten und landen auf dem etwa 27 km östlich von Athen gelegenen Großflughafen „Elefthérios Venizélos“. In die Stadtmitte (Haltestellen Sýntagma oder Monastiráki) kommt man am günstigsten mit der U-Bahn (Linie 3/blau, 6 €) oder einem Bus der Linie E 95 (ca. 3,20 €). Bequemer geht es mit dem Taxi, Preis ca. 35 €. Wer zu dem Zákynthos bedienenden Busterminal A in der Odós Kifissioú weiter will, kann diesen vom Flughafen rund um die Uhr mit einem Bus der Linie E 93 (ca. 3,20 €) erreichen. Alternativ dazu fährt man ab Monastiráki mit der U-Bahn (Linie 1/grün) zum Omónia-Platz und steigt dort in den Stadtbus Nr. 051 (ca. 1 €) zum Busterminal ein. Weitere Informationen s. S. 60.

Mit der Bahn oder dem eigenen Fahrzeug

Prinzipiell ist mit beiden Verkehrsmitteln sowohl der reine Landweg über den Balkan als auch die Route über Italien mit anschließender Fährüberfahrt nach Griechenland möglich.

Die **Balkanroute mit der Bahn** (über Zagreb und Belgrad) dauert ab München bis Thessaloníki insgesamt etwa 31 Stunden (ohne die häufigen Verspätungen einzurechnen). Danach braucht man noch sechs weitere Stunden für die Fahrt mit dem Anschlusszug nach Athen, wo man immer noch nicht am Ziel seiner Träume ist. Und das alles zu einem Preis, für den man in der Regel auch ein Flugticket bekommt.

Mit dem **Auto** fährt man auf dem reinen Landweg entweder über **Slowenien, Kroatien, Serbien und Mazedonien** (auf dem berühmt-berüchtigten „Autoput“, offiziell E 70) oder man wählt die Route über **Ungarn, Rumänien und Bulgarien.** Von Letzterer ist allerdings wegen der z. T. katastrophalen Straßenverhältnisse, die einen erheblichen Fahrzeugverschleiß mit sich bringen, und wegen des Sicherheitsrisikos abzuraten. Der „Autoput“ scheint jedoch mehr und mehr an Schrecken zu verlieren, die Gebühren für Maut und Vignetten von insgesamt ca. 150 € (hin und zurück) halten sich in Grenzen, viele Reisende loben das recht geringe Verkehrsaufkommen, das ausreichende Tankstellennetz und die relativ guten Straßenverhältnisse. Ohne Zweifel am bequemsten und sichersten ist die Bahn- bzw. Autoanfahrt über **Italien mit anschließender Fährüberfahrt** nach Griechenland. Die landschaftlich reizvolle Strecke führt durch die Alpen und Oberitalien zu den Fährhäfen von Venedig, Triest, Ancona, Bari oder Brindisi. Mit der Bahn ist man z. B. von München bis Ancona ca. zehn bis zwölf Stunden unterwegs, das Ticket kostet einfach je nach Zeitpunkt der Buchung ab etwa 118 €. Rechtzeitige Platzreservierung ist auf

Alternative Anreisevariante

jeden Fall nötig. Wer nachts fährt, sollte einen Liegewagen- bzw. Schlafplatz buchen (Zuschlag je nach Komfort, Anzahl der Betten etc. 21–130 € pro Nacht).

Information Die **Deutsche Bahn** unterhält eine Hotline, die unter ✆ 01805996633 Fahrplan- und Tarifauskünfte gibt und Buchungen sowie Reservierungen vornimmt. Auch über das Internet kann man sich informieren und buchen (www.bahn.de).

Fährüberfahrt nach Griechenland

Ankunftshäfen aller Fähren ab Italien sind Igoumenítsa oder Pátras. Letzterer ist für eine Reise nach Zákynthos günstiger, erreicht man doch in einer guten Stunde auf der Landstraße den Fährhafen Kilíni, wo man auf die Insel übersetzt. Ab Igoumenítsa muss man dagegen sechs bis sieben Stunden einplanen. Wer ohne eigenes Fahrzeug angereist ist, kann von Pátras (Busstation Ecke Othonós/Amalías-Straße) bis zu viermal täglich einen der Busse nach Zákynthos nehmen. Diese fahren nach Kilíni und dort direkt auf die Fähre.

Nur in der Hochsaison besteht die Möglichkeit, mit einer Fähre von Brindisi direkt nach Kefaloniá zu reisen und von dort noch am selben Tag nach Zákynthos überzusetzen.

• *Fahrtzeiten* Venedig–Pátras ca. 33–36 Std., Ancona–Pátras 19–22 Std., Bari–Pátras 18 Std., Brindisi–Pátras 15–16 Std.

• *Reservierung* Immer mehr und größere Schiffe der Reedereien Agoúdimos Lines, ANEK Lines, Endeavor Lines, Minoan Lines, Superfast Ferries, Ventouris u. a. pendeln zwischen den italienischen Häfen und Igoumenítsa bzw. Pátras. Dennoch sollten Sie unbedingt lange im Voraus buchen, in der Hochsaison ist der Andrang enorm. Ohne feste Buchung besteht kaum eine Chance auf einen Fährplatz für das Fahrzeug.

• *Preise* Zwischen der konkurrierenden Reedereien bestehen z. T. erhebliche Preisunterschiede. Vergleichen lohnt sich. Achten Sie auch auf Ermäßigungen. So gewähren z. B. die meisten Reedereien einen Rabatt von bis zu 30 % auf das Rückfahrticket, bieten Familienangebote, Senioren-, Studentenermäßigungen etc. Folgende

Preisbeispiele (Ancona–Pátras) gelten für die einfache Fahrt und pro Pers. während der Hochsaison: Deckpassage 70–78 €, Pullmannsitz 91–108 €, Doppelkabine (je nach Ausstattung) 234–400 €. Pro Auto (bis 5,5 bzw. 6 m) bezahlt man 113–124 €, pro Wohnmobil (je nach Länge) 234–517 €, pro Motorrad 29–38 €.

• *Direktverbindungen zu den Ionischen Inseln* Die jahrelang bestehende direkte Verbindung zwischen Brindisi und Zákynthos der Gesellschaft HML wurde 2006 leider eingestellt. Zum Zeitpunkt der Drucklegung bestand aber folgende Alternative: Endeavor Lines bietet von Juni bis September 3- bis 7-mal wöchentlich ein Direktschiff von Brindisi nach Kefaloniá an (13 Std.), von wo man am selben Tag noch nach Zákynthos übersetzen kann. Auch hier gilt: unbedingt reservieren. Deckpassage 62 €, Pullmannsitz 78 €, Doppelkabine 167–193 €, Auto (je nach Länge und Höhe) 61–154 €, Wohnmobil 195–260 €, Motorrad 29 €.

• *Fahrradmitnahme* Auf allen Strecken kostenlos.

Innergriechische Verbindungen von und nach Zákynthos

Am besten ist Zákynthos vom griechischen Festland aus zu erreichen, die Verbindungen mit den anderen Ionischen Inseln sind nicht so günstig. Mit der Fähre kommt man nur nach Kefaloniá direkt, mit dem Flieger außer auf diese Insel auch noch nach Korfu. Für die An- und Abreise mit Flugzeug oder Bus gilt, dass man zu Stoßzeiten (unmittelbar vor und nach Ostern sowie in der Zeit zwischen dem 1. und dem 25. August) unbedingt vorher reservieren sollte. Die Flüge können auch von Mitteleuropa aus über das Reisebüro im Voraus gebucht werden.

Flugverbindungen

Zákynthos wird seit Jahren von Olympic Airlines v. a. von **Athen** aus angeflogen, im Frühjahr 2009 nahm die private Gesellschaft Athens Airways ebenfalls diese Strecke in ihr Programm auf. 50- bzw. 72-sitzige Maschinen pendeln derzeit in der Hochsaison ein- bis zweimal täglich zwischen der griechischen Hauptstadt und der Insel. Der Flug dauert je nach Wetterlage 50 bis 60 Minuten und bietet bei klarer Sicht herrliche Blicke auf den Peloponnes bzw. den Golf von Korinth. Dreimal pro Woche gibt es von Olympic Airlines auch eine Flugverbindung von **Thessaloníki** über **Korfu,** Préveza und **Kefaloniá** nach Zákynthos. Für die Athenflüge gilt: Frühbucher können bei beiden Gesellschaften bis zu 25 % sparen, denn auf dieser Strecke gilt ein gestaffeltes System von vier verschiedenen Preiskategorien, die je nach Verfügbarkeit nacheinander vergeben werden; ein Preisvergleich lohnt unbedingt.

• *Flugplan und Preise* Von Mitte Juni bis Mitte September fliegt Olympic Airlines früh am Morgen und/oder abends von **Athen** nach Zákynthos und sofort wieder zurück. Pro Pers. ab Athen 94–112 €, ab Zákynthos 83–108 €, in der NS entfallen z. T. die Morgenflüge. Athens Airways flog die Strecke 2009 in den Vormittagsstunden, Preis pro Pers. je nach Zeitpunkt der Buchung, Saison und Richtung 50–130 €.

Jeweils montags, donnerstags und samstags flog im Sommer 2009 eine Maschine von **Thessaloníki** nach Zákynthos (3 Std., 96 €), die auf folgenden Flughäfen einen Zwischenstopp einlegte: **Korfu** (51 €), Préveza (39 €), **Kefaloniá** (32 €). Auf diesem von der Regierung subventionierten Flug gelten Festpreise.

• *Büro/Tickets* Das Büro von **Olympic Airlines** befindet sich in Zákynthos am Flughafen in der Abflughalle direkt hinter den Schaltern der Fluggesellschaft, ✆ 2695028611 und 2695041455, Mo–Fr 8–19 Uhr; in Athen in der Odós Filellínon 15 (beim Sýntagma-Platz), ✆ 2109267663. Weitere Informationen unter www.olympic-airlines.de. Die Tickets kann man auch in den Reisebüros von Zákynthos-Stadt kaufen.

Die Fähren pendeln zwischen Zàkynthos und dem Festlandshafen Kilíni

Athens Airways unterhält einen Schalter im Flughafengebäude von Zákynthos, ✆ 269503 7113. In Athen ist das Büro in der Odós Vassiléos Konstantínou 38, ✆ 2106696400-1; weitere Informationen unter www.athens airways.com.

Der nach dem Dichter Dionýsios Solomós benannte **Flughafen von Zákynthos** liegt 6 km außerhalb der Stadt. In dem erst vor kurzem fertiggestellten neuen Gebäude sind auch einige Schalter von Autoverleihfirmen in Betrieb, bald soll es auch möglich sein, Hotelzimmer gleich nach der Ankunft zu reservieren.

• *Weiterfahrt auf der Insel* Es gibt keine öffentlichen Busverbindungen. Für ein Taxi nach Zákynthos-Stadt oder Kalamáki zahlt man ca. 10 €, nach Tsiliví 11 €, nach Laganás oder Argássi 13 €, nach Lithakiá 16 €, Pórto Koúkla schlug mit 18 € zu Buche und für die Strecken Vassilikós, Alikés, Alikanás und Kerí verlangten die Fahrer jeweils 22 €, die nach Ágios Nikólaos/ Skinári kostete 35 €.

Fährverbindungen

Kilíni–Zákynthos-Stadt: Ganzjährig bestehen hervorragende Verbindungen zwischen der peloponnesischen Hafenstadt und Zákynthos. Während der Hochsaison pendeln die Schiffe der Agentur „Ionion Ferries" ständig zwischen den beiden Anlegeplätzen.

• *Fahrplan und Preise* Im Hochsommer fahren die Schiffe bis zu 7-mal tägl. von Kilíni nach Zákynthos und zurück. Die Überfahrt dauert bis zu 1,5 Std. Pro Pers. bezahlt man 8,20 €, das Auto kostet 37–50 €.

• *Büros/Tickets* In Kilíni werden die Tickets direkt am Anleger an kleinen Kiosken verkauft. In Zákynthos-Stadt finden Sie die Büros an der Hafenpromenade.

Ionion Ferries, ✆ 2695041500 und 2695022083, ✆ 2695048301 (Zákynthos); ✆ 2623092422 und 2623092100 (Kilíni).

Kefaloniá–Zákynthos: Nur während der Saison (Mai bis Oktober) besteht regelmäßiger Fährverkehr zwischen den beiden Nachbarinseln. Abfahrts- bzw. Ankunftshafen auf Kefaloniá ist Pessáda und auf Zákynthos Ágios Nikólaos/Skinári. Bei hohem Seegang wird der Verkehr eingestellt.

• *Fahrplan und Preise* Normalerweise fährt das Schiff 2-mal tägl.: Abfahrten in Pessáda 7.45 und 17.30 Uhr, in Ágios Nikólaos macht es sich dann um 10 bzw. 19 Uhr auf die Heimreise. Die Überfahrt dauert je nach Wetterlage 1–1,5 Std. Pro Pers. zahlt man ca. 4,50 €, für den Pkw 24 €.

• *Büros/Tickets* Die Tickets werden direkt am Hafen verkauft, **Ionion Cruises** unterhält aber auch ein Büro an der Hafenpromenade in Zákynthos-Stadt, ✆ 2695023984, 📠 2695042556.

Busverbindungen

Ganzjährig organisiert die **KTEL Zakýnthou** mehrmals täglich Busreisen von Pátras und Athen, zwei- bis dreimal pro Woche von Thessaloníki nach Zákynthos und umgekehrt. Abfahrts- und Ankunftsort auf der Insel ist jeweils die KTEL-Station in der Stadt, nicht der Hafen. An der Fähre verlassen die Passagiere für die Dauer der Überfahrt den Bus, das Gepäck kann jedoch im Fahrzeug bleiben, da man mit diesem später weitertransportiert wird.

• *Fahrpläne und Preise* Die Fahrpläne ändern sich monatlich, unsere Angaben beziehen sich jeweils auf die Hauptsaison. Genaueres erfragen Sie deshalb bei der **KTEL Zakýnthou** (Odós Iatroú G. Mothonéos, ✆ 2695022255 und 2695042656) oder in den Stationen in Pátras, Athen oder Thessaloníki. Der Buspreis schließt das Schiffsticket mit ein.

• *Pátras–Zákynthos* 3- bis 4-mal tägl. besteht jeweils eine Verbindung von Pátras nach Zákynthos und umgekehrt. Die Reise dauert knapp 3 Std. und kostet pro Pers. etwa 15 €. Die Busse fahren in Pátras an der Busstation Ecke Othonós/Amalías-Straße direkt am Hafen und beim Bahnhof ab. ✆ 2610220993.

• *Athen–Zákynthos* Von der griechischen Hauptstadt aus kann man 4- bis 5-mal am Tag in 6–7 Std. zum Preis von ca. 32 € nach Zákynthos und zurück fahren. Die Busse starten in Athen am Terminal A in der Odós Kifissoú. Vom zentralen Omónia-Platz aus ist dieser große Busbahnhof tagsüber mit dem ständig hin- und herpendelnden Bus Nr. 051 zu erreichen (Abfahrt Ecke Odós Zínonos/Odós Menándrou), die Tickets (1 €) werden an einem Fahrkartenkiosk verkauft und müssen im Bus entwertet werden; Fahrtdauer ca. 20 Min. Vom Flughafen kommt man direkt mit einem Bus der Linie E 93 (3,20 €) zum Busterminal A. ✆ 2105129432.

• *Thessaloníki–Zákynthos* In der Woche kann man bis zu 3-mal von der makedonischen Metropole nach Zákynthos reisen. Gutes Sitzfleisch ist für die 9- bis 10-stündige Tour zum Preis von 53 € aber schon erforderlich. Die Busstation in Thessaloníki liegt in der Odós Gianitsón 244, ✆ 2310 595416.

Gute Fahrt!

Auf der Tour von Ágios Nikólaos zu den „Blauen Grotten" passiert man beeindruckende Felsbögen

Unterwegs auf Zákynthos

Die meisten Besucher mieten sich wenigstens für ein paar Tage einen fahrbaren Untersatz, um die weitläufige Insel mit ihrem dichten Straßennetz kennenzulernen. Doch daneben gibt es noch einige interessante Alternativen, wie man die Schönheiten von Zákynthos erkunden kann.

Das gut ausgebaute Busnetz erlaubt es, problemlos und preiswert von einem der Urlauberzentren ins andere zu gelangen, aber auch abgelegenere Regionen sind so zu erreichen. Zwar steigen die Preise für Taxifahrten beständig, doch im Vergleich mit denen in Mitteleuropa halten sie sich immer noch so im Rahmen, dass man auch einmal auf dieses Verkehrsmittel zurückgreifen kann. Die Steilküste im Westen und Norden lernt man am besten mit dem Boot kennen. Wenn auch Zákynthos nicht als eine typische Wanderinsel gelten kann, so lohnt es sich im Bergland allemal, die festen Schuhe zu schnüren und einsam gelegene Ziele anzulaufen.

Mit dem Auto oder Zweirad

Die Vorteile liegen auf der Hand: Man bleibt unabhängig von Busfahrplänen und -linien, kann beliebig lange in Dörfern verweilen und gelangt selbst zu den entlegensten Flecken der Insel. Neben einem reichhaltigen Angebot an Autos, motorisierten Zweirädern und Quads steht in vielen Touristenorten auch eine große Zahl an Fahrrädern zur Verfügung.

Mittlerweile sind fast alle Straßen asphaltiert, man ist dabei, diesbezüglich auch die letzte Lücke im Straßennetz zu schließen. Die Insel an einem Tag zu umrunden ist kein Problem, wenn auch nicht empfehlenswert. Um von der Ost- zur Westseite hinüberzugelangen bzw. umgekehrt, bestehen mehrere Möglichkeiten. Vor einigen

Jahren hat man die Querverbindung zwischen Agía Marína und Loúcha durchgehend asphaltiert. Sie erspart den Bewohnern des Berglandes so manchen Umweg. Auch die Asphaltstraße von Mariés im Westen hinüber zur Ostküste unterhalb des Vrachíonas-Massivs geht auf Forderungen der Bevölkerung zurück: Die dort ansässigen Winzer beklagten sich heftig darüber, dass durch die ständig über die ehemalige Piste holpernden und Staub aufwirbelnden „Kalklaster", die seit Jahren das weiße Gestein von den umliegenden Steinbrüchen abtransportieren, die Weinreben mit einer hartnäckigen Schicht überzogen waren. Gegen derartige Argumente haben die Einwände von Umweltschützern, jede neue Straße reiße tiefe Wunden in die Natur der Bergwelt, keine Chance. Weitere Ost-West-Verbindungen verlaufen zwischen Zákynthos-Stadt und Kerí, Zákynthos-Stadt und Kilioméno, Katastári und Anafonítria sowie zwischen Mikró Nissí und Volímes.

Was den **Zustand der Straßen** betrifft, sollten Sie auf keinen Fall mitteleuropäische Maßstäbe anlegen. Sie sind schmal und kurvenreich, tiefe Löcher, Spurrillen und Bodenwellen eher die Regel als die Ausnahme. Hinzu kommen die häufig rechts und links am Fahrbahnrand verlaufenden Entwässerungsgräben und bei älteren Straßen abgefahrener und daher sehr rutschiger Belag. Nicht zuletzt sorgt auch die **Fahrweise vieler Einheimischer** für erhöhte Unfallgefahr. Insbesondere die bereits erwähnten „Kalklaster" sind meist viel zu schnell unterwegs, es wird oft unsinnig überholt und viel zu dicht aufgefahren. Zudem muss man hinter jeder unübersichtlichen Kurve auf einen entgegenkommenden Bus oder Traktor gefasst sein, der die gesamte Straßenbreite einnimmt. Besonders gefährlich, weil sehr stark befahren, sind die Verbindungsstraßen von Zákynthos-Stadt nach Lithakiá, nach Katastári und nach Vassilikós. Oberstes Gebot sollte deshalb sein, sein Fahrzeug möglichst defensiv und risikoarm zu steuern. Fahren Sie auf Sicht, also so, dass Sie immer noch rechtzeitig anhalten können. Vor unübersichtlichen Kurven ist es in Griechenland üblich zu hupen. Halten Sie die Geschwindigkeitsbegrenzungen ein und vermeiden Sie möglichst Nachtfahrten. Noch ein Hinweis zum Thema Handy: Telefonieren während der Autofahrt ist verboten.

- *Karten* Hinweise zu Kartenmaterial s. „Wissenswertes von A bis Z" auf S. 86 f.
- *Parken* In Zákynthos-Stadt ein Problem, dort verteilt die Polizei auch regelmäßig Strafzettel (ab ca. 35 €). Auch in manchen Touristenorten an der Ost- und Südküste und in einigen Bergdörfern kann das Parken schwierig werden. Hinweise finden Sie in den Ortskapiteln.
- *Tankstellen* Nahezu in jedem größeren Dorf kann man auftanken.
- *Zeitplanung* Bei Überlandtouren sollten Sie wesentlich mehr Zeit einplanen als von zu Hause gewöhnt – auf den kurvigen Strecken sind Durchschnittsgeschwindigkeiten von 30–40 km/h keine Seltenheit.

Mietfahrzeuge

Will man die ganze Insel erkunden, sind sicherlich Autos und Motorräder die beste Wahl. Mofas, Quads und Fahrräder eignen sich eher für Ausflüge in die Umgebung oder an den Strand. Das Angebot an Fahrzeugen ist überwältigend, demzufolge sind auch die Preise nicht übermäßig hoch. Handeln ist zudem häufig möglich, und in der Nebensaison werden gerne Sonderangebote wie „drei Tage mieten, zwei Tage bezahlen" offeriert. Es empfiehlt sich, das Fahrzeug vor dem Abschluss des Vertrags gründlich durchzuchecken.

Autovermietung: Für einen Kleinwagen (z. B. Seat Marbella, Nissan Micra) zahlt man in der Hauptsaison täglich 40 bis 55 € (gefahrene Kilometer inbegriffen). Ein kleiner Geländewagen kostet etwa 60 €, ein großer 95 € am Tag. Wenn man ein

Shopping in abgelegener Inseleinsamkeit

Auto längere Zeit mietet, bekommt man u. U. deutliche Preisnachlässe. Auf Zákynthos gibt es Autovermietungen nahezu in jedem größeren Touristenort, große internationale Agenturen wie Hertz, Avis oder Budget bieten vor allem in der Chóra ihre Fahrzeuge an. Wenn Sie pauschal nach Zákynthos reisen und genau wissen, dass Sie ein Auto mieten möchten, kann es sich durchaus lohnen, im Reisebüro nach entsprechenden Angeboten Ihres Veranstalters zu fragen (Fly & Drive). Bucht man zusätzlich zur Reise einen Wagen gleich mit, ist dies oft kostengünstiger. Außerdem haben Sie so auch zur Hauptsaison die Garantie, ein Fahrzeug zu bekommen, denn dann kann es auf der Insel schon mal zu Engpässen kommen.

• *Bedingungen* Das Mindestalter für das Entleihen von Autos liegt bei 21 Jahren und der Mieter muss den Führerschein seit über einem Jahr besitzen. Bei der Anmietung wird oft eine Anzahlung bzw. **Kaution** verlangt, was sich bei vielen Firmen durch eine Kreditkarte vermeiden lässt. Manchmal ist auch der gesamte Mietpreis im Voraus zu bezahlen.

• *Mietverträge* Die **Rental Contracts** sind meist nur in Englisch und oft so abgefasst, dass der Mieter für sehr vieles haftbar gemacht werden kann. Fast immer muss man bestätigen, dass das Fahrzeug bei Übernahme vollständig in Ordnung war, und sich gleichzeitig verpflichten, es im selben Zustand zurückzubringen. Bei Schäden, für die der Mieter nicht verantwortlich ist, wird entweder Ersatz gestellt oder das Fahrzeug wird umgehend repariert. Für Schäden, die vom Fahrer verursacht wurden, haftet dieser jedoch voll! Was vom Fahrer zu verantworten ist oder nicht, kann leicht zur Streitfrage werden, auch deshalb ist eine **genaue Fahrzeuginspektion** bei der Übernahme ratsam.

• *Versicherung* Eine **Kfz-Haftpflicht** („third party insurance") ist im Mietpreis grundsätzlich inbegriffen, wobei die Haftungssummen geringer sind als bei uns. Was darüber hinausgeht, müsste der Fahrer im Falle eines Falles aus eigener Tasche begleichen. Eine **zusätzliche Haftpflichtversicherung** kann man schon zu Hause bei verschiedenen Unternehmen abschließen. Ansonsten bieten die Leihfirmen **Vollkasko** („collision damage waiver"), meist mit Eigenleistung für Schäden am Leihwagen. Die Eigenbeteiligung kann überall für 10–15 € pro Tag wegversichert werden. Bedingung bei Vollkasko ist jedoch, dass man keinen Verstoß gegen die griechische Straßenverkehrsordnung begeht. Falls man also z. B. die vorgeschriebene Höchstgeschwindigkeit überschritten hat und dies aktenkundig wurde, ist der Schutz meist dahin. Schäden an Reifen und Unterboden sind oft nicht mitversichert. Erkundigen Sie sich sicherheitshalber danach.

• *Mietdauer* Sie beträgt bei tageweiser Anmietung **24 Stunden**. Also muss man ein Fahrzeug, das man morgens mietet, erst am nächsten Morgen abgeben und nicht bereits am Abend des gleichen Tages, wie von den Vermietern oft gefordert.

Zweiradvermietung: In nahezu allen größeren Touristenorten werden Fahrräder und Mountainbikes angeboten, auch die Auswahl an motorisierten Zweirädern ist groß, sodass Sie sicher das für Sie passende Fahrzeug finden. Die Preise sind überall nahezu einheitlich. Schauen Sie sich das Gefährt genau an, nicht alle Zweiräder sind in einem guten Zustand.

Wegen der vielen Unfälle durch leichtsinnige Urlauber, die keine Erfahrung mit Motorrädern, Mopeds und Rollern haben, wurden 1997 die griechischen Gesetze über Mietverträge von Zweirädern verschärft. Die Verleiher haften nun anteilig für Schäden, die vom Mieter eines Zweirads verursacht werden, für welches er keine Fahrerlaubnis besitzt. Entsprechend rigoros wird diese nun verlangt. Mit der allgemeinen Pkw-Lizenz (Klasse 3) erhält man nur mehr 50-ccm-Maschinen. Zwar sind in vielen (insbesondere älteren) Autoführerscheinen auch höhere Zweiradkategorien bis hin zu 125 ccm eingeschlossen, doch muss man dies auch nachweisen können. Die neuen rosafarbenen EU-Führerscheine mit ihren exakten Angaben zu den erlaubten Kubikzentimeterzahlen sind deshalb vorteilhafter als die alten, in denen nur die jeweiligen Klassen eingetragen sind. Auch wenn Sie z. B. in Deutschland eine 125er oder eine 80-ccm-Maschine fahren dürfen, bekommen Sie in Griechenland ohne Nachweis nur einen 50-ccm-Roller.

• *Ausrüstung* Tragen Sie geeignete Kleidung! Steigen Sie niemals in Badeschlappen, Shorts und T-Shirt auf ein Zweirad. Üble Verletzungen können die Folge sein, bei längerer Fahrt übrigens auch ein kapitaler Sonnenbrand. Es muss ja nicht gleich eine Lederkombi sein: Feste Schuhe, solide Jeans und Jeansjacke oder Ähnliches schützen bei niedrigen Geschwindigkeiten auch schon ganz gut; Handschuhe sind ebenfalls sinnvoll. Die seit einigen Jahren bestehende **Helmpflicht** wird mittlerweile regelmäßig kontrolliert, ihre Missachtung mit über 80 € geahndet. Lassen Sie sich also vom Verleiher einen Helm aushändigen, er ist im Mietpreis inbegriffen. Sehr wichtig: Ohne Helm erlischt der Versicherungsschutz.

• *Fahrzeugtypen* **Fahrräder/Mountainbikes**: Auch hier gilt: Bremsen, Licht etc. überprüfen. Ab ca. 5–7 €/Tag.

Automatik-Mofas: Leicht zu bedienen, man muss nicht schalten, daher prinzipiell auch für Neulinge gut zu fahren. Ein kleiner Nachteil ist die schwache Motorisierung, was Bergstrecken zur Geduldsprobe werden lässt. Mofas tanken meist Zweitaktgemisch aus Benzin und Schmieröl. Etwa 11–15 €/Tag.

Mopeds: Ein weiter Begriff – optisch oft einem Mofa ähnlich, in der Regel aber mit Sitzbank für 2 Pers. Dank der relativ großen Räder sind Mopeds auch für Pistenstrecken ganz gut geeignet. Es gibt sie mit Hubräumen von 50 bis 100 ccm, wobei die höheren Kubikzahlen leistungsmäßig schon in Motorradbereiche vorstoßen, die Bremsen aber (gerade im Zweipersonenbetrieb) nicht immer auf die erreichbaren Geschwindigkeiten ausgelegt sind – also Vorsicht. Getankt wird in der Regel Benzin, gelegentlich auch Zweitaktgemisch. Die Schaltung funktioniert meist halbautomatisch (ohne Kupplung). Mietpreis je nach Hubraum ab 12–19 €/Tag.

Roller: Handgeschaltete Vespas und die meist „Scooter" genannten japanischen Automatik-Roller mit 50, 80 und 125 ccm zählen zu den gängigsten Mietzweirädern; auch im Zweipersonenbetrieb recht komfortabel. Leicht zu bedienen, aber nur für befestigte Straßen geeignet. Vorsicht: Roller fahren ziemlich schnell und sind wegen der kleinen Reifen sehr sturzanfällig, v. a. in Kurven brechen sie leicht aus. Je nach Hubraum und Saison ab etwa 14–24 €/Tag.

Eine **Haftpflicht** für Unfallgegner ist immer im Mietpreis inbegriffen. Vollkasko mit oder ohne Eigenbeteiligung kann zusätzlich abgeschlossen werden. Nähere Informationen zu den Mietmodalitäten finden Sie im Info-Teil zum Abschnitt „Autovermietung".

Motorräder: Straßenmaschinen werden kaum angeboten, vielmehr meist leichte Enduros (Geländemotorräder) zwischen 125 und 250 ccm, für Zákynthos völlig ausreichend und für Pisten optimal. Für Neulinge sind Enduros zwar zu „hochbeinig", wer aber schon etwas Erfahrung hat und seine Gashand zügeln kann, der fährt mit ihnen sicherer als mit den kleinen Maschinen, da hier die Bremsen der Motorleistung entsprechen.

Quads/ATV (All Terrain Vehicle): Die vierrädrigen Buggys mit Straßenzulassung scheinen das ideale Gefährt für all diejenigen zu sein, die sich nicht so recht aufs motorisierte Zweirad trauen, zumal man sich damit nahezu überall fortbewegen kann: im Straßenverkehr, auf Pisten, z. T. sogar im Sand. Allerdings ist Vorsicht geboten, auf den gewundenen Inselstraßen wird man bei überhöhter Geschwindigkeit allzu leicht aus den Kurven hinausgetragen. Mehrere Unfälle mit Todesfolge haben sich aus diesem Grund in den vergangenen Jahren in Griechenland ereignet. Tragen Sie unbedingt einen Helm, der ist im Mietpreis von 25–50 €/Tag (je nach Fahrzeuggröße und Saison) inbegriffen.

Mit dem Bus

Bedingt durch die hohe Bevölkerungsdichte verfügt die Insel über ein gut ausgebautes und effizientes Bussystem. Betreiberin ist die Gesellschaft **KTEL,** die ihren Sitz in Zákynthos-Stadt hat. In der Hochsaison setzt man außerdem zusätzliche, für den Tourismus relevante Minibusse ein, für die eigens Hinweisschilder mit Fahrplänen in den betreffenden Orten aufgestellt wurden. Einige Linien verbinden nur Touristenorte, für die meisten ist jedoch die neue KTEL-Station in der Chóra Start- und Zielpunkt. Diese liegt oberhalb des Stadtzentrums (in der Odós Iatroú G. Mothonéos) und ist täglich vom frühen Morgen bis zum Abend besetzt (✆ 2695022255 oder 2695042656). Dort bekommen Sie auch den aktuellen Busfahrplan. Achtung: Dieser ändert sich z. T. von Monat zu Monat, manchmal sogar täglich. Deswegen ist auf die gedruckten Angaben nicht hundertprozentig Verlass. Auch auf Vollständigkeit kann der im Büro ausliegende Handzettel nicht unbedingt Anspruch erheben – die Linien in die Bergdörfer werden nicht abgedruckt, sondern müssen beim Personal erfragt werden. Genauer sind die Pläne, die man im Internet unter www.ktel-zakynthos.gr herunterladen kann.

Das Bussystem ist gut ausgebaut

Linie	Frequenz	Preise (einfach)
Halbinsel Skopós		
Zákynthos-Stadt – Argássi	Mo–Sa 4- bis 9-mal tägl.	1,40 €
Zákynthos-Stadt – Vassilikós – Pórto Róma – Ágios Nikólaos	2- bis 4-mal tägl.	1,50 €
Argássi – Zante Water Village	Mo–Sa 1- bis 2-mal tägl.	2,40 €
Bucht von Laganás		
Zákynthos-Stadt – Kalamáki	4- bis 11-mal tägl.	1,40 €
Zákynthos-Stadt – Laganás	4- bis 12-mal tägl.	1,40 €
Kalamáki – Laganás	5- bis 7-mal tägl.	1,40 €
Kalamáki – Laganás – Pórto Koúkla – Límni Kerioú – Kerí - Agalás	3- bis 4-mal tägl.	1,70 €
Kalamáki – Laganás – Zante Water Village	Mo–Sa 1- bis 2-mal tägl.	2,50 €
Osten		
Zákynthos-Stadt – Plános/Tsilivί	2- bis 10-mal tägl.	1,40 €
Zákynthos-Stadt – Alikés (über Kallipádo durch das Binnenland)	Mo–Sa 4- bis 5-mal tägl.	1,50 €
Zákynthos-Stadt – Katastári (auf der Durchgangsstraße)	Mo–Sa 5-mal tägl.	1,50 €
Tsilivί – Zante Water Village	Mo–Sa 1- bis 2-mal tägl.	2,50 €
Bergland		
Zákynthos-Stadt – Lithakiá – Kerí – Agalás	Mo–Sa 2-mal tägl.	1,70 €
Zákynthos-Stadt – Macherádo – Kilioméno	3-mal pro Woche	1,50 €
Zákynthos-Stadt – Katastári – Anafonítria – Mariés – Éxo Chóra – Ag. Léon	Mo–Sa 2-mal tägl.	3,00 €
Zákynthos-Stadt – Kambí – Éxo Chóra	Mo–Fr 2-mal tägl.	3,00 €
Zákynthos-Stadt – Volímes	Mo–Sa 3-mal tägl.	2,80 €
Zákynthos-Stadt – Ág. Nikólaos/Skinári	Mo und Fr je 1-mal tägl.	3,40 €

Die Fahrpläne sind – abgesehen von den Linien in die Touristenzentren Kalamáki, Laganás, Plános/Tsilivί, Alikés und Límni Kerioú – den Bedürfnissen der Einheimischen angepasst. In aller Frühe fährt der erste Bus in die Dörfer hinaus und bringt dann die Menschen zum Einkaufen, zu Arztbesuchen oder Ämtergängen in die Chóra. Zur Mittagszeit kehrt man dann, meist mit vollen Taschen, wieder zurück. Diese Linien bestehen selbstverständlich das ganze Jahr über, wohingegen die Fahrten zu den Touristenorten außerhalb der Saison eingestellt werden. Für alle Busse gilt: Die Fahrer wollen pünktlich abfahren, man sollte also rechtzeitig vor Ort sein. Die Tickets löst man im Bus oder an der KTEL-Station. Unterwegs kann man – soweit es dem Fahrer verkehrstechnisch möglich ist – überall zusteigen. Sie müssen Ihren Haltewunsch nur durch Handzeichen signalisieren.

Ein beliebtes Ziel sind die beiden Höhlen in der Felswand von Marathoníssi

Die folgenden Angaben gelten für den Zeitraum von Anfang Juli bis Ende August (Stand: Sommer 2009). Einige Linien werden am Wochenende seltener befahren, deshalb finden Sie z. T. zwei Angaben zur Frequenz vor; manche werden sonntags nicht bedient. Die Preise beziehen sich auf den Zielort der Linie.

Mit dem Taxi

Auch auf Zákynthos kein billiges Vergnügen, aber immer noch preisgünstiger als bei uns. Insbesondere während der Hochsaison ist es deshalb auch oft schwierig, ein Fahrzeug zu ergattern. Auf der gesamten Insel gibt es nur ein einziges Taxiunternehmen, dessen Wagen von überall unter der **Nummer 2695048400** gerufen werden können. In den Sommermonaten warten aber auch regelmäßig Fahrer an einigen Stränden auf der Halbinsel Skopós, in Laganás, Kalamáki, Plános/Tsiliví und Alikés auf Kundschaft. Nur in der Chóra wird in der Regel das Taxameter eingeschaltet, für Überlandfahrten gelten Festpreise, die man zur Sicherheit am besten vor der Abfahrt erfragt. Teilt man sich einen Wagen zu dritt oder zu viert, sollte man darauf achten, als ganze Gruppe angesehen zu werden. Bei mehreren Einzelgästen wird nämlich gerne mehr verlangt.

• *Preise* Ab Zákynthos-Stadt zum Flughafen 10 €, nach Argássi 7 €, zum Kap Gérakas 16 €, nach Laganás und Macherádo je 10 €, nach Plános/Tsiliví 10 €, nach Alikés 16 €, nach Kerí 18 €, nach Volímes 29 €, nach Á. Nikólaos/Skinári 29 €.

• *Zuschläge* Taxi-Ruf 1,70 €, Verabredung 3 €, pro Gepäckstück (über 10 kg) 30 Cent. Es bestehen keine Wochenend- oder Nachtzuschläge.

Bootsausflüge

An den nur schwer zugänglichen Küsten im Westen und Norden spielen Ausflugsboote natürlich eine bedeutende Rolle. Weniger die große Inselrundtour als vielmehr die **Trips mit kleinen Kaíkia,** die nahe an die Steilküste herankommen, sind dabei empfehlenswert. Um die wunderschönen Höhlen und Strände am Fuß der steil abfallenden Felsen wirklich kennenzulernen, sollte man eine solche Fahrt einmal mitgemacht haben. Die Möglichkeiten sind zahlreich, genauere Informationen finden Sie in den Reisebeschreibungen zu Laganás, Límni Kerioú, Pórto Limiónas, Pórto Vrómi, Ágios Nikólaos/Skinári und Mikró Nissí/Makrís Gialós. Bedenken Sie aber, dass alle Bootsausflüge wetterabhängig sind. Bei unruhiger See können die Kaíkia und auch die größeren Ausflugsboote aus Zákynthos-Stadt die Tour gar nicht oder nur eingeschränkt machen. Erkundigen Sie sich vor der Abfahrt, ob das Schiff an allen vorgesehenen Punkten, v. a. auch am Shipwreck-Beach, halten wird.

Wandern

Zákynthos ist, um es gleich vorweg zu sagen, keine ausgesprochene Wanderinsel. Doch auch hier gilt: Wer zu Fuß unterwegs ist, lernt die Insel von einer ganz anderen Seite kennen. Denn nicht nur Badestrände und Steilküsten, sondern auch einsame Wege zu versteckt liegenden Weilern, Kapellen, Klöstern, Höhlen und Hochebenen machen ihren Reiz aus.

Weniger der stark zersiedelte Südosten als vielmehr das urige Bergland sind für Fußtouren geeignet. Leider sind jedoch auch hier die alten **Monopátia** (Fußwege, die die Dörfer einst miteinander verbanden) durch Straßenbau, Waldbrände etc. unwiederbringlich zerstört. In dem nur dünn besiedelten Gebiet ist es aber zum Glück möglich, die zahlreichen **Pisten** oder auch **schmale Asphaltsträßchen** als Wanderwege zu benutzen – nur ganz selten wird man dabei von einem Pick-up eines Einheimischen gestört.

Wegbeschreibungen in diesem Reisehandbuch: Alle unsere Wanderrouten haben wir mehrfach überprüft, aktualisiert und durch Skizzen veranschaulicht. Diese wurden mit Hilfe von **GPS (Global Positioning System)** erstellt. Deren Genauigkeit hilft Wanderern noch besser, den rechten Weg zu finden. Als zusätzliche Orientierungshilfen sind Kompass und Pedimeter zur Überprüfung von Himmelsrichtungen und Entfernungen gut geeignet. Wer gar ein GPS-Gerät besitzt, dem ist vor Ort eine punktgenaue Standortbestimmung möglich. Natürlich ist so viel Technik nicht zwingend: Wann immer es möglich ist, geben wir auffällige **Orientierungspunkte** an, die allerdings auch Veränderungen unterliegen können. So passiert es immer wieder, dass ein Stall abgerissen, ein neues Gatter angebracht, ein Schild entfernt wurde etc. Gerade Schilder können leider auch für Verwirrung sorgen. Zum einen werden darauf die Entfernungen manchmal zu gering angegeben, zum anderen fallen immer wieder welche der Jagdbegeisterung der Zakynther zum Opfer, sind sie für die Jäger doch äußerst beliebte Ziele für ihre Übungen. Möglicherweise entdecken Sie von uns genannte Hinweistafeln deshalb am Boden liegend, oder Sie finden sie gar nicht mehr vor. Auch können neu angelegte und daher nicht auf der Skizze verzeichnete Pisten für Verwirrung sorgen.

Sollten Sie einmal nicht sicher sein, sich auf dem richtigen Weg zu befinden, kehren Sie besser um. Gehen Sie nicht das Risiko ein, sich im weglosen Gelände zu verlaufen! Es empfiehlt sich außerdem, **früh am Morgen** aufzubrechen, damit man die Mittagshitze so gut wie möglich vermeidet. Außerdem sollten Sie, wenn es irgendwie möglich ist, **nicht alleine** auf Tour gehen bzw. zumindest vor dem Start jemanden über Ihr Vorhaben informieren. Was die **Kondition** angeht, stellen unsere Touren unterschiedliche Ansprüche an den Fußgänger, eine wirklich schwere ist aber nicht dabei.

Wandern lohnt vor allem im Norden der Insel

Die genannten Wanderzeiten beziehen sich auf die einfache Strecke, Pausen nicht mitgerechnet, und sind natürlich nur als Richtwerte zu verstehen. Mancher geht schneller, mancher langsamer. Bereits nach kurzer Zeit jedoch werden Sie unsere Angaben in die richtige Relation zu ihrem Wandertempo setzen können.

Bus/Taxi und Wandern: Einige unserer Wanderungen lassen sich auf dem Hin- oder Rückweg mit einer Busfahrt kombinieren, sodass die Tour nicht zu lange wird. Hinweise dazu finden Sie in den einzelnen Wanderbeschreibungen und bei den allgemeinen Informationen zu den Buslinien (s. S. 66). Darüber hinaus stellt aber auch das Taxi eine gute Möglichkeit dar, um zum Ausgangspunkt von Wanderungen gebracht oder vom Ziel der Tour abgeholt zu werden. Für den letzten Fall vereinbart man mit dem Chauffeur schon vorher Termin und Ort (☏ 2695048400).

• *Wandersaison* Am schönsten wandert es sich natürlich in den Monaten April bis Juni, wenn alles blüht und die Temperaturen in der Regel angenehm sind. Letzteres gilt auch für September und Oktober, doch dann sind die Tage leider schon ziemlich kurz, und die Wanderzeit ist eingeschränkt. Im Juli und August nimmt die Hitze beträchtlich zu, sodass das Wandern eigentlich nur an windigen Tagen empfohlen werden kann.

• *Karten* Eine Wanderkarte für Zákynthos gibt es nicht. Sie finden jedoch im Kapitel „Wissenswertes von A bis Z" auf S. 86 f. Empfehlungen zu geeigneten Alternativen (Stichwort „Landkarten").

• *Ausrüstung* Knöchelhohe Wanderschuhe sind empfehlenswert, **gute Sportschuhe** reichen aber meist aus. Vergessen Sie nicht, Sonnenschutzmittel, -brille, Kopfbedeckung und einen Ihren Ansprüchen genügenden Rucksack mitzunehmen.

• *Verpflegung* Auch wenn eine Quelle am Wegesrand liegt – ohne ausreichend Wasser sollten Sie sich nie auf den Weg machen. Falls man doch einmal in die Irre läuft, ist man dankbar für einen Notvorrat. Was bzw. wie viel man zu essen braucht, hängt von jedem selbst ab. Ein Picknick im Schatten einer Kapelle oder unter einem alten Olivenbaum gehört jedoch sicherlich zu den schönsten Wandererlebnissen.

Übernachten

Da der Tourismus auf der Insel noch relativ jung ist, sind die allermeisten Zimmer in einem ordentlichen bis sehr guten Zustand. Dies gilt auch für die Ausstattung. Fast alle verfügen über Balkon oder Terrasse, und ein eigenes Bad ist Standard.

In den Ortskapiteln finden Sie ausführliche Beschreibungen zahlreicher Unterkünfte mit Lage, Kategorie, Ausstattung, Telefon, Fax und – falls vorhanden – Webseite bzw. E-Mail-Adresse. Die genannten Preise gelten für individuelle Buchung und jeweils für ein Doppelzimmer (DZ). Bei zwei Preisangaben bezieht sich der niedrigere Preis auf die Nebensaison (NS), der höhere auf die Hauptsaison (HS). Für ein zusätzliches Bett im Zimmer werden in der Regel geringe Preisaufschläge erhoben. Da die Preise häufigen Änderungen unterworfen sind und innerhalb einer Saison eigentlich fast immer variieren, sind sie nur Anhaltspunkte. In jedem Fall lohnt es sich – abgesehen von der absoluten Hochsaison –, um den Zimmerpreis zu handeln. Faustregel: Je größer der zeitliche Abstand zu den Monaten Juli/ August, desto günstiger wird es. Beachten Sie aber auch, dass die meisten Unterkünfte erst Ende April/Anfang Mai öffnen und im Oktober wieder schließen. In der kalten Jahreszeit existiert nur ein sehr eingeschränktes Angebot.

In den Dörfern sieht man noch schöne alte Hauseingänge

Hotels: Bis vor kurzem waren sie in Griechenland in die Kategorien Luxus, A, B, C, D und E eingeteilt. Mittlerweile hat man jedoch nach folgendem Schema auf die international üblichen Sterne umgestellt: Luxus = fünf Sterne, A = vier, B = drei, C = zwei, D und E = ein Stern. Die Klassifizierung erfolgt durch die „Griechische Zentrale für Fremdenverkehr“ (EOT), ist aber oft nicht einfach zu durchschauen. So kann ein Zimmer in einem 2-Sterne-Hotel durchaus besser als eines in einem 3-Sterne-Haus sein, es ist aber z. B. kein Restaurant angeschlossen oder kein Swimmingpool vorhanden. Ein weiterer Grund dafür ist, dass griechische Hoteliers Steuern je nach Kategorie ihrer Häuser zahlen. So kommt es oft vor, dass Zimmer einer höheren Kategorie angehören könnten, der Besitzer aus Steuergründen jedoch die Eingruppierung in eine niedrigere Kategorie bevorzugt. Fazit zumindest für Individualreisende: Fragen Sie nicht nach der Anzahl der Sterne, sondern werfen Sie lieber einen Blick ins Zimmer. Eine offizielle Preisliste muss in jedem Zimmer aushängen. Die Preise bewegen sich je nach Kategorie und Saison zwischen 30 und 240 € für das Doppelzimmer. Durch die negativen wirtschaftlichen

Entwicklungen in jüngster Zeit senkten im Sommer 2009 einige Vermieter ihre Übernachtungspreise; bleibt abzuwarten, wie diese sich in Zukunft entwickeln werden. Wenn nicht anders vermerkt, müssen die Zimmer bis 12 Uhr geräumt sein. Sonst kann der Besitzer die Hälfte des Übernachtungspreises verlangen.

Privatzimmer stellen eine preiswerte Alternative zu Hotels dar. Zu erkennen sind sie an Schildern wie „rooms to let", „rooms to rent" oder einfach „rooms" bzw. „domátia" (griech. = Zimmer) sowie, wenn sie registriert sind, am Logo der griechischen Fremdenverkehrszentrale. „Domátia enikiásontai" heißt „Zimmer zu vermieten". Manchmal nennt man sich auch Pension (Pansijón), obwohl dieser Begriff als offizielle Kategorie in Griechenland überhaupt nicht existiert. Privatzimmer werden in drei Kategorien eingeteilt: A, B oder C. Die Preise liegen je nach Saison zwischen 20 und 45 €.

Altes Herrenhaus in Zákynthos-Stadt

Studios, d. h. in der Regel größere Zwei- bis Dreibettzimmer mit Kochnische inkl. Kühlschrank, Bad und Balkon, werden auch auf Zákynthos, insbesondere in Strandnähe, immer beliebter. Auf der Insel werden sie oft auch „Garsoniéres" genannt. Für ein Studio zahlt man etwa 30 % mehr als für ein gutes DZ. Noch größer als Studios, meist mit zwei Schlafzimmern ausgestattet und entsprechend teurer sind **Apartments** (Diamerísmata). Viele Reiseveranstalter haben neben Hotelunterkünften auch Studios/Apartments im Angebot. Wer also nicht in Eigenregie vor Ort bzw. von zu Hause aus per Telefon, Fax oder E-mail buchen möchte, kann auch über das heimische Reisebüro die passende Ferienwohnung finden.

Ein leidiges Problem in Griechenland ist die **Zimmerreinigung.** Nur in Hotels können Sie davon ausgehen, dass jeden Tag (manchmal außer Sonntag) sauber gemacht wird. In Privatzimmern, Studios und Apartments ist die Bandbreite groß: Manchmal wird mehrmals wöchentlich, manchmal auch gar nicht gereinigt. Erkundigen Sie sich am besten vorher danach.

Camping: Über fünf Campingplätze verfügt die Insel mittlerweile. Sie befinden sich in Ágios Sóstis, bei Límni Keriоú, bei Plános/Tsiliví (zwei Anlagen) und in Alikés. Sie sind gut, z. T. sogar sehr gut ausgestattet und liegen direkt bzw. nahe am Meer. Näheres in den einzelnen Ortskapiteln.

Ein schöner Ort zum Ausspannen

Essen und Trinken

Traditionell ist die Küche von Zákynthos besonders üppig und sehr lecker: deftige Braten, interessante Gerichte aus dem Backofen, fruchtige Tomatensaucen, mit Käse angereicherte Gerichte – die zakynthischen Hausfrauen meinen es gut mit ihren Familien und Gästen.

In vielen Tavernen in den Touristenhochburgen bekommt man statt dieser bzw. anderer griechischer Köstlichkeiten allerdings leider oftmals einen lieblos zubereiteten Bauernsalat oder austauschbares „Dreierlei", bestehend aus Fleisch, Gemüse und Beilage, vorgesetzt. Angebot und Zubereitung variieren kaum. Man will Umsatz machen, es muss schnell gehen, die nächsten Gäste warten schon. Wer beispielsweise Souvláki bestellt, bekommt zu dem auf dem Elektrogrill gegarten, oft zähen Spießchen unaufgefordert Pommes, Reis und gekochtes Gemüse, meist nur fade gewürzt, dazu. Schade, denn wenn auch die griechische Küche in Gourmetkreisen nicht gerade den besten Ruf genießt, so kann das „Original" doch unvergleichlich schmecken. Gut gewürzte, saftige Fleischstückchen, dazu frisches Brot – was man sonst noch so mag, bestellt man sich gesondert, denn in der griechischen Küche sind kombinierte Teller bis vor einigen Jahren völlig unbekannt gewesen. Heute findet man diese Tradition nur noch in abgelegenen Dörfern – ein Grund, weshalb man die dortigen, meist einfachen und weitaus preisgünstigeren Tavernen unbedingt aufsuchen sollte. Diese verfügen nicht immer über eine richtige Speisekarte, sondern man fragt, was es gerade gibt („Ti échi ja faí?"). Nur noch in ganz wenigen Gasthäusern auf dem Land ist es üblich, in die Küche zu gehen, dort in die Töpfe zu schauen und sich das Gericht auszusuchen, das man später auf seinem Teller sehen möchte.

Glücklicherweise sind in den letzten Jahren aber auch in den Touristenorten ein paar Restaurants entstanden, die die traditionelle Inselküche pflegen. Auch diese wollen wir Ihnen besonders empfehlen, denn hier spürt man noch die individuelle Note der Köchin oder des Kochs bzw. der Insel. Hier kocht man noch mit Olivenöl, die Moussaká schmeckt wie bei Muttern und man kommt in den Genuss Dinge zu kosten, die es sonst kaum irgendwo in Griechenland gibt (Näheres s. u.). Grundsätzlich gilt: Vermeiden Sie Lokale, in denen eine Riesenbandbreite an Gerichten oder Snacks wie Sandwich mit Pommes geboten werden, und wählen Sie Familienbetriebe – oft ist das schon ausreichend, um die authentische Küche zu erleben.

Zakynthische Küche

„Zakinthiní Kousína" – dieses Zusatzschild findet man an vielen Tavernen auf der Insel, sodass sich dem Besucher bald die Frage stellt, was damit eigentlich gemeint ist – zumal es auf den ersten Blick so aussieht, als ob auch hier einfach nur Moussaká, Choriátiki, Souvláki & Co. auf den Tisch kommen. Doch auf den zweiten Blick bemerkt man dann einen Unterschied: Typisch ist neben der starken Verwendung von Gemüse und Kräutern die Vorliebe für meist sehr fruchtige und dickliche Soßen, die oft auf der Basis von Tomaten hergestellt und nicht selten auch durch Wein angereichert werden. Eines der „Nationalgerichte" der Insel, **Melitzánes Skordostoúpi,** besteht z. B. aus gebratenen Auberginenscheiben, die in Tomaten, Kräutern und Knoblauch gegart werden. Sehr einfach und preiswert sind **Avgá me Sáltsa,** Eier, die in einer würzigen Tomatensauce aufgeschlagen werden – ein Genuss! In den Familien steht heute noch ab und zu die **Tsigarídia** auf dem Speiseplan. Dafür sammeln die Hausfrauen wilde Kräuter wie Chórta, Mangold, Dill etc., die sie dann mit Fenchel, Knoblauch, Tomaten und Olivenöl dünsten.

Aber auch Fleisch wird gerne saftig zubereitet: Kaninchen- oder Rindfleisch kommen in einer sämigen Soße aus Wein und Gewürzen, u. a. Lorbeer, auf den Tisch, diese Art der Zubereitung nennt man **Kokkinistó.** Für das recht gehaltvolle **Kotópoulo me avgolémono,** Hühnchen in Zitronensauce, kocht man ein Huhn, gart anschließend Reis in dessen Brühe und reichert diese Mischung mit einer Ei-Zitronensauce an. Je besser es die Hausfrau meint, desto mehr Eier wandern in den Kochtopf.

Sehr beliebt sind außerdem Fleischgerichte mit Füllungen, vor allem das an vielen Festtagen zubereitete **Kotópoulo jemistó,** gefülltes Huhn, oder **Kounélli jemistó,** Kaninchen, das mit einer Mischung aus den Innereien des Tieres, Kartoffeln oder Reis, Käse, Knoblauch und Gewürzen ausgestopft und dann im Backofen gegart wird – ein Hochgenuss! Ebenfalls empfehlenswert ist der Rollbraten, **Pazétta jemistó,** ein aufgeschnittenes, mit Tomaten, Rosmarin, Knoblauch und Käse gefülltes und dann gerolltes Rippenspeer. Lassen Sie es sich schmecken!

Ungewohnt ist sicher, dass manche Speisen nicht sehr heiß auf den Tisch kommen, da sie, wie in Griechenland allgemein üblich, schon Stunden vorher zubereitet worden sind. Scheuen Sie sich jedoch nicht, den Kellner mit der Bitte zurückzuschicken, das Gebrachte ausreichend zu erhitzen.

Die Stimmung steigt mit jeder Kantate

Mit der Einführung des Euro ist auch in Griechenland das Essen deutlich teurer geworden. Zwei Personen bezahlen für eine vollständige Mahlzeit mit Getränken etwa 30 bis 40 €. Wenn Sie Hummer und eine Flasche Spitzenwein bestellen, wird's natürlich entsprechend mehr. Auch beim **Bezahlen** („To logariasmó parakaló! ") gibt es einige landestypische Besonderheiten. Für Brot und Gedeck wird ein geringer Betrag verlangt, der allerdings nicht immer in der Karte ausgewiesen ist. Die Rechnung sollte stets für den ganzen Tisch verlangt werden, untereinander abrechnen können Sie ja später. Denn erstens ist das für die oft sehr gestressten Kellner wesentlich einfacher, zweitens entspricht es den griechischen Gewohnheiten. **Trinkgeld** hat nicht denselben Stellenwert wie bei uns. Wenn man zufrieden war, sollte man ruhig die Rechnung aufrunden – jedoch nicht übermäßig, da dies nicht üblich ist und die Preise schnell in die Höhe treibt.

Die Lokale

In den Touristenorten lassen sich die Wirte bei der Ausgestaltung ihrer Lokale nicht lumpen: Man sitzt auf hübsch gestalteten Terrassen oder zwischen Palmen und Ölbäumen in wunderschönen Gärten, die oft mit den Nachahmungen antiker Vasen und Figuren dekoriert sind, manchmal bildet ein Springbrunnen den Mittelpunkt, oder der Eingang ist im Stil eines antiken Tempels gestaltet. Auf dem Lande dagegen sind die meisten Tavernen schlicht und ohne Schnickschnack: ein paar Tische und Stühle im hell gekalkten Speiseraum, die im Sommer einfach ins Freie gestellt werden.

Estiatório (Restaurant) und **Tavérna** unterscheiden sich heute nur noch unwesentlich – früher war das Estiatório das „bessere" Lokal mit der größeren Auswahl. Gegessen wird zu Mittag und zu Abend jeweils eine bis zwei Stunden später als in Mitteleuropa. Im Sommer gibt es oft bis Mitternacht noch Hauptgerichte – griechische Sommerabende sind lang. Vor allem in Küstenorten stößt man auch auf die **Psarotavérna,** das Fischrestaurant. In einer **Psistariá** wird vor allem gegrilltes Fleisch angeboten: Lamm, Rind, Hähnchen und natürlich auch die berühmten Souvlákia. Eine große Auswahl an Mezédes (verschiedene leckere Kleinigkeiten) zum Oúzo, Bier oder Wein hält man im **Mezedopolíon** bzw. in der **Ouzerí** bereit. Wer gerne einfach und schnell isst, für den gibt es in letzter Zeit immer mehr **Fastfood-Lokale.** Vor allem in Touristenorten hat auch die **Pizzeria** Einzug gehalten. Die Griechen sind auf dem besten Weg, leidenschaftliche Pizza- und Pastafans zu werden.

Das **Kafeníon** ist eine der wichtigsten Einrichtungen des sozialen Lebens in Griechenland. Es ist Dorfparlament, Stammlokal, Treffpunkt für Geschäftsleute, das zweite Zuhause. Jedes noch so kleine Bergdörfchen hat mindestens ein solches Kaffeehaus, meistens mehrere. Es besteht in der Regel nur aus wenigen Tischen und Stühlen in einem schmucklosen Innenraum, die im Sommer zum Teil ins Freie gestellt werden. Für griechische Frauen ist das Kafeníon tabu. Sie treten höchstens als Bedienung in Erscheinung, Touristinnen werden akzeptiert. Man bekommt Getränke, manchmal auch Frühstück und gelegentlich einfache Gerichte wie Omelett. Auf Zákynthos gehen Kafeníon und Pantopolíon (eine Art Tante-Emma-Laden) übrigens oft eine ganz spezielle Symbiose ein, d. h. zusätzlich zum Verkauf von Lebensmitteln etc. wird auch Kaffee ausgeschenkt. Das Geschäft bezeichnet sich dann als **Kafepantopolíon**. Im **Sacharoplastíon** (Konditorei) gibt es Kuchen, Blätterteiggebäck und häufig Eis.

Vorspeisen (Orektiká)

Vielleicht zuerst einen **Oúzo,** den bekannten Anisschnaps. Mit Eiswürfeln oder mit Wasser verdünnt, verfärbt er sich milchig, man kann ihn aber auch pur trinken. Dazu gibt's Nüsse, Mandeln oder eine Auswahl der zahlreichen **Mezédes** – Appetithappen wie Käsewürfel, Tomaten- und Gurkenscheibchen, Scampi, Schnecken, Oliven, Melonenstückchen, Muscheln, kleine Fische, etwas Wurst und andere leckere Kleinigkeiten, je nachdem, was gerade günstig auf dem Markt zu haben war. Daneben werden viele kleine Gerichte angeboten, die zum Oúzo, als Vorspeisen oder als Beilagen zum Hauptgericht verzehrt werden können. In manchen Lokalen kann man auch eine gemischte Vorspeisenplatte, **Pikilía,** bestellen.

Da läuft einem das Wasser im Munde zusammen

Achiní – Seeigel, gewürzt mit Zitrone und Salz (die Eier der weiblichen Tiere pult man mit einem Stückchen Brot aus dem Gehäuse); **Antzoújes** – Anchovis (gesalzene Sardellenfilets); **Chtapodisaláta** – Tintenfischsalat; **Dolmadákia** – gerollte Weinblätter, mit Reis und Gewürzen gefüllt; **Eliés** – Oliven; **Gígantes** – dicke, weiße Bohnen in scharfer Gemüse-Tomaten-Soße, gibt's manchmal auch als Salat; **Kolokithákia**

tiganitá – frittierte Zucchini; **Melitzanosaláta** – Auberginensalat (die gegrillten Auberginen werden durch ein Sieb gedrückt und dann zu einem Salat verarbeitet); **Salingkária** – kleine Schnecken; **Taramosaláta** – lachsfarbener Fischrogensalat, meist vom Karpfen; **Tirosaláta** – zerdrückter, pikant angemachter Schafskäse; **Tonnosaláta** – Thunfischsalat; **Tsatsíki** – Knoblauchjoghurt mit Dill und Gurken.

Hauptgerichte

Fleisch (Kréas): Rindfleisch muss zum großen Teil importiert werden. Die bergige, zerklüftete Landschaft Griechenlands ist für Milchkühe und Rinderzucht kaum geeignet, und auf Zákynthos nutzt man die fruchtbaren Ebenen im Osten und Südosten lieber zum Anbau von Oliven, Korinthen und Wein. Auch das in den Tavernen servierte Schweine- und Lammfleisch kommt deshalb meist vom Festland. Geflügel und Kaninchen sollten Sie unbedingt einmal versuchen, denn sie gehören zu den echten Spezialitäten der Insel und werden in einigen Variationen auf den Tisch gebracht (s. Kasten „Zakynthische Küche" auf S. 73).

Békri Mezé: Scharf gewürzte, gebratene Fleischstückchen in einer Weinsauce, oft mit Käse verfeinert.

Biftéki: Eine Art flach gedrückte, gegrillte Frikadelle, mit Oregano gewürzt, manchmal außerdem mit Schafskäse gefüllt.

Gýros: Im Gegensatz zum türkischen Dönerkebap verwendet man nicht Lamm-, sondern Schweinefleisch. Es wird in dünne Scheiben geschnitten, über Nacht in Olivenöl eingelegt und mit Zwiebeln, Oregano und Pfeffer gewürzt. Anschließend schichtet man die Scheiben aufeinander und gart sie durch Drehen vor Heizspiralen an senkrechten Spießen. Serviert als Tellergericht oder als Snack mit Zwiebeln und Kräutern in einem zusammengerollten Fladen, der sogenannten **Pítta**.

Jouwétsi: Kleine spindelförmige Nudeln mit Kalb- oder Lammfleisch, im Tontopf gegart.

Kefthédes: Gebratene Hackfleischbällchen.

Kokkinistó: Geschmortes Kaninchen-, Rind- oder Lammfleisch aus dem Backofen, oft im Tontopf serviert.

Kokorétsi: Innereien, mit Darm gewickelt und am Spieß gegrillt. In Bergdörfern relativ häufig zu haben.

Kontosoúvli: Hähnchenfleisch am Spieß.

Makkarónia me kimá: Spaghetti mit Hackfleischsoße.

Moussaká: Auflauf aus Kartoffeln, Auberginen und Hackfleisch, mit einer Béchamelsoße überbacken. Wird auf großen Blechen zubereitet und den ganzen Tag über warm gehalten.

Pa'idákia: Mit Oregano gewürzte Lammkoteletts, die meist gegrillt, gelegentlich aber auch in der Pfanne gebraten werden.

Pastítsio: Nudelauflauf mit Hackfleisch und Tomaten. Mit Béchamelsoße überbacken.

Souvláki: Aromatische Fleischspieße aus Lamm- oder Schweinefleisch, mit Oregano gewürzt und über Holzkohle gegrillt. Es gibt kleine und große Spieße, mit etwas Zitrone verfeinert man den Geschmack. Die kleinen schmecken uns viel besser.

Souzoukákia: Ähnlich wie Kefthédes, aber in länglicher Form und in Tomatensoße serviert. Den türkischen Einschlag spürt man daran, dass das Hackfleisch mit Kümmel oder auch Kreuzkümmel gewürzt wird.

Spetsofái: Wursteintopf mit Zwiebeln, Tomaten und Paprika.

Stifádo: Zartfasriges Rindfleisch mit gekochten ganzen Zwiebeln. Die Soße ist mit Zimt gewürzt! Gibt's außerdem mit Lammfleisch, auf Zákynthos häufig auch mit Kaninchen.

Arní – Lamm; **Brizóla** – Kotelett; **Chirinó** – Schwein; **Katsíka** – Ziege; **Kimá** – Hackfleisch; **Kotópoulo** – Hähnchen; **Kounélli** – Kaninchen; **Mos'chári** – Kalb; **Sikóti** – Leber; **Wódi** – Rind.

Fisch (Psári) und anderes Meeresgetier

Fisch ist in Griechenland wesentlich teurer als Fleisch, da die Fanggründe des Ägäischen und Ionischen Meeres überfischt sind. Das berüchtigte, streng verbotene, aber noch weit verbreitete Dynamitfischen ist die Hauptursache dafür. Da dabei auch Jungfische getötet werden, bevor sie sich vermehren können, sinkt der Fischbestand ständig. Für Zákynthos gilt außerdem, dass die Fanggründe um die Insel zwar stets relativ artenreich, quantitativ jedoch nie sehr ergiebig waren; der Nährstoffgehalt des Ionischen Meeres ist zu gering. Die Fischer müssen mittlerweile lange und weit hinausfahren, um wenigstens teilweise den Bedarf der Gastronomie decken zu können. So mancher Fisch, der in den Touristenzentren hungrigen Gästen vorgesetzt wird, hat deshalb als Tiefkühlkost aus anderen EU-Ländern oder aus Übersee einen langen Weg hinter sich gebracht. Der Preis wird auf den Speisekarten meist per Kilo oder per 100 Gramm angegeben. Bei der Bestellung von ganzen Fischen ist es üblich, dass der Gast sich diese selbst aussucht.

Barboúni: Rotbarbe oder Red mullet. Sehr geschätzter Edelfisch.

Chtapódi (oder Oktapódi): Der Oktopus muss nach dem Fang viele Dutzend Mal mit Kraft auf einen harten Untergrund geschlagen werden, damit das Fleisch weich und genießbar wird. Danach wird er auf einer Leine zum Trocknen aufgehängt, später gegrillt und mit Zitrone serviert.

Garídes: Garnelen (Scampi). Werden auch als Vorspeise serviert.

Gávros: Das preiswerteste Fischgericht. Die in Mehl gewendeten winzigen Fischchen (Sprotten oder Sardellen) backt man in Öl heraus. Wenn sie klein genug sind, kann man sie mit Kopf und Schwanz verspeisen.

Kalamári: Tintenfisch. Die Arme werden in Scheiben geschnitten, paniert und in der Pfanne ausgebraten.

Sardélles: Sardellen. Werden mal gegrillt, mal gebraten serviert.

Fischer im Hafen von Ágios Sóstis machen sich bereit zur Ausfahrt

Xifías: Schwertfisch. Sehr lecker, die meterlangen Prachtexemplare werden säuberlich in dicke Scheiben gesäbelt.

Oft wird Fisch mit der berühmten **Skordaliá**, einer dicken Kartoffel-Knoblauch-Soße, serviert. Unbedingt probieren!

Eine besondere Spezialität ist die **Psarósoupa**, eine reichhaltige Fischsuppe, die allerdings nur in ausgesprochenen Fischtavernen erhältlich ist.

Astakós – Hummer; **Bakaláos** – Kabeljau; **Galéos** – Neunauge; **Glóssa** – Seezunge; **Kéfalos** – Meeräsche; **Lithríni** – Brasse; **Mídia jemistá** – gefüllte Muscheln; **Skoumpriá** – Makrele; **Tónnos** – Thunfisch; **Tsipoúra** – Meerbrasse.

Beilagen: Gemüse, Suppen und Salate

Da sich die zakynthischen Familien früher hauptsächlich von den Früchten des eigenen Gartens oder der Felder ernährten, gibt es traditionell eine große Anzahl an vegetarischen Gerichten. In manchen Lokalen werden heute viele davon als Beilagen, z. T. auch als vollständige Mahlzeiten angeboten.

Anginnáres me Patátes: Eintopf aus Artischocken und Kartoffeln, verfeinert mit Dill und manchmal auch mit Ei-Zitronen-Soße.

Briám: Eine Art Eintopf aus Gemüse und Kartoffeln.

Kalí Órexi – Guten Appetit!

Fassólia: Grüne Bohnen, werden manchmal mit einer Skordaliá (Knoblauch-Kartoffel-Soße) serviert.

Fáwa: Kleine gelbe Hülsenfrüchte, die meist zusammen mit Tomaten Karotten und Zwiebeln gekocht werden.

Jemistá: Mit Reis und gehackten Pfefferminzblättern gefüllte Tomaten oder Paprika.

Melitzánes: Auberginen, sehr beliebt. Die Frucht wird in Öl angebraten, damit sie weich wird. Um den bitteren Geschmack zu entziehen, bestreut man sie vorher mit Salz und lässt sie einige Zeit stehen. Das Salz wird anschließend abgetupft Auf Zákynthos bereitet man sie gerne mit Tomaten und Knoblauch zu (s. Kasten „Zakynthische Küche" auf S. 73).

Ókra: Die fingerlange, grüne Frucht, der Bohne vergleichbar, benötigt eine aufwendige Zubereitung. Die schleimartige Flüssigkeit im Inneren soll beim Kochen nicht austreten, deshalb muss man beim Putzen und Säubern sehr vorsichtig sein.

Angoúria – Gurken; **Arakádes** – Erbsen; **Gígantes** – große weiße Bohnen; **Karóta** – Karotten; **Kologíthia** – Zucchini; **Pantsária** – Rote Bete; **Patátes** – Kartoffeln oder Pommes frites; **Rísi** – Reis; **Piperjá** – Paprika; **Spanáki** – Spinat; **Tomátes** – Tomaten.

Fassoláda: Suppe aus weißen Bohnen mit viel Karotten und Sellerie.

Giouverlákia: Ei-Zitronen-Suppe, in der Reis-Hackfleisch-Bällchen gegart werden.

Choriátiki: Beliebtester Salat ist natürlich der bekannte griechische Bauernsalat. Er besteht aus Tomaten, Gurken, Zwiebeln und Oliven, das Ganze gekrönt mit einer aromatischen Scheibe Féta (Schafskäse). Man kann ihn als Vorspeise, aber auch als Beilage zum Hauptgericht essen. Mit etwas Brot reicht er sogar allein als Hauptmahlzeit aus.

Chórta: Wildgemüse, in Aussehen und Geschmack am ehesten mit Löwenzahn vergleichbar.

Angourosaláta – Gurkensalat; **Lachanosaláta** – Krautsalat; **Maroúli** – eine Art Römersalat; **Patatosaláta** – Kartoffelsalat; **Tomatasaláta** – Tomatensalat.

Gewürze und Dressings

Dill gibt Gemüse- und Fleischeintöpfen einen sehr feinen Geschmack.

Essig wird nur in kräftigen Salaten, z. B. in Rote-Bete- oder Krautsalat, verwendet, aber auch zum Abschmecken von Tsatsíki, Skordaliá usw.

Minze: Damit würzt man oft Hackfleisch und Reis, verleiht eine besondere Schärfe.

Olivenöl: Da die Griechen ihr Essen manchmal kalt oder lauwarm genießen, verwenden sie sehr viel Olivenöl. Es hat nämlich konservierende Eigenschaften. Im Gegensatz zu Butter wird Olivenöl nicht hart und ist gesünder.

Oregano: Der wild wachsende Majoran zählt zu den Lieblingsgewürzen der Griechen. Fast in allen Grillgerichten enthalten.

Pinienkerne dienen oft der Verfeinerung von Reisgerichten.

Zimt ist nicht nur in Süßspeisen, sondern auch in der Tomatensoße und in Fleischgerichten zu finden.

Zitrone verfeinert Fisch- und Fleischgerichte, außerdem ersetzt sie in der griechischen Küche nicht selten den Essig.

Daneben werden auch Basilikum, Bohnenkraut, Rosmarin, Salbei und Thymian gerne verwendet.

Tirí (Käse)

Féta: Gesalzener Weichkäse aus Schafs- oder Ziegenmilch. Wird sehr vielseitig verwendet, z. B. in Aufläufen, Gebäck, zu Salaten oder einfach auch als Beilage.

Mizíthra: Ungesalzener Frischkäse aus Molke mit herzhaftem Aroma.

Kasséri: Weicher Hartkäse, der als Brotbelag dient, aber auch in der Pfanne herausgebraten wird.

Kefalotíri: Der gesalzene Hartkäse ist dem Parmesan vergleichbar und eignet sich gut zum Reiben.

Saganáki: Frittierter Käse, wird heiß serviert und manchmal auch am Tisch flambiert.

Ladotíri

Gerne wird auf Zákynthos in Öl eingelegter Käse als Mezé angeboten oder bei der Zubereitung von verschiedenen Speisen verwendet. Nahezu jede Hausfrau legt ihren Käse selbst ein und achtet dabei auf die richtige Zusammensetzung der Ölmischung, denn die gibt den entscheidenden Geschmack. Im Allgemeinen mischt man frisch gepresstes und Öl vom Vorjahr zu gleichen Teilen miteinander in einem Tonkrug. Ein zu hoher Anteil an jungem Öl würde den Käse rot färben und einen zu scharfen Geschmack erzeugen. Ob der Käse selbst aus Schafs- oder aus Ziegenmilch besteht, ist Geschmackssache. Jedenfalls muss er drei Tage abtrocknen, bevor er dann eingelegt wird, um leicht bräunlich und immer schärfer zu werden. Vor dem Servieren kratzt man das Öl etwas ab und schneidet den Käse in kleine Stücke. Man kann ihn aber auch reiben und wie Parmesan verwenden.

Brot (Psomí)

Ohne Brot ist kein Essen komplett; es wird immer gereicht, selbst zu Nudeln oder Kartoffeln. Mittlerweile bekommt man auf Zákynthos in vielen Tavernen das viel schmackhaftere dunkle **Choriátiko** (= Bauernbrot), oft steht aber auch nährstoffarmes Weißbrot – **áspro** oder **lefkó Psomí** – auf dem Tisch. Schmeckt frisch sehr lecker, wird aber schnell trocken und hart. **Paximádi**, ein zwiebackähnliches Brot, wird auch abgepackt verkauft.

Nachspeisen (Gliká)

Das im Folgenden genannte Gebäck gibt es v. a. im **Sacharoplastíon** (Konditorei). Manchmal wird es aber auch im Restaurant als Dessert serviert.

Baklavá: Hauchdünner Blätterteig, mit Mandeln und Nüssen gefüllt und dann mit Honig übergossen. Stammt ursprünglich aus der Türkei.

Bougátsa: Blätterteiggebäck mit einer Art Quark gefüllt. Sehr empfehlenswert.

Chalvá: Knusprig-süßes Gebäck aus Honig und Sesamsamen.

Galaktoboúreko: Sehr leckeres Blätterteiggebäck mit einer Griescremefül ung.

Kataífi: Sehr süßer Sirupkuchen aus dünnen Teigfäden.

Loukoumádes: In heißem Öl gebrühte Hefeteigkugeln, die mit Honig übergossen werden. Besonders lecker!

Risógalo: Milchreis, gibt's leider nur selten.

Yaoúrti me Méli: Joghurt mit Honig, eine Spezialität! Auf Wunsch werden oft zusätzlich Nüsse oder Mandeln dazu gereicht. Übrigens: Wenn Sie wissen wollen, warum der griechische Joghurt so viel besser als der mitteleuropäische schmeckt, riskieren Sie im Supermarkt mal einen Blick auf die Angaben zum Fettgehalt.

Obst (Froúta)

Achládi – Birne; **Banána** – Banane; **Fráoula** – Erdbeere; **Karídi** – Walnuss; **Karpoúsi** – Wassermelone; **Kerási** – Kirsche; **Kolokíhti** – Kürbis; **Mílo** – Apfel; **Pepóni** – Honigmelone; **Portokáli** – Orange; **Rodákino** – Pfirsich; **Síko** – Feige; **Stafíli** – Traube; **Veríkoko** – Aprikose.

Frühstück (Proinó)

Wie fast alle Mittelmeeranrainer frühstücken auch die Zakynther nur wenig. Ähnlich karg fällt oft auch das gebuchte Hotelfrühstück aus: Brot, Butter, Marmelade, vielleicht eine Ecke Schmelzkäse oder eine Scheibe Wurst – das war's. Frühstücksbuffets gibt es lediglich in den Häusern der oberen Kategorien. Eine Alternative sind die Frühstücksangebote mancher Tavernen. Deren Wirte haben sich auf den morgenhungrigen West- und Mitteleuropäer eingestellt und locken mit Breakfast-Angeboten, entweder pauschal oder einzeln zu bestellen: ein gekochtes Ei (Avgó wrastó), Spiegeleier (Avgá mátia), Omelett (Omeléta) oder Toast mit Schinken und Käse. Oft wird auf Zákynthos der vielen britischen Besucher wegen auch das traditionelle englische Frühstück angeboten. Empfehlenswert an heißen Sommermorgen ist der exzellente griechische Joghurt (Yaoúrti) mit Honig (Méli), Früchten (Froúta) oder Nüssen (Karídia). Außer Kaffee, Milch (Gála) und Kakao (Gála sokoláta) gibt es oft auch frisch gepressten Orangensaft.

Etwas für Süßmäuler

Getränke

Wasser (Neró): Das Leitungswasser auf Zákynthos ist leicht salzig und sollte nicht getrunken werden (s. S. 91). Deshalb wird in den Restaurants auch meist in Flaschen abgefülltes Quellwasser verkauft. Insbesondere in den Bergdörfern servieren die Wirte aber auch, z. B. zum Kaffee, ein Glas des von ihnen in Zisternen gesammelten Wassers. Dieses können Sie unbedenklich trinken, da es sich um sauberes Regenwasser handelt.

Kaffee (Kafé): Auf den Ionischen Inseln hat in den letzten Jahren verstärkt der italienische Kaffee Einzug gehalten. Espresso, Cappuccino etc. sind längst in vielen Cafés und Restaurants auf der Getränkekarte zu finden. Wenn man den typischen griechischen Kaffee, ein starkes schwarzes Mokkagebräu in winzigen Tassen, bekommen will, muss man ausdrücklich „Kafé ellinikó" oder „Greek Coffee" verlangen. Im Zweifelsfall serviert man Ausländern nämlich in der Regel Nescafé, wenn Kaffee gewünscht wird. Und bloß nicht „türkischen Kaffee" bestellen! Ausgesprochen beliebt bei den Griechen ist der Frappé: Nescafépulver mit Wasser, je nach Geschmack mit viel oder wenig Zucker und/oder Milch und mit Eiswürfeln aufgefüllt.

- *Kafé ellinikó/Frappé* **elafrí** = leicht; **métrio** = mittelstark, mit Zucker; **varí glikó** = sehr süß; **skéto** = ohne Zucker; **varí glikó me polí Kafé** = sehr süß und sehr stark.
- *Nescafé* **sestó** = heiß; **skéto** = schwarz; **me Sáchari** = mit Zucker; **me Gála** = mit Milch.

Tee (Tsái): In den Dörfern bekommt man oft den schmackhaften Bergtee (Tsái tou wounoú). Ansonsten ist Tee wenig gebräuchlich und kommt fast immer in der Beutelversion; Zucker und Zitrone liegen bei.

Limonade: Wenn man „Lemonáda" bestellt, bekommt man Zitronenlimonade, Orangenlimonade heißt dagegen „Portokaláda".

Wein (Krassí): Pro Jahr trinkt jeder Einwohner Griechenlands etwa 45 Liter Wein, der deutsche Weinverbrauch liegt pro Kopf bei ca. 25 Litern. Entsprechend viel Wein wird in Hellas produziert. Die größten Weinanbaugebiete befinden sich auf dem Peloponnes, in Attika sowie auf Kreta. Mit Ausnahme des berühmten Retsína sind die griechischen Weine im Vergleich zu italienischen oder französischen recht lieblich, erst in den letzten Jahren bemüht man sich mehr um den Anbau von trockenen Sorten, um auf dem europäischen Markt größere Exportchancen zu haben. Auf Zákynthos gibt es viele Weinberge. Jede Taverne bietet neben Flaschen- auch offenen Wein an, oft aus eigenem Anbau. Traditionell stellt man einen kräftigen Rosé her, in den letzten Jahren hat man sich aber mehr auf Weiß- und vor allem Rotwein spezialisiert. Offener Wein wird in der Regel kiloweise verkauft (ein Kilo entspricht einem Liter). Verlangen Sie Wein „apó to Varéli" (= vom Fass). **Áspro Krassí** heißt Weißwein, Rotwein **mávro** (oder kókkino) **Krassí.** Wer seinen Wein trocken liebt, bestellt ihn **ksirí.**

Bier (Bíra): Das Getränk, das der aus Bayern stammende König Otto I. in der ersten Hälfte des 19. Jh. in Griechenland einführte, hat dem Wein inzwischen den Rang abgelaufen. Vor allem tagsüber, gerade zum Mittagessen, wird Bier öfter bestellt. Die europäischen Brauereien haben sich darauf eingestellt. Löwenbräu (München) und Henninger (Frankfurt), vor allem aber Heineken und Amstel (Holland) sowie Karlsberg (Dänemark) haben in Griechenland Niederlassungen errichtet. In den Touristenorten auf Zákynthos bekommen Sie auch die Biersorten, die Sie von zu Hause vielleicht gewöhnt sind: Warsteiner, Erdinger Weißbier, Beck's usw. Seit ein paar Jahren gibt es auch griechische Biere (z. B. Mýthos, Vergina und Álfa), die sich hinter denen der ausländischen Konkurrenz nicht zu verstecken brauchen. Und auch das legendäre Fix, die allererste, nach dem von Otto I. nach Hellas mitgebrachten Braumeister Fuchs benannte griechische Biermarke, ist, nachdem sie mehr als ein Jahrzehnt vom Markt verschwunden war, wieder zu haben.

Bei María gibt's von Aspirin bis Zahnpasta so ziemlich alles

Wissenswertes von A bis Z

Ärztliche Versorgung/Apotheken

Die ärztliche Versorgung auf Zákynthos ist für Inselverhältnisse nicht schlecht, was auch an der relativ hohen Einwohnerzahl liegt. Ein **Krankenhaus, Zahnärzte, Allgemeinmediziner** und **Fachärzte** findet man in Zákynthos-Stadt. Darüber hinaus gibt es auch in einigen Dörfern und Touristenorten Allgemeinmediziner. Adressen und Telefonnummern finden Sie in den Kapiteln zu den jeweiligen Orten. Bei ernsthafteren Erkrankungen wird man nach Pátras oder Athen geflogen. Die Verständigung klappt i. d. R. problemlos, da die meisten Ärzte zumindest eine der gängigen Fremdsprachen beherrschen, in der Regel Englisch.

Prinzipiell übernehmen die privaten und gesetzlichen Krankenkassen die Kosten ärztlicher Behandlungen in Griechenland. Erkundigen Sie sich jedoch vorab bei Ihrer Kasse über die Einzelheiten. Wer in einer gesetzlichen Kranken- oder Ersatzkasse versichert ist, sollte sich vor der Abreise die **European Health Insurance Card (EHIC)** besorgen. Diese legt man dem behandelnden Arzt vor. Wird die Karte nicht akzeptiert, bezahlt man bar (in vielen Fällen muss man auch auf die EHIC Zuzahlungen leisten) und lässt sich von ihm eine **Quittung** *(Apódixi)* geben, aus der genau hervorgehen muss, welche Leistungen erbracht wurden. Diese übergibt man später zu Hause seiner Kasse, die den Betrag nach Prüfung in der Regel ganz oder teilweise erstattet. Die Gebührensätze griechischer Ärzte sind nicht allzu hoch, im Krankenhaus *(Nosokomío)* zahlen Ausländer sogar nur einen geringen Pauschalbetrag, oft ist die Behandlung auch kostenlos (Medikamente müssen natürlich bezahlt werden, aber auch diese Kosten erstattet Ihre Krankenkasse zurück).

Zu erwägen ist der Abschluss einer **zusätzlichen Auslandsreiseversicherung**, die manche Automobilclubs sowie die meisten privaten Krankenkassen preiswert anbieten (auch für Mitglieder gesetzlicher Kassen). Darin ist auch ein aus medizinischen Gründen nötiger Rückflug eingeschlossen, den die gesetzlichen Krankenkassen nicht bezahlen.

• *Apotheken* (Farmakía) gibt es auf Zákynthos in großer Anzahl in der Hauptstadt sowie jeweils eine in Argássi, Kalamáki, Laganás, Plános/Tsiliví, Kallipádo, Katastári und Volímes; sie sind durch ein grünes Kreuz auf weißem Grund gekennzeichnet. Die Öffnungszeiten entsprechen denen der normalen Geschäfte. Hinweise zu Nacht- und Sonntagsdiensten hängen an den einzelnen Apotheken aus. Eine Grundversorgung ist durchaus gewährleistet, wichtige Medikamente, die Sie ständig brauchen, sollten Sie aber sicherheitshalber bereits zu Hause in ausreichender Menge besorgen. Ansonsten sind Arzneimittel in Griechenland wesentlich billiger als in Mitteleuropa, nicht nur Aspirin, sondern auch Antibiotika. Und viele sind ohne Rezept erhältlich.

• *Wichtige Telefonnummern* **Krankenhaus**, ✆ 2695059100, 2695042514; **Erste Hilfe (EKAB)**, ✆ 2695023166.

Baden/Strände

Wer gerne Badeurlaub macht, kommt auf Zákynthos voll auf seine Kosten. Die Insel verfügt über unglaublich viele, sehr schöne Sand- und Kiesstrände, zum großen Teil mit guter touristischer Infrastruktur, einige sind ruhiger und weniger erschlossen. An den meisten werden Sonnenschirme und Liegen vermietet; für ein Set mit zwei Liegen und einem Schirm bezahlt man je nach Saison zwischen 7 und 8 € pro Tag. Die **Wasserqualität** im Ionischen Meer ist generell gut, am saubersten ist es um Zákynthos an der West- und Ostküste. Einige Strände um Plános/Tsiliví wurden dafür sogar von der EU mit der „Blauen Flagge" ausgezeichnet.

Die schönsten **Sandstrände** finden sich in der Bucht von Laganás, auf der Halbinsel Skopós und an der Ostküste von Plános/Tsiliví bis nach Alikés. Alle sind, da flach abfallend, äußerst **kinderfreundlich.** Die Strände an der Westküste, darunter auch der berühmte Shipwreck-Beach, sind fast alle nur mit Booten zu erreichen. Daneben gibt es an einigen **tief eingeschnittenen Felsbuchten** weitere wunderschöne Badeplätze, die aber nur geübteren Schwimmern zu empfehlen sind.

Die **Badesaison** reicht von Mai bis Oktober; während dieser Zeit liegen die Wassertemperaturen im Strandbereich bei 20° C aufwärts und können im Hochsommer sogar Spitzenwerte um die 26° C erreichen. Allerdings nicht überall: In der Bucht von Laganás und an den Ostküstenstränden ist das Wasser deutlich wärmer als an der Westküste.

Zum Thema **FKK:** Nacktbaden ist in Griechenland verboten und strafbar. Ausgewiesene FKK-Strände gibt es auf Zákynthos bislang nicht. Oben-ohne ist dagegen an allen Stränden üblich und wird geduldet, auch junge Griechinnen machen da kaum mehr eine Ausnahme. Ganz die Hüllen fallen lassen sollte man nicht, denn darauf reagieren Einheimische nicht selten verärgert.

Botschaften/Konsulate

Auf Zákynthos selbst gibt es keinerlei diplomatische Vertretungen. Die nächste Anlaufstelle – zumindest für Deutsche – ist das Konsulat in Pátras. Die Botschaften Deutschlands, Österreichs und der Schweiz haben ihren Sitz in Athen. In Notfällen – z. B. bei Verlust sämtlicher Geldmittel oder der Papiere – kann man sich dorthin wenden. Mit Überbrückungshilfe sieht es aber meist schlecht aus. Zuerst wird man aufgefordert, sich das nötige Geld für die sofortige Heimreise von zu Hause schicken zu lassen. Verständlich, wenn man bedenkt, dass jährlich Hunderte, wenn nicht Tausende von Urlaubern bei der Botschaft bzw. bei einem Konsulat anklopfen und um Geld bitten, das sie dann oft nur nach zähen Mahnungen zurückzahlen. Erst wenn zu Hause niemand zu erreichen ist, erhält man ein Zugticket für die unmittelbare Heimreise, das dann sofort zurückgezahlt werden muss.

• *Deutschland* **Athen-Kolonáki (Botschaft)**, Karaóli & Dimítriou 3, 10675 Athen, ✆ 2107285111, 📠 2107285335, www.athen.diplo.de. Mo–Fr 9–12 Uhr.

Pátras (Konsulat), Mesónos 98, 26221 Pátras, ✆ 2610221943, 📠 2610621076, abageo@otenet.gr.

• *Österreich* **Athen (Botschaft)**, Vass. Sofías 4, 10674 Athen, ✆ 2107257270, 📠 2107257292, www.bmaa.gv.at. Mo–Fr 10–12 Uhr.

Pátras (Konsulat), Pantanássis 50, 26221 Pátras, ✆ 2610271447, 📠 2610272106, theogeo@otenet.gr.

• *Schweiz* **Athen (Botschaft)**, Iasícu 2, 11521 Athen, ✆ 2107230364, 📠 2107249209, www.eda.admin.ch/athens. Mo–Fr 10–12 Uhr.

Pátras (Konsulat), Ermoú 15, 26221 Pátras, ✆ 2610277688, 📠 2610274688, patras@honorarvertretung.ch.

Sie töpfert hübsche Keramikware

Einkaufen/Souvenirs

In allen Touristenorten auf der Insel kann man Waren für den täglichen Bedarf problemlos in **Supermärkten** einkaufen. Diejenigen in der Chóra, in Kalamáki, Laganás und Plános sind z. T. sehr groß, gut sortiert und führen neben griechischen auch ausländische Produkte. Und auch im kleinsten Ort gibt es mindestens ein **Pantopolíon,** eine Art Tante-Emma-Laden, wo man die wichtigsten Lebensmittel und manches andere bekommt.

Die üblichen griechischen **Souvenirs** gibt es natürlich auch auf Zákynthos: Reproduktionen antiker Vasen und Figuren, Musikkassetten, bunt bedruckte T-Shirts und Schildmützen, Billigschmuck, Ikonen etc. Klassische zakynthische Mitbringsel sind etwa Kassetten mit den inseltypischen Kantaten, Keramik aus Macherádo, Ágios Sóstis oder Vassilikós und Webwaren aus dem Norden der Insel. Und nicht zu vergessen sind die Schildkrötenimitationen in allen Variationen: aus Stoff, Ton oder Porzellan, auf Handtüchern, Teppichen etc. Wir empfehlen ansonsten die fruchtigen Weine und Liköre, den hervorragenden Honig, aromatische Kräuter und eingelegten Käse sowie die inseltypischen Süßigkeiten Mandoláto und Pastélli, die v. a. in Zákynthos-Stadt angeboten werden.

Geld

Auch Griechenland gehört zu den Ländern, die seit 2002 ihren Bargeldumlauf auf Euro (gesprochen Evró) umgestellt haben, Cent werden übrigens Leptá genannt. Für Deutsche und Österreicher ist also kein Geldumtausch mehr nötig, Schweizer müssen weiterhin ihre Franken wechseln.

Banken, nahezu alle mit Geldautomaten, gibt es lediglich in der Hauptstadt. Geöffnet sind sie Mo–Do 8–14, Fr bis 13.30 Uhr.

EC-/Maestro-Geldautomaten bieten fast alle Banken in Zákynthos-Stadt. In den wichtigsten Touristenorten, Laganás, Argássi, Kalamáki, Plános/Tsiliví, hat man ebenfalls derartige Automaten aufgestellt. Das Abheben mit Karte und Geheimnummer ist zweifellos die bequemste Art, an Bargeld zu kommen. Zu Hause fällt dann pro Abbuchung eine Gebühr an. Bedenken Sie aber, dass ein Automat gelegentlich leer ist, z. B. wenn er am Wochenende zu stark frequentiert wurde. (Bedienungshinweis: als Sprache „Deutsch" oder, wenn das nicht möglich ist, „Englisch" einstellen, für Abhebung „Scheck" oder „Checking" drücken). Bei **Verlust** der EC-/Maestro-Karte kann man diese unter ✆ 0180/5021021 zu jeder Tages- und Nachtzeit sperren lassen.

Kreditkarten: Gängige Karten wie American Express, MasterCard oder Visa werden in größeren Hotels, Souvenirgeschäften, Fahrzeugvermietungen und einigen Restaurants akzeptiert. Die Abbuchung vom eigenen Konto erfolgt erst Wochen später. Allerdings sollte man sich nicht ausschließlich auf Kreditkarten verlassen, in den Dörfern nutzt einem das Plastikgeld gar nichts. Auch mit Kreditkarten bekommt man an den meisten Geldautomaten Bargeld. Doch nicht alle Automaten nehmen alle Karten an. Man muss auf die Aufkleber achten. Und: Die Gebühren sind sehr viel höher als bei EC-/Maestro-Karten. Bei **Verlust** der Karte diese unbedingt sofort international sperren lassen, dann haftet man für keinen Schaden (für Visa ✆ 001/410/5813836, für Mastercard ✆ 001/31/42756690, für American Express ✆ 0049/69/97977777).

Reiseschecks muss man vor der Reise bei einer Bank kaufen; dabei kassiert das Institut eine Kommission von 1 % des Wertes. Bei der Einlösung in Griechenland werden Gebühren von 1–2 % fällig. Bei Verlust oder Diebstahl erhält man vollen Ersatz bei den Büros der Scheckgesellschaften, im Notfall auch per Kurier, jedoch muss die Kaufquittung vorgewiesen werden. Die Adressen der Büros Ihrer Scheckgesellschaft in Griechenland erfragen Sie am besten beim Kauf der Reiseschecks.

Bargeldtransfer mit Western Union: Wenn die Mittel ausgehen, kann man sich von einer Vertrauensperson zu Hause innerhalb weniger Stunden Geld überweisen lassen. Dazu zahlt die Kontaktperson das Geld bei einer Filiale der Postbank (oder einer anderen Western Union Agentur) ein und gibt dazu den Empfängernamen und die entsprechende Agentur im Ausland an. Allerdings sind die Gebühren für eine Überweisung hoch. Wichtigste Western-Union-Agentur auf Zákynthos ist das Hauptpostamt in der Chóra.

Neben den genannten Sperrnummern gibt es seit 2006 den **Sperrnotruf**, ✆ 0049/116116. Unter dieser Nummer können EC-/Maestro- und Kreditkarten von Sparkassen und Banken, aber auch Mobiltelefone von überall auf der Welt gesperrt werden. Voraussetzung ist, dass sich Ihre Sparkasse, Bank oder Mobilfunkgesellschaft dem Sperrnotruf angeschlossen hat. Erkundigen Sie sich vor Reiseantritt danach.

Gesten und Grüße

Die Griechen benutzen nonverbale Gesten wesentlich häufiger als Deutsche. Es gibt eine Vielzahl von Hand- und Kopfbewegungen, die dem Gegenüber eine Menge Informationen vermitteln können. Einige Beispiele: Kopf schütteln: Ich habe nichts verstanden. Kopf nach hinten und dabei Augenbrauen hochziehen: Nein, in keinem Fall. Kopf neigen: Ich habe verstanden.

Man begrüßt sich mit **kaliméra** (guten Morgen/guten Tag), **kalispéra** (guten Abend) oder **jássas** (hallo – zu mehreren Personen) bzw. **jássou** (hallo – zu einer Person), sofern man sich näher kennt. Die gebräuchlichsten Verabschiedungen sind **sto kaló** (alles Gute), **adío** (lebe wohl) und am Abend **kaliníchta** (gute Nacht).

Was oft zu Missverständnissen führt: Wenn der Grieche **nai** (gesprochen „nä") sagt, meint er „Ja". „Nein" heißt dagegen **óchi**.

Information

Die Griechische Zentrale für Fremdenverkehr (GZF), in Griechenland unter dem Namen Ellinikós Organismós Tourismoú (EOT) zu finden, hat in Deutschland vier Büros, in Österreich und der Schweiz jeweils eines. Man erhält dort u. a. auch eine brauchbare Griechenlandkarte, farbige Broschüren zu allen touristisch interessanten Gebieten, eine jährlich aktualisierte Zusammenstellung der innergriechischen Schiffsverbindungen und eine Auflistung von Pauschalveranstaltern. Speziell über Zákynthos dürfen Sie allerdings nicht allzu viel erwarten. Prospekte werden auf Anfrage auch zugeschickt.

• *Deutschland* **10789 Berlin**, Wittenbergplatz 3 a, ✆ 030/2176262-63, ✆ 030/2177965, info-berlin@gzf-eot.de.

60311 Frankfurt/M., Neue Mainzer Str. 22, ✆ 069/2578270, ✆ 069/25782729, info@gzf-eot.de.

20354 Hamburg, Neuer Wall 18, ✆ 040/454498, ✆ 040/454404, info-hamburg@gzf-eot.de.

80333 München, Pacellistr. 5, ✆ 089/222035-36, ✆ 089/297058, info-muenchen@gzf-eot.de.

• *Österreich* **1010 Wien**, Opernring 8, ✆ 01/5125317, ✆ 01/5139189, grect@vienna.at.

• *Schweiz* **8001 Zürich**, Löwenstr. 25, ✆ 01/2210105, ✆ 01/2120516, eot@bluewin.ch.

Auf Zákynthos gibt es bisher noch keine offizielle Informationsstelle des EOT. In Griechenland kann man sich bei Problemen außer an die Büros des EOT auch an die **Touristenpolizei** (Touristikí Astinomía) wenden. Ihr Büro auf Zákynthos befindet sich in der Inselhauptstadt, und zwar in der Odós Lombárdou 62, ✆ 2695024482 und 2695027367.

Internet

• *Zákynthos im Internet* **www.zakynthos.net.gr**: Auch auf Deutsch wird man auf dieser Seite über die Insel informiert und erhält viele praktische Informationen zum Thema Übernachten, Autovermietung etc.

www.zanteweb.gr: Bietet allgemeine Informationen in englischer Sprache, aber auch viele praktische Informationen und Links, insbesondere zu Übernachtungsmöglichkeiten.

www.zakynthos.gr: Offizielle Seite der Insel mit Informationen in griechischer und englischer Sprache.

www.travel-to-zakynthos.com: Hier kann man sich v. a. über einzelne Hotels (auch auf Deutsch) informieren.

www.gozakynthos.gr: Informiert auf Englisch über Sehenswürdigkeiten, Hotels, Reisebüros etc.

• *Griechenland im Internet* **www.in-greece.de**: Statements und Erlebnisberichte mit der Möglichkeit, eigene beizusteuern. Viele weitere Informationen für den Hellasurlauber wie z. B. über aktuelle Reiseführer, Veranstalter etc.

www.thewebpower.com/top100gr: Übersicht über die 100 besten Web-Sites zu bestimmten Schwerpunkten, z. B. zu Tourismus.

www.go4sun.de: Wetter, aktuelle News aus Griechenland in Schlagzeilen, Kurzinfos, Vermittlung von Pauschalreisen.

www.de-di.de: Informationen über nahezu alle touristisch interessanten Regionen Griechenlands.

• *Offizielle Seiten griechischer Institutionen* **www.griechenland-information.de**: Online-Service des griechischen Presse- und Informationsamtes.

www.griechische-botschaft.de: Info-Seite der griechischen Botschaft.

www.gnto.gr: Die offizielle Seite des Athener Tourismusbüros mit vielen Informationen zu Land und Kultur, auch in deutscher Sprache.

Darüber hinaus existieren natürlich noch eine Reihe weiterer Seiten, auch in englischer Sprache. Die von uns vorgestellten Adressen stellen nur eine Auswahl dar.

Landkarten

Kartenmaterial wird auf der Insel reichlich angeboten. Allenfalls einfachen Ansprüchen genügen die Karten von Toúbi's, Adam Editions und Orama Editions. Empfehlenswerter sind die beiden folgenden:

Road Editions, Zákynthos, ISBN 960-8481-53-8, Maßstab 1:70.000, mit Plan von Zákynthos-Stadt. Leider ist auf dem Cover der Maßstab mit 1:60.000 angegeben. Abgesehen davon ist die Karte, die in Zusammenarbeit mit dem geographischen Service der griechischen Armee erstellt wurde, durchaus zu empfehlen, da sie viele Details enthält: Auch kleinere Wege und sogar Trockentäler sind gekennzeichnet. Höhen sind durch Punkte und Farben markiert, leider fehlen Höhenlinien. Auch im mitteleuropäischen Buchhandel erhältlich.

Freytag & Berndt, Zákynthos, EAN 9783050848664, Maßstab 1:50.000. Für Fahrten mit Auto bzw. Bike auf Asphaltstraßen gut geeignet, Schotterpisten sind nicht immer genau, einige fehlen. Die wichtigsten Sehenswürdigkeiten sind durch Signaturen gekennzeichnet, die meisten Strände eingetragen. Das Relief wird durch Schummerung dargestellt, was für Wanderungen nicht sehr nützlich ist. Ebenfalls im mitteleuropäischen Buchhandel erhältlich.

Notrufnummern/Polizei

Polizei-Notruf für ganz Griechenland: ✆ 100

Erste Hilfe (EKAB) für ganz Griechenland: ✆ 166

Feuerwehr für ganz Griechenland: ✆ 199

Pannenhilfe für ganz Griechenland: ✆ 104

ADAC-Notruf von Griechenland aus: ✆ 0049/89/222222 (rund um die Uhr).

Polizeistationen (Astinomía) auf Zákynthos: ✆ 2695024450 (Zákynthos-Stadt), ✆ 2695083083 (Katastári), ✆ 2695051252 (Laganás).

Öffnungszeiten

Geschäfte und öffentliche Einrichtungen passen sich mit einer langen Siesta-Pause den mediterranen Klimaverhältnissen an. Banken bleiben am Nachmittag sogar geschlossen, dafür sind die Läden abends, wenn die Hitze nachgelassen hat, lange geöffnet. Dann macht das Einkaufen auch viel mehr Spaß.

Banken: Mo–Do 8–14, Fr bis 13.30 Uhr.

Geschäfte sind in der Regel Mo–Sa von 8/9 bis 13/14 Uhr und von 17 bis 20/21 Uhr (oft auch noch länger) geöffnet. In den Touristenzentren bleiben Souvenirshops oft den ganzen Tag (z. T. auch sonntags) offen.

Kirchen und Klöster öffnen ihre Pforten bereits zwischen 7 und 8 Uhr in der Frühe, während der Mittagszeit sind sie meistens geschlossen. Danach ist in der Regel noch einmal von 16 bzw. 17 bis gegen 20 Uhr offen. Es gibt aber große Unterschiede. In vielen Dörfern muss man sich den Kirchenschlüssel vom Popen oder einem anderen Schlüsselverwalter besorgen.

Souvenirs bekommt man auch sonntags

Nähere Informationen finden Sie in den jeweiligen Beschreibungen im Reiseteil.

Kioske sind meist bis spät in die Nacht geöffnet. Während der Siesta haben sie oft, aber nicht immer geschlossen.

Museen haben ebenfalls uneinheitliche Öffnungszeiten, sind aber häufig montags geschlossen. Nähre Informationen finden Sie in den Ortskapiteln.

Post: s. u.

Reisebüros halten sich theoretisch an die normalen Geschäftszeiten, haben aber in der Hochsaison oft durchgehend und bis spätabends geöffnet.

Post (Tachidromío)

Ein Postamt gibt es in Zákynthos-Stadt, in Katastári und Macherádo. Briefkästen hängen in fast allen Inseldörfern, zu erkennen sind sie an der gelben Farbe. In etwa 4 bis 8 Tagen werden die Sendungen nach Mitteleuropa befördert. Der Vermerk „per Luftpost“ bringt nichts, da die gesamte Post ab Athen generell per Flugzeug befördert wird.

Öffnungszeiten: Mo–Fr 7.30–14 Uhr, Sa geschlossen.

Briefmarken: Bei der Post oder in den Geschäften und Kiosken, die auch Ansichtskarten verkaufen (dort manchmal geringer

Wissenswertes von A bis Z

Aufpreis). Die sich häufig ändernden Gebühren erfragt man am besten dort.

Poste restante/postlagernd: Man kann – falls ohne feste Adresse – postlagernd Briefe empfangen. Gegen Vorlage des Ausweises und eine kleine Gebühr holt man sie ab. Ein Brief wird im Normalfall bis zu 2 Monate aufbewahrt. Der Absender sollte den Empfängernamen (Nachnamen unterstreichen!), das Zielpostamt (am besten das Hauptpostamt in Zákynthos-Stadt, Postleitzahl 29100) und den Vermerk „poste restante" auf den Umschlag schreiben.

Telefonieren: Bei der Post nicht möglich, siehe unter entsprechendem Stichwort.

Reisedokumente

Zwar fallen seit dem Inkrafttreten des Schengener Abkommens innerhalb der EU die Grenzkontrollen für Deutsche und Österreicher in der Regel weg, einen Rechtsanspruch auf unkontrolliertes Reisen gibt es aber nicht. Deutsche und Österreicher müssen nach wie vor einen gültigen **Personalausweis,** Schweizer die **Identitätskarte** bei sich haben. Wer über Serbien oder Mazedonien kommt, benötigt unbedingt seinen Reisepass. Kinder unter 16 Jahren müssen im Pass der Eltern eingetragen sein oder einen Kinderausweis haben, ab 10 Jahren mit Passbild.

Der Traum vom Fliegen

Kraftfahrer brauchen zusätzlich noch **Führerschein** (der internationale ist nicht nötig), **Fahrzeugschein** und oft auch die **grüne Versicherungskarte.** Dieser Nachweis für eine bestehende Haftpflichtversicherung ist offiziell zwar nicht mehr obligatorisch, aber der ADAC empfiehlt dringend, die Karte mitzuführen, da sie bei Unfällen und Kontrollen immer wieder verlangt wird. Wer über Serbien und Mazedonien auf dem Autoput anreist, muss sie unbedingt dabeihaben.

Sport

Auf Zákynthos kommen Sportlernaturen und Aktivurlauber auf ihre Kosten. Groß ist das Angebot an Wassersport: An zahlreichen Stränden kann man Surfbretter leihen, Wasser- und Jetski fahren, ein Paddelboot mieten etc. Bedenken Sie aber, dass an den Sandstränden, an denen die Caretta-caretta-Schildkröten ihre Eier ablegen, die Wassersportmöglichkeiten aus gutem Grund stark eingeschränkt sind. An fast jedem größeren Beach befindet sich in der Regel auch mindestens ein Volleyballnetz. Auch jenseits des Strandes bieten insbesondere die großen Hotels einiges an sportlicher Unterhaltung.

Bootssport: Tretboote, Motorboote, Kanus usw. werden an den Stränden nahe den größeren Touristenorten, aber auch an einigen Felsbuchten an der steilen Westküste vermietet. 1 Std. Tretboot kostet 15–20 €, für ein Motorboot bezahlt man 25–30 €. Der Preis wird relativ günstiger, wenn man das Boot einen ganzen Tag ausleiht.

Fahrradfahren: Eigene Räder oder Mountainbikes lassen sich auch im Flugzeug nach Zákynthos transportieren. Notwendig ist das nicht, denn in nahezu jedem Touristenort werden welche angeboten. Mit Mountainbikes kann man hervorragend den gebirgigen Westen erkunden. Bleiben Sie aber immer auf den Wegen! Und der flache Osten lädt geradezu zu Fahrradtouren ein. Meiden Sie aber die stark befahrenen Hauptverkehrsstraßen, denn hier kann es gefährlich werden.

Reiten: Auf der Insel gibt es mehrere Reitställe, und zwar in Zákynthos-Stadt, in Laganás und Alikés bzw. Alikanás. Adressen und Preise siehe in den entsprechenden Ortskapiteln im Reiseteil. Geboten werden geführte Ausritte, z. T. auch Reitkurse.

Surfen: Zwar kann man an vielen Stränden auf Zákynthos Surfbretter ausleihen, doch sicher zählt die Insel nicht zu den besten Revieren Griechenlands, der Wind ist einfach im Vergleich zu anderen Regionen nicht stark genug. An den Schildkrötenstränden ist das Surfen nicht erlaubt.

Tauchen: Schnorcheln ist überall ohne Einschränkung gestattet, das Tauchen mit Sauerstoffgeräten und Tauchanzügen dagegen nur an ausgewiesenen Plätzen, denn viele Amphoren, Münzen und andere antike „Souvenirs" wurden schon von Tauchern gefunden und außer Landes geschleppt. In Zákynthos ist das Tauchen in einigen Zonen an der westlichen Steilküste erlaubt. In Límni Kerioú gibt es 2, in Laganás 3 Tauchschulen, eine weitere in Ágios Nikólaos (Halbinsel Skopós) und auch in Tsiliví kann man Tauchtouren buchen. Genaueres erfahren Sie im Reiseteil unter den jeweiligen Orten.

Tennis: Größere Hotels gehobener Klasse besitzen Plätze, die gegen Gebühr auch Nicht-Gästen offen stehen. Für 18 € pro Std. kann man im Zante Tennis Center zwischen Kalamáki und der Chóra einen Platz mieten, ✆ 2695024237.

Wandern: Die besten Möglichkeiten bietet das westliche Bergland. Ausführliche Informationen finden Sie im Kapitel „Unterwegs auf Zákynthos" ab S. 68.

Wasserski, Bananaboat, Kneeboard, Ringo, Paragliding etc.: Diese (Fun-)Sportarten sind an vielen Stränden der Ostküste und der Halbinsel Skopós möglich; doch sollte man sich wegen der damit verbundenen Umweltschädigung gut überlegen, ob es wirklich nötig ist, sich motorisiert auf dem Meer herumschleudern zu lassen. An den Schildkrötenstränden sind alle genannten Aktivitäten streng verboten! Je 15 Min. Wasserski kosten 35 €, Bananaboat 13 €, Ringo 15 €, Jetski (zu zweit oder einzeln) bis zu 50 €, Paragliding 40–60 €.

Sie freut sich immer über ein Schwätzchen mit Touristen

Sprache (Glóssa)

Neugriechisch ist nicht die einfachste Sprache und wird außerdem mit anderen Buchstaben als das Deutsche geschrieben. Nur wenige Urlauber können mehr als ein paar Brocken sprechen. Die Zakynther haben sich daran gewöhnt. Mittelmäßige Englischkenntnisse genügen, um sich mit der Mehrzahl der Einheimischen verständigen zu können. Im Gastgewerbe in den Touristenorten ist Englisch Standard, manche Kellner haben im Laufe der Jahre durch ihre Arbeit auch etwas Deutsch gelernt. Einige wenige Einheimische sprechen sogar gut Deutsch; meist haben sie ihre Kenntnisse bei Arbeitsaufenthalten in Deutschland, der Schweiz oder Österreich erworben. Dennoch sollten Sie sich die wichtigsten Alltagswörter der griechischen Sprache aneignen. Ihr Bemühen wird in der Regel mit echtem Entgegenkommen und der Gesprächsbereitschaft der Einheimischen belohnt.

Wichtig ist die richtige Betonung der Wörter. So liegt der Wortakzent bei „efcharistó“ (danke) auf der letzten Silbe und nicht etwa auf der vorletzten, wie man es von Ausländern oft hört („efcharísto“). Deswegen haben wir jedes griechische Wort mit einem Betonungszeichen versehen und uns jeweils für die Schreibweise entschieden, die der Aussprache im Griechischen am ehesten entspricht. Noch ein Wort zu den Hinweis- und Ortschildern: Sie sind fast immer in griechischen und lateinischen Buchstaben geschrieben.

Strom (Révma)

In ganz Griechenland gibt es 220 Volt Wechselstrom (Fährschiffe verfügen allerdings z. T. nur über 110 Volt Gleichstrom).

Telefonieren

Wenn Sie nicht über das eigne Handy oder vom Hotel aus (man zahlt etwa das Doppelte) telefonieren möchten, ist es am bequemsten, Sie benutzen eines der überall auf der Insel von der Telefongesellschaft OTE installierten öffentlichen **Kartentelefone.** Von diesen kann man problemlos ins Ausland anrufen.

- *Telefonkarten* Die hübschen OTE-Telefonkarten (Tilekártes) erhält man bei der OTE in Zákynthos-Stadt, in verschiedenen Geschäften (Schreibwaren, Souvenirs, Kiosk etc.) sowie in den Postämtern. Angeboten werden Karten für ca. 4, 8, 10, 12 und 24 €
- *Internationale Vorwahlen* Deutschland ✆ 0049, Österreich ✆ 0043, Schweiz ✆ 0041. Danach wählt man die Vorwahl des gewünschten Ortes, jedoch ohne die Null, dann die Rufnummer.

Wer nach Griechenland anrufen möchte, wählt die Landesvorwahlnummer ✆ 0030 und anschließend die vollständige zehnstellige Nummer des Teilnehmers.

Vor einigen Jahren wurden in Griechenland sämtliche Anschlüsse auf zehnstellige Nummern umgestellt. Das bedeutet, dass nun grundsätzlich immer die Vorwahl eines Ortes bzw. einer Insel (Zákynthos 26950) mitgewählt werden muss, auch wenn man sich dort befindet. In unserem Reisehandbuch werden bei Telefonangaben immer die **vollständigen zehnstelligen Nummern** genannt.

Mobiltelefon: Nach Ankunft in Griechenland bucht das Handy sich automatisch in eines der Netze der verschiedenen Mobilgesellschaften ein und man kann fast überall problemlos telefonieren. Funklöcher kommen nur noch in ganz abgelegenen Regionen vor. Noch bis 2007 war es wichtig, sich vor Reiseantritt darüber zu informieren, welche Netzbetreiber im Reiseland die günstigsten Konditionen boten. Seitdem wurden die so genannten Roaming-Gebühren jedoch auf Betreiben der EU deutlich reduziert (abgehende Gespräche max. 0,58 €/Min., eingehende 0,28 €). So sind die Preisunterschiede nicht mehr so gravierend und man kann sich einfach in das am besten empfangbare Netz einbuchen oder die automatische Netzwahl beibehalten. Beim Grenzübertritt muss zudem vom Anbieter eine SMS mit Kosteninformationen versendet werden. Achtung: Wenn Sie aus Deutschland in Griechenland angerufen werden, zahlen Sie immer die Weiterleitungsgebühren – und selbst wenn der Anrufer ebenfalls in Griechenland ist, wird das Gespräch über Deutschland umgeleitet. Auch für Anrufe auf Ihrer Mailbox zahlen Sie doppelt: den Anruf aus Deutschland und die Umleitung auf die Mailbox in Deutschland (Tipp: absolute Rufumleitung Ihres Handys deaktivieren). Für Auslandsreisende ist es außerdem sinnvoll, den Empfang von MMS auf das Heimatnetz zu beschränken. Bei freien Karten-Handys empfiehlt sich der Kauf einer griechischen Prepaidkarte (erhältlich bei der OTE in Zákynthos-Stadt, in Souvenirläden, an Kiosken etc.). Weitere Informationen über mobiles Telefonieren im Ausland erhalten Sie unter www.teltarif.de/reise.

Toiletten

Für alle Toiletten in Griechenland gilt: Papier darf nicht mit hinuntergespült werden, dafür steht immer ein Eimer in der Ecke (ansonsten wären dauernd die engen Abflussrohre verstopft). Die Beschilderung lautet: Herren: **ándron,** Frauen: **ginaíkon.**

Wasser (Neró)

Obwohl es auf Zákynthos im Winterhalbjahr vergleichsweise viel regnet, hat die Insel Trinkwasserprobleme. Denn das, was aus den Wasserhähnen kommt, enthält relativ viel Salz und schmeckt deshalb nicht gut. Das ist auch der Grund, weshalb viele Bewohner des Flach- und Hügellandes und auch der Hauptstadt regelmäßig mit Kanistern zu einer der vielen Quellen fahren, die am Fuße des Berglandes austreten, und dort das hervorragende Wasser holen. In Cafés, Restaurants etc. bekommt man daher zu seinem Kaffee nicht wie in Griechenland sonst durchaus üblich ein Glas Leitungswasser serviert, sondern eine verschlossene kleine Plastikflasche, die man extra bezahlen muss. Reicht man Ihnen doch ein Glas Wasser dazu, stammt das kühle Nass in der Regel entweder von einer der Quellen oder – besonders in den Dörfern des Berglands – aus einer Zisterne, das heißt, es handelt sich um im Winter gesammeltes Regenwasser.

Zeit

In Griechenland gilt die osteuropäische Zeit (OEZ); sie ist der mitteleuropäischen Zeit (MEZ) um eine Stunde voraus. Da es in Hellas genau wie bei uns eine Sommerzeit gibt, bleibt der Zeitunterschied bestehen.

Zoll

Innerhalb der EU gelten sehr liberale Bestimmungen. Grundsätzlich wird die Mehrwertsteuer im Erwerbsland, das heißt beim Kauf der Waren, fällig. Bei der Ausreise sind weder Zollabgaben noch sonstige Steuern zu entrichten. Bedingung dafür ist, dass alle gekauften Produkte – Textilien, Keramik, Schmuck, Olivenöl etc. – nicht gewerbsmäßig genutzt, beispielsweise also weiterverkauft werden. Bei folgenden Mengen (pro Person) stellen die Behörden den persönlichen Bedarf nicht in Frage:

Alkohol: 10 l Spirituosen; 20 l Zwischenerzeugnisse (Port/Sherry); 90 l Wein oder weinhaltige Getränke, davon höchstens 60 l Sekt/Schaumwein; 110 l Bier.

Rauchwaren: 800 Zigaretten; 400 Zigarillos; 200 Zigarren; 1 kg Tabak.

Für **Schweizer** gelten niedrigere Quoten: 200 Zigaretten oder 100 Zigarillos oder 50 Zigarren oder 250 g Tabak; 1 l Spirituosen, 1 l Zwischenerzeugnisse oder 2 l Wein oder 2 l Bier sowie Geschenke bis 200 sfr.

Gut, dass sie im Winter in der Zisterne Regenwasser gesammelt hat

Zákynthos – die Reiseziele

Zákynthos-Stadt (Chóra) 94
Halbinsel Skopós 120
Die Bucht von Laganás 144
Der Osten: das Flach- und Hügelland 171
Der Westen und der Norden: das Bergland 212

Blick von der Stráda Marína zur Ágios-Dionýsios-Kirche

Zákynthos-Stadt (Chóra)

Am Fuß des mächtigen, geschichtsträchtigen Kástro-Hügels ziehen sich die weißen und pastellfarbenen Häuser der Inselhauptstadt wie ein breites, helles Band am in der Sonne glitzernden Meer entlang. Dazwischen ragen die schlanken Kampanile der zahlreichen Kirchen hoch empor und setzen malerische Akzente. In den z. T. engen Straßen findet man griechisches Leben pur – damit verbunden sind aber auch Hektik, Lärm und Verkehrsprobleme.

Mit etwa 10.000 Einwohnern ist Zákynthos-Stadt, von den Einheimischen auch Chóra (Hauptstadt) genannt, ein für eine griechische Insel vergleichsweise großer Ort. Im Sommer und im Winter, ob mit oder ohne Tourismus, pulsiert hier das Leben, herrscht in den Straßen geschäftiges Treiben, sind Cafés und Tavernen gut besucht. Am Hafen ist fast immer Betrieb. Fähren kommen und gehen, morgens preisen Fischer ihren nächtlichen Fang an, abends wird die lange Hafenpromenade (Stráda Marína) zur Flaniermeile, wo man sehen und gesehen werden will. Die Bewohner der Dörfer kommen in die Stadt, um einzukaufen, ihre Bankgeschäfte zu erledigen, Ämter- und Arzttermine wahrzunehmen oder einfach nur, um sich gut zu unterhalten. Die Chóra war und ist nach wie vor *das* Versorgungszentrum der Insel und bietet natürlich auch vergleichsweise viele Arbeitsplätze. Wer griechisches Leben statt der Atmosphäre einer touristischen Retortensiedlung liebt, ist in Zákynthos-Stadt richtig – allerdings muss man dann auch knatternde Mopeds, verstopfte Straßen und Parkplatzprobleme in Kauf nehmen.

Der heilige Dionýsios, der Schutzpatron von Zákynthos

Der in ganz Griechenland hoch verehrte Heilige wurde 1547 auf Zákynthos als Sohn adliger Eltern geboren und auf den Namen Draganígos getauft. Sein Vater war ein hoher Offizier in der Armee der Venezianer. Früh verwaist, überließ der junge Draganígos das gesamte elterliche Erbe seinem älteren Bruder Konstantínos und zog sich in das einsame Metamórphosis-Kloster auf einer der nahe gelegenen winzigen Strophadeninseln (vgl. S. 260) zurück, wo er den Mönchsnamen Daniel annahm. Der Bischof von Kefaloniá und Zákynthos erkannte sein Charisma, holte ihn zurück, weihte ihn 1570 zum Diakon und Priester und gab ihm die Aufgabe, in verschiedenen Kirchen der Insel als Prediger zu wirken. Bald darauf wurde er Abt des Marienklosters in Anafonítria. Auf dem Weg zu einer Pilgerreise nach Palästina traf er in Athen den dortigen Erzbischof, der ihn dazu überredete, das Bischofsamt der Inseln 'Ägina und Póros zu übernehmen. Nach einigem Zögern willigte Daniel ein und nahm bei seiner Bischofsweihe im Jahre 1577 zu Ehren des allerersten Bischofs von Athen und Märtyrers dessen Namen Dionýsios an.

Zehn Jahre hatte er dieses Amt inne und war bei den Bewohnern von 'Ägina und Póros wegen seiner Hilfsbereitschaft und seines bescheidenen Auftretens außerordentlich beliebt. Dann zogen ihn Heimweh und Sehnsucht nach Ruhe zunächst ins Strophadenkloster, dann wieder in das Marienkloster in Anafonítria zurück. Ab 1583 wirkte er zudem zeitweise als Priester in der Kirche des heiligen Nikolaus an der Mole in Zákynthos-Stadt. Als er 1624 starb, wurde sein Leichnam, wie er es gewünscht hatte, in seinem Stammkloster auf den Strophaden beigesetzt. Wenige Jahre später soll Dionýsios dem dortigen Abt im Traum erschienen sein und ihm befohlen haben, sein Grab zu öffnen. Als dieser die Öffnung veranlasste, fanden die Mönche den Leichnam unverwest und einen wunderbaren Duft verströmend. Sie legten ihn daraufhin in einen Ehrensarg, den sie in der Klosterkirche aufstellten.

Da Dionýsios ein nach kirchlichem Maßstab vorbildliches Leben geführt hatte und ihm schon zu Lebzeiten wie vor allem nach seinem Tod zahlreiche Wunder nachgesagt wurden, sprach man ihn 1703 heilig (er soll Kranke geheilt, die Strophaden von einer Heuschreckenplage und einer Dürre befreit, einer Stummen wieder zur Sprache verholfen haben und vieles mehr). Wegen der häufigen Piratenüberfälle wurde der Leichnam des Heiligen 1716 nach Zákynthos überführt, wo er heute – immer noch unverwest – in einem kostbaren Silbersarkophag in der nach ihm benannten Kirche aufbewahrt wird. Dort zeigen auch mehrere Wandgemälde einige der Wunder, die Dionýsios vollbracht haben soll.

Die Zakynther lieben ihren Heiligen, aber auch vom Festland bringen beinahe jede Woche mehrere Busse zahlreiche Pilger auf die Insel, die Dionýsios bzw. seinen Reliquien ihre Referenz erweisen wollen. Man küsst das Grab, zündet eine Kerze an, betet oder fleht um Hilfe. Am 17. Dezember (seinem Todestag) und am 24. August (dem Tag der Überführung seiner sterblichen Überreste nach Zákynthos) wird in der Chóra mit einer prächtigen Prozession – sein Leichnam wird dabei mitgeführt – und anschließendem Volksfest zu Ehren des heiligen Dionýsios gefeiert. Die Stadt platzt dann fast aus allen Nähten.

Aber auch in der mitunter recht hektischen Chóra findet man noch ruhigere, ja idyllische Plätzchen: an der weitläufigen Platía Solomoú zum Beispiel, am Nikólaos-Pier, wo im Sommer die Jachten ankern, auf dem Spazierweg zum Kástro hinauf, dort oben zwischen den Ruinen der alten Festung in einem Pinienwald, im hoch gelegenen Stadtteil Bóchali, wo Cafés und Tavernen neben Speisen und Getränken spektakuläre Rundblicke bieten, oder in der fast ständig geöffneten Dionýsios-Kirche, dem Zentrum des religiösen Lebens auf der Insel.

Erst auf den zweiten Blick sieht man der Stadt an, dass sie nach der fast völligen Zerstörung durch das verheerende Erdbeben von 1953 komplett neu aufgebaut wurde. Dabei hat man sich um größte Authentizität bemüht. Nach alten Plänen entstanden originalgetreue Kopien der alten Straßenzüge mit ihren Arkaden, der noblen Plätze samt ihren öffentlichen Gebäuden sowie der Kirchen. Die von den Venezianern nach Zákynthos gebrachte Architektur prägt die Stadt also heute noch bzw. prägt sie wieder. Schönste Beispiele sind die beiden nahe beieinander liegenden Plätze Platía Solomoú und Platía Agíou Márkou. Die beeindruckenden Gebäude der Bibliothek und des Museums für nachbyzantinische Kunst erinnern an herrschaftliche Palazzi in der norditalienischen Lagunenstadt, die frei stehenden Glockentürme haben die dortigen Kampanile zum Vorbild, sogar die Straßenlaternen kommen einem aus Venedig bekannt vor.

Bemerkenswert ist auch das kulturelle Angebot von Zákynthos-Stadt. So beherbergt der Ort eines der schönsten Museen Griechenlands zur orthodoxen Kirchenkunst. Auch wer sich ansonsten weniger für sakrale Malerei interessiert, sollte einen Besuch einplanen, es lohnt sich unbedingt. Freunde der internationalen Literatur kommen außerdem im Museum des bekanntesten Dichters der Insel und griechischen Nationalpoeten, Dionýsios Solomós, auf ihre Kosten. Im kleinen Freilichttheater finden neben Schauspielvorstellungen auch regelmäßig Konzerte und Tanzvorführungen statt. Und in einigen Tavernen der Stadt kann man im Sommer live die inseltypischen traditionellen Kantaten hören, die so ganz anders klingen als die gewohnte griechische Musik.

Geschichte

Oberhalb der heutigen Chóra, auf dem Kástro-Hügel zwischen der Festung und dem Lófos Stráni, erstreckte sich die antike Stadt, überragt von ihrer Akrópolis. Unten an der Küste soll sich zwar auch eine kleine Ansiedlung befunden haben, aber zur Pólis (Stadt) musste man emporsteigen, wie der griechische Erzähler Heliodor im 3. Jh. n. Chr. überliefert. Reste sind heute keine mehr zu finden, die vielen Erdbeben zerstörten im Laufe der Jahrhunderte die Gebäude, und was sie übrig ließen, wurde von späteren Bewohnern abgetragen und als Baumaterial verwendet. Aus antiken Quellen ist bekannt, dass die Stadt durchaus stolz und prächtig war: So besaß sie zum Beispiel einen großen Apollontempel, ein Stadion, in dem auch zur Zeit des Römischen Kaiserreichs noch Wettkämpfe stattfanden, sowie ein Aphroditeheiligtum. Nördlich der Pólis zog sich die Nekropole den Hang hinunter, was sich durch Gräberfunde belegen ließ.

Auch die mittelalterliche byzantinische Stadt lag oben auf dem Hügel an der Stelle der antiken Pólis. Über ihr Aussehen ist wenig bekannt. Sicher ist nur, dass in ihren Mauern mehrere recht große Kirchen standen und die Menschen in ziemlich beengten Verhältnissen lebten. Auch daher nahm die Bevölkerung zur Zeit der Venezianer allmählich ab, während an der Küste eine neue Stadt entstand. Im Jahre 1527 sollen oben nur noch etwa 1200 Menschen gelebt haben, ca. 4600 dagegen schon unten am Meer. Dennoch bauten die venezianischen Herren die alten Mauern auf dem Hügel zu einer mächtigen Burganlage, dem Kástro, aus, wohin sich die Menschen bei Gefahr zurückziehen konnten. Eine gepflasterte Straße verband sie mit der immer größer werdenden Stadt an der Küste. Deren Bevölkerungszuwachs war auch darauf zurückzuführen, dass die Republik Venedig überall in Europa lebende Landsleute nach Zákynthos lockte, die sich lieber unten in der modernen Siedlung niederließen. Deswegen wurde auch dort der Platz allmählich knapp, sodass man dem Meer durch Aufschüttungen Land abringen musste, um diverse Bauvorhaben realisieren zu können: z. B. die breite Prachtstraße Stráda Marína und einen großzügigen Platz (die heutige Platía Solomoú), um den sich bald prächtige Häuser mit den charakteristischen Arkaden und Balkonen gruppierten. Die Stadt blühte zusehends auf, die reiche Oberschicht und Teile des Bürgertums vergnügten sich im Theater, in Konzerten, bei Maskenbällen und Empfängen. Maler, Literaten, bildende Künstler, Musiker und Architekten sorgten mit ihren Werken dafür, dass man mit Hochachtung von ihr sprach und sie das „kleine Paris“ oder „Florenz Griechenlands“ nannte.

Eingang zum Kástro

Auch zur Zeit der britischen Herrschaft genoss die Stadt als Kultur- und Handelszentrum einen guten Ruf. Die Engländer richteten oben auf dem Kástro eine Garnison ein, unten in der Stadt erweiterten sie den Hafen, errichteten zahlreiche Gebäude und renovierten viele der venezianischen Prachtbauten, die unter den ständigen Erdstößen gelitten hatten. Nach der Vereinigung mit dem Mutterland und dem wirtschaftlichen Niedergang dämmerte die Chóra von Zákynthos vor sich hin. In die Schlagzeilen geriet sie dann erst wieder 1953, als das Jahrhunderterdbeben die ganze Stadt in Schutt und Asche legte. Die meisten öffentlichen Gebäude mit Ausnahme der Kirchen stammten damals aus dem 19. Jh. und waren im neoklassizistischen Stil errichtet worden, die älteren hatte man entsprechend umgestaltet. Nach den Aufräumarbeiten wurde große Mühe darauf verwandt, die meisten Gebäude originalgetreu wieder aufzubauen; auch der Straßenverlauf im Zentrum entspricht dem vor der Katastrophe. Unrettbar verloren gegangen sind allerdings die schönen Patrizierhäuser, die man nur noch auf alten Bildern bewundern kann.

Die Erdbebenkatastrophe von 1953

12. August 1953 – ein normaler Sommertag. Plötzlich, um 11.23 Uhr am Vormittag, beginnt das Inferno. Unvorstellbar lange 45 Sekunden werden Zákynthos und die Nachbarinseln Kefaloniá und Ithaka von gewaltigen Erdstößen der Stärke 7,3 auf der nach oben offenen Richter-Skala erschüttert. Doch damit nicht genug: Um 14.02 und 16.08 Uhr folgen zwei weitere Beben der Stärken 6,3 und 6,0.

Von einer unsichtbaren Kraft wurden die Inseln mehrere Zentimeter emporgehoben, sanken wieder nach unten, Teile splitterten ab und stürzten ins Meer. Wie Kartenhäuser fielen zahlreiche der in der Regel aus Steinen und einem Kalk-Sand-Gemisch gebauten Häuser zusammen. In der Chóra und in anderen Dörfern brachen Feuer aus, denn viele Frauen waren an ihren Gasherden mit dem Kochen beschäftigt. Die Katastrophe wurde durch die drei Tage andauernden Brände enorm verstärkt. Die Chóra lag in Schutt und Asche, überall stiegen schwarze Rauchwolken auf, ca. 3000 Häuser waren z. T. erheblich beschädigt. Lediglich drei Gebäude – eine Schule, die Nationalbank und ein Wohnhaus – blieben vollständig erhalten. Nur geringe Schäden erlitten die Ágios-Dionýsios- und die Nikolauskirche an der Mole. Die Verbindungen zu den Bergdörfern waren abgerissen, Brücken zusammengebrochen, Straßen wiesen große Risse auf und waren zusätzlich durch herabgestürzte Felsbrocken blockiert, Brunnen waren verschüttet, sodass das Trinkwasser knapp wurde. Ungefähr 100 Zakynther kamen ums Leben, mehr als 500 wurden verletzt, insgesamt 11.688 Gebäude waren in den Dörfern mehr oder weniger stark zerstört. In den nächsten Tagen sorgten mehr als 20 Nachbeben für weitere Panik.

Weltweit setzten Hilfsmaßnahmen ein. Britische, US-amerikanische und israelische Seestreitkräfte versorgten die Obdachlosen, auch deutsche Ärzte waren vor Ort, und aus der ganzen Welt trafen Spenden und Hilfslieferungen ein. Die Zakynther ließen sich nicht unterkriegen. Schon zwölf Tage nach der Katastrophe, am 24. August, fand die traditionelle Prozession zu Ehren des heiligen Dionýsios statt. Mit Bulldozern hatte man die Trümmer weggeräumt, um den gewohnten Prozessionsweg gehen zu können. Und bald setzte der Wiederaufbau ein, die Gebäude wurden nun mit Betongerüsten sehr viel stabiler und erdbebensicherer gebaut.

Fotos und Zeitungsberichte zu dieser Katastrophe können Sie auch im Museum für nachbyzantinische Kunst studieren. Zu den Ursachen dieses und anderer Erdbeben in der Region s. den Kasten auf S. 19.

Information/Reisebüros

- *Touristenpolizei* Odós Lombárdou 62 (Hafenpromenade), der Eingang befindet sich in der Odós Tsouláti. ✆ 2695024482 und 269 5027367. Auskünfte zu allen die Stadt und die Insel betreffenden touristischen Fragen, auch Hilfe bei der Zimmersuche.
- *Hafenamt* Direkt am Fähranleger, ✆ 26950 28117. Informationen zum Fährbetrieb, z. B. ob die Schiffe bei stürmischer See auslaufen können, erhält man aber auch bei der Fähragentur Ionion Ferries (s. u.) bzw. in den Reisebüros.

Am Morgen kann man fangfrischen Fisch direkt vom Boot kaufen

Zákynthos-Stadt
Karte Umschlag vorne

• *Reisebüros* Zahlreiche Agenturen entlang der Stráda Marína (Odós Lombárdou). Im Allgemeinen sind die Büros am Vormittag bis 13/14 Uhr und von 18–22 Uhr geöffnet, in der HS z. T. auch ganztägig. Viele haben Zweigstellen in den Touristenorten der Insel. Die Ausflugsboote ankern am neuen südlichen Hafenpier (siehe Stadtplan).

TEZ, im Jahre 2005 schlossen sich die Reisebüros Mamfreda's, Smile und Pélargos zu diesem Gemeinschaftsunternehmen zusammen. In Zakynthos-Stadt unterhalten sie ein Büro und bieten dort das an, was sie in den Touristenorten manchmal auch noch unter ihrem alten Namen offerieren: Ausflüge auf der Insel, aufs Festland und zu anderen Ionischen Inseln, Tauch- und Reittouren, Greek Night etc.; Autovermietung sowie der Verkauf von Flug- und Fährtickets gehören ebenfalls zum Service. Odós Lombárdou 52, ✆ 2695029061, ℻ 26950 29062, tez@otenet.gr.

Cavo Grosso, einer der Riesen der Branche mit vielen Zweigstellen auf der Insel; im Angebot auch hier die üblichen Ausflüge. Odós Lombárdou 22, ✆ 2695048308, www.cavogrosso.gr.

Zante Voyage, neben den gängigen Ausflügen bietet die nette Nánsi auch Hilfe bei anderen touristischen Anliegen: Zimmervermittlung, Auto- und Zweiradvermietung, Fähr- und Flugtickets etc. Sogar Hochzeiten können arrangiert werden. Odós Ag. Dionysíou 12, ✆ 2695025360, ℻ 2695025361, www.zantevoyage.gr.

Constantácos Tours, neben Fähr- und Flugtickets kann man auch hier einige Ausflüge buchen. Außerdem bietet das Büro über Western Union einen raschen Geldtransfer an. Odós Filitá Klavdianoú 19, ✆ 269 5027954, ℻ 2695025202, www.constacostours.com

Xiónis Tours, Verkauf von Fährtickets zur Insel Kefaloniá, im Angebot zudem Tagestouren dorthin sowie die üblichen Ausflüge auf Zákynthos. Odós Lombárdou 8, ✆ 26950 23984, ℻ 2695042556, kxionis@otenet.gr.

Wichtige Telefonnummern

Krankenhaus: ✆ 2695059100

KTEL (Busse): ✆ 2695022255 und 2695042656

Olympic Airlines: ✆ 2695028322

Polizei: ✆ 2695022100 und 2695024480.

Taxi: ✆ 2695048400

Touristenpolizei: ✆ 2695024482

Verbindungen/Parken

• *Bus* Der neue Busbahnhof befindet sich in der Odós Iatroú G. Mothonéos oberhalb des Zentrums der Stadt, ✆ 2695022255 und 2695042656. Dort erhält man auch einen aktuellen Fahrplan. Von der alten Busstation im Zentrum in der Odós Filitá Klavdianoú fahren von Mo–Fr ca. 8-mal am Tag Transferbusse hinauf.

Eine Übersicht über die Verbindungen auf der Insel finden Sie im Kapitel „Unterwegs auf Zákynthos" auf S. 66.

• *Taxi* Eigentlich gibt es Taxis en masse in der Stadt, während der Hochsaison muss man dennoch oft einige Zeit warten, bis sich einer der Fahrer am Standplatz in der Odós El. Venizélou bzw. an der Dionýsioskirche einfindet. ✆ 2695048400. Hinweise zu Taxipreisen im Kapitel „Unterwegs auf Zákynthos" auf S. 67.

• *Flugzeug* Am Flughafen befindet sich das Büro der Fluggesellschaft Olympic Airlines. Mo–Fr 8–19 Uhr, ✆ 2695028611. Hier, aber auch in den meisten Reisebüros in Zákynthos-Stadt, bekommt man Tickets.

Die neue Gesellschaft Athens Airways hat ihr Büro ebenfalls im Flughafengebäude, ✆ 2695037113.

• *Fähre* In den beiden an der Uferpromenade gelegenen Büros der Agentur **Ionion Ferries** (✆ 2695049500 und 2695022083, ℻ 269 5048301) kauft man die Fährtickets nach **Kilíni**. Hier liegen auch die aktuellen Fahrpläne der Fähren aus.

Tickets nach Kefaloniá bekommt man bei **Xiónis Tours**, ✆ 2695023984. Die Fähren zur Nachbarinsel fahren jedoch nicht in Zákynthos-Stadt ab, sondern in Ágios Nikólaos/Skinári (s. S. 254).

Alkyonís, hier bekommt man Tickets für die Schiffe nach Italien. ✆ 2695023239.

• *Parken* Kostenfrei sind die Plätze nordöstlich der Ágios-Nikólaos-Mole und auf dem großen Platz nahe dem Fähranleger. Wenn diese besetzt sind, muss man auf die im Sommer bewachten Plätze bei der alten Busstation und an der Straße nach Bóchali ausweichen (Preis für die erste Stunde 2,50 €, 5 Std. 8 €).

Adressen

• *Apotheken* Mehrere in der Odós Alexándrou Róma sowie in der parallel dazu verlaufenden Odós Fóskolou. Welche gerade Sonntags- bzw. Nachtdienst hat, erfahren Sie durch einen Aushang im Fenster.

• *Ärztliche Versorgung* Bis 2010 soll das neue **Krankenhaus** mit Ärzten verschiedener Fachrichtungen in Gaïtáni, wenige Kilometer westlich von Zákynthos-Stadt, eröffnet werden. So wie das alte wird natürlich auch dieses rund um die Uhr besetzt sein. ✆ 2695059100.

Zahlreiche Fachärzte führen in der Odós Gladstónos, wo sich auch das Gebäude der griechischen Sozialversicherung **IKA** befindet, eine Praxis. Darüber hinaus gibt es u. a. die folgenden **niedergelassenen Ärzte**:

Katerína Skiathopoúlou, Zahnärztin, Kandianoú Róma/Platía Ag. Pávlou, ✆ 2695023 041 (in der Nähe finden Sie weitere Zahnarztpraxen).

Jan Vonk, holländischer Kinderarzt, nahe dem Hotel Dasy, ✆ 2695043020.

Stéfanos Stroúsas (Gynäkologe), Odós Tertséti, ✆ 2695028111.

Magdaliní Vozaíti (Kardiologin), Ecke Odós Fóskolou/Odós Xenán, ✆ 2695045437.

Sabine Glatz (deutsche Hautärztin), Odós Filitá 58, ✆ 2695022502.

Giórgios Marínos (Orthopäde), Odós Tsouláti 13, ✆ 2695026027.

> **Sprechstunden** der genannten niedergelassenen Ärzte in der Regel Mo–Fr 9–13 und 18–21 Uhr.

• *Auto-/Zweiradvermietung* Die meisten Büros der international bekannten Agenturen finden Sie an der Hafenpromenade. Zweiräder werden über die Reisebüros vermittelt.

Europcar, ✆ 2695041541-42, ℻ 2695041543.
Hertz, ✆ 2695045706, ℻ 2695026063.

Budget, die Wagen dieser Firma werden von der Agentur Xiónis Tours vermietet; ✆ 2695023984, ℻ 2695042556.

Avis hat seine Agentur im Westen der Stadt, Odós Stavropódi Nr.7, ✆ 2695027512, ℻ 2695026330.

• *Banken/Geldwechsel* Mehrere Banken befinden sich in der Nähe des Markusplatzes, in der Odós Alexándrou Róma, gegenüber der Hafenverwaltung und an der Stráda Marína. Öffnungszeiten: Mo–Do 8–14 Uhr, Fr 8–13.30 Uhr. Nahezu alle Banken akzeptieren Reiseschecks, gängige Kreditkarten und verfügen über einen **internationalen Geldautomaten** (24-Stunden-Service).

- *Post* In der Odós Tertséti. Es empfiehlt sich, Postkarten oder Briefe hier einzuwerfen, die Briefkästen in der Stadt werden nur unregelmäßig geleert. Mo–Fr 7.30–14 Uhr.
- *Tankstellen* Im gesamten Stadtgebiet verteilt, besonders zahlreich an den Ausfallstraßen. In der Hochsaison bis spät abends und in der Regel auch sonntags geöffnet.
- *Telefonieren* Zwischen Solomós- und Markusplatz befindet sich das Gebäude der Telefongesellschaft **OTE**. Hier, aber auch in zahlreichen Souvenirshops und Kiosken, kann man die notwendigen Karten für die Kartentelefone sowie Prepaidkarten fürs Handy kaufen. Mo/Di, Do/Fr 7.30–20 Uhr, Mi erst ab 14 Uhr, Sa nur bis 14 Uhr.
- *Öffentliche Toiletten* an der Rückseite des Bibliotheksgebäudes sowie an der Schule in der Nähe des Restaurants Níkos.
- *Wäscherei* **To Magikó** in der Odós Fóskolou 83. In der Nähe befinden sich noch einige andere Wäschereien.

Einkaufen

Wichtigste Einkaufsstraße ist die Odós Alexándrou Róma, in der man Geschäfte aller Art findet. Die Urlaubershops liegen in der Nähe des Markus- und des Solomós-Platzes. Hier befinden sich auch Läden, die Inselspezialitäten wie Mandoláto, den zakynthischen weißen Nougat mit Mandeln, und Pastélli, ein Sesamgebäck mit Honig, verkaufen. An der Dionýsios-Kirche werden vor allem CDs mit Kantaten, Süßigkeiten, aber auch Devotionalien (z. B. nachgemachte Ikonen des Inselheiligen) angeboten.

- *Brot/Gebäck* In der Odós Kollivá oder auch in der Odós El. Venizélou kann man beim Bäcker dunkle und helle Brotsorten, aber auch leckeres süßes und salziges Gebäck kaufen. Weitere Bäckereien finden Sie z. B. in der Odós Tavouláris nahe der Platía Agíou Pávlou.
- *Lebensmittel* Größere **Supermärkte** gibt es vor allem an der Ausfallstraße nach Volímes, im ganzen Stadtgebiet verteilt sind zudem viele Läden, die die Bedürfnisse des täglichen Bedarfs decken. **Obst und Gemüse** bekommt man außer in verschiedenen Fachgeschäften (z. B. in der Odós El.

Zákynthos-Stadt
Karte Umschlag vorne

Bis in die Nacht hinein bleiben die Urlaubershops geöffnet

Venizélou) auch auf dem **Markt,** der 3-mal wöchentlich (Mo/Do/Sa) vormittags hinter dem Hafenamt am Fähranleger abgehalten wird. An der Stráda Marína verkaufen die Fischer direkt von den Booten in den Morgenstunden **frischen Fisch**.

- *Musik* CDs mit den typischen zakynthischen Kantaten bekommen Sie z. B. in den Shops an der Dionýsios-Kirche. Ein gutes Angebot, auch an griechischer Musik, führt z. B. das Geschäft **Metropole** in der Straße des 21. Mai.
- *Schmuck* In guter Qualität und Auswahl in einigen Läden nahe der Platía Agíou Márkou in der Straße des 21. Mai.
- *Souvenirs* Stoffschildkröten, Olivenölseife, Windspiele, Keramik – besonders originell ist das Angebot in der Stadt nicht gerade. Die besten Geschäfte findet man in der Straße des 21. Mai und nahe dem Hotel Stráda Marína.

Bemalte Krüge, Vasen, Schalen etc. aus Ton verkauft der Töpfer **Golémis Sigoúros** in seinem Laden nahe der Inselverwaltung. Seine Werkstatt befindet sich übrigens nahe dem Ort Macherádo.

Etwas abgelegen, bei der Platía Agíou Louká, liegt der Laden **Athinódoro**. Dort bekommen Sie sehr schöne Gebrauchskeramik mit typisch mediterranen Motiven.

Zakynthische Produkte wie Wein, Likör, Parfüm und die charakteristischen Süßigkeiten Mandoláto und Pastélli bieten z. B. die alteingesessene Firma **Ánthos** und andere Geschäfte in der Odós El. Venizélou sowie in der parallel dazu verlaufenden Odós Makrí an.

- *Zeitungen/Zeitschriften* In der Straße des 21. Mai werden in einem kleinen Laden deutschsprachige Zeitungen und Zeitschriften verkauft, ein weiterer befindet sich in der Odós Dimokratías. Ein eingeschränktes Angebot führt während der Sommermonate auch ein Kiosk gegenüber der Dionýsios-Kirche.

Kulturelle Veranstaltungen

Im **Freilichttheater** an der Straße zur Oberstadt werden im Sommer regelmäßig Schauspiele in griechischer Sprache aufgeführt. Aber auch für Musikfreunde wird vom Konzert bis zu Tanzabenden einiges geboten. Programme erhalten Sie in den Zeitungsläden bzw. am späten Nachmittag an einem Stand vor der Bibliothek. Dort können Sie im Vorverkauf Karten erstehen. Die Vorstellungen beginnen i. d. R. nicht vor 21.30 Uhr.

Baden/Wassersport/Reiten

- *Baden* Weit ist es nicht her mit den Bademöglichkeiten direkt am Stadtstrand, daran ändert auch das **öffentliche Strandbad** nichts, das fast schon in Krionéri liegt. Dessen Beach besteht, wie auch die angrenzenden Abschnitte, aus groben Kieseln. Weiter nördlich, in Richtung Kap Akrotíri, ist die Küste ziemlich felsig – vor allem Einheimische sieht man an den Klippen oder den kleinen Schutzmolen für die Fischerboote baden. Das Strandbad ist im Sommer tägl. von 7–20 Uhr geöffnet. Der Eintritt ist kostenfrei; lediglich für Liegen und Sonnenschirm wird eine Gebühr erhoben. An der Bar sind kleine Snacks und Getränke erhältlich.
- *Wassersport* Die Reisebüros haben Angebote zum **Segeln** und zum **Tauchen** im Programm. Zu Letzterem wird man nach Ágios Nikólaos (Halbinsel Skopós) in ein Diving Center gebracht. Ein Tauchgang kostet ca. 40 €.
- *Reiten* Wer auf dem Rücken eines Pferdes die Umgebung der Chóra erkunden möchte, kann sich bei **Naná's Horses** (etwa 1 km außerhalb der Stadt an der Straße zum Flughafen) ein Pferd ausleihen. Sowohl Erwachsene als auch Kinder bezahlen pro Std. ca. 20 €, für 2 Std. 35 €. Die Abholung erfolgt gratis. ✆ 2695023195.

Ausflüge

Die meisten auf der Insel angebotenen Touren starten von Zákynthos-Stadt aus, dennoch sind die hier beschriebenen Ausflüge natürlich auch in den Touristenorten wie Laganás, Argássi, Alikés etc. buchbar – ein Transferbus bringt die Kunden dann zur Abfahrt in die Chóra und holt sie dort auch wieder ab. Natürlich besteht auch die umgekehrte Möglichkeit: Man bucht von Zákynthos-Stadt aus z. B.

Tauchausflüge (s. o.) oder Fahrten mit kleinen Booten, die in anderen Touristenorten veranstaltet werden. Die Preise in der Nebensaison liegen oft unter denen im Juli und August.

- *Touren durch die Stadt* Während der Sommermonate fährt ein Minitrain zwischen 10.30 und 23 Uhr alle halbe Stunde durch die Stadt. Dauer der Tour: ca. 30 Min. Abfahrt an der Platía Solomoú. Preis 5 €, Kinder 2 €.
- *Schifffahrt rund um Zákynthos* Mehrere Ausflugsboote starten in der Saison tägl. gegen 9 Uhr zur Umrundung der Insel, gegen 17.30 Uhr kehren sie zurück. Auf der Tour bekommt man u. a. die „Blauen Grotten", den Shipwreck-Beach, die Kerí-Caves und andere Highlights zu sehen. Badestopps sorgen zusätzlich für Abwechslung. Preis ca. 20–25 €.
- *Ausflüge mit kleinen Booten* Die gängigen Touren, z. B. von Laganás zu den Höhlen von Kerí oder die Turtle-watching-Trips werden inkl. Transferbus in der Regel einmal pro Woche von der Stadt aus angeboten. Kosten ca. 20–25 €.
- *Inseltour* Die **Reisebüros** bieten mehrmals pro Woche eine Bustour über die Insel an (18 €). Dabei werden Stopps in verschiedenen Dörfern eingelegt: Ágios Nikólaos (Gelegenheit zum Besuch der „Blauen Grotten"), Volímes, Macherádo und Kambí. Außerdem hält der Bus beim Kloster Anafonítria und am Aussichtspunkt beim Shipwreck-Beach. Zuletzt kehrt man dann in einer Weinkellerei ein.
- *Jeep-Safari* In kleinen Gruppen bekommt man für 40–50 €/Pers. neben den üblichen Zielen auch abgelegenere Routen, Dörfer und Strände zu sehen.
- *Segeltörn* Auf einer Segelyacht fährt man von Zákynthos hinüber zum Peloponnes und erlernt dabei auch noch die Grundkenntnisse dieses Sports. Preis pro Pers. ca. 50–60 € inkl. Verpflegung.
- *Griechischer Abend* Der darf natürlich auch auf Zákynthos nicht fehlen! Meist in Ágios Nikólaos/Skinári oder Pigadákia wird in einem Lokal ein griechisches Menü serviert und gesungen, gespielt und getanzt. Etwa 30 € (inkl. Gratiswein). Dieser Ausflug wird einmal pro Woche von Zákynthos-Stadt aus angeboten.
- *Insel Kefaloniá* Mehrmals pro Woche fährt ein Ausflugsschiff von Ágios Nikólaos/Skinári zum Hafen Pessáda, von wo man mit einem Bus zu Kefaloniás wichtigsten Sehenswürdigkeiten (u. a. Kloster des Ágios Gerássimos, Drogaráti-Tropfsteinhöhle, Melissaní-See und Argostóli) gebracht wird. Pro Pers. ca. 30–40 € zuzügl. Eintritte für Drogaráti und Melissaní (9 €).
- *Olympía* Mit der Fähre geht es einmal pro Woche hinüber auf den Peloponnes und dann mit dem Bus weiter zur Geburtsstätte der Olympischen Spiele. Im Preis von 40 €/Pers. ist eine Führung inbegriffen, nicht jedoch der Eintritt in die Ausgrabungsstätte und ins Museum (7 €). Die Busse legen meist noch in Kilíni/Kástro einen Stopp bei der sehenswerten Chlemútsi-Festung ein.
- *Athen* Die zweitägige Tour in die griechische Hauptstadt kostet etwa 90–100 € inkl. Hotelübernachtung und Reiseleitung. Highlights der Tour, die jeden Freitag angeboten wird: Kanal von Korinth, Akrópolis, Pláka etc. Auch hier ist der Eintritt auf den Akrópolishügel noch nicht eingeschlossen.

Ausflug zu den Höhlen von Kerí

Übernachten (siehe Umschlagkarte vorne)

Auch in der Vorsaison nicht gerade ein preiswertes Vergnügen, und Privatzimmer gibt es kaum. Leider liegen die meisten Häuser auch an verkehrsreichen Straßen, geräuschempfindliche Besucher sollten sich deshalb am besten in dem Viertel zwischen Markusplatz und dem Strandbad nach einer Bleibe umsehen. Alle von uns aufgelisteten Hotels sind ganzjährig geöffnet.

• *Im Zentrum* **** **Hotel Stráda Marína (18)**, an der Uferstraße. Mit 112 Zimmern das größte Hotel der Stadt. Von den zum Wasser gelegenen hat man einen tollen Blick auf den Hafen. Alle Zimmer sind geschmackvoll eingerichtet und verfügen über Bad, TV, AC, Kühlschrank und z. T. Balkon. Neben einer Bar steht den Gästen eine Dachterrasse mit Schwimmbad zur Verfügung. Ein EZ kostet inkl. Frühstück zwischen 70 und 75 €, ein DZ zwischen 90 und 100 €, 3 Pers. bezahlen ca. 120 €. Odós Lombárdou 14, ✆ 2695042761/-62, ℻ 2695028 733, www.stradamarina.gr.

**** **Hotel Palatinó (4)**, auffallendes Haus mit halbrunden bzw. eckigen Balkonen, die Besitzerin ist Österreicherin. Im Empfangsbereich steht den Gästen ein Computer mit Internetzugang zur Verfügung, angeschlossen ist zudem ein Restaurant. Die modernen, hellen DZ mit Bad, Sat-TV, AC, Minibar und Safe kosten je nach Saison 60 bzw. 90 €, zu dritt bezahlt man zwischen 70 und 100 €, jeweils inkl. Frühstücksbuffet. Ob man von den Balkonen zum Meer oder auf den Kástro-Hügel schauen möchte, kann man wählen. Ecke Odós Kolokotróni/Odós Kollivá, ✆ 2695027780, ℻ 2695045400, www.palatinohotel.gr.

**** **Hotel Diana (9)**, direkt neben der Markuskirche gelegenes gepflegtes Haus, dessen Architektur gut in die des Platzes eingefügt wurde. Gemütlicher Aufenthaltsraum mit Polstermöbeln, großzügige Bar, Billard- und Fernsehraum. Die angenehm eingerichteten Zimmer verfügen über Bad, Minibar, TV, AC und Balkon. Für ein EZ bezahlt man inkl. Frühstücksbuffet 50–70 €, für ein DZ 60–90 €, zu dritt kostet der Spaß 70–100 €. Platía Agíou Markoú, ✆ 2695028547, ℻ 2695045047, www.dianahotels.gr.

*** **Hotel Álba (8)**, zentral und doch recht ruhig gelegenes, im traditionellen Stil erbautes Haus mit schmiedeeisernen Balkonen; Bar mit Sat-TV. Die 13 Zimmer sind auf drei Stockwerke verteilt und mit Bad, AC, Kühlschrank und TV ausgerüstet. In jüngster Zeit wurden einige Zimmer renoviert, aber auch die Originalräume sind noch gut in Schuss. DZ inkl. Frühstück 50–78 €, mietet man alleine ein Zimmer, gibt's 30 % Preisnachlass, die ansprechenden Familienzimmer kosten 72–110 €. Odós Lámbrou Zíva 8, ✆ 2695026641, ℻ 2695026642, www.albahotel.gr.

*** **Hotel Phoenix (15)**, schöne Lage direkt am Solomós-Platz. Dreistöckiges, gelb gestrichenes Haus mit einem kleinen Café unter Arkaden und gut bestückter Bar; bei griechischen Urlaubern sehr beliebt. Insgesamt 35 angenehme Zimmer mit Bad, Balkon (teilw. Meerblick), AC, Kühlschrank, Fön, Bügeleisen und TV werden zum Preis von 65–95 € (DZ) bzw. 50–65 € (EZ) inkl. Frühstück vermietet. Platía Solomoú 2, ✆ 26950 23514, ℻ 2695045083, www.zantephoenix.gr.

Rooms Ágios Loukás (23), über dem Restaurant Spártakos vermietet die nette Athiná 6 Doppel- und Dreibettzimmer. Die nicht besonders großen Räume sind mit Bad, Kühlschrank, z. T. auch mit Kochnische ausgestattet, von den Balkonen genießt man einen tollen Blick auf den Hafen. Zu zweit bezahlt man in der HS ca. 55 €, zu dritt 60 €. In der NS und bei längerer Mietdauer gibt es z. T. deutliche Nachlässe. Platía Agíou Louká, ✆ 2695026809, ℻ 2695025455.

Rooms Zourídis (7), sehr angenehmes, ruhig gelegenes Haus hinter der Uferstraße gegenüber dem Herrenhaus der Familie Róma. Hier werden ganz unterschiedliche Zimmer angeboten, z. T. mit Kochnische, Kühlschrank, AC oder Balkon. Alle jedoch verfügen über Bad und TV. Den Gästen steht ein lichtdurchfluteter Aufenthaltsraum mit geschmackvollen Sitzmöbeln, einer reichhaltigen Bibliothek (Bücher auch in englischer Sprache) und den verschiedensten Musikinstrumenten – von der Mandoline bis zur Trommel – zur Verfügung. Zu zweit bezahlt man (ohne Frühstück) zwischen 30 und 50 €, eine Aufenthaltsdauer von mindestens 3 Tagen wird vorausgesetzt. Odós Loukás Karrér 30, ✆/℻ 2695044691.

• *In den Vororten* **Pension Élena**, fast schon am Kap Akrotíri wohnt man in dem hübschen Haus, das nach seiner Besitzerin benannt ist. Die 5 Studios für 2 bis 4 Pers.

verfügen über Bad, AC, Kochnische und Veranda und sind zum Meer bzw. zur Durchgangsstraße hin ausgerichtet. Zu zweit bezahlt man zwischen 30 und 50 €. ✆ 269504197, mylona-e@otenet.gr.

Rooms Fótis Giatrás, im Vorort Varrés gelegen. Steigen Sie ca. 2 km nach der Chóra bei einem Minimarkt aus dem Bus in Richtung Plános/Tsiliví aus und folgen Sie dann der Seitenstraße nach rechts aufwärts. Bei Fótis und seiner netten Frau Mávra ist ein einfaches 2er- bzw. 3er-Zimmer mit Kochnische, Bad, AC und Gemeinschaftsterrasse für 40–50 € zu haben, herzliche Betreuung inklusive. Viele Stammkunden, u. a. aus deutschsprachigen Ländern, kommen immer wieder, und auch von Lesern wurde die Adresse wärmstens empfohlen. ✆ 2695023392 und 2695044511.

Rooms Ángelos Spínos, ganz in der Nähe, unmittelbar hinter besagtem Minimarkt führt ein steiler Weg zu einem ähnlichen Haus hinauf. Auch hier werden von einem freundlichen älteren Ehepaar einfache 2- bis 3-Bettzimmer vermietet. Alle sind mit Kochnische, Bad und AC ausgestattet. Zu zweit bezahlt man 30–50 €. ✆ 2695023087.

In der Umgebung befinden sich zahlreiche weitere **Privatzimmer**.

Die Freiheitsstatue steht am Rand der Platiá Solomoú

Essen und Trinken (siehe Umschlagkarte vorne)

Vor allem griechische Küche wird in den Tavernen von Zákynthos-Stadt angeboten, aber auch die Liebhaber von Pizza und Pasta kommen auf ihre Kosten. Das Preisniveau hängt von der Lage und dem Ambiente ab, Spitzenreiter sind einige Lokale an der Hafenpromenade und an den beiden großen Plätzen.

• *Im Zentrum* **Psaromágazo Kómis (27)**, das hübsche Lokal am Fähranleger mit romantischen Plätzen direkt am Wasser ist auf Fischgerichte spezialisiert. Dazu schmecken wunderbare Salate (z. B. mit roter Bete, Wildgemüse, Zucchini) oder Mezédes. Gehobenes Preisniveau, dafür serviert der nette Wirt aber ein leckeres Amuse Gueule und einen feinen Nachtisch auf Kosten des Hauses.

Village Inn Restaurant (19), nomen est omen. Wie der Name schon ahnen lässt, erinnert die Aufmachung ans Landleben: bäuerliches Wanddekor, in der einen Ecke ein Pflug, in der anderen eine Egge, dazu riesige Weinfässer und vieles mehr. Besonders schön sitzt man im Garten unter Zitronenbäumen, Bananenstauden und bunt blühenden Geranien. Der legendäre Pfau Geórgios, der jahrelang zwischen den Tischen hin- und herstolzierte, ist inzwischen leider verstorben. Umfangreiches Angebot an griechischen und internationalen Gerichten, empfehlenswert ist z. B. das gut gewürzte Auberginengericht mam Bayildi. Gehobenes Preisniveau.

Restaurant O Mólos (20), ebenfalls an der Hafenpromenade, bei griechischen Touristen und Einheimischen sehr beliebt, vielleicht, weil es viele Gemüsegerichte aus dem Kochtopf bietet. Aber auch Fleischesser kommen nicht zu kurz, lecker z. B. das Kokkinistó (geschmortes Rindfleisch) und das gefüllte Hähnchen. Guter trockener Hauswein.

Restaurant Spártakos (22), empfehlenswert für alle, die gerne Fisch mögen, denn hier gibt es eine große Auswahl an Meeresgetier. Sehr gut fanden wir z. B. den Schwertfisch vom Grill, den man auf Wunsch auch mit Skordaliá bekommt. Guter Hauswein. Auch Leser haben sich hier sehr wohl gefühlt.

Ouzerí Saffran (21), in unmittelbarer Nachbarschaft. Auch hier hat man sich auf Fisch spezialisiert, besonders prächtige Exemplare werden in einer Vitrine ausgestellt. Lecker fanden wir die Spaghettigerichte mit Fisch und Meeresfrüchten. Es gibt aber auch Fleischgerichte und einige Mezédes.

Tavérna O Níkos (26), nahe der Dionýsios-Kirche. Empfehlenswert sind die zakynthischen Spezialitäten wie gefülltes Hähnchen, außerdem stehen zahlreiche Grillgerichte zur Auswahl. Wenn Níkos Zeit zum Fischen findet, kommen auch wunderbar zubereitete Fischgerichte auf den Tisch. Als leichtes Mittagessen können wir das Seafood-Méze für 2 Pers. empfehlen, auch Leser waren hier sehr zufrieden.

Restaurant Pizzeria The Corner (12), hier am Markusplatz wird leckere griechische Küche (z. B. viele traditionelle Fleischgerichte, Mezedes, ein Dorfteller mit verschiedenem Gemüse), aber auch Italienisches geboten. Die Pizza mit dickem, saftigem Boden reicht für 2 Pers., dazu schmecken reichhaltige Salate, die man mit oder ohne Mayonnaise-Dressing bestellen kann. Die Wirtin hat zehn Jahre in Stuttgart gelebt und freut sich über Gelegenheiten, ihr Deutsch aufzufrischen.

Man amüsiert sich gut bei Livemusik

Restaurant I Pantéla (16), der Name ist Programm: Eine typisch zakynthische Kasserolle steht für die guten Hausmachergerichte, die von einem jüngeren Ehepaar in diesem kleinen, etwas versteckt liegenden Restaurant mit schönem Hof serviert werden. Sehr gut fanden wir z. B. das zarte Zitronenhühnchen in sämiger brauner Soße sowie das Kalbfleisch mit Tomaten und Auberginen.

Restaurant To Kantoúni (25), ein paar Tische an der Straße, doch das hauptsächliche Geschehen spielt sich im Innern ab. Eine Speisekarte braucht man nicht, denn der Wirt sagt den Gästen, was es gibt: 6 oder 7 Tagesgerichte, meist aus dem Kochtopf oder Ofen, z. B. Fischfilet mit Tomaten und Kartoffeln oder Rollbraten. Wenn die Zutaten für den Salat ausgehen, wird schnell Nachschub aus einem der umliegenden Läden besorgt.

To Oinomajiríon tou Malánou (28), ein ganz besonderer Tipp ist dieses Lokal im Gartenviertel, in dem vor allem Einheimische anzutreffen sind. Überqueren Sie die Brücke beim Avis-Büro und biegen Sie an der Kreuzung dahinter halblinks in die Straße ein, die links an der Kirche vorbeiführt. Folgen Sie dieser etwa 200 m bis zu dem Lokal. Mittags gibt's hervorragende zakynthische Spezialitäten, die aber aufgrund der großen Nachfrage spätestens um 15 Uhr aus sind. Dann braucht man aber auch nicht zu verhungern, denn neben einem Fischgericht aus der Pfanne gibt es Hervorragendes vom Grill: Rinderleber, Lammkoteletts, Biftéki, auf Wunsch mit Käse gefüllt, sowie vielfältige schmackhafte Salate. Von dem großen Vorspeisenangebot können wir die gegrillten Peperoni besonders empfehlen. Theodorís und Níkos sind ein tolles Service-Team. Bedient Sie Letzterer, zählt er Ihnen gekonnt alle Speisen auf Deutsch auf und ersetzt damit auf angenehme Weise die Speisekarte. Preiswert.

Restaurant Café La Bruschettina (17), als Ableger ihres bekannten Lokals in Límni Kerioú eröffneten Nino und Melanie im Jahr 2009 das nette kleine Lokal an der etwas versteckt zwischen der Strada Marina und der Odós Alexándrou Róma liegenden Platía Agíon Pánton. Morgens fungiert es als Café-Bar, mittags und abends lädt es zu vorzüglichen leichten italienischen Gerichten ein.

• *In den Vororten* Bei Livemusik speisen kann man in der Saison abends oben in Bóchali und in dem Stadtviertel Richtung Kap Akrotíri. Insbesondere im August, wenn viele Griechen auf Zákynthos Urlaub machen, erleben diese Restaurants einen wahren Ansturm. Nicht von ungefähr, denn die Stimmung ist wirklich etwas Besonderes.

Tavérna Alivizós (1), an der Straße zum Kap Akrotíri. Genau genommen handelt es sich bei dem Gebäude um das erste Haus des Vorortes Krionéri. Gespielt und gesungen werden die typischen Kantaten. In dem vor allem von Griechen besuchten Lokal herrscht meist eine ausgelassene Stimmung. Die Auswahl auf der Speisekarte ist zwar nicht so riesig wie in den Tavernen der Touristenorte, aber das Gebotene schmeckt ausgezeichnet. Sehr süffiger Hauswein.

Tavérna Arékia (2), ein ganz besonderer Tipp ist das ein paar Häuser weiter gelegene Lokal, das bei den Einheimischen besonders beliebt ist. Man sitzt auf urigen, mit bunten Teppichen bedeckten Holzbänken an einfachen langen Tischen, die im Sommer über die Straße ins Freie gestellt werden, genießt eine bodenständige, aber abwechslungsreiche Küche (z. B. Gemüsepítta, gefülltes Hähnchen, Melitzánes Skordostoúpi) sowie mit Inbrunst gesungene Kantaten. Vor 22 Uhr ist jedoch meist nichts los.

Restaurant To Spíti tou Láta (6), an der Platía von Bóchali sitzt man sehr schön auf einer riesigen, z. T. mit Bougainvillea überwachsenen Terrasse. An den vorderen Tischen hat man einen tollen Blick auf die im Lichterglanz funkelnde Stadt. Kantaten und Bouzoúki-Lieder werden von den Musikern mit echter Begeisterung gespielt und gesungen, und auch aus der Küche kommen Köstlichkeiten. Sehr gut fanden wir die Zucchini-Kefthédes und das zarte Stifádo.

I Gaidourotavérna (3), an der Straße von Bóchali nach Varrés liegt neben einer Bäckerei das kleine Lokal mit schöner Terrasse. Während der Sommermonate werden zakynthische Gerichte und leckere Mezédes serviert. Wenn ganz viel los ist, zeigt der Wirt Letztere dem Gast auf einer großen Platte, dieser wählt sich das Gewünschte aus und bekommt es direkt auf den Tisch. Vieles wird mit Käse angereichert. Lecker fanden wir das Bekri Mezé, das hier mit Pilzen, Oliven und Tomaten verfeinert wird und die Ofenkartoffeln.

Cafés (s. Umschlagkarte vorne)

Café San Marco (10), schöner Platz für einen Drink zur Happy-Hour. Während der kühleren Jahreszeit sitzt man gemütlich im Innern auf stilvollen Sofas.

Café Base (11), einer der beliebtesten Treffpunkte der Stadt. Insbesondere junge Griechen kehren am Abend auf einen Drink in dem modernen Café ein.

Café La Stráda (14), kleines Café in der Fußgängerzone, in dem Süßmäuler bei Eisbechern, Waffeln, Crêpes und Loukoumádes voll auf ihre Kosten kommen. Wer's lieber herzhaft mag, kann seinen kleinen Hunger mit einem Burger stillen.

Dodóni (13/24), gleich zwei Eiscafés der in ganz Griechenland beliebten Kette gibt es mittlerweile in Zákynthos-Stadt. Große Auswahl in guter Qualität, die aber ihren Preis hat.

Café Látas (5), nicht nur wegen seiner einmaligen Lage und Aussicht ist das unmittelbar neben der Kirche gelegene Terrassenlokal in Bóchali bei Einheimischen und Touristen gleichermaßen beliebt, sondern auch weil man sich hier zu wunderbaren Süßspeisen aus Schokolade, Nüssen, Karamell etc. verführen lassen kann. Ein Genuss sind auch die Eisspezialitäten oder der schaumige Cappuccino.

Nachtleben

Bis Mitternacht trifft man sich in den Bars und Cafés rund um die Platía Agíou Márkou, danach ziehen eingefleischte Nachtschwärmer in eine der aufwändig gestalteten **Diskotheken**, die 2,5 km vom Zentrum nebeneinander an der Straße nach Argássi liegen. Wer nicht über einen fahrbaren Untersatz verfügt, sollte ein Taxi oder auch eine der im Sommer zahlreichen Pferdekutschen nehmen. Ein Spaziergang ist wegen des starken Verkehrs kein Vergnügen. Alle Diskotheken öffnen zwischen Mitte Juli und Ende August tägl. ab etwa 22 Uhr (außerhalb der Saison nur freitags und samstags).

Barrage, bei jungen Leuten besonders beliebt. Kein Wunder, denn hier wird vom DJ vor allem Techno aufgelegt.

Grand Zante Palas, in dem an einen Tempel erinnernden Gebäude treffen sich v. a. Freunde der griechischen Musik, die oft live geboten wird. Am frühen Morgen erreicht die Stimmung ihren Höhepunkt.

Mínima, hier erklingen v. a. Bouzoúkiklänge.

Der erste Rundgang: durch die Unterstadt

Machen Sie diesen Rundgang am besten an einem Vormittag – dann ist die Stadt voller Leben, die Museen sind geöffnet und die Temperaturen auch im Sommer noch erträglich. Montags, donnerstags und samstags können Sie zudem noch dem kleinen Obst- und Gemüsemarkt in der Nähe des Fähranlegers einen Besuch abstatten.

Ágios-Dionýsios-Kirche

Die Kirche gegenüber dem gleichnamigen Hafenpier ist der Startpunkt des Rundgangs. Mit ihrem mächtigen **Kampanile,** der oft mit dem Markusturm in Venedig verglichen wird, ist sie das Wahrzeichen der Stadt und bietet besonders am Abend, wenn sie angestrahlt ist, ein schönes Bild. Das in den Jahren 1925 bis 1948 an der Stelle einer älteren Kirche erbaute Gotteshaus wurde beim Erdbeben von 1953 als eines der ganz wenigen Gebäude der Stadt kaum zerstört. Nach der festen Überzeugung vieler Zakynther hatte der Inselheilige schützend seine Hände darüber gehalten.

Im Innern der im typisch byzantinischen Stil fast vollständig ausgemalten, dreischiffigen Kirche fallen zunächst die goldüberzogene hölzerne **Ikonostase** mit eingelassenen versilberten Ikonen sowie die 1803 aus Venedig auf die Insel gebrachten silbernen **Kronleuchter** auf. Im **Deckengewölbe** sind Szenen aus dem Leben Jesu zu sehen. Noch mehr beeindrucken die Gemälde über den das Mittelschiff von den Seitenschiffen trennenden Pfeilern und Bögen sowie über der Empore oberhalb der Rückwand. Sie wurden nach Originalen des berühmten Künstlers der „Ionischen Schule" Nikólaos Koutoúsis gemalt und stellen **Erlebnisse und Wunder des heiligen Dionýsios** dar. Wenn man sie genau betrachtet, versteht man, warum dieser auf seiner Heimatinsel Zákynthos so verehrt wird. In der rechten Seitenkapelle sind in einem kunstvoll verzierten **Silbersarkophag** die Gebeine des Heiligen untergebracht. An Festtagen wird die Frontklappe unter Aufsicht eines Priesters geöffnet, die Gläubigen ziehen vorbei und küssen ehrerbietig den Sarg.

Öffnungszeiten Die Kirche ist tägl. von 8–13 und 17–21.30 Uhr geöffnet, im Sommer auch länger und durchgehend. Lange Hosen und Röcke liegen für die Besucher bereit.

Kloster der Strophaden und des heiligen Dionýsios

Schon im 18. Jh. hatten die Mönche ihr Domizil auf den Strophadeninseln wegen dauernder Piratenüberfälle verlassen, die sterblichen Überreste des heiligen Dionýsios mitgenommen und sich hier, direkt hinter der Dionýsios-Kirche, niedergelassen. In dem großen Gebäudekomplex ist neben den Zellen der derzeit sechs bis acht Mönche und Pilgerunterkünften auch das im Jahr 2000 eingeweihte **Kirchenschatzmuseum** untergebracht. Sein Eingang befindet sich unmittelbar hinter der Apsis der Ágios-Dionýsios-Kirche. Im Erdgeschoss werden u. a. Ikonen, Gemälde, religiöse Bücher und Handschriften sowie sakrale Gegenstände ausgestellt. Ein Highlight ist das fast die gesamte Breite des Raumes einnehmende Gemälde „Die Überführung des heiligen Dionýsios“ von Koutoúsis aus dem Jahre 1766, interessant fanden wir auch das Modell des Klosters auf den Strophaden im Eingangsbereich. Im 1. Stock befinden sich ein Empfangs- und ein Speisesaal.

Öffnungszeiten Im Sommer tägl. 9–12 und 17–21 Uhr, von Mai bis September durchgehend bis 22 Uhr. Eintritt 2 €.

Faneroméni-Kirche

Wer möchte, macht noch einen kurzen Abstecher zu diesem im 15. Jh. erbauten Gotteshaus. Mit dem Rücken zum Eingangsportal der Dionýsios-Kirche stehend, gehen Sie nach links und biegen dann in die dritte Straße nach rechts ein (Odós Martinégou D.). Der **hübsche Glockenturm** und das mächtige Mauerwerk mit **diffizilen Steinmetzarbeiten** an eingelassenen Torbögen und Nischen lassen nicht vermuten, dass die Kirche durch das Erdbeben von 1953 stark zerstört worden war; ihr Innenraum wurde 2003 nach altem Vorbild neu gestaltet. Der Platz vor der Kirche war unter der venezianischen Herrschaft der Treffpunkt der einfachen Leute, während den Adligen der Markusplatz vorbehalten war.

Stráda Marína

Gehen Sie zurück zur Dionýsios-Kirche, einige Meter weiter zum Meer und dann stadteinwärts an einem kleinen, mit Eukalyptusbäumen und Palmen bewachsenen Park vorbei die Odós Lombárdou bzw. Stráda Marína – so ihr alter venezianischer Name – entlang. Etwa in der Mitte dieser mit Reisebüros, Banken, Cafés, Restaurants und Läden gesäumten Straße verkaufen am Kai ein paar Fischer frühmorgens ihren Fang an die Hausfrauen bzw. auch an die Männer, denn die Auswahl von Meeresfrüchten und auch von Fleisch ist in Griechenland häufig Männersache. Am

Hier schlägt das Herz von Zákynthos-Stadt

Zákynthos-Stadt
Karte Umschlag vorne

Ende der Stráda Marína kann man auf den **Ágios-Nikólaos-Pier,** wo im Sommer die die Insel anlaufenden Segelschiffe ihren Liegeplatz haben, hinausgehen, um einen schönen Blick auf die Dionýsios-Kirche zu genießen. Besonders zur Zeit des Sonnenuntergangs ist die Stimmung hier sehr romantisch.

24. August: Ein Fest der Sinne für den Inselheiligen

Schon Tage vorher kündigt sich das große Ereignis an. Die Fähren spucken Massen von Pilgern vom Festland aus, die ohnehin zu dieser Jahreszeit volle Insel scheint aus allen Nähten zu platzen. Jeder Zakynther, der auswärts lebt, versucht, am Fest des heiligen Dionýsios in der Heimat zu sein – gefeiert wird der Jahrestag der Überführung seines Leichnams von den Strophaden nach Zákynthos. Am Hafen werden Buden aufgestellt, denn ein ordentlicher Jahrmarkt mit Karussell, Einkaufs-, Devotionalien- und Essensständen jeder Art gehört natürlich auch dazu.

Am Morgen des großen Tages findet in der Dionýsios-Kirche eine ausgedehnte Messfeier statt. Aus dem Silbersarkophag in der rechten Seitenkapelle hat man den an der Oberseite gläsernen Schrein mit dem in prachtvollen Gewändern gekleideten Leichnam des Heiligen herausgeholt und aufgestellt. Den ganzen Tag über bildet sich eine Schlange davor, kaum ein Einheimischer, der dem Schutzpatron der Insel nicht seine Referenz erweist.

Höhepunkt des Festes ist der feierliche Umzug durch die Stadt. Etwa um 19 Uhr füllen sich die mit Myrtenzweigen geschmückten Straßen. Eine halbe Stunde später kündigen Böllerschüsse und Schiffssirenen den Auszug der Prozession aus dem Gotteshaus an. Mehrere Musikkorps, eine Pfadfindergruppe, der Kirchenchor, Fahnenträger usw. bilden den Anfang. Dann folgt unter einem Baldachin der von vier Priestern getragene Schrein mit den sterblichen Überresten des heiligen Dionýsios. Man sieht, dass sein Körper zusammengeschrumpft und sein Gesicht ganz schwarz ist. Dahinter gehen die verschiedenen Vertreter des Klerus: die Popen der übrigen Stadtkirchen, einige auch aus den umliegenden Dörfern, die Mönche des Klosters, der Bischof von Zákynthos und mehrere seiner Amtsbrüder von anderen Inseln und dem Festland, alle in farbenfrohen Gewändern und die Bischöfe mit der charakteristischen Kopfbedeckung, der Mitra. Den Schluss bilden der katholische Priester der Markuskirche und die weltlichen Honoratioren der Insel.

Es ist ein langer Weg: zunächst durch die Odós Agíou Dionysíou, dann durch die Odós Alexándrou Róma bis zum Markus- und weiter zum Solomós-Platz. Ruhig und feierlich ist die Stimmung der Gläubigen, die meisten bekreuzigen sich beim Anblick der Reliquie, ab und zu wirft sich jemand sogar mitten auf die Straße, damit diese über ihn hinweggetragen wird. Doch wenn die Prozession dann wieder am Hafen entlang zur Kirche zurückzieht, wird es lauter und bunter. Die hell beleuchteten Fähren, Ausflugs- und Fischerboote lassen im Wettstreit ihre Sirenen erklingen, überall explodieren Kracher. Höhepunkt ist das große Feuerwerk vom geschmückten Kampanile der Dionýsios-Kirche. Und dann geht man auf das Volksfest. Nie sind die Straßen und Tavernen in der Chóra voller.

Platía Solomoú

Der in Größe und Architektur mit einer italienischen Piazza vergleichbare Platz liegt direkt gegenüber dem Ágios-Nikólaos-Pier. Palmen grenzen ihn zur Hafenpromenade hin ab, die spätmittelalterliche Nikolauskirche und zweistöckige Prachtbauten im klassizistischen Stil bilden einen beeindruckenden Rahmen. Von der Mole kommend, passiert man zunächst die **Freiheitsstatue,** eine einen Kranz aus Olivenzweigen in den Himmel reckende Siegesgöttin. Sie erinnert an die Erringung der staatlichen Unabhängigkeit Griechenlands (1821). Im Zentrum des Platzes blickt die **Statue des Dichters Solomós** auf das vor allem am Abend rege Treiben ringsum. Im Sockel hat man einige Verse der von ihm geschriebenen Nationalhymne angebracht: „Aus dem Opfertod der Griechen entsteht dieses heilige Gut, sei gegrüßt, oh sei gegrüßt, du Freiheit!“

Ihrem Schutzpatron erbauten die Fischer von Zákynthos 1562 die **Nikolauskirche** am südlichen Ende der Platía. Damals stand sie allerdings noch auf einer kleinen Insel – erst im Laufe der Zeit wurde diese durch Aufschüttungen mit der Stadt verbunden und so der Platz immer mehr vergrößert. Nach der Zerstörung durch das große Erdbeben baute man sie Stein für Stein wieder auf. Das Kirchlein ist in der Regel erst abends geöffnet. Sehenswert sind die erhalten gebliebene geschnitzte und mit Gold überzogene Ikonostase aus dem 16. Jh. sowie einige in einen Rahmen eingefasste Priestergewänder des Inselheiligen Dionýsios, der hier eine Zeit lang wirkte.

In dem von Schatten spendenden Arkaden begrenzten Gebäude daneben sind das historische Archiv, das Kino Fóskolos, das **Kulturzentrum** und die **Bibliothek** untergebracht. Auch wenn man der griechischen Sprache nicht mächtig ist, sollte man ihr einen Besuch abstatten, da es neben wertvollen alten Büchern auch Fotos, schöne alte Miniaturpuppen und einige Kostbarkeiten aus den durch das Erdbeben zerstörten Patrizierhäusern zu sehen gibt.

Die Nordwestseite des Platzes nimmt das helle Gebäude des **Museums für nachbyzantinische Kunst** ein, dessen Besuch wir nachdrücklich empfehlen. In acht Räumen werden hier alte Altarwände, Fresken und Ikonen aus verschiedenen Kirchen von Zákynthos, aber auch Gemälde der Kretischen und Ionischen Schule aufbewahrt.

- *Öffnungszeiten der Bibliothek* Di–Sa 8.30–13 Uhr. Eintritt frei.
- *Öffnungszeiten des Museums* Di–So 8–15 Uhr. Eintritt 3 €, Schüler und Studenten frei. Museumskatalog (auf Englisch) 30 €.
- *Museumsrundgang* Er beginnt in **Raum A** rechts der Eingangshalle. Beherrscht wird dieser von zwei großen holzgeschnitzten Ikonostasen aus den Jahren 1683 (Pantokrátoras-Kirche) und 1690 (Ágios Dimítrios tou Kólla). Die eingearbeiteten Ikonen, Türen etc. stammen aus dem 16.–18. Jh. Beide Altarwände wurden nach dem Erdbeben, wie viele andere Kostbarkeiten, aus den Trümmern der beiden Kirchen gerettet. Bemerkenswert ist auch die links der Tür neben dem Pantokrátoras-Altargeländer hängende Ikone der Virgin Madre della Consolazione (18. Jh.), deren kunstvoll geschnitzter Holzrahmen Szenen aus dem Leben Jesu aufweist, z. B. die Anbetung des Kindes, die Flucht der heiligen Familie nach Ägypten etc. Rechts der Treppe ins Zwischengeschoss fällt ein ebenso schön geschnitzter Ikonenständer mit der Abbildung des heiligen Dimítrios und Szenen aus seinem Leben ins Auge; eingerahmt wird er von Engeln (18. Jh.).

Im **Zwischenstock (Raum B)** hängen interessante Ikonen, die aus dem schon vor dem großen Erdbeben bestehenden alten Museum und aus der dem Katharinenkloster auf dem Sinai gehörenden Kapelle Agía Ekateríni tou Kípou (Zákynthos-Stadt) stammen. Besonders auffällig ist eine Darstellung der Stadt Jerusalem. Sehenswert auch die Ikonen des von der Kretischen Schule beeinflussten Malers Gripáris.

Zákynthos-Stadt
Karte Umschlag vorne

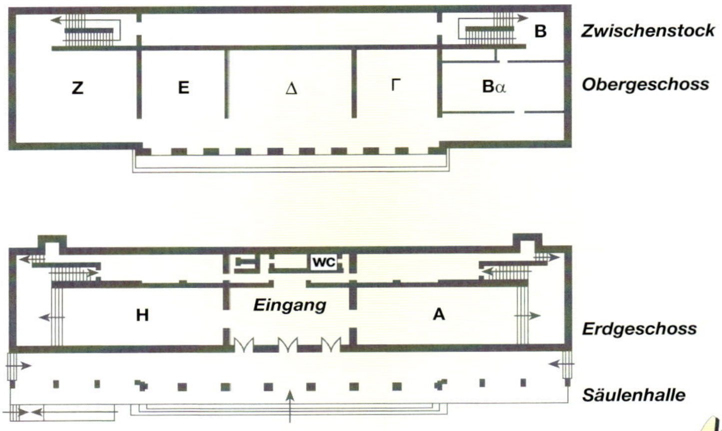

Museum für nachbyzantinische Kunst

Auf einem Absatz der weiter nach oben führenden Treppe sieht man Bauteile aus mittelalterlichen Kirchen (10.–12. Jh.), bevor man im nebenan liegenden Obergeschoss im **Raum B α** zu den beeindruckenden Wandmalereien der Klosterkirche Ágios Andréas kommt. Dieses Kloster wurde im 16. Jh. in der Nähe von Volímes erbaut und seine Kirche im 17. Jh. von unbekannten Künstlern im naiven, fast expressiven Stil des griechischen Festlands zur Zeit der Monarchie des Wittelsbachers Otto ausgemalt. Nach der Zerstörung des Klosters wurden die Fresken in Athen sorgfältig restauriert und dann wieder nach Zákynthos gebracht.

Während in **Raum Γ** vor allem große Fresken aus verschiedenen Kirchen der Insel ausgestellt sind (schön z. B. die Darstellung des heiligen Nikolaus, der ein goldenes Buch in der linken Hand hält), bilden in **Raum Δ** Ikonen aus dem 15. und 16. Jh. den Schwerpunkt. Herausragend z. B. die Darstellung des heiligen Georg auf seinem Pferd, umgeben von Szenen aus seinem Leben, aber auch die kleine, auf einem Ständer präsentierte Ikone des Weltenherrschers aus der Kirche Ágios Geórgios ton Filikón (Zákynthos-Stadt). Vor dieser Ikone leisteten die Mitglieder des Bundes zur Befreiung Griechenlands von den Türken ihren Treueeid.

An der Fensterwand des **Raumes E** kann man auf verschiedenen Ikonen auch biblische Themen finden, die gemeinhin seltener vertreten sind: Jonas, ausgespuckt vom Wal (18. Jh.), Bekehrung des Paulus (17. Jh.), Überquerung des Nils durch die heilige Familie (Ende 17. Jh.).

Die Bilder des **Raumes Z** stammen aus dem 17./18. Jh. Deutlich erkennbar ist der Einfluss der italienischen Renaissance und der Flämischen Schule auf die Künstler. Die Werke der beiden zakynthischen Maler Koutoúsis (1741–1813) und Kantoúnis (1767–1834) weisen besondere Lichteffekte in dunklem Umfeld auf.

Geht man die Treppe abwärts, kann man mit Hilfe von Fotografien und Zeitungsausschnitten nachvollziehen, wie schrecklich die Auswirkungen des **Erdbebens von 1953** waren. Ein Modell der Stadt Zákynthos sowie ein Luft- und ein Panoramabild vor diesem alles verändernden Schicksalsschlag kann man sich im **Raum H** im Erdgeschoss anschauen. Außerdem hängen hier weitere Bilder von Kantoúnis (z. B. „Jesus wird vom Kreuz abgenommen") und Koutoúsis (z. B. „Die Geburt der Gottesmutter" oder „Die Unterrichtung Marias durch ihre Mutter") sowie in Pastelltönen gehaltene Darstellungen verschiedener Propheten eines unbekannten Künstlers.

Bevor Sie das Museum verlassen, sollten Sie noch einen Blick auf ein wirklich sehenswertes Monumentalgemälde im venezianischen Stil werfen. Es hängt im Eingangsbereich über der Kasse und zeigt die Prozession anlässlich der Beerdigung des heiligen Charálambos.

Platía Agíou Márkou

Über die von Cafés gesäumte Odós Dimokratías kommt man zum gepflasterten, dreieckigen Markusplatz, dem „Herzen der Stadt". Auch ihm ist ein gewisses italienisches Flair nicht abzusprechen, hervorgerufen durch die großzügigen Terrassen der Restaurants und Cafés, vielleicht aber auch durch die **katholische Markuskirche** mit ihrem Kampanile. Die im Jahre 1518 von den Venezianern erbaute, durch das Erdbeben völlig zerstörte und danach im alten Stil wieder aufgebaute Kirche wirkt viel schlichter als ein orthodoxes Gotteshaus. Nur wenige Kostbarkeiten konnten gerettet werden, darunter ein Bildnis des Evangelisten Markus (über dem Altar) und eine Ikone der Agía Paraskeví, an die – wie so oft – viele Votivtäfelchen in Augenform (Bitten um bzw. Dank für Heilung) angeheftet sind.

In dem kleinen Gebäude mit schönem Uhrturm links neben der Kirche ist das **Solomós-Museum** untergebracht – für griechische Besucher der Insel ein absolutes Muss. Man bekommt u. a. das Mausoleum des Nationaldichters zu sehen, einiges aus seinem Nachlass sowie Porträts angesehener Zakynther.

- *Öffnungszeiten* Tägl. 9–14 Uhr. Eintritt inkl. englischsprachigem Audioguide 4 €, ermäßigt 2 €. Der Besuch nur des Mausoleums ist frei.
- *Rundgang* Im Erdgeschoss befinden sich neben einer Büste des Nationaldichters auch sein Grab und das seines Zeitgenossen Andréas Kálvos, eines weiteren bedeutenden Poeten der Insel. Im Eingangsbereich übersieht man gerne das Stück eines Stammes einer einst mächtigen Steineiche, die auf dem Stráni-Hügel

Der Markusplatz hat italienisches Flair

über der Stadt stand. In ihrem Schatten soll Solomós u. a. den Text der heutigen Nationalhymne Griechenlands geschrieben haben.

Im Vorraum des **Obergeschosses** hängen Wappen bedeutender (meist italienischer) Familien, die einst auf Zákynthos lebten, sowie u. a. ein Bild, das zeigt, wie man zur Zeit der Venezianer auf der Insel Karneval feierte. Die angrenzenden Räume sind den Dichtern Solomós und Rómas gewidmet. Bei der Betrachtung der ausgestellten Originalwerke werden Sie feststellen, dass diese zweisprachig, nämlich auf Griechisch und Italienisch, verfasst sind.

Beachtung verdient auch das zwischen diesen beiden Räumen liegende **Kollivás-Zimmer**: Ikonen und Gemälde bilden mit wertvollen Bücherschränken ein schönes Ensemble.

Ein Kuriosum steht schließlich am Eingang des **Michéli-Raumes**: die Gallionsfigur der in der Seeschlacht von Náfpaktos (1572) mitstreitenden zakynthischen Galeere „Judith" zusammen mit dem Schwert eines der Kämpfer.

Odós 21. Maïoú

Wer Lust hat, bummelt ein Stück weit die **Einkaufsstraße** der Chóra entlang: Die Straße des 21. Mai verläuft vom Markusplatz in südliche Richtung. Ab dem im alten venezianischen Stil mit Arkadenbögen wieder aufgebauten Gebäude der Inselverwaltung heißt sie Odós Alexándrou Róma. Unter Arkaden reiht sich ein Geschäft an das andere: Zacharoplastía mit verführerischem kalorienreichem Gebäck, voll besetzte Snackbars, Schmuckläden mit glitzernden Auslagen, Schuh- und Bekleidungsgeschäfte mit den aktuellen Trends. In einer Parfümerie bekommt man die auf der Insel hergestellten Düfte der Firma Razí, ein paar Meter weiter kann man beobachten (und riechen!), wie Kaffee in einer alten Maschine geröstet wird. Achten Sie aber auch auf die Häuserfassaden mit ihren wunderschönen schmiedeeisernen Balkonen, von denen jeder ein klein wenig anders aussieht. Auch hier wurde beim Wiederaufbau nach 1953 sehr auf die Einhaltung des alten Baustils geachtet.

Widerstandsgedenkstätte

An der **Análipsi-Kirche** aus dem 16. Jh. (daneben steht ein Kiosk) biegt man nun nach rechts ab, dann wieder rechts, um über die Tertséti-Straße zurück Richtung Markusplatz zu gehen. Schon nach wenigen Metern sieht man auf der linken Straßenseite über einem Tor einen Davidsstern. Hier stand bis 1953 die zentrale Synagoge der Stadt, die erstmals 1498 erwähnt wurde. Eine Gedenkstätte erinnert an den Erzbischof Chrisóstomos Dimítrios und den Bürgermeister Loukás Karrér, die beide während des Zweiten Weltkrieges amtierten und den Juden der Insel das Leben retteten: Nach der Einnahme von Zákynthos befahlen die Nazis Loukás Karrér, ihnen eine Liste mit den Namen aller Juden der Insel zu übergeben. Er schrieb aber nur seinen eigenen Namen und den des Erzbischofs darauf, womit er zum Ausdruck brachte, dass man sie beide eher töten müsste, als dass nur ein einziger Name eines Juden preisgegeben würde. Zudem veranlasste er, dass die Juden gewarnt wurden und fliehen konnten, sodass die Nazis gezwungen waren, ihre mörderischen Pläne fallen zu lassen.

Bischofskirche Ágios Nikólaos

Biegen Sie bei der nächsten Gelegenheit nach rechts ab und gehen Sie über die Einkaufsstraße zurück zum Markusplatz, dann am Hotel Diana vorbei durch die Mitrópolisgasse zur Bischofskirche Ágios Nikólaos. Auch sie ist eine „Kopie" ihrer Vorgängerin. Da man in ihrem Vorhof einst auf der Insel verstorbene Fremde begraben hat, trägt sie heute noch den Beinamen „ton Xenón“ (der Fremden). Ihr Inneres ist vollständig ausgemalt, von der Decke blickt der Pantokrator, umgeben vom Chorus der Engel, den Propheten und den vier Evangelisten, auf die Besucher herab.

Kirche Kiría ton Angélon und Herrenhaus der Familie Róma

Von der Bischofskirche gelangt man über die Odós Archiepískopou Dimitríou zu einem wahren Kleinod, dem 1687 im spanischen Stil erbauten Kirchlein Kiría ton Angélon („Herrscherin der Engel“, gemeint ist Maria), das etwas tiefer als die Straße gelegen ist. An ihrer Außenfassade sind über der Tür schöne Reliefs der Engel und der Gottesmutter zu sehen, im Innern verdienen die Altarwand sowie Ikonen von Malern der Ionischen Schule besondere Beachtung.

Direkt neben der Kirche befindet sich in einem Garten mit Bananenbäumen das stattliche Herrenhaus der Familie Róma. Es wurde 1660 errichtet und war zwischen 1814 und 1864 Residenz der britischen Inselverwaltung. 1880 ging das Gebäude in den Besitz der auf Zákynthos, ja in ganz Griechenland politisch und gesellschaftlich sehr einflussreichen Familie Róma über. Deren Nachfahren ließen es nach der Zerstörung durch das große Erdbeben wieder aufbauen und im Jahre 2007 eröffnete man zwei Stockwerke als Museum. Die prachtvollen Räume dokumentieren mit einer umfangreichen Sammlung von Porträts, Kunstobjekten, Alltagsgegenständen – u. a. eine gut erhaltene Sänfte – und zwei beeindruckenden Bibliotheken mit mehr als 10.000 Titeln (das älteste Werk stammt aus dem Jahre 1499) eindrucksvoll das Leben dieser Aristokratenfamilie vom 18. bis zum 20. Jh. Stolz ist man auch auf den prachtvollen Sekretär von Ioánnis Kapodístrias, dem ersten Staatsoberhaupt (1827–1831) des durch den Unabhängigkeitskrieg vom Osmanischen Reich befreiten Griechenlands und Freund der Familie Róma.

Öffnungszeiten April bis Oktober Mo–Sa 10–12 Uhr, geführte Besichtigung in englischer Sprache. Eintritt 5 €.

Britischer Friedhof

Wenn Sie noch nicht müde sind, können Sie noch den britischen Friedhof besuchen, auf dem die Engländer zur Zeit ihrer Herrschaft über die Insel höhere Beamte, Militärs und Kaufleute begraben haben. Gehen Sie, mit dem Rücken zur Kirche Kiría ton Angélon stehend, nach rechts in die Odós Loukás Karrer und zweigen Sie in die dritte Straße nach links und unmittelbar danach am Hotel Palatíno nach rechts in die Odós Kollivá ab. Knapp 300 m weiter gehen Sie an der vierten Seitenstraße wieder links in die Odós Boutsári hinein und sofort danach rechts. Das Sträßchen gabelt sich nach wenigen Metern, links kommen Sie durch ein Tor zu den z. T. prunkvollen **neoklassizistischen Gräbern**, die hier – malerisch umgeben von hohen Bäumen – zwischen Wohnhäusern und Schrebergärten hinter einer Mauer am Hang liegen.

Zurück läuft man stets abwärts zum Meer und dann ca. 10 Minuten die Küstenstraße entlang zum Solomós-Platz, wo man sich bei einem kühlen Getränk erfrischen kann.

Der zweite Rundgang: Oberstadt und Kástro

Nicht nur die schönen Blicke auf die Häuser, Türme und den Hafen von Zákynthos-Stadt, sondern auch die Ruinen des Kástros sowie ein weiterer geschichtsträchtiger Hügel lohnen die Anstrengungen des Aufstiegs. Für diese Tour sollte man etwa einen halben Tag einplanen. Unterwegs laden zahlreiche Restaurants und Cafés zur Einkehr ein.

Start- und Endpunkt des Rundgangs ist die Platía Agíou Márkou. Man lässt das Solomós-Museum rechts liegen und geht die Odós Mántzarou in westliche Richtung, bis sie an einer großen Treppe endet, die man hinaufsteigt. Oben hält man sich in der Odós Therianoú D. zunächst links, um gleich darauf in die Odós Koúrtsoula nach rechts abzubiegen. Diese Gasse windet sich steil aufwärts. Bald passiert man eine Gedenktafel für die 1953 vom Erdbeben zerstörte Barbara-Kirche, nach insgesamt 600 m hat man die erste Station, die Kirche Panagía Pikritiótissa, erreicht.

Kirche Panagía Pikritiótissa

Ihr Kampanile mutet mit seinem zwiebelförmigen Aufsatz fast bayerisch an. Geweiht ist sie der Gottesmutter, den Beinamen „Pikritiótissa" hat sie von dem Maler, dessen Ikonen sie schmücken. Am Kirchturm weist eine Tafel darauf hin, dass hier im Juni 1818 der Anführer des späteren Befreiungskampfes, Theodóros Kolokotrónis, beim Blick auf die Gebirgszüge des besetzten Griechenland beschlossen haben soll, den Aufstand gegen die Türken auszurufen.

Kástro

Gegenüber dem Haupteingang der Kirche beginnt ein gepflastertes, später betoniertes Sträßchen, das, vorbei an Villen reicher Zakynther, dann zwischen Bäumen, steil zum **Stadtviertel Bóchali** hinaufführt. Zum Kástro zweigt man oben nach links ab. Zwar war der dicht mit Pinien bewachsene Hügel seit prähistorischer Zeit mehr oder weniger durchgängig besiedelt, doch was man heute noch anschauen kann, stammt fast gänzlich aus der venezianischen Epoche und der Phase der englischen Herrschaft über die Insel. Auch diese Gebäude erlitten große Schäden durch das Erdbeben von 1953. Bis 2005 waren hier Archäologen tätig und führten u. a. Befestigungsarbeiten durch, um zu retten, was noch zu retten war.

• *Besichtigung* Bereits 30 m vor dem Kassenhäuschen bzw. dem Eingang kann man oben in der Umfassungsmauer ein schönes **Relief des venezianischen Markuslöwen** über drei gut erhaltenen Wappen bewundern. Hinter dem Eingangstor sieht man links vom Weg einen weiteren Löwen, dessen Kopf allerdings völlig zerstört ist. Während das zweite Tor nur durch ein Wappen verziert ist, prangt am Bogen des dritten wieder ein **prachtvoll geschweifter Löwe mit zwei Wappen**.

Hinter diesem Tor zweigt man nach links zu den noch recht gut erhaltenen, einander gegenüberliegenden beiden Gebäuden des **Staatsgefängnisses** aus der venezianischen Epoche ab, deren Fenster z. T. heute noch vergittert sind. In den schmalen Zellen wurden Schwerverbrecher und auch politische Gefangene unter Verschluss gehalten. Links dahinter liegen die Grundmauerreste einer einstigen einschiffigen **Barbara-Kapelle**, erkennbar an der halbrunden Apsis. Dass die Venezianer zu Ehren dieser Heiligen hier oben eine Kapelle errichteten, kommt nicht von ungefähr, galt sie doch als die Beschützerin der Artillerie. An den Ruinen eines **Pulvermagazins** vorbei kommt man zu einem runden, turmähnlichen Vorsprung, der sog. **Grimani-Bastion**.

Hinter dem Staatsgefängnis geht man auf einem schmalen Weg unter Schatten spendenden Pinien parallel zur Umfassungsmauer des Kástros, vorbei an leider meist

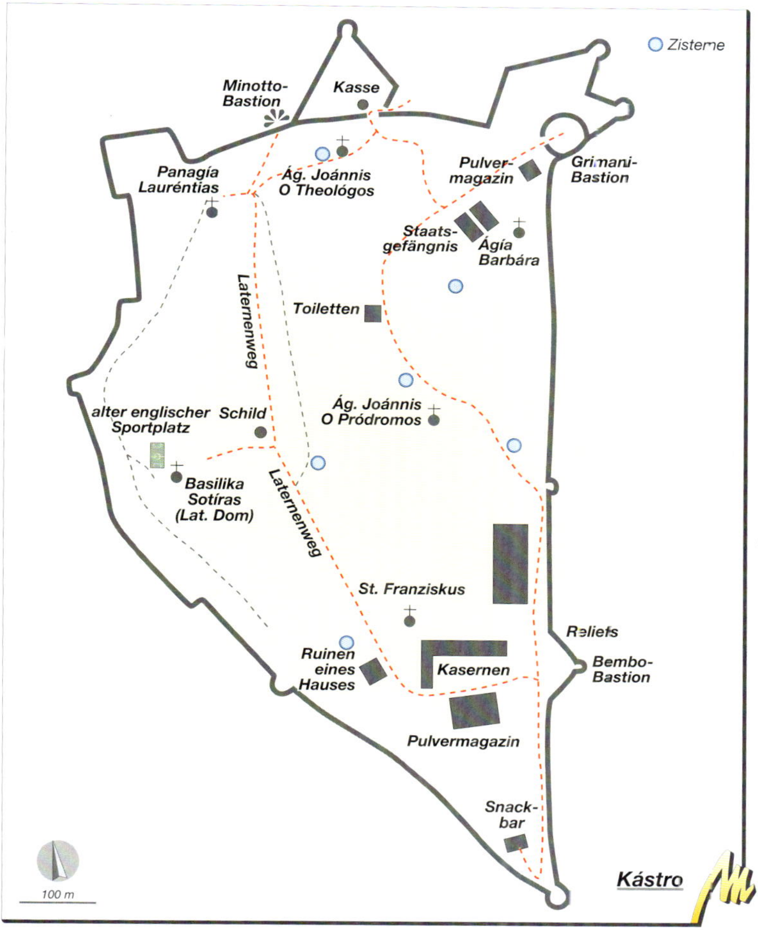

Zákynthos-Stadt
Karte Umschlag vorne

verschlossenen Toilettenanlagen, bis zu den Ruinen der **Kirche des heiligen Johannes Pródromos** (15. Jh.). Dieser wurde einst als Beschützer der Insel verehrt – wohl deshalb wies die Kirche besonders schöne Steinmetzarbeiten auf. An einer Zisterne vorbei verläuft der Pfad nun aufwärts auf die Umfassungsmauer zu. Zwischen dieser und mehreren Gebäudefundamenten geht man in südliche Richtung und kommt nach 170 m zu einem bogenförmigen Durchgang. Passiert man diesen, steht man auf einem **dreieckigen Vorsprung der Umfassungsmauer**. An dessen Außenseite sind wunderschöne Reliefs erhalten, die man aber von hier oben nicht betrachten kann (Näheres s. u.); etwaige Kletterversuche sind lebensgefährlich.

Den schönsten Blick vom Kástro hat man von seiner südlichen Begrenzung. Um dorthin zu gelangen, geht man von dem bogenförmigen Durchgang der mit einem Geländer begrenzten Weg aufwärts und erreicht so den höchsten Punkt des Hügels (196 m), der durch eine Betonsäule markiert ist. Von hier aus kann man den gesamten Osten von Zákynthos überblicken. In unmittelbarer Nähe befindet sich ein modernes Gebäude, ursprünglich als Snackbar geplant, die aber z. Zt. nicht in Betrieb ist.

Zurück an dem bogenförmigen Durchgang hält man sich nun links und passiert ein noch gut erhaltenes **venezianisches Pulvermagazin**. Rechts vom Weg liegen die Fundamente des damaligen **militärischen Hauptquartiers**: zwei Gebäudereihen im rechten Winkel zueinander angeordnet. Der nun von Laternen gesäumte Weg führt weiter zwischen den spärlichen Resten eines Hauses und den wenige Meter vom Pfad entfernt liegenden Grundmauern der **Franziskuskirche des Minoritenordens** aus dem 14. Jh. hindurch. Bedeutende Katholiken wurden in dieser Kirche einst beigesetzt, die Engländer funktionierten das Gebäude später zum Vorrats- und Aufenthaltsraum für ihre Söldner um.

Nach weiteren 150 m erreicht man ein Schild (mit dem Plan der Kástro-Anlage). Von hier aus geht man ca. 50 m weglos nach links zu den Ruinen des sogenannten **lateinischen Doms**. Dessen kreuzförmiger Grundriss weist darauf hin, dass er zunächst als byzantinische Basilika errichtet (daher auch der Name Sotíras-Kirche) und von den Venezianern später umfunktioniert wurde. Bei genauem Hinsehen sind an den Innenwänden spärliche Farbreste der einstigen Fresken erkennbar.

Entweder geht man auf den Laternenweg zurück und dann weiter abwärts oder man steigt hinter bzw. unterhalb des lateinischen Doms zu einem breiten Weg hinab, der entlang der westlichen Außenmauer verläuft. Vorbei an einem Fußballfeld aus britischer Zeit und den Ruinen einer Panagíakirche erreicht man an einer Gabelung wieder den Laternenweg. Klettert man hier auf die Nordmauer des Kástros, genießt man einen schönen Blick auf Bóchali. Man passiert noch spärliche Ruinen einer Kirche, die Johannes dem Theologen geweiht war, sowie einen weiteren Brunnen und erreicht wieder die drei Ein- bzw. Ausgangstore.

Wer gerne noch die oben erwähnten **Reliefs in der östlichen Außenmauer** betrachten möchte, geht abwärts Richtung Bóchali und zweigt vor den ersten Häusern in das vom Aufstieg schon bekannte Sträßchen ab. 5 Meter weiter biegt man rechts in einen immer schmaler werdenden Waldweg ein. Nach gut 400 m sind die sonnenartigen Reliefs, Wappen, Inschriften und Jahreszahlen an dem dreieckigen Vorsprung erreicht.

• *Öffnungszeiten* Tägl. außer Mo 8.30–14.30 Uhr. Eintritt 3 €. Die Öffnungszeiten können sich jedoch kurzfristig ändern.

• *Anfahrt* Wer nicht zu Fuß aufsteigen will, folgt in der Chóra an der Ecke Odós Kollivá/ Odós Tsertséti der Beschilderung nach Bóchali. Nach ca. 1 km zweigt man links in das Stadtviertel ab. Bei den ersten Häusern befindet sich links ein großer, abends bewachter **Parkplatz** (1,50 €), ein weiterer liegt in der Ortsmitte, hier bezahlt man für 3 Std. 2 €.

Kirche Zoodóchos Pigí

Vom Kástro gehen Sie nun hinab zu den **Häusern von Bóchali.** Von einem der Panoramacafés genießt man einen phantastischen Blick auf die Stadt mit ihrem Hafen, die Halbinsel Skopós und nach Süden bis zur Bucht von Laganás, abends werden während der Saison in einer traditionellen Taverne zakynthische Kantaten gesungen. Sehenswert ist hier oben noch die Kirche Zoodóchos Pigí. Links von der wunderschön geschnitzten **vergoldeten Altarwand** wird in einer Glasvitrine eine alte Ikone – die Panagía als Quell des Lebens – aufbewahrt. Links davon zwei weitere **Panagía-Ikonen:** Mariä Verkündigung und die vergoldete Gottesmutter mit dem Kind. Gegenüber erkennt man die heilige Paraskeví, ihren eigenen Kopf auf einem Teller tragend. Sie wurde in der Zeit der Christenverfolgung geköpft – ihrem Vater, der den Berichten von dieser Hinrichtung keinen Glauben schenken wollte, soll sie so erschienen sein. Dass die Gläubigen von ihr besonders bei Augenleiden Hilfe erwarten, ist an den zahlreichen an der Ikone angebrachten Votivtäfelchen erkennbar.

Lófos (Hügel) Stráni

Man kann nun entweder auf einem schmalen und sehr steilen Fußpfad (er beginnt direkt hinter der Kirche Zoodóchos Pigí) in 20 Minuten in die Stadt zurückkehren oder

Hoch über der Stadt liegt Bóchali

die Tour noch weiter fortsetzen. Dazu geht man vom zentralen Platz in Bóchali die in nördliche Richtung führende Asphaltstraße abwärts. Nach insgesamt 800 m ist die verkehrsreiche Durchgangsstraße erreicht. Man geht wenige Meter nach links und dann auf einem gepflasterten Weg den Lófos Stráni hinauf. Vorbei an einem Gebäude, in dem das berühmte zakynthische Parfüm hergestellt wird (Aufschrift „Razí"), kommt man zu einer kleinen **parkähnlichen Anlage** mit hohen Bäumen und Picknickbänken. Die Büste des Dichters Dionýsios Solomós und eine Gedenktafel erinnern daran, dass dieser im Mai 1823 hier oben im Schatten einer Steineiche das Gedicht „Hymne an die Freiheit" schrieb – später wurden einige Verse davon für die griechische Nationalhymne ausgewählt. Der weite Blick bis hinüber aufs Festland war für Solomós eine wichtige Inspiration für seine Dichtung, soll er doch von diesem Punkt aus die Schlacht um die Stadt Messolónghi beobachtet haben.

Kirche Ágios Geórgios Filikón/Jüdischer Friedhof

Vom Hügel kehrt man zur verkehrsreichen Durchgangsstraße zurück und geht auf dieser abwärts in Richtung Stadt. Kurz nachdem man einen alten venezianischen Brunnen passiert hat, führt eine schmale Straße rechts aufwärts zu einigen Häusern. Die nächste Abzweigung nach rechts bringt Sie zu der unscheinbaren kleinen Kirche Ágios Geórgios Filikón. Auch sie gewann durch den griechischen Befreiungskampf gegen die Türken an Bedeutung, traten doch in ihr einige zakynthische Männer dem „Geheimbund der Befreundeten" (Filikí Etairía) bei. Die Ikone, vor der sie ihren Eid ablegten, befindet sich heute im Raum Δ des Museums für nachbyzantinische Kunst (s. S. 112). Betritt man zwischen Gärten mit Orangen- und Zitronenbäumen durch ein schmiedeeisernes Tor den Vorgarten des Kirchleins, erkennt man unschwer in der dort aufgestellten Büste ein Mitglied des Geheimbundes. Links vom Eingang zum Vorhof der Kirche liegt jenseits eines schmiedeeisernen Tores mit einem Davidstern der einstige **jüdische Friedhof** der Stadt. Die z. T. 700 Jahre alten Grabsteine mit den sechszackigen Sternen und die verwitterten Grabplatten, auf denen sich die hebräischen Schriftzüge kaum noch erkennen lassen, befinden sich, fast überwuchert von meterhohen Gräsern und lilafarbenen Disteln, rechts neben einem Privathaus.

Zurück auf der Durchgangsstraße, geht man weitere 400 m stadteinwärts bis zu dem modernen, betonierten **Freilichttheater,** in dem in den Sommermonaten allabendlich kulturelle Veranstaltungen stattfinden. Von der oberen Sitzreihe hat man noch einmal einen schönen Blick auf den Hafen bis hinüber nach Argássi und zum Berg Skopós. Vom Theater aus sind es nur noch 200 m bis zur Odós Kollivá, die man kreuzt. An der Mitrópolis-Kirche biegt man rechts ab und kommt so in wenigen Minuten zum Ausgangspunkt des Rundgangs, dem Markusplatz, zurück.

Die Gipfelkirche Panagía Skopiótissa

Halbinsel Skopós

Weit ragt die schmale, grüne Landzunge zwischen den Buchten von Zákynthos-Stadt und Laganás nach Südosten ins azurblaue Ionische Meer hinaus, bis sie im fußförmigen Kap Gérakas ihr Ende findet. Kein Zweifel, die Halbinsel Skopós gehört zu den landschaftlich reizvollsten Gebieten von Zákynthos und bietet außerdem jenseits von Argássi wunderschöne, zum Teil gut entwickelte Strände.

Dichte Pinienwälder, ab und zu hohe Zypressen und ihren charakteristischen Duft verströmende Eukalyptusbäume prägen die Landschaft. Dazwischen weite Olivenhaine, vereinzelte Häuser und Streusiedlungen, natürlich auch zahlreiche Hotels und Pensionen. Überragt wird alles vom 492 m hohen Berg Skopós, nach dem die ganze Halbinsel benannt ist. Auf dessen Gipfel steht ein hübsches Kirchlein, restauriertes Überbleibsel eines einstigen Klosters. An den Küsten reihen sich traumhafte Sandstrände wie Perlen einer Kette aneinander. Sie zählen zu den schönsten, die das gewiss nicht strandarme Zákynthos zu bieten hat. Die auf der Südseite liegenden gehören noch zur Bucht von Laganás und werden von den Caretta-caretta-Meeresschildkröten im Sommer zur Eiablage aufgesucht. Entsprechendes Verhalten der Besucher sollte selbstverständlich sein (s. Hinweise auf S. 29).

Bei der Fahrt auf der schmalen, gewundenen Asphaltstraße zwischen Argássi und dem Kap Gérakas fühlt man sich streckenweise an die süditalienische Amalfiküste erinnert – wie dort tun sich zwischen Bäumen grandiose Blicke auf die Abhänge und die tief unten liegenden Buchten auf. Als Auto- oder Bikefahrer kommt man hier aber nicht nur wegen der hohen Temperaturen ins Schwitzen, denn der starke Verkehr fordert auf dem im Sommer völlig überlasteten, mit Schlaglöchern gespickten Sträßchen volle Konzentration. Insbesondere wenn einer der riesigen Ausflugsbusse entgegenkommt, gerät alles schnell ins Stocken. Die seit jeher nur dünn besiedelte Halbinsel hat sich ihrer schönen Strände wegen zu einem der Touristenmagnete von Zákynthos entwickelt. Kein Wunder also, dass diese – vor allem die von Argássi und Ágios Nikólaos – in der Hochsaison sehr voll, ja fast überfüllt sind.

Argássi

Das touristische Zentrum auf der Halbinsel Skopós – zwischen Hotels, Tavernen, Bars und Supermärkten ist kaum noch ein normales Wohnhaus zu erkennen. Am schmalen Sandstrand liegt man Handtuch an Handtuch. Atmosphärisches Highlight: der Blick auf Zákynthos-Stadt mit seinem Hafen.

Der kleine Ort mit der einen markanten Kampanile besitzenden Ágios Efstáthios-Kirche ist eines der Zentren des britischen Pauschaltourismus auf Zákynthos. Die touristischen Einrichtungen liegen nahe beieinander. Insbesondere unten an der Hauptstraße, aber auch in der Seitenstraße, die zum Argássi Hill hinaufführt, pulsiert abends das Leben. Kellner preisen die Qualität ihrer Taverne an, vor Reisebüros werden die Passanten über Ausflüge informiert, einige Bars locken mit dröhnender Musik, andere mit Karaoke und Quizspielen, und auf den allgegenwärtigen Fernsehbildschirmen kann man die wichtigsten Fußballspiele der englischen Liga verfolgen. Leider wälzt sich der Durchgangsverkehr mitten durch den Ort, sodass an ein ungestörtes Flanieren auf der Hauptstraße nicht zu denken ist.

Nur die Alten erinnern sich noch an die Zeit, als Argássi noch ein echtes Fischerörtchen war. Heute sind davon allenfalls noch kärgliche Überreste zu erkennen. Am alten Hafen liegen an aus Steinen aufgehäuften Molen ein paar Fischerboote. Die Ruinen einer dreibogigen Brücke mit der Jahreszahl 1885 lassen aber vermuten, dass die Hafenanlage einmal recht beeindruckend war. Unweit davon steht auf dem Gelände des Hotels Castéllo Beach eine hübsche Kapelle, die dem heiligen Nikolaus, dem Schutzpatron der Fischer, geweiht ist.

Verbindungen/Parken

• *Verbindungen* Argássi und Zákynthos-Stadt sind über **Busse** sehr häufig miteinander verbunden, im Sommer gelangt man per Bus auch nach Kalamáki und Laganás sowie zum Zante Water Village (Busfahrplan und Preise s. S. 66). Entlang der Hauptstraße gibt es mehrere Bushaltestellen.

Beliebt ist auch der Minitrain, der von Mai bis Oktober mehrmals täglich bis 23 Uhr zwischen Argássi und Zákynthos-Stadt hin- und herpendelt.

Am Standplatz gegenüber der Bäckerei wartet fast immer ein **Taxi**. ✆ 2695048400.

• *Parken* Der langjährige Parkplatz am östlichen Ortsausgang war 2009 geschlossen. Falls er nicht wieder geöffnet wird, parkt man am besten oberhalb der Ág.-Efstáthios-Kirche in den Seitengassen.

Adressen

• *Ärztliche Versorgung* Die **Gesundheitsstation** neben der Kirche ist 4-mal in der Woche besetzt, ✆ 2695044119.

Mit einem 24-Stunden-Service wirbt das **Medical Center** von Dr. Ánna Chronopoúlou im Zentrum des Ortes. ✆/📠 2695 045500.

Über der Apotheke (s. u.) befindet sich die **Arztpraxis** von Dr. Dionýsia Piriόhou-Vagiá. ✆ 2695045997.

In der Nähe des Diána-Palace-Hotels praktiziert Dr. Stamenkovic, ✆ 2695023205.

• *Apotheke* An der Hauptstraße, 9–14 und 17.30–22 Uhr.

Weit reicht der Blick vom Argássi-Hügel

• *Auto-/Zweiradvermietung* Das Angebot ist groß. Neben den von uns genannten Adressen gibt es noch zahlreiche andere mit ähnlichem Service.

Fáros Rent a Car, alteingesessene Agentur, die neben Autos auch motorisierte Zweiräder sowie Quads vermietet. ✆ 26950 23665, ✆ 2695041440.

Olympic Cars and Bikes bietet neben motorisierten Zweirädern Quads und Autos. ✆ 2695027764.

Motor Fast, auch hier gibt es viele Bikes, dazu eine große Auswahl an Fahrrädern. ✆ 2695026591.

• *Internet* Im **Green Frog** kann man im Internet surfen, E-Mails versenden etc. Angeschlossen an das Internetcafé sind ein Restaurant sowie ein großer Supermarkt.

• *Geld* Im Zentrum von Argássi gibt es 2 Bankautomaten.

• *Reisebüros* Beim abendlichen Spaziergang wird man von den Angestellten der zahlreichen Agenturen teilweise sogar auf Deutsch angesprochen, denn schließlich wollen alle, dass man die fast schon obligatorische Inselrundfahrt bei ihnen bucht. Dafür und für die anderen Ausflüge wird man dann am frühen Morgen mit dem Bus zum Hafen nach Zákynthos-Stadt gebracht. Weitere Informationen zu den Ausflügen finden Sie im entsprechenden Kapitel auf S. 102 f. In Argássi kann man die Ausflüge u. a. bei folgenden Agenturen buchen:

Pélargos, die nette Alexándra kümmert sich seit Jahren um die Anliegen der Touristen. Im Angebot sind Ausflüge, Autovermietung in Kooperation mit der Firma Budget, Zimmervermittlung etc. ✆ 2695043880.

Mamfreda's Tours, gehört zur TEZ-Gruppe. ✆ 2695045700.

Cavo Grosso, eine weitere große Agentur, die in nahezu allen wichtigen Touristenorten der Insel vertreten ist. ✆ 2695048308.

• *Wäscherei* Wer seine Urlaubsgarderobe säubern lassen möchte, bezahlt pro Waschmaschinenfüllung 5 €, das Trocknen kostet dann noch mal so viel. Das Geschäft befindet sich nahe dem Hotel Diána Palace. Tägl. 10–14.30 und 18.30–22 Uhr.

Einkaufen

• *Supermärkte* An Versorgungsmöglichkeiten besteht kein Mangel, die Straßen sind mit Supermärkten regelrecht gepflastert. Besonders gut ausgestattet, u. a. auch mit **deutschsprachigen Zeitungen**, sind die Läden beim Hotel Pórto Iliéssa und oberhalb des Hotels Diána Palace sowie Argássis zweistöckiges Shoppingcenter **Derékas** an der zentralen Kreuzung. In Letzterem erhalten Sie auch **Fotozubehör** und können Ihre Bilder ausdrucken lassen.

• *Bäckerei* Im **Artopolíon Balavánis** gibt es täglich frisches Brot und gutes Gebäck.

• *Schmuck* In **Vergína's Goldcenter** kann man neben recht hübschem Goldschmuck aus eigener Fabrikation auch Nachahmungen olympischer Siegerkränze oder antiker Figuren erstehen. Der Besitzer hat einige Jahre im Saarland verbracht und freut sich, wenn er seine Deutschkenntnisse aufpolieren kann.

Baden/Sport/Kinderunterhaltung

• *Baden* Ein schmaler, sandiger **Küstenabschnitt**, zu dem von der Hauptstraße zahllose Stichwege hinabführen, zieht sich unterhalb der Siedlung von Westen nach Osten – so schmal, dass zumindest im August kaum noch Platz für ein weiteres Handtuch bleibt. Viele Hotels haben deshalb auf ihrem Gelände hinter dem Strand z. T. begrünte Liegeflächen für ihre Gäste angelegt. Überall werden Sonnenschirme und Liegen vermietet, vor dem Hotel Castéllo Beach kann man **Wassersport** betreiben: Paragliding, Bananaboat, Ringo, Crazy Sofa, Tretbootverleih, Wasser- und Jetski.

• *Minigolf* Mittlerweile gibt es zwei Anlagen: Die an der Durchgangsstraße gelegene ist in eine Gartenanlage mit mehreren Springbrunnen integriert (5 €), während die zum Hotel Comtessa gehörende eine „World Tour" simuliert. Beide sind von Mai bis Ende Oktober tägl. von 10 Uhr bis in die Morgenstunden geöffnet.

• *Kinderunterhaltung* Auf 3 Plätzen entlang der Hauptstraße können die Kids in **Minicars** für ca. 5 € (20 Min.) herumkurven.

Übernachten (siehe Karte S. 124/125)

Trotz der vielen Hotels und Pensionen ist es im August nicht ganz einfach, eine Unterkunft zu finden. Wer sich in einem der Häuser am Strand einmietet, sollte versuchen, ein Zimmer zum Meer hin zu bekommen; die zur Straße hin sind sehr laut.

**** **Hotel Diána Palace (13)**, mit 119 Zimmern eine der größten Anlagen im Zentrum von Argássi. Es fehlt an nichts: Restaurant, Pool, Gymnastikraum, Spielplatz u. a. Die Zimmer bieten einigen Komfort: Bad, AC, TV, Minibar und Balkon (teilweise Meerblick). Geschmackvolle, in sanften Pastellfarben gehaltene Einrichtung. Ein DZ kostet inkl. Halbpension 60–130 €, all inclusive zahlt man 10 € pro Pers. mehr. Dreibettzimmer, Studios und Apartments sind vorhanden. ✆ 2695027947, ℻ 2695027949, www.dianahotels.gr.

**** **Hotel Katerína Palace (15)**, etwas zurückversetzt liegt die um einen großzügigen Pool gebaute Anlage. Für Abwechslung ist gesorgt: Pool, Spielplatz, elektronische Spiele, Snackbar, Sat-TV-Raum. Viele Pauschalgäste auch aus dem deutschsprachigen Raum fühlen sich in dem gut geführten Haus wohl. Die 106 gemütlich eingerichteten, modernen DZ mit Bad, AC, Balkon (einige mit Meerblick) und Kühlschrank kosten inkl. Frühstücksbuffet zwischen 50 und 70 €. ✆ 2695026998, ℻ 26950 27257, www.katerinapalace.com.

**** **Hotel Pórto Ilíessa (5)**, zentral gelegene neuere Apartmentanlage mit 48 praktisch eingerichteten Wohneinheiten (mit AC und Balkon zum Meer oder Pool), die für Familien gut geeignet sind. Wer nicht am Hausstrand baden möchte, springt in den großen Pool (inkl. Kinderschwimmbecken), außerdem stehen Groß und Klein weitere Einrichtungen wie Spielplatz, Billardtisch, Bowling-Bahn, Roof-Garden etc. zur Verfügung. Zu viert bezahlt man 60–150 €, für die 5. Person wird ein Aufpreis von 15 € berechnet. ✆ 2695027800, ℻ 2695045346, www.iliessa.com.

*** **Hotel Ilíessa (7)**, direkt am schmalen Sandstrand führt der rührige Timos Varétsis außerdem diese um einen kleinen Pool mit Kinderschwimmbecken gruppierte Anlage. Die 75 ansprechenden Zimmer sind mit AC ausgestattet und verfügen über Bad, Kühlschrank und Balkon (einige mit Blick aufs Meer). Fürs DZ bezahlt man inkl. Frühstücksbuffet zwischen 45 und 90 €. ✆ 26950 45345, ℻ 2695045346, www.iliessa.com.

*** **Hotel Mimóza Beach (8)**, ganz in der Nähe liegt das schöne, im Villenstil erbaute Haus mit schmiedeeisernen Balkonen. Auch hier hat man direkten Zugang zum Meer. Zu der Anlage gehören Pool, Beachbar, Restaurant und Spielplatz. Im Hotelgebäude stehen 25 Zwei- und Dreibettzimmer mit AC, Bad, Kühlschrank und Balkon (z. T. Meerblick) zur Verfügung. Beliebt sind außerdem die Studios und Apartments sowie die im Garten oberhalb des Strandes gelegenen Bungalows, in denen eine kleine Familie unterkommen kann. Zu zweit bezahlt man je nach Saison zwischen 50 und 73 €, zu dritt jeweils ca. 20 % mehr. Frühstück 5 € pro Pers. ✆ 2695042588, ℻ 2695042844, www.mimozabeach.gr.

*** **Hotel Contessa (16)**, um einen Pool mit Kinderschwimmbecken gruppierte Anlage mit 93 Zimmern, in der sich vor allem Pauschalurlauber wohlfühlen. Zum Hotel gehört auch eine schöne Minigolfanlage. Zu zweit bezahlt man für ein Zimmer mit AC, Sat-TV, Kühlschrank, Bad und Balkon (teilweise Meerblick) zwischen 40 und 80 € inkl. Frühstück. ✆ 2695045152, ℻ 2695045586, www.contessahotel.gr.

*** **Captain's - Commodore - Admiral Hotel Complex (17)**, riesige Anlage bestehend aus 9 Gebäuden mit insgesamt 330 klimatisierten Studios weit oben in Argássi; mehrere Pools (auch für Kinder), Bars, Restaurant und viele Spielangebote. Achten Sie bei der Auswahl des Zimmers jedoch auf die Lage, nicht von allen Balkonen blickt man aufs Meer, z. T. sind sie nämlich auch zur Straße hin ausgerichtet. Zu zweit bezahlt man inkl. Halbpension 40–80 €. ✆ 2695 042779, ℻ 2695045505, www.xenos-hotels.gr.

Edelweiss Apartments (14), eingebettet zwischen Gärten und Olivenhainen wohnt man ruhig und sehr angenehm bei einem netten Ehepaar, das durch einen Schweizer Heimatfilm einst seine besondere Liebe zu besagter Alpenblume fand. In dem hübschen Garten mit Pool und Kinderschwimmbecken stehen aber auch hier zum Glück Bananenbäume und Palmen. Angeboten werden 6 praktisch eingerichtete, geräumige Studios sowie 15 Apartments mit jeweils 2 Schlafzimmern, alle mit AC ausgestattet.

Für ein Studio bezahlt man 30–60 €, für ein Apartment 50–110 €. ✆ 2695027601, ℻ 269502 7286, www.edelweisszante.com.

Hill Side (12), bei Mariétta Koudíla wohnt man wunderbar ruhig am Hang in 12 kleinen Studios mit schönem Blick auf Argássi und die Küste. Kein Wunder, dass die Zimmer im August schnell ausgebucht sind. Die Besitzerin selbst lebt in einem gelben Gebäude unterhalb der kleinen Anlage. In der Hochsaison zahlt man bis 55 €. ✆ 2695027979.

In diesem vom Tourismus nicht so stark geprägten Ortsteil findet man weitere Garsoniéres, z. B. unter ✆ 2695026844, 2695 026133, 2695022084.

Essen und Trinken

Vom noblen Restaurant mit Livemusik bis zur einfachen Pítta-Bude ist alles geboten. Viele Wirte bemühen sich mit Springbrunnen, tropischen Bepflanzungen etc. um ein ansprechendes Interieur ihrer Lokale. Wer Abwechslung von der griechischen Küche sucht, kommt voll auf seine Kosten, denn es gibt Restaurants mit fernöstlicher und italienischer Küche. Auch darf das English Breakfast mit Eggs, Beans and Sausage natürlich nicht fehlen.

Ristorante Papillon (11), großes Terrassenlokal im Herzen von Argássi mit umfangreichem Angebot an knusprigen Pizzen. Besonders lecker fanden wir die Pastaspezialitäten und die originellen Salate, z. B. mit Ruccola, Lachs, Parmesan und Nüssen

oder mit warmen Meeresfrüchten und Knoblauchvinaigrette. Daneben werden auch viele griechische Gerichte, z. T. westeuropäisch abgewandelt, serviert. Sehr aufmerksamer Service.

Restaurant Mimóza (1), toller Platz direkt am Strand, auch an heißen Tagen sitzt man unter den Tamarisken immer noch sehr angenehm. Viele Griechen kommen zum Fischessen hierher, uns hat das besonders zarte Stifádo mit vielen kleinen Zwiebeln sehr gut geschmeckt.

Tavérna Peppermint (10), ruhiges, kleines Gartenlokal abseits des Mainstreams, das auch bei den Einheimischen einen guten Ruf genießt und deshalb 2009 erstmalig auch im Winter geöffnet war. Ansprechende Gestaltung mit Bananenstauden und Oleanderbüschen, weißen Tischdecken und Kerzen, die sich vom üblichen Schnickschnack abhebt. Panagiotis, der nette Wirt, serviert neben zakynthischen Speisen (lecker z. B. das Lamm im Ofen!) auch gute Pastagerichte und feine Vorspeisen wie z. B. Muscheln in Zitronensauce.

Tavérna Stars (4), an der Hauptstraße liegt das hallenartige, etwas nüchterne Terrassenlokal, in dem es während der Hochsaison abends meist brechend voll ist. Viele Gerichte mit würzigen Soßen. Gut fanden wir z. B. die Gígantes in Tomatensoße oder das Kotópoulo lemonáto (Hähnchenbrustfilet, mit Zitrone verfeinert).

Restaurant Blue 'n Blue (18), an einem steilen Hang liegt das hübsche Terrassenlokal mit vielen Blumenkübeln. Auch hier gibt es wieder eine große Bandbreite an Vorspeisen, zakynthischer Küche, Pizzen und vielem mehr.

After (2), winziges Lädchen, in dem man Sandwiches und Crêpes mit den unterschiedlichsten Füllungen süß und salzig, bekommen kann.

Nachtleben

Die englischen Pauschalgäste bestimmen das Angebot. Gut bestückte Bars werden Abend für Abend geplündert. Bingospiele, Quiz und vor allem die Riesenleinwände, die dafür sorgen, dass man kein Spiel von Manchester United verpasst, bieten zusätzliche Unterhaltung. Die besten Musikclubs liegen an der Straße nach Zákynthos-Stadt (s. S. 107 f.).

Avalon (3), eine imposante Ritterburg bildet den Rahmen für diese Bar, in der man zu fetziger Musik zwischen Rüstungen und Schwertern seine Drinks genießt. Ob das Gebäude bis zur nächsten Saison allerdings so bestehen bleibt, können wir Ihnen nicht versprechen. Der Besitzer hat viel Fantasie – vor einigen Jahren saß man im Innern eines Schoners, die Bar hieß The Wreck – und wird sich möglicherweise bald eine neue bauliche Überraschung einfallen lassen.

Kiss Bar (6), gegenüber vom Avalon. Hier wird zu Technomusik getanzt, was das Zeug hält.

Ártemis (9), Bar mit Tanzfläche, meist wird hier griechische Musik gespielt. Eine besondere Attraktion sind Events wie Partynächte.

Koútsis Club, ca. 1 km vom Zentrum entfernt an der Straße nach Xirokástello. Hier treffen sich vor allem Griechen bei Bouzoúk-Musik. Vor 7 Uhr morgens selten geschlossen.

Spaziergang auf den Argássi Hill

In etwa einer halben Stunde hat man den ca. 1 km langen Weg auf den Hügel oberhalb von Argássi geschafft. Für die Anstrengungen des Aufstiegs wird man durch einen tollen Panoramablick und eine kühle Erfrischung oder ein leckeres Essen in der dort oben gelegenen Bar entschädigt.

Gehen Sie an der zentralen Kreuzung am Shoppingcenter Derékas die belebte Straße 350 m aufwärts bis zur Taverna Phoenix. Unmittelbar davor zweigt man nach rechts ab und folgt dem Hinweisschild zur Target Bar. Konsequent folgt man der steil ansteigenden, bald stilleren und von Olivenbäumen gesäumten Asphaltstraße, passiert das Terrassenlokal Blue 'n Blue, bis man nach 600 m links, etwas zurückversetzt, einen Treppenweg entdeckt. Über diesen erreicht man in wenigen Minuten die auf der Kuppe des Hügels gelegene Bar, auch das Sträßchen führt zum Ziel. Von den in dem kleinen Garten stehenden Tischen kann man hinunter nach Argássi und bis zum Peloponnes hinüber schauen und das Kommen und Gehen der Fähren beobachten.

Wanderung 1: Von Argássi zur Gipfelkirche Panagía Skopiótissa und weiter nach Kalamáki

Steil windet sich der Weg östlich von Argássi den Berg Skopós hinauf. Im Frühling hat man gute Chancen, blühende Orchideen zu sehen, denn mehr als 15 Arten wachsen hier. Oben steht zwischen den Mauerresten eines ehemaligen Klosters die hübsche Kapelle. Der Rundblick ist grandios. Von hier kann man auf demselben Weg (einfache Strecke ca. 6 km) nach Argássi zurückkehren oder in weiteren knapp 6 km nach Kalamáki weiterwandern. Dort besteht die Möglichkeit, mit Bus oder Taxi zum Ausgangsort zurückzukehren. Wer noch nicht müde ist, folgt den Beschreibungen von Wanderung 3 (s. S. 149 f.), die zusammen mit Wanderung 1 eine 18 km lange Rundtour bildet.

Die Tour beginnt am **Minigolfplatz** am östlichen Ortsrand von Argássi (WP 01) in der Nähe des Hotels Mimóza Beach. Folgen Sie der Asphaltstraße Richtung Vassilikós. Nach gut 1 km kommt man am **Koútsis-Club** vorbei (WP 02), überquert eine Brücke und passiert das Ortsschild von Vassilikós, einer aus mehreren Weilern bestehenden Gemeinde. 100 m dahinter zweigt gegenüber der Zufahrt zur **Taverne Theodorítsis** eine Asphaltstraße nach rechts ab (WP 03), die sich unmittelbar danach gabelt. Sie halten sich rechts und steigen, eine Abzweigung (WP 04) ignorierend, auf dem nun nicht mehr asphaltierten Weg links von einer dicht bewachsenen Schlucht aufwärts.

Nach gut 1 km entfernt sich der Weg von der Schlucht, wendet sich nach Osten und verläuft zunächst fast eben oberhalb der Küste weiter, bis er wieder in engen Serpentinen aufwärts zu einem **Steinbruch** (WP 05) führt. Weiße Kalkfelsen setzen in einer grünen Landschaft hübsche Akzente, der Blick reicht bis hinüber zum Peloponnes. Man steigt weiter auf der Piste nach oben und erreicht nach weiteren knapp 2 km einige Rundfunk- und Fernsehsendemasten und eine Gabelung (WP 06). Gehen Sie hier links. Nur noch 700 m sind es bis zu der Marienkapelle **Panagía Skopiótissa** (WP 08) mit ihrer eigenartigen achteckigen Kuppel unterhalb des Gipfels (492 m), die erst ganz kurz vor dem Erreichen des Ziels zu sehen ist (s. Kasten S. 128). Im Jahr 2008 hat man Teile der einstigen Klostermauern wieder aufgerichtet und zahlreiche Sitzbänke aufgestellt – Rastplätze für das Kirchweihfest im August bzw. für die müden Wanderer. Bemerkenswert sind auch die Mauern des Turmes, in den sich die Mönche bei Gefahr zurückzogen.

Die felsige Spitze des Berges Skopós kann man nicht besteigen, ein schmaler, schwer erkennbarer Weg führt von der Kapelle jedoch in nördliche Richtung ein Stückchen aufwärts bis zu einer kleinen, natürlichen Plattform. Von dort hat man einen phantastischen Blick auf die Halbinsel Skopós mit dem Kap Gérakas sowie das vorgelagerte grüne Inselchen Peloúzo. An klaren Tagen erkennt man den Peloponnes und sogar die Burg von Kilíni. Wenn Sie auch noch die gesamte Bucht von Laganás sehen möchten, müssen Sie die gegenüberliegende Kuppe, die Sie beim Aufstieg passiert haben, besteigen. Ab WP 07 beginnt ein Pfad hinauf.

Um weiter nach Kalamáki zu kommen, geht man zurück zu WP 06 und biegt links ab. Etwa 1,2 km weiter zweigt man 20 m vor einem alten Haus (WP 09) auf einen schmalen Weg nach rechts ab. In weiten Serpentinen führt er mit schönen Blicken auf die Bucht von Laganás zwischen Ginsterbüschen und vereinzelten Pinien auf die Küste zu, passiert bald einen **aufgegebenen Steinbruch** (WP 10) und quert knapp 2 km danach ein ausgetrocknetes **Bachbett** (WP 11). Bald darauf kommt man zu einer markanten Gabelung (WP 12) mit einem Schild, auf dem für eine Snackbar geworben wird. Gehen Sie hier links. Leicht aufwärtssteigend passiert man oberhalb der Küste zwei Abzweigungen (WP 13 und WP 14) und erreicht dann nach gut 1 km die Bar **The Cave** (WP 15). Von hier aus hat man auf der Asphaltstraße in wenigen Minuten die nächste Gabelung (WP 16) und dann, rechts abbiegend, den Taxistand an der zentralen Kreuzung von Kalamáki (WP 17) erreicht.

Neues Gotteshaus in altem Gemäuer

Um die Skopiótissa-Kapelle herum stehen und liegen die Reste eines Klosters, das im ausgehenden Mittelalter, so nimmt man an, auf den Ruinen eines antiken Artemistempels errichtet worden war. Nach der völligen Zerstörung durch das große Erdbeben hat man die Kirche wieder aufgebaut und dabei nur noch den alten Rahmen der Eingangstür in den modernen Bau integrieren können. Erhalten geblieben sind dagegen im Innern u. a. das steinerne Templon und die wundertätige Marienikone, die nach der Eroberung Konstantinopels durch die Türken 1453 nach Zákynthos gebracht wurde. Drohte der Bevölkerung einst ein Unheil, etwa eine Epidemie oder ein Piratenangriff, holte man sie in der Hoffnung, dass sie helfen werde, in die Stadt hinunter. Auch heute noch hat die weithin sichtbare Kapelle eine große Bedeutung für die Zakynther. Aus den umliegenden Dörfern und aus der Stadt machen sich viele am 15. August auf den beschwerlichen Weg hinauf, um das Namensfest der Gottesmutter zu feiern und ihre verehrte Ikone zu küssen.

Xirokástello

Hoch oben über der Küste, eingerahmt von Pinienwäldern und Olivenhainen, thront der kleine Ort, der eigentlich schon zur Gemeinde Vassilikós gehört, in der Tat wie ein Kastell. Spektakuläre Blicke entlang der Küste bis nach Ágios Nikólaos und hinüber zum Peloponnes bieten sich von einigen atemberaubend an den Steilhang gebauten Tavernen. Tief unten locken kleine Badebuchten, die mittlerweile touristisch voll erschlossen sind.

• *Verbindungen* Der bis zu 4-mal tägl. zwischen Zákynthos-Stadt und Pórto Róma verkehrende **Bus** hält auch in Xirokástello. Fahrplan und Preise s. S. 66.

• *Übernachten* **** **Sea View Village**, seit Sommer 2002 führt María Tzanétou die gro-

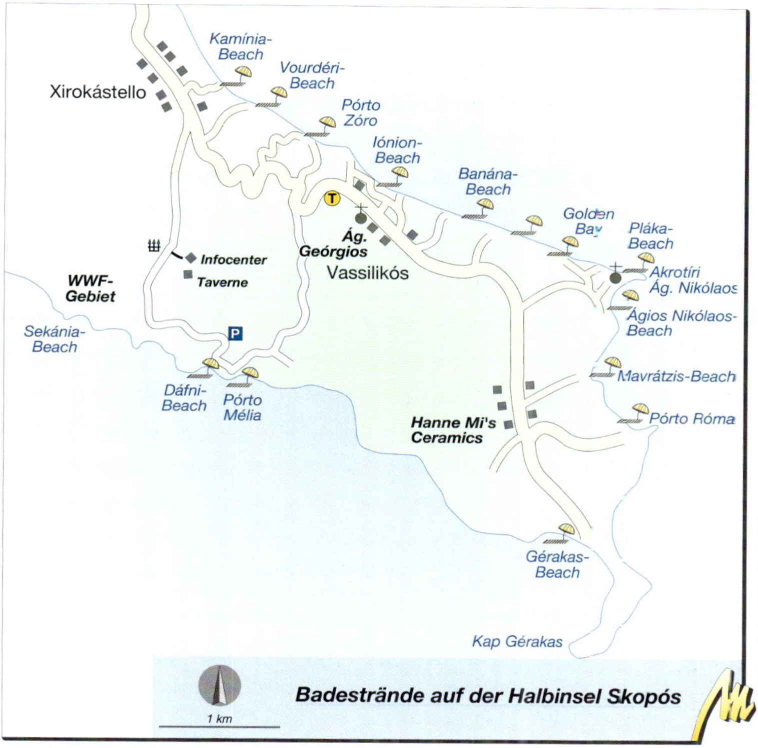

Badestrände auf der Halbinsel Skopós

ße Anlage am Hang, die ihrem Namen tatsächlich gerecht wird: Der Blick auf die Küste ist phantastisch. Und auch sonst fehlt es an nichts: Pool mit Kinderschwimmbecken und Jacuzzi, Restaurant. Die 36 Wohneinheiten mit Küche, Balkon (Meeresblick versteht sich!), AC, teilweise im Maisonettestil gebaut, sind geschmackvoll eingerichtet und unterschiedlich groß (bis zu 6 Pers.). Zu zweit bezahlt man 50–97 €, Frühstücksbuffet wird mit 7 € extra berechnet. ✆ 2695035178, 📠 2695035152, www.seaviewvillage.gr.

• *Essen und Trinken* **Restaurant Háris & Ánna**, die unscheinbare, einfache Terrasse an der Straße wird gerne übersehen, doch wer einmal dort gegessen hat, wird nicht müde, dieses ganz besondere Lokal zu loben. Jedes Jahr im Frühjahr kehren der Athener Háris und seine italienische Frau Ánna aus deren Heimatstadt Parma zurück auf die Insel, um Einheimische wie Touristen mit italienischen und griechischen Gerichten zu verwöhnen. Nicht nur das leckere Brot mit feinem Anisgeschmack, sondern auch die Pasta ist hausgemacht. Ein Gedicht sind z. B. die Tortelli mit Ricotta und Spinat in fruchtiger Tomatensauce. Lassen Sie aber unbedingt noch Platz für ein Dessert, Ánnas Tiramisu und Baklava sind legendär.

Tavérna Anemómilos, direkt an der Abzweigung zum Kamínia-Beach. Bietet einen schönen Rundblick. Vor dem Lokal steht ein kleiner Holzkohlengrill, von dem es abends verführerisch duftet. Das zubereitete Gemüse stammt aus dem Garten unterhalb des Hauses. Auch Leser haben sich hier sehr wohl gefühlt.

Restaurant I Théa, direkt dahinter, daher ist die Aussicht noch spektakulärer. Besonders romantisch sitzt man unter den Tamarisken an der Mauer. Viele Griechen kommen zum Fischessen, und auch wir waren mit den Barboúnia (Rotbarben) sehr zufrieden.

• *Sonstiges* In einem **Supermarkt** östlich der Abzweigung zum Kamínia-Beach können Sie die wichtigsten Lebensmittel kaufen. Gleich daneben bekommt man in einer **Bäckerei** Brot, und es gibt einen **Briefkasten**.

Kamínia-Beach

Steil führt die schmale Straße in Serpentinen zu der kleinen Kies-Sandbucht mit Übernachtungsmöglichkeiten, Restaurant, Sonnenschirmverleih und Süßwasserduschen.

• *Anfahrt* Etwa 1 km lange Asphaltstraße von Xirokástello, keine Busverbindung.

• *Übernachten* **Studios Levantíno**, direkt am Strand steht das Haus von Andónis und Élena Kolokatzá. In den geräumigen, hellen Studios mit Bad, AC und Balkon (Meerblick) können bis zu 4 Pers. unterkommen (30–80 €). Ganz urig fanden wir auch das kleine, aus grob behauenen Steinen gemauerte Haus mit Holzdach, in dem es 2 Schlafzimmer mit 4 Betten gibt (50–120 €). Bei unserem letzten Besuch war Andónis gerade dabei, etwas oberhalb vom Strand in einem weiteren Gebäude recht komfortable Studios mit schönen hellen Bädern einzurichten. Man hat also wirklich die Qual der Wahl. ✆ 2695035366, ℻ 2695035173, www.levantino.gr.

Fiore Studios, ganz in der Nähe bietet die nette Sóula ebenfalls geräumige Studios an. Angeschlossen sind Restaurant und Beachbar, den Gästen stehen kostenfrei Liegen im oberhalb des Strandes gelegenen Garten sowie eine Hollywoodschaukel zur Verfügung. Für ein Studio werden je nach Saison 35–80 € verlangt. ✆ 2695035468, ℻ 269503 5204, www.zantefiorestudios.gr.

Vourdéri-Beach

Zwischen dem Kamínia-Beach und Pórto Zóro liegt die kleine Kiesbucht am Ausgang eines Flusstals; v. a. die Gäste der oberhalb stehenden Hotels baden hier. Auf einem schmalen Pfad kann man zum Kamínia-Beach hinüberlaufen.

• *Anfahrt* Ein steiles Asphaltsträßchen führt von der Hauptstraße (Hinweisschild) knapp 1 km zum Meer hinab. Es gibt keine Busverbindung.

• *Übernachten* *** **Hotel Célia**, direkt über dem Strand thront das nette Hotel, in dem sich vor allem Ruhe suchende Pauschalgäste wohlfühlen. Die Terrasse mit Pool ist so schön, dass manche gar nicht mehr an den Strand gehen; angeschlossen ist auch ein Restaurant. Die 32 Studios, z. T. im Maisonettestil gebaut, haben Bad, AC, Kochnische, Balkon (Meerblick) und sind je nach Größe für 2–4 Pers. geeignet. Zu zweit bezahlt man zwischen 55 und 75 € inkl. Frühstück. ✆ 2695044682, ℻ 2695042894, www.yriahotels.gr.

Vassilikós

Zwischen Wäldern und Olivenhainen liegen in lieblicher Landschaft die Häuser der Streusiedlung Vassilikós, zu der die schönsten Badebuchten der Insel gehören.

Seit der jüngsten Gemeindereform beginnt das Gebiet des Ortes kurz hinter Argássi, schließt Xirokástello mit ein und erstreckt sich bis zum Kap Gérakas. Im Winter wohnen kaum 350 Menschen in den vereinzelt stehenden Häusern – nur oberhalb vom Iónion-Beach, bei der Pfarrkirche Ágios Geórgios und an der Abfahrt zur Mavrátzis-Bucht verdichten sie sich. Einst waren die Bewohner vor allem Bauern und Viehzüchter, heute jedoch bestimmt der Tourismus ihr Leben, locken doch die traumhaften Buchten Gäste aus vielen Ländern an. Einige der Strände gehören zu den wichtigsten Eiablageplätzen der Unechten Karettschildkröte und liegen im **Meeresnationalpark Zákynthos**, sodass dort entsprechendes Verhalten selbstverständlich sein sollte.

Wer gerne vergangenen Tagen nachspürt, sollte dem urigen **Pantopolíon** (Aufschrift „Minimarket") der alten María vor der Abzweigung zum Mavrátzis-Beach einen Besuch abstatten. An ein paar Tischen vor dem gelben Haus mit großen Eukalyptusbäumen kann man ein kühles Erfrischungsgetränk genießen und über die alten Zeiten in Griechenland nachdenken.

Verbindungen/Adressen

• *Verbindungen* Während der Saison verkehren regelmäßig **Busse** zu den an der Hauptstraße gelegenen Ortsteilen von Vassilikós sowie nach Ágios Nikólaos und Pórto Róma. Genauere Informationen S. 66. Nicht angefahren werden Iónion-Beach, Banána-Beach und Gérakas-Beach. Nur im Sommer warten einige **Taxis** an der Abzweigung nach Ágios Nikólaos.

• *Auto-/Zweiradvermietung* **Potamiá Rental** unterhält nahe der Ágios-Geórgios-Kirche ein Büro (✆ 2695035462). Im Angebot sind recht günstige Kleinwagen, Jeeps sowie motorisierte Zweiräder.

• *Einkaufen* Entlang der Hauptstraße sorgen zahlreiche **Supermärkte** dafür, dass man in seinem Studio bzw. Zimmer immer gut versorgt ist. In einigen gibt es neben den üblichen Lebensmitteln auch **frisches Obst**. Eine große **Bäckerei** befindet sich nahe der Abzweigung zum Iónion-Beach. Und auch auf **deutschsprachige Zeitungen** muss man nicht verzichten.

Hanne Mi's Ceramics, nahe der Abzweigung zum Mavrátzis-Beach verkauft die nette Norwegerin schöne Keramik. Seit 19 Jahren lebt sie auf der Insel und will ihr auch weiterhin treu bleiben – schließlich geben ihr die zakynthische Landschaft und die Nähe zum Meer wertvolle Impulse für ihre Arbeit. Neben Krüger, Tassen und Schalen töpfert sie schöne Dekoartikel wie Kacheln, Reliefs, Spiegel, Windspiele, Leuchter, Springbrunnen. In den Sommermonaten bietet Hanne auch Workshops an. Tägl. 9–19 bzw. 20 Uhr, im Winter bis 16 Uhr. ✆ 2695035012.

Übernachten/Essen und Trinken (s. Karte S. 135)

• *Übernachten* Abgesehen vom Banána-Beach bestehen an allen Stränden zahlreiche Möglichkeiten (s. u.). Aber auch direkt in Vassilikós, besonders nahe der Georgskirche, werden Zimmer angeboten. Am besten gefallen haben uns die

Studios Angelika (10), in einem blumengeschmückten Landhaus etwas abseits der Hauptstraße. Von April bis Oktober stehen hier 6 DZ mit Küche, Bad, AC und Balkon zum Preis von 25–45 € zur Verfügung. ✆ 2695035221.

• *Essen und Trinken* Nicht nur an den Stränden, sondern auch oben im Ort laden zahlreiche Tavernen zur Rast ein.

Restaurant O Gállos (6), nahe der Georgskirche können Sie sich neben griechischen Gerichten auch einige französische Speisen schmecken lassen, denn die Wirtin kommt aus Frankreich. Wie wär's z. B. mit einem provencalischen Ratatouille oder Huhn in Senfsoße? Und als Nachtisch dann ein Mousse au Chocolat? Abends bezaubert der Chef oft mit Livemusik.

Restaurant Ta Fanária (8), unmittelbar daneben liegt das typisch zakynthische Lokal. Seit fast 30 Jahren kann man hier bei einer freundlichen Familie gute traditionelle

Gerichte wie z. B. leckeres Kaninchenstifado oder Schweinefleisch in Weinsoße bekommen. Gerne erzählt Ihnen die Wirtin davon, wie es war, als die ersten Touristen auf die Insel kamen. Gutes Angebot auch an Vorspeisen, lecker ist z. B. der Taramosaláta.

Coffee House Vassilikós (4), wer ein Zimmer ohne Frühstück gebucht hat, kann sich in dem schönen Café an der Hauptstraße z. B. Spiegeleier schmecken lassen. Dazu serviert der Wirt verschiedene Tees, heiße Schokolade, Cappuccino oder andere Kaffeespezialitäten.

Tavérna O Adelfós tou Kósta (12), der Bruder von Kóstas, sein Name ist Jánnis, betreibt seit Jahren die beliebte Taverne, die sowohl von Einheimischen als auch von Lesern sehr gelobt wurde. Zu den Spezialitäten gehören Mezédes wie Zucchini- oder Käsefrikadellen, aber auch tolle im Tontopf gegarte Schmorgerichte. Zudem ist Jánnis ein hervorragender Gitarrenspieler und geht gerne auf die Musikwünsche seiner Gäste ein. Von Juni bis September geöffnet, im Juli und August jeden Abend, ansonsten nur von Fr–So.

Jannis vermietet auch schöne Steinhäuschen, Näheres s. unter www.armonia villas.gr.

Pórto Zóro

Gleich die erste der vielen Badebuchten von Vassilikós kann mit dem aufwarten, was man an einem Strand so gerne hat: viel Sand, kristallklares Wasser sowie eine äußerst malerische Kulisse durch im Meer liegende, grün bewachsene Felsen. Und auch die Infrastruktur lässt kaum etwas zu wünschen übrig: Von der Taverne bis zur Strandbar mit Sonnenschirmverleih ist alles geboten.

• *Anfahrt/Parken* Von der Hauptstraße gibt es zwei Zufahrten: Ein Asphaltsträßchen (Hinweisschild „Pórto Zóro") windet sich zum gleichnamigen Hotel am Strand hinab, knapp 500 m weiter (von Argássi kommend) führt ein weiteres Sträßchen hinunter (Hinweisschild „Beach Bar Azuro"), hier gibt es auch einen Parkplatz.

• *Übernachten/Essen und Trinken* **Hotel Pórto Zórro**, bei den Brüdern Piromális kann man ab Anfang Mai bis Ende Oktober in Doppel- oder Dreibettzimmern mit Bad, AC, Kühlschrank und Balkon mit Blick zum Meer unterkommen, für Familien sind die größeren Apartments mit 4 Betten gut geeignet. Angeschlossen sind eine Taverne und eine Strandbar. Zu zweit bezahlt man je nach Saison 40 bis 60 €, für die Apartments 100 bis 120 €. ✆ 2695035304, 📠 26950 35087, www.portozorro.gr.

Banána-Beach/Iónion-Beach

Der Hunderte von Metern lange, fast kerzengerade Strand unterhalb eines Kiefernwäldchens lässt die Herzen der Badefans höher schlagen. Insbesondere der östliche Teilabschnitt hat mit tiefem, weißem Sand und bewachsenen Dünen fast Südseecharakter. Kein Wunder, dass ein bekannter Ferienclub vor einigen Jahren gerade hier große Grundstücke erworben hat. Bisher allerdings folgenlos, nur die Schilder an den Zäunen weisen darauf hin. Nach wie vor trifft man sich in den altbekannten Strandbars mit teilweise exotischen Namen – nach einer wurde der ganze Beach benannt. An mehreren Plätzen werden Sonnenschirme und Liegen vermietet, dennoch tritt man sich hier noch nicht gegenseitig auf die Füße.

Der westliche Abschnitt, auch **Iónion-Beach** genannt, ist z. T. von Kieseln durchsetzt, aber ebenso flach abfllend wie der eigentliche Banána-Beach und deshalb ebenfalls für Kleinkinder geeignet. Hier ist die Infrastruktur stärker entwickelt: Tavernen, Pensionen, mehrere Süßwasserduschen – und trotzdem hält sich der Betrieb noch einigermaßen in Grenzen.

• *Anfahrt/Verbindungen* Um zum **Iónion-Beach** zu gelangen, zweigt man (von Argássi kommend) bei dem Hinweisschild „Pórto Iónio" auf eine schmale Asphaltstraße nach links ab und erreicht nach etwa 1 km die 3 Zugänge zu diesem Strandabschnitt. Zum eigentlichen **Banána-Beach** fährt man auf der Hauptstraße

Felsen und Sand machen den Reiz der Bucht von Pórto Zóro aus

weiter nach Osten und benutzt dann entweder die Staubpiste zur Caretta-Beach-Bar oder ein noch weiter östlich hinabführendes Asphaltsträßchen. Auch über die Zufahrt zum Golden Bay Village ist der Strand zu erreichen.

Die **Busse** von Zákynthos-Stadt nach Pórto Róma bzw. umgekehrt halten auf Wunsch an den Zufahrten zu den einzelnen Strandabschnitten (Karte S. 135).

• *Übernachten (s. Karte S. 135)* Es gibt zahlreiche Möglichkeiten in der oberhalb des Strandes gelegenen Streusiedlung Vassilikós, aber auch am Iónion-Beach wird man fündig.

*** **Hotel Aríon Renaissance (7)**, seit Jahren ist das 200 m vom Iónion-Beach entfernt gelegene hübsche Hotel mit Roofgarden, Pool und Jacuzzi bei Pauschal- und Individualgästen beliebt. Die 52 unterschiedlich großen Zimmer sind mit Bad, AC, Sat-TV, Kühlschrank, Balkon (einige mit zauberhaftem Meerblick) ausgestattet, im Foyer steht den Gästen ein PC mit Internetzugang zur Verfügung. Ein DZ kostet inkl. Frühstück 40–80 €, auf Wunsch gibt es auch Abendessen. ✆ 2695036020, ℻ 2695036021, www.arion-renaissance.gr.

Vassilína Rooms (3), direkt am Strand kann man bei der netten Pelagía und ihrem Mann Kóstas in einem ihrer mit AC (Aufpreis 7 €/Tag) ausgerüsteten 20 Studios für 2–4 Pers. unterkommen. Von einigen Balkonen hat man einen schönen Meerblick. Großer Garten vor dem Haus mit Zierrasen und schattigen Sitzplätzen unter Bambusdächern. Den Winter verbringt die Familie Grigoriádis in Berlin, ✆ 030/4169329, ℻ 030/70221131. Zu zweit bezahlt man für ein Studio im Erdgeschoss 25–50 €, für eines im Obergeschoss 45–60 €. ✆ 2695035497, ℻ 2695035102, www.vassilina.gr.

• *Essen und Trinken (s. Karte S. 135)*

Tavérna Iónion (2), ein besonders schöner Platz ist die im traditionellen Stil gemauerte Terrasse unter Tamarisken, auf der man fast schon über dem Strand „schwebt". Und auch das, was auf den Tisch kommt, kann sich sehen lassen, z. B. die üppigen Papoutsákia, die mit einer dicken Hackfleisch-Käse-Schicht überbacken sind. Große Auswahl an Vorspeisen und Salaten, aufmerksamer Service.

Tavérna Boússoulas/Cumpas (1), am Iónion-Beach (etwas weiter westlich). Urige Taverne, in der wieder einmal die ganze Familie mithilft. Benannt ist sie nach einem alten Schiffskompass mit Gehäuse, den der Wirt vor dem Lokal aufgebaut hat. Gute Gemüsegerichte wie Briam oder Okra. Besonders schön sitzt man an den luftigen Tischen unter den Tamarisken.

Restaurant Giovanni (9), an der Straße zum Iónion-Beach liegt die alteingesessene, beliebte Taverne, die auch von Lesern mehrfach empfohlen worden ist.

Snackbar Marína (5), in unmittelbarer Nähe. Schöner Platz, um eine Kleinigkeit zu essen oder einen Kaffee zu trinken. Der Clou ist, dass den Gästen ein Swimmingpool und Liegen zur Verfügung gestellt werden.

Ágios Nikólaos

Meistbesuchter Badeort im östlichen Teil der Halbinsel Skopós. Am Hauptstrand geht es deshalb während der Hochsaison auch ziemlich lebhaft und laut zu. Schließlich locken neben dem kinderfreundlichen Sandstrand auch exzellente Wassersportangebote inklusive Tauchschule.

Etwas ruhigere Plätze findet man aber am südlichen Ende des Strandes, wo am Nachmittag die grün bewachsenen Felsen natürlichen Schatten spenden, und am jenseits des Kaps Ágios Nikólaos gelegenen **Pláka-Beach** sowie in der benachbarten **Golden-Bay-Bucht.** An allen Stränden kann man Beachvolleyball spielen, werden Sonnenschirme und Liegen vermietet und stehen Süßwasserduschen zur Verfügung. In all dem Trubel sorgt die auf dem kleinen Kap gelegene, ziegelgedeckte Nikolauskapelle für romantisches Ambiente. Einen Abendspaziergang auf der ins Meer hinausragenden Felsnase, auf der kaum eine andere Pflanze als der Meeresfenchel Fuß fassen kann, sollten Sie nicht versäumen. Vom Nikolaus-Beach können Sie über den Felsrücken in westliche Richtung (ca. 10 Minuten) zum Pláka-Beach wandern, wobei man am Schluss etwas mühsam abwärts klettern muss. Einfacher kommt man dorthin über die Straße. Von diesem Strand erreicht man ohne Schwierigkeiten die Golden-Bay-Bucht.

Verbindungen/Ausflüge/Einkaufen

• *Verbindungen/Anfahrt* Zu den **Busverbindungen** siehe die entsprechenden Hinweise unter Vassilikós auf S. 131.
Während der Sommermonate warten oben an der Durchgangsstraße/Abzweigung nach Ágios Nikólaos **Taxis** auf Kundschaft.

Mit dem **Auto/Motorrad** fährt man eine etwa 1 km lange, schmale Asphaltstraße hinab zum Strand. Am Ende der Straße befindet sich ein großer **Parkplatz**.

• *Einkaufen* 2 **Minimärkte** liegen rechts und links der Straße. Derjenige am Ortsausgang hat das größere Angebot, z. B. auch **frisches Brot** und **deutschsprachige Zeitungen**.

Wassersport

St. Nicholas Beach Diving Centre, große Tauchschule, die mit Pick-up-Bussen ihre Kunden auch von anderen Touristenzentren abholt. Anfänger bezahlen für den ersten Tauchgang 55 €, der zweite wird dann mit 40 € berechnet. Auch Kinder (8–12 Jahre) können hier unter Anleitung Unterwassererfahrungen machen. Der knapp halbstündige Kurs (1 Meter tief) kostet 30 €. Geübte Taucher bezahlen pro Tauchgang ab dem Strand 25 €, vom Boot aus 35 €. ✆ 2695035324.

St. Nicholas Beach Watersport Centre, am Hauptstrand von Ágios Nikólaos, eines der größten Wassersportzentren der Insel. Das Geschäft „brummt" im wahrsten Sinne des Wortes, den ganzen Tag rasen Bananaboats, Crazy Sofas, Flying Fish, Ringos und Jetskis übers Meer. Im Angebot auch Wasserski, Parasailing und Tretboote.

No Fear Watersport, auf einer kleinen Plattform zwischen Golden-Bay-Bucht und Banána-Beach: Wasserski, Jetski, Bananaboat, Ringo etc.

Tretboote werden außerdem unterhalb der Strandtaverne **Koukís** verliehen.

Übernachten

Die Angebote reichen vom Luxushotel bis zum Privatzimmer – dennoch ist es im Sommer schwierig, eine Unterkunft zu bekommen.

**** **Hotel The Bay (11)**, der Gebäudekomplex dieses Luxushotels dominiert mit seiner Größe den Strandabschnitt, der mittlerweile auch nach der Hotelanlage benannt wird. Neben mehreren Pools, Tennisplätzen, Fitnessraum, Kinderspielplatz etc. gibt es ein umfangreiches Animationsprogramm. Die großzügigen, modern eingerichteten Zimmer sind auf verschiedene mehrstöckige Häuser verteilt und verfügen teilweise über Meerblick. Auch Studios mit bis zu vier Betten werden angeboten. Qualität hat ihren Preis: Ein DZ kostet zwischen 70 und 150 € inkl. Frühstück. ✆ 2695035435-7, ✆ 2695 035398, www.thebay.gr.

** **Hotel Vassilikós Beach (15)**, hübsche Anlage mit direktem Zugang zum Nikolaus- und Pláka-Strand. Die 54 Zimmer verteilen sich auf mehrere begrünte Häuser, Zentrum ist ein großer Hof mit gestufter Terrasse, einfallsreich mit Figuren aus der griechischen Mythologie und mit Vasen dekoriert. Ein DZ (z. T. Meerblick) mit Bad, AC, Kühlschrank und Balkon kostet zwischen 55 und 90 € inkl. Frühstück. Ein drittes Bett wird mit 20 % Aufschlag berechnet. ✆ 2695035325, ✆ 2695035327, www.hotelvasilikosbeach.gr.

Studios Kurís (18), zweigt man von der Straße, die zur Tavérna Koukís Beach führt, bei der ersten Möglichkeit nach rechts ab, kommt man zur kleinen Anlage der Familie Péttas. Die großzügigen, kühlen Zimmer mit gefliesten Böden, jeweils 2 Balkonen, von deren man aufs Meer oder auf die Berge schaut, AC, Kochnische und Bad kosten je nach Saison 25–55 €, die Apartments mit 2 Schlafzimmern bis zu 100 €. ✆ 2695048984, kuris@otenet.gr.

Auf der Felsnase über dem Strand steht die Nikolauskapelle

Pension Ártemis (17), direkt daneben. Bei der freundlichen Roúla Botóni wohnt man idyllisch zwischen Olivenbäumen und Kiefern. Benannt hat sie ihr Haus nach der Jagdgöttin, die laut Mythologie in den Wäldern der Skopós-Halbinsel wohnte. Von Juni bis September werden hier DZ mit AC, Küche, Bad und Veranda oder Balkon (teilweise Meerblick) zum Preis von 25–55 € vermietet, ein Apartment mit 2 Schlafzimmern kostet je nach Aufenthaltsdauer 90–100 €. ✆ 2695035240, ✆ 2695035058, www.artemis-zakynthos.gr.

Christína's Apartments (14), an der Abzweigung zum Pláka-Beach. Bei dem charmanten Andréas Vardakastánis lässt es sich in einem auffallend verwinkelten Haus mit Holzbalkonen gut wohnen. Freundliche Zimmer mit typisch mediterranem Mobiliar, von den Balkonen hat man einen tollen Blick aufs Meer, teilweise sind Kochnischen vorhanden, alle verfügen über AC. Ein einfaches DZ ist zum Preis von 30–50 € zu haben, ein Dreibettstudio kostet zwischen 40 und 60 €, die Wohnungen mit 2 Schlafzimmern sind etwa 30 % teurer. Andréas vermietet auch ein komfortables, großes Haus (5–6 Pers.) zum Preis von 70–100 €. ✆ 2695035474, christina_law8@hotmail.com.

Essen und Trinken (s. Karte S. 135)

Família Tavérna (16), gegenüber der Abzweigung zum Pláka-Beach führt ein freundliches Ehepaar das nette Terrassenlokal. Bananenbäume und Bambusdächer spenden Schatten. Sehr gutes Essen, empfehlenswert z. B. das mit Reis, Knoblauch, Gemüse und Käse gefüllte Hähnchen oder die grünen Bohnen in fruchtiger Tomatensoße. Auch mittags gibt es Gerichte vom Grill.

Tavérna Koukís Beach (19), neben Biftéki & Co. gibt es auch zakynthische Spezialitäten wie Gávros aus dem Ofen.

Tavérna Pláka Beach (13), oberhalb des gleichnamigen Strandes führt die resolute Virgína ein modernes Lokal mit großem Angebot an europäischen und griechischen Gerichten auch ausgefallenerer Art wie z. B. Gemüsekebab. Im Angebot auch verschiedene Pizzen. Außerdem gibt's leckeren Hauswein.

Mavrátzis-Beach

Die kleine Bucht zwischen Pórto Róma und Ágios Nikólaos wird beherrscht von dem riesigen Komplex einer bekannten Hotelkette, die hier gleich drei große Luxusherbergen errichtet hat. Deren Schicksal steht zur Zeit freilich in den Sternen, denn 2008 blieben alle drei Hotels geschlossen und auch 2009 war nur eines von ihnen im Hochsommer in Betrieb. Wie es weitergeht, ist noch ungewiss. Als Folge hielten sich in den letzten beiden Jahren an dem von steilen Felsen eingerahmten Sandstrand vergleichsweise wenige Badegäste auf, während zuvor der Bär los war. Von all dem, was damals an Infrasruktur geboten wurde, sind nur Sonnenschirm- und Liegenverleih, die Süßwasserduschen sowie die Beach Bar geblieben. „Endlich ist wieder Ruhe eingekehrt", meinte deren Besitzer zufrieden zu uns, doch ob das so bleibt – wer weiß!

• *Verbindung/Anfahrt* Von der Hauptstraße führt eine asphaltierte Stichstraße hinunter an den Strand. Der **Bus** hält auf Wunsch oben an der Abzweigung.

Pórto Róma

Gesäumt von Apartmentanlagen, Tavernen und Minimärkten windet sich die schmale Straße hinab zu der halbrunden Bucht, die nach Aléxandros Rómas benannt wurde. Als Mitglied einer sehr angesehenen zakynthischen Familie (siehe auch S. 115), die in der Gegend große Ländereien besaß, ließ er den kleinen Hafen am östlichen Ende der Bucht bauen, in dem heute noch malerisch ein paar bunte Fischerboote dümpeln. Ein weiteres Mitglied der Rómas-Dynastie, Dionýsios Rómas, schickte von hier kampfeswillige Zakynther aufs Festland, die beim griechischen Befreiungskampf gegen die Türken mitwirkten. An all diese Ereignisse aus der Vergangenheit denkt heute aber wohl kaum noch jemand, wenn er an dem schmalen Sand-Kiesel-Strand in der Sonne brutzelt (unterhalb der Taverne Pórto Róma werden Sonnenschirme und Liegen vermietet).

• *Verbindungen* Der Bus fährt über Vassilikós und Ágios Nikólaos nach Pórto Róma und zurück. Genauere Informationen S. 66.

• *Einkaufen* Im Supermarkt Moúria etwa 300 m oberhalb des Strandes bekommt man neben dem üblichen Sortiment frisches **Brot**.

• *Übernachten* **Villa Kapnísi**, noch ziemlich weit oben an der Straße, vom Strand ca. 1 km entfernt. Bei Níkos kann man Studios (für 2–3 Pers.) zum Preis von 30–55 € mieten. Für 4 Pers. sind die gut eingerichteten Apartments (55–95 €) geeignet, die Räume besitzen eine Klimaanlage. Um das Haus herum befindet sich ein kleiner Garten mit Olivenbäumen und Palmen. ✆ 2695035331, lindakapnisi@in.gr.

Villa Katerína, empfehlenswerte Adresse 200 m oberhalb vom Strand. In dem rosa getünchten Gebäude mit schönem Garten kann man bei dem netten Spíros und seinem Sohn Kóstas in einem der unterschiedlich großen Studios mit Küche, Bad, AC und Balkon (teilweise Meerblick) zum Preis von 20–45 € bzw. 30–55 € unterkommen. Platz für bis zu 5 Pers. bieten die Familienapartments mit sehr großen Balkonen (45–85 €) in einem weiteren Gebäude; tägliche Zimmerreinigung. ✆ 26950 27230, 2695035456, ✆ 2695028205, www.villa katerina.com.

Nach **Zimmern** kann man sich auch bei den Besitzern der beiden Supermärkte an der Asphaltstraße erkundigen.

• *Essen und Trinken* **Psarotavérna Pórto Róma**, mit wunderschöner Terrasse über der Bucht, der Blick aufs Meer ist traumhaft. Im Angebot neben verschiedenen Fischgerichten auch typisch griechische Küche. Uns haben die Kalamares sehr geschmeckt.

Großartige Blicke und phantastische Landschaftsformen...

Kap Gérakas

Wie ein schmaler Finger ragt das Kap am östlichen Ende von Zákynthos nach Süden ins Meer hinaus. Der lang gezogene gleichnamige Beach unterhalb davon gehört zu den wichtigsten Eiablageplätzen der Karettschildkröten, aber auch zu den herausragenden Badeparadiesen auf der Insel – Interessenskonflikte sind also vorprogrammiert.

Ein Besuch dieses Landstrichs lohnt auch wegen des hier vor einigen Jahren von Jánnis Vardakastánis eingerichteten **Wildlife Information Centers** (Mai bis September täglich 10 bis 18 Uhr). Wandtafeln mit Fotos und Texten informieren über die Caretta-caretta-Meeresschildkröten. Außerdem unterhält Jánnis hier das alternative Reisebüro **Earth Sea & Sky,** in dem man umweltfreundliche Land- und Meerestouren buchen kann, und nicht zuletzt besteht die Möglichkeit, typische Inselprodukte sowie T-Shirts und andere Souvenirs kaufen.

Der flach abfallende **Sandstrand,** an dem auch die weiße Meeresnarzisse wächst, ist insbesondere bei Familien beliebt; während der Hochsaison sollen hier an einem einzigen Tag schon mal bis zu 1000 Leute gezählt worden sein, vom Nationalpark zugelassen sind aber nur 350. Dessen Verwaltung hat deshalb auch vor einiger Zeit den großen Parkplatz oberhalb des Strandes geschlossen, um so die Zahl der Besucher zu begrenzen. In der Diskussion war 2009 auch eine zeitliche Begrenzung des Aufenthalts am Strand.

Auch hier wurden Liegen und Sonnenschirme aufgestellt, die man am Abend leider nicht wegräumt. Für die nachts zur Eiablage ankommenden Schildkrötenweibchen stellen sie ein ernstes Hindernis dar. Aber immerhin ist es mittlerweile gelungen, ihre Zahl auf ca. 60 Garnituren zu beschränken, und zum Glück gibt es direkt am Strand keine Taverne. Dennoch ist es sicherlich am besten, an einem der vielen

...bietet das östliche Zákynthos

anderen Strände von Zákynthos zu baden und so einen Beitrag zum Artenschutz zu leisten. Falls Sie dennoch hier bleiben, beachten Sie auf jeden Fall die von den Naturschützern um die Nester aufgestellten Drahtgeflechte und halten Sie die erforderlichen Verhaltensregeln ein (s. Hinweise auf S. 29).

Am westlichen Ende der Bucht, wo der Sand nicht mehr so feinkörnig ist, geht es etwas ruhiger zu. Die meisten Besucher wissen gar nicht, dass direkt hinter dem Beach ein **Tal mit interessanten Erosionsformen** zu entdecken ist. Oberhalb davon laden Schotterpisten zu Spaziergängen zwischen Olivenhainen und in kleinen Wäldchen ein (s. S. 140 ff.). Immer wieder bieten sich schöne Ausblicke auf die Laganás-Bucht und die beiden vorgelagerten Inselchen Peloúzo und Marathonísi. Dass die Nazis und die Italiener in dieser Idylle während des Zweiten Weltkriegs Soldaten stationiert hatten – die Gegend heißt deshalb heute noch Kanónia– erscheint gegenwärtig kaum mehr vorstellbar.

• *Anfahrt/Verbindungen/Parken* Die Hauptstraße durch die Halbinsel Skopós endet am Gérakas-Beach. Der **Bus** fährt diesen Strand jedoch nicht an. Am Information Centre befindet sich ein **Parkplatz**, der jedoch im Sommer bereits am späten Vormittag besetzt ist. Dann muss man sein Fahrzeug entlang der Zufahrtsstraße abstellen.

• *Pfad in das Tal der Erosionskegel* Gehen Sie unten am Strand nach rechts, überklettern Sie ein paar größere Steine und zweigen Sie wiederum nach rechts in das Tal ab.

• *Ausflüge* **Earth Sea & Sky**, auf Ausflüge innerhalb des Nationalparks hat sich dieses im Jahr 2002 eröffnete Reisebüro spezialisiert. Es befindet sich im Wildlife Information Centre. Täglich werden z. B. Touren mit einem Katamaran nach Peloúzo und Marathonísi (40 €), Segeltörns (40 € für Erwachsene, 25 € für Kinder), aber auch Wanderungen, Schnorchelausflüge und Jeep-Safaris angeboten.

• *Einkaufen* In der Nähe des Wildlife Information Centers bekommt man in einem gut sortierten **Minimarkt** alles, was man für den Urlaub braucht: Brot, Obst, Bastmatten, deutschsprachige Zeitschriften etc.

Der zum Informationszentrum gehörende **Earth-&-Nature-Shop** bietet schöne und sinnvolle Souvenirs: typische Inselprodukte wie z. B. Olivenöl, Bücher, Schildkröten-T-Shirts, Keramik etc.

Hinweisschild auf einen Schildkrötenstrand

• *Übernachten* **** **Hotel Gerakas Belvedere**, abseits der Straße liegt das komfortable neue Hotel mit großem Pool, Kinderschwimmbecken, Jaccuzzi, Gymnastikraum und Restaurant. Sowohl die Lobby als auch die Zimmer bzw. Suiten sind in einem leicht verspielten mediterranen Stil optisch sehr ansprechend gestaltet. Die Einrichtung lässt nichts zu wünschen übrig, sogar der DVD-Player fehlt nicht. Zu zweit bezahlt man inkl. gutem Frühstücksbuffet 80–120 €, für eine Suite (bis zu 4 Pers.) bis zu 140 €. ✆ 2695036061, 📠 2695036063, www.belvedere zante.com.

• *Essen und Trinken* **Bar Tavérna Gérakas**, schöne Bar oberhalb des Strandes, in der man seinen Durst mit tollen Fruchtdrinks und Milchshakes löschen kann. Angeschlossen ist eine hübsche Taverne mit gemütlicher baumbestandener Terrasse.

Tavérna Galíni, etwas abgelegen, doch der Weg lohnt sich. Gehen Sie an der Kreuzung oberhalb der Bucht (von dieser kommend) ca. 300 m nach links (s. auch die Skizze zur Wanderung 2, S. 141). Auf mehreren Terrassen sitzt man wunderschön und genießt einen weiten Panoramablick über das Kap bis zum Peloponnes. Die Speisekarte bietet ein reichhaltiges Angebot. Probieren Sie z. B. die leckeren Spanakópittes, das würzige Spetsofái oder ein typisch zakynthisches Kaninchen-Stifádo. Die Kinder toben derweil auf dem riesigen Spielplatz herum, spielen mit den frei laufenden Kaninchen oder schließen Bekanntschaft mit den hauseigenen Schafen.

Wanderung 2: Rundtour am Kap Gérakas

Auf der gut 3 km langen Wanderung, eher ein Spaziergang, bekommt man, ohne größere Steigungen überwinden zu müssen, in einer guten Stunde verschiedene reizvolle Landschaften zu sehen. Unterwegs gibt es eine Einkehrmöglichkeit.

Gehen Sie vom Infokiosk des National Marine Parks (WP 01) wenige Schritte in Richtung Strand und biegen noch vor der zweiten Barriere auf eine Piste nach rechts ein. Auf dieser wandert man oberhalb der Küste etwa 350 m weit in westliche Richtung, bis man links unter sich ein Tal mit **bizarren Erosionsformen** liegen sieht (WP 02). Das weichere Gestein wurde einst vom Wasser abgetragen, das härtere leistete mehr Widerstand und wurde zu einer Art „Orgelpfeifenlandschaft“ geformt.

Der Weg verläuft oberhalb dieses Tales nach Norden und wendet sich später dann nach links. Nach weiteren 600 m stößt man auf eine **T-Kreuzung** (WP 03). Insbesondere am späten Nachmittag lohnt ein kurzer Abstecher, für den man mit einem wunderschönen **Panoramablick** auf das Kap Gérakas belohnt wird. Gehen Sie dazu an der T-Kreuzung links und folgen Sie dem Weg nach Süden zu einem mit dichtem Gestrüpp bewachsenen steilen Abhang über der Gérakas-Bucht (WP 04).

Zurück an der T-Kreuzung (WP 03) halten Sie sich nun geradeaus. Sie kommen bald – alle Abzweigungen ignorierend – vorbei an einem kleinen Haus sowie an Mauerresten eines alten Gebäudes in ein **Wäldchen** hinein, in dem viele Kermeseichen wachsen. Bald passiert man einen **eingefassten Brunnen**, aus dem sich die Menschen der Umgebung bis etwa 1950 mit Wasser versorgt haben.

200 m weiter erreicht man die **Tavérna Galíni** (WP 05), wo man sich auf der schönen Terrasse eine Erfrischung gönnen kann. 50 m dahinter zweigt man nach rechts ab (WP 06) und passiert kurz darauf einen auffallend in **Kaminrot**

Während die Zukunft des Dáfni-Strandes noch nicht geklärt ist,...

gehaltenen Gebäudekomplex. Er gehört heute noch der Familie Róma, die auf der Insel einst sehr einflussreich war. Die Büste des berühmtesten Vertreters dieser Familie steht jenseits der großen Kreuzung, die man bald erreicht (WP 07). Gehen Sie hier nach rechts und weiter auf der Straße zum Ausgangspunkt zurück (WP 08).

Dáfni-Beach

Unterhalb von steilen Felsen liegt der lange Sandstrand **Dáfni,** unmittelbar östlich grenzt der kleine **Pórto Mélia Beach** an. Hier wird seit Jahren nach Möglichkeiten gesucht, die Interessen der Naturschützer und der vier dort Grund besitzenden und am Tourismus interessierten Familien in Einklang zu bringen. Dáfni gehört nämlich zu den bevorzugten Eiablageplätzen der Meeresschildkröten und liegt in der **Zone A des Schutzgebietes,** das die gesamte Bucht von Lagánas und damit auch die westlichen Strände der Halbinsel Skopós umfasst (s. Karte auf S. 28). Ebenso wie der Strand von Gérakas wird Dáfni deshalb mehr oder weniger ganzjährig von einem Angestellten des Nationalparks bewacht. Von den vier Tavernen verlangte man 2006 einen Umbau entsprechend den ökologischen Erfordernissen. Schwierigkeiten bereitet aber nach wie vor die Beschränkung der Besucherzahlen, die sich wohl auch hier am einfachsten über ein geringes Parkplatzangebot regeln lässt. Denn der Platz 150 m oberhalb der Bucht (an der Straße von Xirokástello) reicht im Hochsommer bei weitem nicht aus. Der Plan, eine nur dreistündige Aufenthaltsdauer am Strand zuzulassen, erwies sich in der Praxis als kaum durchführbar. Möglicherweise werden aber auch hier in Zukunft noch andere Ideen umgesetzt, denn Dáfni ist und bleibt ein heißes Eisen.

Folgt man der in Xirokástello abzweigenden Straße (Schild „Dáfni Nesting Beach"), trifft man nach ca. 1 km auf das Nationalpark-Informationszentrum. Es war bisher

... darf der Strand von Sékania nicht betreten werden

nur während der Sommermonate (Mitte Juni bis Mitte September) geöffnet und bietet u. a. Bilder und Videos über die Flora und Fauna des Nationalparks. Der Schwerpunkt liegt natürlich bei den Meeresschildkröten. Eintritt frei.

• *Anfahrt* Biegen Sie, von Argássi kommend, in Xirokástello (Schild mit dem Caretta-Symbol, „Dáfni Nesting Beach") nach rechts ab. Sie führt ca. 3 km weit zum Parkplatz oberhalb des Strandes hinab. Das zweite, 1,5 km weiter östlich abzweigende Sträßchen ist deutlich schwieriger zu befahren und auch etwas länger. Hier gibt es ebenfalls kaum Parkmöglichkeiten.

Sekánia-Beach

Mehr als die Hälfte der auf Zákynthos nistenden Meeresschildkröten legen in der schönen Sandbucht mittlerweile ihre Eier ab, jährlich werden hier etwa 600 bis 700 Nester gezählt. Eine Erfolgsstory also. Nicht von ungefähr: 1994 erwarb der WWF, nachdem die international tätige Organisation zuvor zu diesem Zweck eine Spendenkampagne durchgeführt und außerdem bei der Europäischen Union eine größere Summe lockergemacht hatte, die Landfläche oberhalb des Strandes zum Preis von 2,6 Millionen US-Dollar (Strände selbst sind in Griechenland Staatsbesitz und können nicht käuflich erworben werden). Durch einen Zaun wird dieser Privatbesitz markiert, es ist verboten, Sekánia aufzusuchen. Man will diese Bucht den Schildkröten als letztes natürliches Eiablagegebiet erhalten, wohl wissend, dass die anderen, touristisch genutzten Strände nur noch eingeschränkt diesem Zweck dienen können. Wir möchten Sie deshalb bitten, Sekánia höchstens von oben, also von der Straße nach Dáfni aus, zu betrachten und so dazu beizutragen, dass es bleibt, was es ist: eine unberührte Bucht, in der die Natur zu ihrem Recht kommt.

Laganás – das touristische Zentrum der Insel

Die Bucht von Laganás

Riesige, weit geschwungene Bucht im Süden der Insel, eingerahmt von der Halbinsel Skopós und dem Kap Marathiá. Wie von zwei Wächtern wird sie von den vorgelagerten Inselchen Peloúzo und Marathoníssi bewacht, ein drittes Minieiland, Ágios Sóstis, liegt unmittelbar vor der Küste. Die ausgedehnten, größtenteils feinsandigen Strände haben dafür gesorgt, dass sich hier der Tourismus wie sonst nirgendwo auf Zákynthos entwickeln konnte.

Im Zentrum der Bucht, von Kalamáki bis Laganás und Ágios Sóstis, erstreckt sich ein mehr als 9 km langer, traumhafter Beach mit feinem goldenem Sand, unterbrochen von malerischen Felsen und zum Hinterland abgegrenzt durch bewachsene Dünen – einer der schönsten und längsten Strände ganz Griechenlands. Alljährlich zieht er im Sommer deshalb Massen von sonnen- und badehungrigen Urlaubern an. Und mit diesen hat sich in den letzten Jahrzehnten auch das Landschaftsbild enorm gewandelt. Wo früher zwischen Olivenbäumen, Feldern und Schilf nur ein paar Bauernhäuser standen, wurden Hotels aller Größen und Kategorien, Tavernen, Geschäfte etc. gebaut – blickt man vom Inselchen Ágios Sóstis zur Bucht hinüber, erscheint sie regelrecht vollgestellt.

Schwierigkeiten ganz dramatischen Ausmaßes bestehen deshalb auch für die Meeresschildkröten. Denn die breiten Sandstrände von Kalamáki, Laganás und Marathoníssi waren und sind z. T. auch heute noch ihre wichtigsten Brutplätze auf der Insel. Die Bucht steht deshalb unter besonderem Schutz – Bootsverkehr und Wassersport sind stark eingeschränkt (s. Schaubild auf S. 28). Insbesondere durch Schnellboote, z. B. auch eingesetzt beim Wasserski, wurden bis zur Einrichtung der Schutzzonen mehrere Tiere pro Woche lebensgefährlich verletzt oder sogar getötet.

Die Situation hat sich zwar gebessert, optimal ist sie jedoch keineswegs. Zwar wurde die Bucht inzwischen National Marine Park, die mittlerweile geltenden Verordnungen können aber nur schleppend in praktische Maßnahmen umgesetzt werden, der Tourismus entwickelt sich weitgehend zu unkontrolliert. Eine Folge ist, dass der Strandabschnitt von Laganás von den Schildkröten überhaupt nicht mehr aufgesucht wird. Die Strände von Kalamáki und der Vorinsel Marathoníssi konnten dagegen bisher noch für sie erhalten werden und stehen unter besonderer Beobachtung der Nationalparkbehörde und der „Archelón Sea Turtle Protection Society“. Auch hier wieder unsere Bitte: Halten Sie sich an den touristischen Badestränden, die auch von nistenden Meeresschildkröten aufgesucht werden, an die notwendigen Verhaltensmaßnahmen zum Schutz der Tiere (s. die ausführlichen Hinweise auf S. 29).

Zwischen Ágios Sóstis und dem besonders bei Individualreisenden beliebten Fischer- und Badeort Límni Kerioú wird es deutlich ruhiger, denn dort sind die Strände schmaler (auch kiesig) und werden daher auch nicht von den Schildkröten frequentiert. Man kann sogar Abschnitte entdecken, die über keine oder nur geringe touristische Infrastruktur verfügen. Aber baden lässt es sich auch hier wunderbar.

Kalamáki

Nach Laganás das zweite Touristenzentrum in der Bucht. Auch dieser Ort besteht zwar fast nur aus Hotels, Tavernen, Bars, Reisebüros und Supermärkten, jedoch ist es hier, auch wenn in den letzten Jahren unglaublich viel gebaut wurde, immer noch etwas ruhiger und angenehmer.

Ziemlich verstreut stehen die Häuser, sie verdichten sich lediglich an der Straße nach Laganás und an der zum östlichen Strandabschnitt. Abends bummelt man durch die Geschäfte, sitzt in den Tavernen und trifft sich anschließend in den Bars. Alles bleibt überschaubar, Bingospiele und Fußballübertragungen gewinnen jedoch auch hier mehr und mehr an Bedeutung. Oberhalb der Straße nach Laganás kann man noch einen Eindruck davon gewinnen, wie Kalamáki ausgesehen hat, bevor der Tourismus Einzug gehalten hat: Um die kleine Kirche Panagía Skorapoúlia herum stehen ein paar alte Häuser, unweit davon wird eine originelle Taverne betrieben, die bei Einheimischen wie Touristen gleichermaßen beliebt ist.

Der von malerischen, z. T. bewachsenen Dünen und Felsen unterbrochene Strand konnte sich deutlich mehr von seiner Naturschönheit bewahren als der von Laganás. Neben der Bucht von Sekánia ist er eines der wichtigsten Brutgebiete der Unechten Karettschildkröten. Jede Nacht bewachen ihn deshalb Mitarbeiter des Nationalparks, um Besucher, die die Tiere stören könnten, fernzuhalten. Informationen über die Aktivitäten der auch in Kalamáki aktiven Organisation Archelón erhält man jeden Abend an deren Infokiosk schräg gegenüber von „Sofía's Bar“.

Verbindungen/Parken

- *Verbindungen* Sehr häufig fahren **Busse** in die Chóra und von dort zurück, in der HS besteht außerdem eine Verbindung mit dem Zante Water Village. Genauere Informationen S. 66. Alle Busse halten an der zentralen Kreuzung, weitere Bushaltestellen sind mit Schildern gekennzeichnet. **Taxis** warten an der zentralen Kreuzung, ✆ 2695048400.
- *Parken* An allen Zugängen zum Strand finden sich Parkmöglichkeiten. In der Hochsaison wird's aber überall eng.

Adressen

• *Ärztliche Versorgung* An der Abzweigung zum Flughafen befindet sich eine **Arztpraxis** mit Dienstbereitschaft von 9–22 Uhr. ✆ 2695024745. Eine Apotheke gibt es 400 m weiter östlich.

• *Auto-/Zweiradvermietung* Auch in Kalamáki hat man die Qual der Wahl, z. B.:

Zante Hermes Rental, Autos und Bikes. ✆ 2695023284.

AutoTraffic, großes Angebot an Wagen unterschiedlicher Kategorien sowie an Zweirädern mit und ohne Motor. ✆ 2695023430, 📠 02695029043.

Yánnis Rent a Bike, hat sich auf Quads, Fahrräder und Scooter spezialisiert. ✆ 26950 49042.

• *Einkaufen* Mehrere gut sortierte **Supermärkte** bieten alles, was man im Urlaub braucht: Lebensmittel, einschließlich frischem Brot, deutschsprachige Zeitungen, Badeutensilien und auch Souvenirs. **Bäckereien** finden Sie an der Straße nach Laganás sowie an der nach Zákynthos-Stadt. **Gold Center**, professionell geführtes Unternehmen mit großem Sortiment an Schmuck der unterschiedlichsten Qualität.

Leatherland, großer Shop an der Straße nach Laganás, in dem man Sandalen und Gürtel, aber auch Taschen und Jacken in guter Qualität recht günstig erstehen kann.

Levantíno, in dem auffallenden Gebäude an der Straße nach Laganás befindet sich ein Shopping-Center mit großem Angebot an Kitsch und Kunst.

• *Geld* Auch in Kalamáki kann man per Knopfdruck für Nachschub sorgen. Die drei Bankautomaten befinden sich an der Straße nach Laganás.

• *Internetcafé* Das Web boomt z. B. im **Sofía's (6)**.

• *Reisebüros* Alle gängigen Ausflüge kann man natürlich auch bei den Filialen der Reisebüros in Kalamáki buchen. Aus der Fülle der Anbieter eine kleine Auswahl:

Pélargos Tours, verkauft auch Fährtickets zum Peloponnes oder nach Italien, ✆ 269502 3811. **Mamfreda's Tours**, ✆ 2695044720. Beide Agenturen gehören zu der Vereinigung **TEZ**. Auch **Cavo Grosso** bietet ein großes Angebot an Ausflügen und Dienstleistungen.

Baden/Wassersport/Sport

Kilometerlang zieht sich der Strand hin. Insbesondere im Osten kann man zwischen Klippen wunderbar herumklettern. Reizvolles Ambiente bietet der Blick auf die Felsen der Halbinsel Skopós. Zwar geht es auch hier im August recht turbulent zu, doch – den Schildkröten sei Dank – ist dieser wunderschöne Strand noch unverbaut und relativ naturbelassen. Schade nur, dass auch hier dem Verleih von Sonnenschirmen und Liegen bisher noch kein Einhalt geboten wird. Wenigstens ist ihre Zahl limitiert.

Wassersport ist in Kalamáki aus gutem Grund nur eingeschränkt möglich; es werden nur kleinere Motor-, Tretboote und Kanus vermietet.

Die Minigolfanlage **Crazy Golf** ist täglich ab 10 Uhr geöffnet.

Übernachten

Die meisten Häuser arbeiten mit Pauschalveranstaltern zusammen, es ist deshalb besonders im Hochsommer nicht einfach, eine Bleibe zu finden. Eine Vorbuchung erscheint uns empfehlenswert. Im östlichen Teil von Kalamáki ist das Publikum bunt gemischt, im westlichen dominieren Pauschalgäste von den Britischen Inseln.

*** **Hotel Crystal Beach (15)**, wunderschöne und ruhige Lage direkt am Meer. Zur Verfügung stehen den Gästen Restaurant, Pool und eine Bar. Für Familien sind die Apartments (ohne Küche, aber mit 2 Schlafzimmern) gut geeignet. Für eines der 62 angenehmen DZ mit AC, Bad und Balkon (teilweise Meerblick) bezahlt man 60–100 € inkl. Frühstücksbuffet. ✆ 2695042774, 📠 269 5042917, www.crystalbeach.gr.

*** **Hotel Klélia (10)**, zentral gelegene und doch nur wenige Fußminuten vom Strand entfernte Anlage aus 2 Gebäuden, ganz in Weiß gehalten. Großer Swimmingpool mit Kinderschwimmbecken und Jacuzzi, angeschlossen ist ein empfehlenswertes Restaurant (s. u.). An der Rezeption sorgt man sich herzlich um das Wohl der zum Großteil

deutschsprachigen Gäste. Die 60 hellen Zwei- bis Vierbettzimmer haben Bad und einen geräumigen Balkon, teilweise auch AC. Lassen Sie sich einen der oberen Räume geben, sie sind viel luftiger. Fürs DZ zahlt man inkl. Halbpension 40–90 €, gegen Aufpreis bekommt man auch einen Kühlschrank. ✆ 2695027056, ℻ 2695041288, www.hotelklelia.gr.

*** **Hotel Sirocco (12)**, nachdem Familie Theodósis jahrelang in Mannheim harte DM erwirtschaftet hatte, kehrte sie nach Kalamáki zurück und baute das beliebte, ruhig gelegene Hotel mit Pool, Kinderspielplatz, Restaurant und Internetcorner. Die 60 Zwei- und Vierbettzimmer mit Kühlschrank und AC, auf Wunsch auch mit TV, sind sehr unterschiedlich eingerichtet. Besonders ansprechend fanden wir die sog. Luxuszimmer mit traditionellen Möbeln. Die Besitzer sprechen – natürlich! – sehr gut Deutsch und bemühen sich ganz besonders um ihre Gäste. Zu zweit bezahlt man für ein einfaches Zimmer 35–80 €, für einen Raum der gehobenen Kategorie 73–110 €, jeweils inkl. Frühstücksbuffet, auch Halbpension möglich. ✆ 2695 026083, ℻ 2695026087, www.siroccohotel.gr.

Katerína Apartments (14), empfehlenswerte Adresse, da das Haus ruhig und doch vom Zentrum und vom Strand nicht weit entfernt liegt. Ganzjährig geöffnet. Die unkomplizierte Katerína vermietet 4 große DZ mit AC, Bad, Kochnische und Veranda zum Preis von 35–60 €. Im oberen Stockwerk befinden sich außerdem 2 Wohnungen (für 4 Pers.) mit je 2 getrennten Schlafzimmern, Bad, Küche und Balkon (50–80 €); hübsch geflieste und helle Räume. ✆ 2695022824.

Studios Spíros kai María (3), an der Straße nach Zákynthos-Stadt liegt das von Olivenbäumen umgebene gepflegte Haus, in dem ausschließlich Individualreisende unterkommen. Die Studios für 2 Pers. kosten 25–30 €, haben ein großes Bad und eine geräumige Küche, die Balkone sind zur Straße hin gerichtet. Für eine Wohnung mit 2 getrennten Schlafzimmern (für 4 Pers.) zahlt man zwischen 40 und 60 €. ✆ 2695022165.

Rooms Katerína Chatzís (2), direkt daneben steht das Haus mit 4 steinernen Löwen am Eingang. Vermietet werden helle und geräumige Studios, z. T. zu dem hinter dem Haus liegenden Garten gerichtet. Schöne Sitzplätze unter Obstbäumen, angenehme Atmosphäre. Zu zweit bezahlt man zwischen 20 und 40 €. ✆ 2695028354.

Essen und Trinken (siehe Karte S. 147)

Man hat sich auf den touristischen Geschmack eingestellt: Es gibt umfangreiche Speisekarten in verschiedenen Sprachen, und meist werden die Hauptgerichte mit Beilagen wie Pommes frites oder Reis und Gemüse serviert. Neben griechischer Küche sind internationale Gerichte von der Pizza Calzone bis zum Huhn Kiew im Angebot.

Der Strand von Kalamáki

Tavérna Zakánthi (7), das Gartenlokal fällt nicht nur durch sein recht elegantes Ambiente auf, auch die Küche bietet mehr als nur Durchschnitt, gibt es hier doch ausgefallenere Gerichte wie z. B. Lammhackbällchen mit Bulgursalat. Angenehmer Service; einmal pro Woche wird griechische Musik gespielt. Über Mittag geschlossen.

Restaurant Gastro..nomi (1), am Ortsrand von Kalamáki liegt das äußerlich fast unscheinbar wirkende Terrassenlokal, in dem aber besonders hübsch dekorierte Tische zu feiner italienisch geprägter Mittelmeerküche einladen. Auf der Karte stehen aber auch Moussaká und Co. Nur abends geöffnet.

Tavérna Pétrino (5), ebenfalls ein bisschen feiner als die üblichen Touristenlokale. Gute einheimische Küche. Lecker fanden wir das Lamm mit Knoblauch und Zitrone aus dem Backofen. Nur am Abend geöffnet.

Tavérna Zépo's (13), vor wenigen Jahren kehrte die Besitzerfamilie aus Kanada zurück und eröffnete das vor allem am Mittag gut besuchte Lokal oberhalb des Strandes. Spezialität ist Kalbfleisch im Krug, satt essen kann man sich aber auch an leckeren Vorspeisen, denn die Portionen sind üppig. Gut z. B. der gegrillte Oktopus, das herzhafte Spetsofái und der Taramosaláta. Spritziger Hauswein.

Restaurant Klélia (11), À-la-Carte-Restaurant am Pool des gleichnamigen Hotels. Renner ist jedoch das allabendliche Dinner-Buffet. Für ca. 8 € (Kinder 3 €) kann man sich an zehn Vorspeisen und Salaten, 3 verschiedenen Hauptgerichten (auch für Vegetarier ist etwas dabei) und einem Nachtisch satt essen. Ordentliches Preis-Leistungs-Verhältnis.

Tavérna Stáni (16), seit fast 30 Jahren ist dieser Familienbetrieb eine feste Institution in Kalamáki, mittlerweile helfen aber auch einige nichtgriechische Kellner mit. Viele Gäste bevorzugen die Pizza, die man sich nach eigener Wahl belegen lassen kann, doch unserer Ansicht nach sind immer noch die griechischen Gerichte Trumpf, die man auch ohne die übliche Pommes-Gemüsegarnitur bestellen kann. Lecker z. B. das Lamm in Zitronensauce, zur Vorspeise gibt's wahlweise Knoblauchbrot. Einmal pro Woche wird Livemusik gespielt.

Restaurant Olive Tree (8), von Olivenbäumen zwar keine Spur, dafür bietet das funktionale Restaurant eine superlange Speisekarte und u. a. gute Pasta und leichte Fischgerichte. Lecker fanden wir z. B. das Codfilet mit Brokkoli, Tomaten und Knoblauch.

Mikaléo's Tavérna (4), jeden Abend pilgern Scharen von Touristen zu der beliebten Taverne am Ortsrand Richtung Zákynthos-Stadt, aber auch bei den Einheimischen genießt sie einen sehr guten Ruf. Grund ist nicht nur die gemütliche Terrasse, sondern auch die leckere griechische Hausmannskost. Probieren Sie doch einmal das zarte Stifádo oder die gut gewürzten Souvlákia!

Nachtleben (siehe Karte S. 147)

Es gibt weniger Diskos und Clubs, dafür eine ganze Menge Bars. Wem das zu wenig ist, der kann ja ins nahe Laganás ausweichen.

Sofía's (6), auffälliges Etablissement an der Straße nach Laganás. Tagsüber sitzt man bei Eiscreme oder Bier um den Pool, den man kostenlos benutzen darf. Abends hört man fetzige Musik. Außerdem gibt's auch Live-Vorstellungen, Bingo etc.

The Cave (9), gepflegte Bar etwas außerhalb des Ortes, die ihren Namen deshalb trägt, weil sie an eine Höhle angebaut ist. Man sitzt auf einer tropisch anmutenden Terrasse oder auf einem kleinen Turm und genießt bunte Cocktails im Abendlicht. Schöner Platz für die Happy Hour.

Wanderung 3: Von Kalamáki nach Argássi

Ca. 6 km weit (gut 2 Stunden) wandert man auf ruhigen Pisten bzw. schmalen, kaum befahrenen Asphaltsträßchen von Kalamáki hinüber auf die Halbinsel Skopós. Unterwegs passiert man eine idyllisch gelegene Snackbar, die aber nur unregelmäßig geöffnet ist. Von Argássi kann man problemlos mit Taxi oder Bus nach Kalamáki zurückkehren oder man folgt den Beschreibungen von Wanderung 1 (s. S. 126 ff.), und läuft so über den Berg Skopós in 12 km zurück. **(→ Karte S. 127)**

Starten Sie in Kalamáki an der zentralen **Kreuzung**, wo auch die Taxis stehen (WP 01), und gehen Sie von hier aus Richtung Meer. Schon nach wenigen Metern biegt man links ab (WP 02) und erreicht auf einer Asphaltstraße 100 m weiter die Bar **The Cave** (WP 03). Hier nimmt man das linke Staubsträßchen, der rechte Weg ist mit einem Verbotszeichen gekennzeichnet. Unmittelbar hinter einigen **Ställen** hält man sich an einer T-Kreuzung (WP 04) links und wandert Richtung Küste. 400 m weiter zweigt nach rechts ein Weg zum Strand ab (WP 05), Sie folgen jedoch dem **Hinweisschild** geradeaus zu einer Snackbar. Zwischen Garigue und Macchia leicht aufwärtssteigend kommt man nach ca. 500 m an einer Gabelung zu einem weiteren Werbeschild für diese Snackbar (WP 06). Gehen Sie hier links, der Weg verläuft nun recht steil aufwärts. Bald sieht man rechts oben auf einer Bergkuppe die alte, ungetünchte Kreuzkuppelkirche **Ágios Andréas**. Nach einem weiteren Anstieg erreichen Sie die wunderschön gelegene **Snackbar Kánalos** (WP 07), wo man sich mit Salat oder Omelette stärken oder auch einfach nur den Durst stillen kann.

Der Blickfang unterwegs ist die Kreuzkuppelkirche Ágios Andreás

Biegen Sie links auf die Asphaltstraße ein und wandern nun durch einen Weiler und zwischen Olivenbäumen mal ab-, mal leicht aufwärts weiter. Eine Abzweigung nach links (WP 08) nicht beachtend kommen Sie nach ca. 1 km bei einem umzäunten Olivenhain zu einer markanten Gabelung (WP 09). Hier geht man rechts und sieht bald am Weg die Ruinen der alten Kirche **Ágios Élipsos** (WP 10); nur Reste des Glockenturms und der Außenmauern sind erhalten. Alle Abzweigungen nicht beachtend erreichen Sie wiederum nach 1 km eine T-Kreuzung (WP 11). Wenn Sie ca. 50 m nach rechts gehen, sehen Sie hier die vergleichsweise gut erhaltenen Reste eines **venezianischen Aquädukts**. Die Tour verläuft an der T-Kreuzung jedoch nach links, bald stoßen Sie auf eine weitere (WP 12), gehen wieder links und erreichen so den Endpunkt der Tour, die Kirche **Ágios Efstáthios** von Argássi (WP 13).

Laganás

Touristen-El-Dorado Nummer eins auf der Insel. Viele Bettenburgen, Restaurants, Diskos, Bars, Geschäfte – Laganás zieht vor allem jüngere Gäste an, am Abend gleicht die Hauptstraße einem großen Rummelplatz. Tagsüber aalt man sich am kilometerlangen Sandstrand, der von den Meeresschildkröten schon lange nicht mehr als Brutstätte genutzt wird, dicht gedrängt in der Sonne.

Fast paradiesisch mag die einstige kleine Fischersiedlung vor drei bis vier Jahrzehnten ausgesehen haben. Heute pulsiert hier das Leben, ständig werden neue Gebäude hochgezogen. Unvorstellbar erscheinen die Erzählungen der Einheimischen, dass man einst für ein paar tausend Drachmen riesige Landflächen erwerben konnte. „Nimm einen Stein und wirf, so weit du kannst. Dort, wo er niederfällt, ist dein Besitz zu Ende“ – auf diese Weise wurden hier früher Kaufverträge abgeschlossen. Heute gibt keiner seinen Grund und Boden leichtsinnig her. Wer in Laganás bauen kann, hat in der Regel ausgesorgt.

Trotz allen Rummels kann es einem aber auch in Laganás gelingen, eine nette Taverne und eine Unterkunft mit Atmosphäre zu entdecken. Positiv zu bewerten ist sicher auch, dass man sich darum bemüht, nicht nur den unterhaltungswütigen jungen Gästen Genüge zu tun, sondern auch Schritte eingeleitet hat, die Familien und Ruhebedürftigen zufriedenzustellen. Dazu gehört auch die Einführung einer Sperrstunde, ständig überwacht von der Polizei: Ab 23 Uhr muss in allen Bars etc. die Lautstärke der Musikanlagen zurückgedreht werden, ab 24 Uhr dürfen nur noch die Clubs, die über einen Innenraum verfügen, Musik laufen lassen, ab 3.30 Uhr (Wochenende 6 Uhr) muss absolute Ruhe herrschen.

Was würden die Schildkröten tatsächlich sagen?

Verbindungen/Parken

• *Verbindungen* Mit dem **Bus** bestehen sehr häufige Verbindungen über Kalamáki nach Zákynthos-Stadt, im Sommer außerdem nach Límni Keriou, Kerí, Agalás sowie zum Zante Water Village. Genauere Informationen S. 66. Die Bushaltestellen entlang der beiden Hauptstraßen sind durch blaue Schilder gekennzeichnet.

Taxis warten an der großen Kreuzung nahe der Agentur Ionion Cars und an der Straße nach Kalamáki. Eine Fahrt nach Zákynthos-Stadt kostet ca. 10 €, nach Kerí 13 €, nach Volímes 24 €, nach Alikés und zum Kap Gérakas jeweils 22 €.

• *Parken* Ein großes Problem! Die Parkplätze am Strand sind meist schon in den frühen Vormittagsstunden belegt. Dann bleibt nur noch, auf den an der Straße nach Kalamáki gelegenen Parkplatz oder in die Nebenstraßen auszuweichen.

Adressen

• *Ärztliche Versorgung* Viele **Allgemeinärzte** bieten ihre Dienste an. Das **Iatrío Theodóros Theofílou** liegt an der Straße nach Kalamáki, ✆ 2695053004. Die folgenden Praxen befinden sich in der zum Strand führenden Straße nahe der Abzweigung nach Ágios Sóstis:

Dr. Saliba Fey, ✆ 2695051867;
Dr. Ólga Sidirókastri, ✆ 2695052252;
Dr. Laura Burca, ✆ 2695052202.

In der Nähe des Hotels Tzante befindet sich außerdem eine **Apotheke**.

• *Polizei* Ca. 15 Polizisten sorgen in der Hochsaison in Laganás und Umgebung für Ruhe und Ordnung, die Station befindet sich am nordwestlichen Ortsausgang. ✆ 26 95051252.

• *Bankautomaten* An der Hauptstraße zum Strand bzw. an der Straße nach Kalamáki zählten wir bei unserem letzten Besuch 6 Geräte.

• *Foto* Beim **Foto Service** kann man Ersatz bzw. Nachschub für Fotomaterial bekommen.

• *Internet-Café* Im **Cyberland Internetcafé** kann man surfen, E-Mails versenden etc.

• *Auto- und Zweiradverleih* Auch in dieser Branche wetteifert eine Masse von Anbietern um die Gunst der Kunden. Fahrzeuge gibt es z. B. bei:

Iónion Cars, auf der Insel weit verbreitetes Unternehmen mit einer großen Auswahl an

Kraftwagen (auch Jeeps) und Bikes. ✆ 2695 052395.

Budget, großer Pkw-Fuhrpark. ✆ 2695051337.

Twins, zwei nette Zwillingsbrüder vermieten außerhalb des Zentrums an der Straße nach Zákynthos-Stadt Autos verschiedener Kategorien, Quads und Bikes. Freundlicher und ordentlicher Service.

Dennis Rentals, gutes Angebot an Fahrzeugen und motorisierten Bikes. ✆ 2695052997.

Motor Club, hier gibt es Autos, Motorräder, Mountainbikes und andere Fahrräder zu mieten. ✆ 2695053095.

• *Reisebüros* Die in Zákynthos-Stadt vertretenen Agenturen haben auch Niederlassungen in Laganás und bieten dort dieselben Ausflüge (Inselrundfahrt, Olympía etc.) wie in der Chóra an. Man wird dann mit dem Bus zum jeweiligen Startpunkt der Tour gebracht. Für diesen Service wird kein Aufpreis verlangt. Nähere Informationen zu den Ausflügen auf der Insel im Kapitel „Zákynthos-Stadt“ auf S. 102 f.

• *Wäscherei* Unmittelbar benachbart sind die beiden gut organisierten Unternehmen **Launderette Bougáda** (✆ 2695052227) und **Laundry Service** (✆ 2695053526), die beide in Laganás noch mehrere Filialen unterhalten. Eine Waschmaschinenfüllung (5 kg) kostet inkl. Trocknen 6–7 €, gegen Aufpreis kann man die Kleider auch bügeln lassen. 9–21 Uhr geöffnet

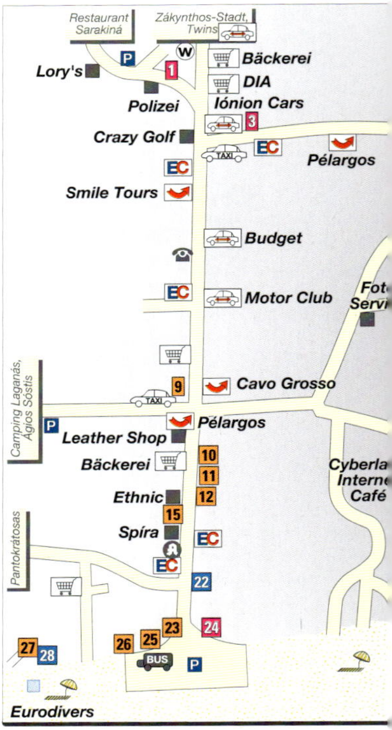

Einkaufen

Wer seinen Urlaub in Laganás verbringt, findet in den Shops des Touristenortes bestimmt alles, was er zu Hause möglicherweise vergessen hat – und noch vieles mehr.

• *Supermärkte* Davon gibt es jede Menge, die meisten bieten auch **frisches Obst** und **deutschsprachige Zeitungen** an. Von Lesern wurde der Supermarkt **DIA** wegen seiner großen Auswahl und des guten Preis-Leistungs-Verhältnisses gelobt.

• *Bäckerei* Frisches Brot und süßes Gebäck können Sie z. B. in dem Laden nahe der Abzweigung nach Ágios Sóstis kaufen.

• *Souvenirs/Schmuck* Neben Jeans- und T-Shirt-Shops findet man vor allem die üblichen Mitbringsel aus Keramik etc., aber auch recht hübschen Schmuck.

Leather Shop, Taschen, Gürtel, Westen etc. machen das Angebot dieses Ladens aus.

Spíra, hübsche Kleider, aber auch originelle, mediterran geprägte Dekoartikel aus Glas und Keramik, z. B. fischförmige Uhren etc.

Ethnic, Schönes aus Übersee, v. a. aus dem asiatischen Raum. Seit ca. 20 Jahren reist der nette Apostólis zusammen mit seiner aus Korfu stammenden Frau regelmäßig während der Wintermonate durch Indien, Thailand, Südamerika usw., um für seinen Laden einzukaufen. Im wahrsten Sinne des Wortes bietet sich dort eine andere Welt!

Sport

• *Minigolf* Auf dem Gelände von **Crazy Golf** findet man eine Gokart-Bahn sowie eine Minigolfanlage.

• *Fußball* **Lory's** bietet für Gruppen die Möglichkeit, gleich einen ganzen Fußballplatz zum Preis von 60 € pro Std. zu mieten.

• *Reiten* **Zante Horse Center** am Ortseingang (von Kalamáki kommend). Pro Std.

bezahlt man als Erwachsener 20 €, für Kinder stehen außerdem Ponys zur Verfügung. Tägl. 9–13 und 16–21 Uhr.

Baden/Bootsausflüge/Tauchen

• *Baden* Der flach abfallende, ewig lange **Sandstrand** steht als Badeplatz hoch im Kurs. Dementsprechend voll ist es hier, aber bedingt durch das enorme Angebot findet man selbst in der Hochsaison noch einen freien Liegestuhl, denn davon gibt es an dem Beach wirklich jede Menge. An mehreren Stellen werden kleinere **Motor-**, **Tretboote** und **Kanus** verliehen. Der westlich vom Zentrum gelegene Strandabschnitt trägt den Namen **Vezál**, im Osten liegt der sogenannte **Boúka-Beach**.

• *Bootsausflüge* Mehrere kleine Unternehmen bieten vom Strand aus verschiedene Bootsausflüge an. Während der Monate Juni–August stehen dabei die sogenannten **Turtle-Spotting-Trips** (10 €/ ca. 1 Std.) im Vordergrund, bei denen die Bootsführer die zur Brutzeit häufig im seichten Wasser schwimmenden Schildkröten aufspüren und den Fahrgästen deren Beobachtung ermöglichen. Vom Marine Park wurde inzwischen in Zusammenarbeit mit den Agenturen ein Konzept zur angemessenen Beobachtung ausgearbeitet: Jedes Boot darf max mal von 25 Pers. besetzt sein. Jeweils nur 2 Fahrzeuge dürfen sich bis auf einen Abstand von 15 m und nur von hinten einer Schildkröte nähern, sodass das Tier jederzeit wegschwimmen kann. Andere Fahrzeuge müssen in einer Entfernung von 45 m warten, bis die ersten Boote wieder weggefahren sind. Ob alle Boote, die jetzt das Logo des Nationalparks tragen, diese Regeln tatsächlich konsequent in die Tat umsetzen, erschien uns zum Zeitpunkt unserer letzten Recherche noch etwas fraglich. Außerdem besteht die Möglichkeit, Fahrten zum vorgelagerten Inselchen **Marathoníssi** (ca. 2 Std./15 €) oder zu den **Höhlen von Kerí** (ca. 3 Std./20 €) zu unternehmen und dort am Strand bzw. in den Höhlen zu baden. Bei allen Touren wird eine zusätzliche Gebühr von 1 € zur Unterstützung des Nationalparks erhoben, Kinder bezahlen die Hälfte.

• *Tauchen* 3 **Tauchschulen** bieten ihre Dienste an. Alle transportieren ihre Gäste nach Límni Kerioú, wo die Boote in die Tauchreviere ablegen. Das **Diver's Paradise** hat seinen Sitz im **Louis Zante Beach (16)**. Die zum großen Teil deutschsprachigen Angestellten bieten Ausrüstungsverleih, Tauchkurse (CMAS, PADI), spezielle Exkursionen wie Nachttauchen etc. ✆/📠 269505198, www.diversparadise.gr.

Ähnliche Angebote hat die Agentur **Eurodivers** in der Nähe des Parkplatzes am Strand sowie gegenüber dem Hotel Anastasía; hier kann man sich sogar einem Wreckdiving anschließen. ✆ 2695029581, www.eurodivers.nu.

Blue Dolphin Diving, unter griechisch-deutscher Leitung, auch hier sind also Kurse in deutscher Sprache möglich. Im Angebot vergleichbar, netter Empfang. ✆ 269 5052934, www.zakynthos-bluedolphin.com.

Laganás außerhalb der Saison

Bunt gestreifte Markisen säumen die schnurgerade Straße, darunter stehen Hunderte von Postkarten- und Sonnenbrillenständern, hängen drall aufgepumpte Luftmatratzen, liegen zahllose Stoffschildkröten. Die Restaurants und Bars sind überfüllt, auf der Hauptstraße gibt es kaum ein Durchkommen mehr, und am Strand ist viel nackte Haut in den verschiedensten Farbtönen zu sehen: vom ungesunden Orangerosa über aufgebranntes Rot bis zum tiefen Braun. Laganás im Hochsommer – Wunschziel für den einen, Horrorvision für manch anderen. Laganás noch einmal besuchen, Gast und nicht „Massentourist" sein, vielleicht im Frühjahr oder Herbst? Allein am Strand liegen und die weit geschwungene Bucht in Ruhe genießen, wie es vor 35 Jahren noch möglich war! Eine verführerische Vorstellung.

Doch wer wirklich außerhalb der Saison kommt, wird enttäuscht, denn dann fühlt man sich in Laganás fast wie in einer Geisterstadt. So gut wie niemand wohnt hier. Die Hotels und Restaurants sind geschlossen, die Souvenirshops und Geschäfte verbarrikadiert. Ein paar ausrangierte Postkartenständer verrosten in einer Ecke, am Strand ein kaputtes Tretboot zwischen den Gestellen für die Sonnenschirme, die nackt im Sand stecken. Der Strand selbst ist schmutzig und wenig einladend.

Erst zu Saisonbeginn wird er wieder gepflügt und gesäubert, überall wird emsig gestrichen und geputzt, werden neue Markisen an den Fassaden angebracht; im Herbst dagegen setzt das große Aufräumen ein. Vergeblich sucht man nach der entspannten und gepflegten Atmosphäre, die einen in Ferienstimmung bringt. Fazit: Wenn schon Laganás, dann muss man den im Sommer herrschenden Trubel mögen, außerhalb der Saison zu kommen lohnt nicht.

Übernachten (siehe Karte S. 152/153)

Die meisten Besucher buchen ihre Unterkunft pauschal, die Hotels haben in der Regel aber auch Zimmer für Einzelreisende im Angebot. In der Hochsaison sollten Sie in jedem Fall vorbuchen. Außer in den von uns genannten kann man es außerdem in mehreren Häusern an der Straße nach Zákynthos-Stadt versuchen. Dort sind vor allem Studios im Angebot.

***** **Mediterranean Beach Resort (17)**, fast wie ein kleines Dorf wirkt die langgestreckte Anlage mit 8 Gebäuden oberhalb vom Strand, in der man vom Fitnessraum über Sauna, Restaurant und Friseur alles findet. Jeweils auf 3 Stockwerke verteilt sind die mit Minibar, AC, Bad und Balkon gut ausgestatteten 116 Zimmer, am schönsten wohnt man aber sicherlich in den oberen. Nur wenige haben direkten Blick aufs Meer, die meisten eine sog. „Sea-Side-View“. Viele Pauschalgäste aus aller Herren Länder, an der Rezeption wird Deutsch gesprochen. Inkl. Halbpension bezahlt man zu zweit 150–195 €. ✆ 2695055230, ℻ 2695055237, www.medbeach.gr.

**** **Louis Zante Beach (16)**, eine der komfortabelsten Anlagen in Laganás, über mehrere Veranstalter pauschal buchbar. Durch ein kleines Wäldchen vom Trubel im Ort abgeschirmt. Für Abwechslung sorgen Tennisplätze, Tischtennisanlagen, ein Tauchcenter, ein Gymnastikraum, Animation (auch für Kinder) etc. Eigener Zugang zum feinen Sandstrand, außerdem gibt's einen Pool. Eines der 268 geräumigen Zimmer mit allem Komfort kostet im Doppel inkl. Halbpension 100–196 €. ✆ 2695051130/-31, ℻ 26950 51135, www.louishotels.com.

**** **Hotel Astir Palace (13)**, die weitläufige, etwas nüchterne Anlage oberhalb des Strandes besteht aus mehreren Gebäuden. Auch hier wird an der Rezeption Deutsch gesprochen, denn viele Gäste kommen über Reiseveranstalter aus Mitteleuropa. Zum Hotel gehören ein Pool und ein Kinderschwimmbecken, außerdem ein Restaurant, eine Snackbar etc. Für ein DZ mit Bad, TV, AC, Kühlschrank und Balkon (teilweise Blick zum Meer) bezahlt man zwischen 60 und 120 € (Frühstücksbuffet inkl.). ✆ 269505 3300, ℻ 2695053308, www.astirhotels.gr.

*** **Hotel Anastasía (18)**, besonders geschmackvoll gestaltetes Haus direkt am Strand in dem östlich vom Zentrum gelegenen Hotelviertel. Die 85 Zimmer mit AC, Kühlschrank und Balkon gruppieren sich um einen luftigen Innenhof mit einer hübsch gestalteten Gartenlandschaft, einige haben Meerblick. Zur Anlage gehören eine Liegewiese, ein Pool mit Kinderschwimmbecken und ein Restaurant. Sehr freundlicher Service. Zu zweit 60–110 € inkl. Frühstück. ✆ 2695051455, ℻ 2695052583, www.anastasiabeachhotel.com.

*** **Hotel California (14)**, ebenfalls nur wenige Meter vom Strand entfernt und damit ruhig gelegen. Zu dem erst ab Juni geöffneten Haus gehört auch ein Pool mit Bar. Magdaléni Kalófonou vermietet ihre 67 Zwei- und Dreibettzimmer mit Bad, AC und Balkon (z. T. zur Meerseite) für 50–80 € inkl. Frühstücksbuffet. Hier hat man als Individualreisender in der HS noch gute Chancen ein Zimmer zu bekommen. ✆ 269 5052341, ℻ 2695052340, magdaz@otenet.gr.

*** **Hotel Tzante (22)**, größerer Komplex mit 56 Zimmern für 2 oder 3 Pers., die mit AC, Kühlschrank, Kaffeemaschine, Bad und Balkon (teilweise Meerblick) ausgestattet sind. Angeschlossen sind ein Internetcafé, ein Pool und eine Snackbar. Zu zweit bezahlt man 30–50 €, das Frühstück wird pro Pers. mit 5 € zusätzlich berechnet. ✆ 269505 1611, ℻ 2695051078.

** **Hotel Sydney (4)**, das ehemals als Hotel Sissy bekannte angenehme kleine Haus von Familie Visvárdis, umgeben von einem hübschen Gärtchen, liegt nur wenige Fußminuten vom Strand entfernt. Viel deutschsprachiges Publikum, das die Unterkunft meist pauschal gebucht hat. Insgesamt gibt es 26 Zwei- und Dreibettzimmer mit AC, Bad und Balkon (ein paar haben Blick aufs Meer). Empfehlenswerte Adresse. Inkl. Frühstück kosten die Zimmer zwischen 30 und 50 €. ✆ 2695052266, ℻ 2695052268, www.sydneyhotel.gr.

Studios Delfíni (19), ein echtes Kleinod ist das Haus von Familie Georgoudáki unweit vom Strand. Schon allein der liebevoll mit Pflanzenkübeln und antiken Statuen geschmückte Innenhof ist eine Augenweide, und auch die gut eingerichteten, geräumigen Studios lassen keine Wünsche offen. Schade nur, dass die Mehrzahl aller Zimmer an einen schwedischen Reiseveranstalter vergeben ist. Wenn man rechtzeitig vorbucht, hat man aber auch in der Hochsaison noch Chancen, ein Zweibettstudio (30–40 €) zu bekommen. Auch ein 4er-Apartment halten María und Dimítris für Einzelreisende frei (bis zu 55 €). ✆ 2695052095.

Villa Milano (28), angenehmes Haus in zentraler Lage, das von Lesern sehr gelobt wurde. Bei der liebenswerten Familie Kóklas kosten die qualitätsbewusst eingerichteten, klimatisierten Studios mit schönen Bädern 30–70 €, in den Apartments kommen 4 Pers. unter (45–100 €). ✆ 2695051672, www.zanteweb.gr.

Studios Ólga (7), etwas zurückversetzt von der Straße liegt der kleine Komplex mit 22 Studios und Apartments mit AC, Bad und Balkon (Meerblick) zum Preis von 45 €. Kinder freuen sich an dem kleinen Minizoo mit einem Strauß, Pfauen, Fasanen und Enten. Zu der Anlage gehört auch ein kleiner Pool. ✆ 2695051010, ✆ 2695051199, www.zanteweb.gr.

Essen und Trinken (siehe Karte S. 152/153)

Ein riesiges Angebot unterschiedlichster Qualität erwartet den Besucher. Während man in dem einen Restaurant langweiliges, auf angelsächsischen Geschmack getrimmtes Essen vorgesetzt bekommt, serviert das Lokal nebenan phantasievolle Gerichte. Charakteristisch für viele Tavernen ist, dass sie erst am Abend öffnen – tagsüber hält sich das Publikum am Strand auf, da lohnt das Geschäft nicht.

Restaurant Sarakiná, in unmittelbarer Nähe zu den seit einigen Jahren nicht mehr zugänglichen Ruinen des einstigen gleichnamigen Herrenhauses mitten in den Olivenhainen weit außerhalb von Laganás. Zahlreiche Schilder weisen den ca. 10-minütigen Weg dorthin. Jeden Abend pendelt außerdem ein Minibus zwischen 18.30 und 22 Uhr vom Zentrum zu dem beliebten Lokal, in dem zum Essen griechische Musik gespielt wird. Und damit nicht genug – wer mag, nimmt an der Unterweisung in griechischen Tänzen teil und schwingt selbst das Tanzbein. Genau das Richtige für all diejenigen, die neben dem Essen auch Unterhaltung suchen. Nur abends geöffnet.

Kósta's Tavérna (2), nettes Lokal an der Durchgangsstraße mit guter griechischer, aber auch internationaler Küche. Man hat die Qual der Wahl zwischen Lamm Kleftikó und mexikanischem Hühnchen!

Restaurant Mouriá (24), das Lokal profitiert sehr von seiner zentralen Lage. Große Speisekarte, auch Pizzen und Frühstück. Tagsüber sitzt man besser in dem hübsch bemalten Innenraum mit kühlenden Ventilatoren, abends zieht es viele auf die Terrasse.

Tavérna Hayiati (1), etwas abseits sitzt man hier gemütlich in einem kleinen Hof und genießt traditionelle zakynthische Küche. Ein Lokal, das sich erfreulich vom Einerlei in Laganás abhebt.

Restaurant Apóllon (5), gut besuchtes Lokal im östlichen Hotelviertel. Lecker fanden wir die Spaghetti mit Shrimps und Gemüse, auch die vegetarische Platte kann sich sehen lassen.

Restaurant Hermíon (8), ganz in der Nähe liegt das allabendlich gut besuchte Lokal mit einer der längsten Speisekarten Griechenlands. Neben einheimischer Küche erwarten Sie hier z. B. eine große Auswahl an Salaten, Pasta, aber auch viele Fleischspezialitäten. Allein die Koteletts werden z. B. auf 8 verschiedene Arten zubereitet.

Restaurant Garden of Eden (6), das große Terrassenlokal mit vielen Bildern von paradiesischen Landschaften und Tieren genießt in Laganás einen recht guten Ruf. Umfangreiche Speisekarte, die einfach alles bietet: griechische Küche, Steaks, Variationen vom Huhn, Pizzen, vegetarische Gerichte usw. Nur abends geöffnet.

Restaurant Caretta caretta (20), oberhalb vom Strand gelegen und deshalb auch tagsüber in Betrieb. Das zum Hotel Anastasía gehörende Lokal bietet gute griechische Küche (leckere Jemistá!), aber auch interessante Baguette-Sandwiches für den kleinen Hunger.

Restaurant Blue Waves (21), direkt gegenüber und im Angebot durchaus vergleichbar. Schöne Sitzplätze auf einer mit Weinlaub bewachsenen Terrasse.

Spaghettomania (3), auch die italienisch angehauchte Küche ist in Laganás natürlich vertreten. Hier gibt's hausgemachte Pizza, günstige Nudelgerichte, aber auch einige mediterrane Vorspeisen.

Nachtleben (siehe Karte S. 152/153)

Dass von den stilleren Touristenorten wie Alikés regelmäßig Nightlife-Ausflüge nach Laganás angeboten werden, kommt nicht von ungefähr, denn hier reiht sich wirklich Disko an Bar und Bar an Disko. Ab 23 Uhr wird die Musik heruntergedreht, doch in den sogenannten Clubs, die über einen Innenraum verfügen, darf bis 3.30 Uhr (am Wochenende sogar bis 6 Uhr früh) weitergefeiert werden.

Bad Boys Club (25), einer der Renner unter den Nachtlokalen in Laganás. Gleich auf 2 Ebenen kann man hier Musik hören, Cocktails trinken, tanzen. In der Saison sehr voll.

Waikiki (23), in unmittelbarer Nachbarschaft, steht dem Bad Boys Club in nichts nach.

Rescue Club (11), ebenfalls sehr beliebte Disko, künstlicher Nebel sorgt neben bunten Lichtern und fetziger Musik für die richtige Stimmung. Ähnlich, was Aufmachung und Publikum angeht, sind die benachbarten Lokale **Médusa's (10)** und der **Zéros Club (12)**.**Ghetto (9)**, Bar mit guter Musik und angenehmer Atmosphäre. Auch hier wird erst in den frühen Morgenstunden zugemacht.

Kamikaze Bar (15), proppenvolle Bar, man hört Rock und nimmt einen Drink dazu.

Cheers (27), viel ruhiger als in den oben genannten Etablissements geht es in dieser fernöstlich angehauchten Bar zu, in der man bei sanfter New Age Music einen Drink und den Wind vom Meer genießt. Auch tagsüber geöffnet.

Kafeníon (26), natürlich gibt es in Laganás kein echtes Kaffeehaus mehr, doch dieses Imitat hat unbedingt seinen Reiz. Schöner Platz, der nicht nur am Abend zu einem gepflegten Oúzo mit Mezédes einlädt.

Insel Marathoníssi

Schildkröteninsel wird das nur zwei Meilen vom Festland entfernte, teilweise dicht bewachsene Eiland nicht nur deshalb genannt, weil die Caretta caretta den auf der Südwestseite gelegenen Sandstrand als Nistgebiet nutzt. Vielmehr ähnelt auch seine Form einer riesigen Schildkröte. Von Menschen wird die Insel wegen ihrer herrlichen Badeplätze aufgesucht.

Zu dem weißen, fast tropisch anmutenden **Sandstrand** können Sie allerdings nur von kleinen Booten gebracht werden, da diese nicht ankern müssen, sondern ein-

Strandbar auf der Insel Marathoníssi

fach auf den Beach hochgezogen werden können. Anker zu werfen ist in der Zone B des Schutzbereichs verboten. Im Sommer ist auch hier einiges los, Mitarbeiter des Marineparks achten jedoch darauf, dass die Schutzbestimmungen eingehalten werden. Ebenfalls sehr faszinierend ist die weiter östlich gelegene buchtabgewandte Seite der Insel mit einem hübschen **Kiesstrand und zwei Höhlen.** Schwimmt man in eine der beiden hinein, kann man sich im Innern auf einem weiteren kleinen Strand ausruhen und von dort aus, unter einem durchlöcherten Felsvorsprung hindurchtauchend, wieder zum Kiesstrand zurückkehren. An dieser Seite von Marathoníssi ankern die größeren Ausflugsboote. Bedenken Sie, dass es an beiden Badeplätzen kaum natürlichen Schatten gibt. Ein ausreichender Sonnenschutz ist deshalb unerlässlich. Fliegende Händler bieten Sandwiches, Brot und Getränke an. Am 15. August statten die Einheimischen dem Inselchen einen Besuch ab und feiern in der Marienkapelle zu Ehren der Panagía eine Messe. Anschließend isst man zusammen gegrillten Fisch und Salat.

Siedlungen und Strände südlich von Laganás

Den Bewohnern des Dorfes Lithakiá (s. S. 200 f.) gehört das Küstengebiet zwischen Laganás und Límni Kerioú. Je weiter man sich von dem Touristenmekka entfernt, desto mehr Ruhe hat man, allerdings sind die Strände hier auch schmaler und z. T. nicht mehr feinsandig, sondern mit Kieseln durchsetzt.

Ágios Sóstis

Die kleine Feriensiedlung gegenüber dem gleichnamigen Felseninselchen, das 1633 durch ein Erdbeben von der Küste getrennt wurde, ist nur einen Katzensprung von Laganás entfernt und hat doch ein ganz anderes Flair. Vielleicht liegt es an dem pittoresken Fischerhafen oder an den netten, oberhalb der Küste angesiedelten Tavernen, in denen sich abends Pauschal- und Einzelreisende treffen. Ein Gewirr von Straßen führt zu den verstreut in Olivenhainen liegenden Hotels und Apartmentanlagen.

Vom Hafen aus zieht sich der lange Sandstrand nach Norden in Richtung **Vezál-Beach.** Dort findet man auch eine kleine Wassersportstation, an der Liegestühle, Tretboote, Kanus und kleinere Motorboote verliehen werden. Auf der anderen Seite kann man über einen hübschen Weg ca. 400 m weit zu dem recht schmalen **Akardianós-Beach** und weiter nach Pórto Koúkla (s. u.) laufen.

Anfahrt/Ausflüge/Adressen (siehe Karte S. 161)

• *Anfahrt* Mehrere Wege führen nach Ágios Sóstis, und die Orientierung ist nicht immer leicht. Am einfachsten erreicht man den Hafenort, wenn man in Lithakiá an der Tavérna Dennis nach Osten abzweigt. Die meisten Unterkünfte liegen oberhalb des Hafens, biegen Sie dorthin vor dem Supermarkt **„La Curva“ (2)** ab. Eine weitere, häufig befahrene Strecke führt von Laganás (s. Ortsplan auf S. 152/153) nach Ágios Sóstis. Folgen Sie dabei der Beschilderung zum Campingplatz bzw. zur Bar Cameo.

• *Ausflüge* In Ágios Sóstis findet man neben Filialen einiger Reiseunternehmen aus Zákynthos-Stadt auch die lokale Agentur **Mánthos**. Sie alle bieten das übliche Tourenprogramm an (s. Kapitel „Zákynthos-Stadt“, S. 102 f.).

Außerdem kann man am Zugang zur Felseninsel Ágios Sóstis Bootsausflüge bu-

Badevergnügen am Strand von Ágios Sóstis

chen, z. B mit einem sog. „Submarine". Während einer einstündigen Fahrt kann man durch den gläsernen Schiffsbauch Fische und vielleicht sogar Schildkröten beobachten (mindestens 3-mal pro Tag, ca. 15–20 €). Auch Touren nach Marathoníssi und zu den Kerí Caves werden angeboten.

Tsivoulí Park

Ein exotisches Tiererlebnis bietet der von einem anglo-schweizerischen Paar geführte kleine Tierpark, in dem seit einigen Jahren Emus gezüchtet werden. Im Hofladen kann man Produkte dieser in den Buschsteppen Australiens beheimateten straußenähnlichen Vögel (Federn, Leder, Eier ...) sowie Olivenöl von den eigenen Bäumen, Marmelade, Honig, selbstgemachte Pasta usw. käuflich erwerben. Auf dem Hof sind außerdem auch einige andere Tiere (Esel, Landschildkröten, Truthähne) zu sehen. Wer länger bleiben möchte, kann bei den Oberlis in inseltypischen Steinhäusern übernachten (s. S. 160). Man erreicht den Tsivoulí Park, indem man von der Straße Lithakiá – Límni Keriou einem entsprechenden Hinweisschild ca. 800 m weit durch die Olivenhaine folgt.
Eintritt Erwachsene 3 €, Schulkinder 1 €.

• *Auto-/Zweiradvermietung* **Smart Rentals (6)**, hier gibt's zwar nicht den gleichnamigen Wagentyp der bekannten schwäbischen Autofirma, dafür aber jede Menge andere Kleinwagen, Jeeps, Scooter und Fahrräder; deutschsprachiger Service. ✆ 269 5053100.

• *Einkaufen* Viele **Supermärkte**. Zu haben sind Lebensmittel, auch Brot und frisches Obst, außerdem **deutschsprachige Zeitungen**. Wenn Sie Töpferwaren lieben, sollten Sie einmal bei **Adrianí (7)** vorbeischauen. Die junge Frau stellt so hübsche Gebrauchskeramik in Blau-, Lila- und Grautönen her, dass schon einige Tavernen ihr Tafelgeschirr bei ihr bestellt haben. Im Sortiment sind aber auch ausgefallenere Dekoartikel wie eindrucksvolle Vögel, Windspiele, Kränze und Schmuck. Angeschlossen ist ein nettes **Art Café**.

Übernachten/Essen und Trinken/Nachtleben

• *Übernachten* Viele Hotels in Ágios Sóstis sind in den Katalogen englisch- und deutschsprachiger Reiseveranstalter vertreten. Daneben gibt es aber auch zahlreiche Unterkünfte für Einzelreisende, u. a. werden diese auch von Tavernen und Supermärkten angeboten.

** **Bozíkis Palace (1)**, die gepflegte und ruhige Anlage mit Pool liegt an der direkten Zufahrt zum Hafen, ca. 300 m vom Meer entfernt. Auch deutschsprachige Pauschalgäste fühlen sich hier wohl. Von Anfang Mai bis Anfang Oktober geöffnet. Ein DZ mit AC, Bad und Balkon (teilweise Meerblick) kostet inkl. einfachem Frühstück zwischen 65 und 80 €, die EZ sind etwas billiger. ✆ 2695052260, ℻ 2695052263, www.bozikispalace.com.

Jánni und Beate (8), hier wohnt man zentral, aber doch abgeschirmt vom touristischen Trubel in einem von mehreren frei stehenden kleinen Häuschen auf einem weitläufigen Gelände. Unterschiedlich groß, bieten sie alle Terrasse, Grillplatz und Kochgelegenheit und sind für 2–6 Pers. geeignet. Bei Paaren sind die sog. „Liebeslauben" besonders begehrt. Die meisten Gäste finden über Mundpropaganda den Weg zu den Kládis – kein Wunder, denn Beate bemüht sich mit echt schwäbischem Charme um ihre Gäste und sorgt dafür, dass keine Wünsche offen bleiben. Gerne dürfen Sie auch mal vom ausgezeichneten Hauswein kosten. Sehr familiäre und angenehme Atmosphäre, im Winter kann man bei Beate auch Koch-, Töpfer- und Bastelkurse buchen. Für ein DZ bezahlt man je nach Saison 33–40 €, gerne werden aber auch ganze Häuschen vermietet. ✆/℻ 269 5052656, www.beatehouses.gr.

Was wie Idylle aussieht, ist harte Arbeit

Studios Kóstas Kládis (10), unweit davon vermietet der freundliche Kóstas Kládis praktisch eingerichtete Studios bzw. Apartments mit 3–6 Betten in kleinen Reihenhäusern, teilweise mit Meerblick. Auch er hat viel Platz für Individualreisende, mit denen zusammen er gerne seine in Deutschland erworbenen Sprachkenntnisse aufpoliert. Für 3 Pers. 35–48 €. ✆ 2695051112, ℻ 269505 1561, www.zantekladis.com.

Studios Mánthos (9), Leser waren sehr zufrieden mit den klimatisierten Studios, die in einem Neubau unmittelbar hinter dem Strand von den Besitzern des gleichnamigen Reisebüros vermietet werden. Zu zweit bezahlt man hier 30–50 €. ✆ 2695051528, ℻ 269 5053484, www.zantemanthos.gr.

Tsivoulí Park (14), besonders hübsch und absolut ruhig wohnt man auf dem Gelände des Tsivoulí Parks. Bei der Einrichtung der 7 unterschiedlichen Zimmer wurde wirklich auf jedes Detail geachtet. Ab und zu veranstalten die Oberlis auch Grillabende für ihre Gäste in ihrem hübschen Innenhof. Ganzjährig geöffnet. Ein DZ mit Bad, Balkon, Fan und Kühlschrank kostet je nach Saison, Aufenthaltsdauer und Lage inkl. Frühstück 51–59 €, zu dritt bezahlt man ca. 72 €. ✆ 269 5055018, ℻ 2695041426, www.tsivouli.com.

Camping Laganás, schöner Platz unter alten Olivenbäumen. Mit Pool, Restaurant, Supermarkt und sauberen sanitären Anlagen gut ausgestattet. Pro Pers. zahlt man ca. 7 €, Zelt und Auto kosten je 4 €, ein Wohnmobil 10 €. Von April bis Oktober geöffnet. Am einfachsten ist der Platz über die von Laganás kommende Straße zu erreichen (etwa 1 km von Laganás entfernt; der Beschilderung folgen). ✆ 2695051585, ℻ 2695052284, www.laganascamping.com.

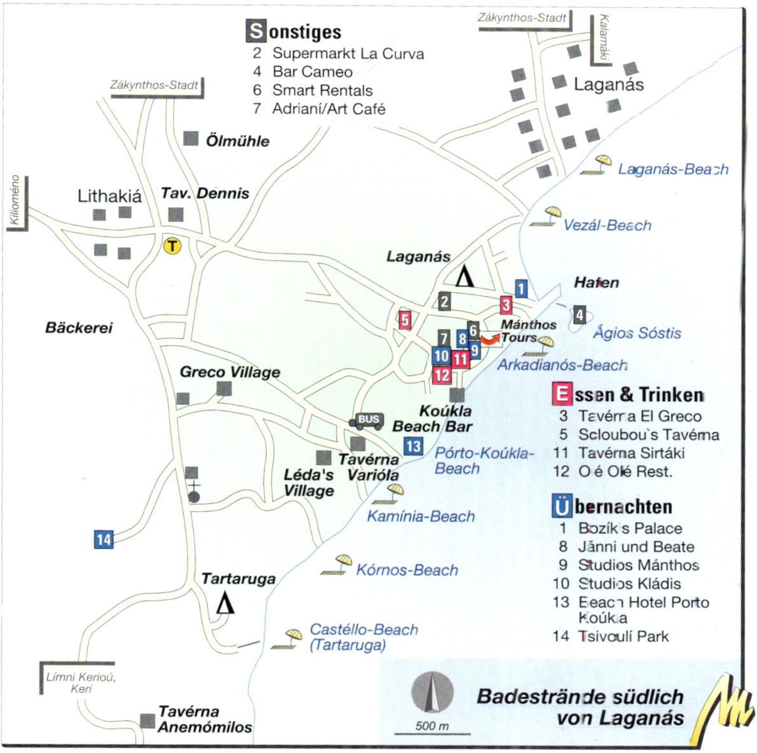

• *Essen und Trinken* **Tavérna El Greco (3)**, an der Straße zum Hafen liegt das schöne Gartenlokal, dessen Küche auch bei den Einheimischen einen guten Ruf genießt. Empfehlenswert sind die gebratenen Paprika sowie Lamm mit Kritharákia, kleinen griechischen Nudeln.

Scloubou's Tavérna (5), nach dem Ulknamen eines Fisches ist das beliebte Lokal in den Olivenhainen von Ágios Sóstis benannt. Schöner Platz, um gute griechische Küche zu genießen, Wein und Gemüse stammen aus eigenem Anbau.

Tavérna Sirtáki (11), in dem empfehlenswerten Familienbetrieb schwingt die Mama den Kochlöffel – und das schmeckt man. Lecker z. B. das gut gewürzte Békri Mezé, zu dem man sich verschiedene Beilagen bestellen kann.

Olé Olé Restaurant (12), hinter der „Strandzeile" findet man das kleine Terrassenlokal mit griechischer und zakynthischer Küche. Heute Mixed Grill, morgen Hähnchen aus dem Backofen, danach Crêpes mit Schokolade und Grand Marnier – hier hat man die Qual der Wahl.

• *Café/Nachtleben* **Cameo Bar (4)**, auf der Insel Ágios Sóstis, die gelegentlich auch nach dieser Bar benannt wird. Sie ist über eine Holzbrücke erreichbar. Am Tag kommt man auf einen Kaffee her, am Abend tanzt man oberhalb vom Wasser auf der einen Seite zu Rock und Rap, auf der anderen zu Bouzoúki-Musik. Die Schönheit des Platzes muss man sich nun etwas kosten lassen, denn mittlerweile wird ein Eintritt von 4 € erhoben. Das Ticket berechtigt zum Erwerb eines Getränks, Kinder sind frei.

Pórto Koúkla

Nur eine Hand voll Hotels und Apartmentanlagen findet man zwischen uralten Olivenbäumen oberhalb der kleinen Koúkla-Bucht. Zum Baden geht man aber besser an den benachbarten **Akardianós-Beach**, der sich etwa einen Kilometer weit bis zum Inselchen Ágios Sóstis hinzieht. Trotz Sonnenschirm- und Tretbootverleih herrscht an dem schmalen Strand mit feinem Sand auch im Sommer noch nicht allzu viel Trubel – der richtige Platz zum Entspannen.

- *Anfahrt* Die direkte Zufahrt führt von der Verbindungsstraße nach Kerí (ca. 1,5 km nach Lithakiá) abwärts zum Meer. Man kann aber auch über gewundene Sträßchen durch ausgedehnte Olivenhaine von Ágios Sóstis aus nach Pórto Koúkla kommen.
- *Ausflüge/Bootsverleih* Unterhalb des Hotels Pórto Koúkla Beach werden Fahrten zur Insel Marathoníssi sowie Motorboote angeboten.
- *Übernachten/Essen und Trinken (s. Karte S. 161)* *** **Beach Hotel Porto Koúkla (13)**, sehr angenehmes Hotel mit familiärer und besonders freundlicher Atmosphäre, das man auch pauschal buchen kann. Viele deutschsprachige Gäste, die u. a. auch zu schätzen wissen, dass das Hotel umweltschonend geführt wird (so wird z. B. das verbrauchte Wasser zur Bewässerung von Garten und Olivenhainen wieder verwendet). Die praktisch eingerichteten Zimmer haben Bad, z. T. auch einen Kühlschrank und Balkon (teilweise Meerblick), manche auch AC, und werden nur mit Halbpension vermietet. Souvenir- und Zeitungsshop im Haus, zum Strand geht man über eine Treppe hinab. Pro DZ zahlt man je nach Saison zwischen 40 und 60 €, die Family-Rooms kosten ca. 15 € mehr. ✆ 2695052393, ℻ 2695052391, www.portokoukla.com.

Zu der Anlage gehört auch eine sehr empfehlenswerte **Taverne**, in der nicht nur Hotelgäste gerne essen. Mittags ist die Auswahl auf der Terrasse überm Meer zwar etwas kleiner, aber durchaus ansprechend: Den Schwertfisch fanden wir z. B. sehr lecker. Am Abend speist man im darüber gelegenen Hotelgarten. Manchmal greift der Wirt dann auch zur Gitarre und gibt seine Sangeskunst zum Besten.

Kamínia-Beach: Diesen Kiesstrand in der halbrunden, mit viel Schilf bewachsenen Bucht kann man sogar in der Hochsaison weitgehend für sich haben, nur vereinzelte Badegäste trifft man hier. Deshalb fehlt auch noch jegliche touristische Infrastruktur.

Anfahrt Am besten erreicht man ihn von Pórto Koúkla aus, indem man dort einem schmalen Weg nach Süden folgt.

Kórnos-Beach: Unmittelbar dem Kamínia-Beach benachbart und ebenso wie dieser sehr schmal und von Schilf begrenzt. Seine Badematte breitet man hier auf groben Kieseln aus.

Anfahrt Von Lithakiá fährt man Richtung Kerí und zweigt etwa 2 km außerhalb des Dorfes kurz hinter einer kleinen Kapelle auf ein schmales, gewundenes Asphaltsträßchen ab.

Castéllo: Mit diesem Namen bezeichnen die Einheimischen den steinigen Strand nördlich von Límni Kerioú. Die meisten Besucher werden von dem besonders schönen Campingplatz angezogen.

- *Anfahrt* Von der Durchgangsstraße nach Kerí zweigt man kurz nach der Abfahrt zum Kórnos-Beach nach links zum Campingplatz ab (beschildert).
- *Übernachten* **Camping Tartaruga**, seit mehr als einem Jahrzehnt führen Anna und Veit aus Villach erfolgreich den wohl idyllischsten Platz auf der Insel. Die gepflegte, terrassenartige Anlage mit vielen Olivenbäumen zieht sich bis zu einem schmalen Kiesstrand hinab, wo man über eine Leiter ins Wasser eintauchen kann. Ein bunt gemischtes Publikum fühlt sich hier wohl. In einem Restaurant mit toller Lage kann man preisgünstig und lecker essen, vorhanden ist auch ein gut sortierter Minimarkt. Im Frühsommer lassen sich vom Strand aus die im glasklaren Wasser schwimmenden Schildkröten hervorragend beobachten, Veit leiht Interessierten auch mal sein Fern-

glas aus. Geöffnet von April bis Oktober, auf Anfrage auch darüber hinaus. Pro Pers. 5 €, Auto 2,80 €, Stromanschluss 3,20 €, Zelt und Wohnwagen je ca. 4 €, Wohnmobil 5,50 €. Vermietet werden auch einfache, aber komplett eingerichtete Bungalows. ✆ 2695 051967, 2695053023, taranna@otenet.gr, www.tartaruga-camping.com.

Límni Kerioú

Der gegenüber der Insel Marathoníssi gelegene hübsche Fischerhafen des Bergdorfs Kerí hat eine große deutschsprachige Fangemeinde. Neben empfehlenswerten Tavernen sind hier und im benachbarten Marathiá sehr geschmackvolle kleinere Anlagen entstanden und der Pauschaltourismus hat allmählich Tritt gefasst. So war es sicherlich eine gute Entscheidung, den kleinen Kiesstrand in der Hafenbucht künstlich zu verbreitern. Richtig voll ist er nun nur noch im August, wenn zusätzlich zahlreiche Italiener in Límni Urlaub machen.

Neben der angenehmen Atmosphäre machen die Ausflugsmöglichkeiten in die Umgebung Límni Kerioú zu einem interessanten Standort. Das sehr ursprünglich gebliebene Bergdörfchen **Kerí** (s. S. 214 ff.) lockt mit schönen Wanderzielen. Am Hafen werden Bootstouren nach **Marathoníssi** (s. S. 157 f.) und zu den **Höhlen von Kerí** (s. u.) angeboten. Wer gerne auf eigene Faust die umliegenden, wunderschönen und ganz einsamen **Badestrände am Kap Marathiá** erkunden möchte, mietet sich am besten ein kleines Motorboot. Badefreunden sei der nahe gelegene, von zwei Felsen eingerahmte Marathiá-Beach empfohlen, den man in einem etwa halbstündigen Fußmarsch erreichen kann. Und auch wer sich fürs Tauchen interessiert, ist in Límni Kerioú genau richtig. Die freigegebenen Reviere sind nahe, deshalb haben sich hier auch zwei Tauchschulen angesiedelt.

Im Hafen von Límni Kerioú

Schon allein für die Anfahrt zu dem kleinen Hafenort sollte man sich Zeit nehmen, führt sie doch auf einem gewundenen Sträßchen durch weite Olivenhaine. Die z. T. uralten Bäume, deren knorrige Stämme einen Durchmesser von einem Meter und mehr erreichen, stehen so in Reih und Glied, dass man oft den Eindruck hat, in Alleen hineinzuschauen. Am Ende weitet sich der Blick auf die Bucht von Límni Kerioú und die angrenzende schilfbewachsene Ebene mit ihren Entwässerungskanälen. Bevor Sie hinunterfahren, sollten Sie in dem Panoramarestaurant Anemómilos einen Stopp einlegen und die Aussicht genießen.

Die Pechtümpel des Herodot

Der weit gereiste antike Geschichtsschreiber Herodot berichtet bereits im 5. Jh. v. Chr. ausführlich von diesem eigenartigen Naturphänomen, den sogenannten „Pechquellen von Kerí", die sich im heute noch versumpften Teil der Küstenebene von Límni Kerioú befanden. Er erwähnt mehrere „Pechseen" und überliefert auch ganz genau, wie man dieses Pech förderte: mit einer Stange, an deren Ende man einen Myrtenzweig band, woran die zähflüssige Masse hängen blieb. Das Pech wurde zunächst in einer Grube gesammelt und dann in große Amphoren umgefüllt. Es war damals ein wertvoller Rohstoff für die Schiffsbauer, die damit die Planken gegen das Meerwasser abdichteten (kalfatern). Angeblich wurden die Pechseen noch weit bis über das Mittelalter hinaus genutzt.

Heute sieht es anders aus als von Herodot beschrieben. Die meisten Quellen sind versiegt, zu sehen ist nur noch ein einziger Pechtümpel, den man zu Ehren des antiken Berichterstatters „Quelle des Herodot" nennt (weitere befinden sich im dahinter liegenden unzugänglichen Sumpfland). Blickt man hinein, erkennt man deutlich die schwarze, klumpige Schicht am Grund des ummauerten „Sees", der etwa einen Meter tief ist und einen Durchmesser von knapp zwei Metern aufweist. Mit bereitliegenden Stöcken kann man ein wenig von der klebrigen Masse heraufholen. Auf dem Wasser, das sehr klar und übrigens auch trinkbar ist, treibt ein Ölfilm, ab und zu steigen Gasbläschen auf. Es soll sich dabei, so der Geograph und Griechenlandkenner Alfred Philippson, um Naphtagas handeln, das auch noch an verschiedenen anderen Stellen der Insel austritt. Bei mehreren Probebohrungen nach Erdöl in der Gegend wurde man zwar fündig, aber die Mengen waren so gering, dass sich eine Förderung nicht lohnte. Übrigens: Mit Vulkanismus oder den häufigen Erdbeben, wie viele meinen, haben die Pechseen nichts zu tun.

Sie finden das Naturphänomen an der Straße zum Hafen, unmittelbar hinter den Studios Herodot.

Verbindungen/Ausflüge/Adressen

• *Verbindungen* Ganzjährig verbindet ein Bus 2-mal tägl. das Bergdorf Kerí und Zákynthos-Stadt; dabei hält er auch an der Abzweigung nach Límni Kerioú, in den Ort hinein fährt er aber nicht. Im Sommer gibt es außerdem 3-mal tägl. eine Verbindung mit Minibussen zwischen Kalamáki, Laganás, Límni Kerioú und Kerí. Weitere Informationen s. S. 66.

• *Ausflüge* Je nach Bedarf werden Touren zur Insel Marathoníssi inkl. Turtle watching angeboten (ca. 15 €). Wer will, lässt sich morgens hinüberfahren und abends abholen. Auch das Boot zu den Höhlen von Kerí

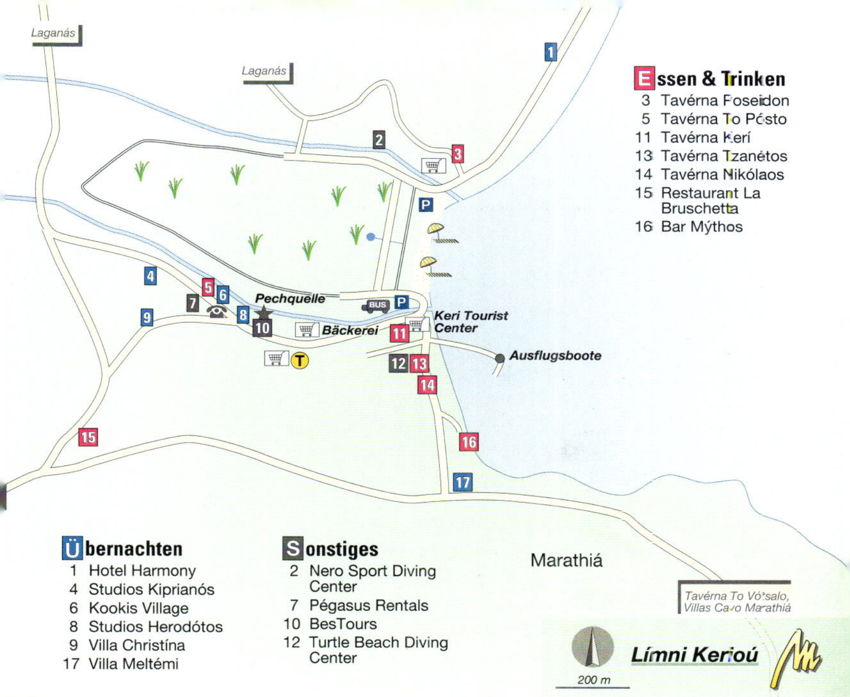

(s. u.) fährt je nach Bedarf, am Nachmittag in der Regel seltener als am Morgen. Auf der Rückfahrt wird ein Stopp auf Marathoníssi eingelegt, Dauer ca. 2,5 Std., Preis 15 €. Die Tickets werden am Hafen verkauft.

• *Reisebüro/Auto-/Zweiradvermietung*

BesTours (10), vermittelt die üblichen Ausflüge wie Touren mit dem Bus, dem Boot etc. Außerdem kann man hier Autos und motorisierte Zweiräder mieten, Geld über Western Union empfangen u. a. ✆ 2695048792, www.bestours.gr.

Pégasus Rentals (7), vermietet ebenfalls Autos und Bikes. ✆/℻ 2695022463.

Studios Kipriano̍s (4), Kóstas Livéris, der Besitzer dieser Studios, vermittelt Autos und Bikes sowie Bootsausflüge ab dem Hafen von Límni Keriou.

• *Einkaufen* Das Nötigste und etwas mehr findet man in Límni Keriou ohne Mühe. Eine **Bäckerei** und mehrere gut sortierte **Minimärkte** liegen ca. 100 m vom Meer entfernt an der Stichstraße, die zur großen Verbindungsstraße Laganás–Kerí hochführt.

Kerí Tourist Center, ganz in der Nähe vom Anlieger führen Andrea aus Deutschland und Spíros ein gut sortiertes Geschäft, in dem es neben hübschen Souvenirs, Badeutensilien etc. auch eine Auswahl an deutschsprachigen **Zeitungen** gibt.

Achtung: In Límni Keriou gibt es bisher noch keinen Bankautomaten.

• *Tanken* Eine Tankstelle findet man an der Stichstraße, die von der Verbindungsstraße Laganás–Kerí abzweigt.

Tauchen/Tret- und Motorboote

• *Tauchen* 2 Tauchschulen bieten Schnupper- und Anfängerkurse und die Abnahme verschiedener Zertifikate an. Mehrmals tägl. wird man mit Booten zu einigen der etwa 30 Tauchplätze in der Umgebung gebracht und kann in Grotten, Spalten und an Steilabfällen und Riffen wunderschöne Unterwasserlandschaften und ihre Bewohner beobachten.

Nero Sport Diving Center (2), im Norden

Ganz entspannt kann man das Inselchen Marathoníssi betrachten

der Bucht. Etwas vom Strand zurückversetzt betreibt Peter Mohr seit über 2 Jahrzehnten seine Basisstation. Sehr differenziertes Angebot, so kann man sich hier auch im Höhlentauchen oder Strömungstauchen kundig machen; Tauchausbildung nach CMAS oder PADI. Anfänger können zum Preis von 35 € einen ersten Tauchgang wagen, außerdem finden 1-mal pro Woche am Strand kostenlose Schnupperkurse statt. Die Tauchschule vermittelt auch Flug, Unterkunft und Verpflegung. ✆ 2695028481, ℻ 2695049125. Kontaktadresse in Deutschland (Winter): Nero Sport, Im Reitwinkel 32, 45661 Recklinghausen, ✆/℻ 02361/32041, www.nero-sport.de.

Turtle Beach Diving Center (12), im Gebäude der Taverne Tzanétos. Auch hier steht Tauchen in Grotten auf dem Programm, die CMAS und PADI-Kurse werden ebenfalls in deutscher Sprache angeboten. Ein Tauchgang inkl. Ausrüstung kostet 37 €, der zweite nur noch 34 €. ✆/℻ 2695049424, www.diving-center-turtle-beach.de.

• *Tret- und Motorboote* Bei 2 **Wassersportcentern** kann man Tretboote und 8-PS-Motorboote mieten und mit ihnen die umliegenden Strände erkunden. Pro Std. bezahlt man ca. 15 bzw. 25 €, bei längerer Mietdauer wird's günstiger. Außerdem werden hier **Sonnenschirme** und **Liegen** verliehen.

Übernachten/Essen und Trinken (siehe Karte S. 165)

• *Übernachten* **** **Kookis Village (6)**, 7 kleine Villen, jede mit privatem Swimmingpool, gruppieren sich hier zu einer hübschen dorfartigen Anlage. Die inseltypisch ausgestatteten zweigeschossigen Häuschen bieten 4 bis 6 Pers. Platz und zudem allen Komfort: Im Erdgeschoss sind eine gut ausgestattete Küche (auch das Bügelbrett fehlt nicht) sowie ein Wohnraum mit DVD-Player, Schlafsofa etc. untergebracht, im Obergeschoss liegen Bad und Schlafzimmer, in den größeren Häusern gibt es selbstverständlich zwei Bäder und zwei Schlafzimmer. Die kleineren Villen kosten 150–250 €, die größeren sind für 180–230 € zu haben. ✆ 2695025324, ℻ 2695025257, www.kookis.gr.

**** **Hotel Harmony (1)**, oberhalb der Küste steht das angenehme Haus mit 28 Studios (2–3 Pers.) und Apartments (bis zu 5 Pers.). Von den schmiedeeisernen Balkonen hat man einen tollen Blick über die Bucht und auf Marathoníssi. Alle Schlafräume sind mit AC ausgestattet. Den Gästen stehen ein schöner Pool, ein kleines Restaurant und eine Snackbar zur Verfügung. Für ein Studio bezahlt man 40–80 €, für ein Apartment 60–140 €, Frühstück ist jeweils eingeschlossen. ✆ 2695026445, ℻ 2695049317, www.zantehotels.gr.

Villa Christína (9), in einem Olivenhain haben Dimítris und seine australische Frau Christína eine hübsche, aus 4 Gebäuden bestehende Anlage aufgebaut. Den Gästen stehen ein hübscher Pool, ein paar kleine Grillplätze, ein Spielplatz und eine Bibliothek mit Sat-TV zur Verfügung. Ein Studio mit AC und großzügigem Balkon (bis zu 3 Pers.) kostet 30–50 €, in den unterschiedlich großen Apartments können zum Preis von 45 bis 80 € bis zu 5 Pers. unterkommen. Wer noch mehr Platz braucht, sollte die sogenannte Villa für 80–150 € mieten. ✆ 2695049208, ℻ 2695044990, www.villachristina.gr.

Studios Kiprianós (4), auffallendes Gebäude an der Zufahrtsstraße nach Límni Kerioú, vom Strand kaum 10 Fußminuten entfernt. Hier fühlen sich viele deutschsprachige Einzelreisende wohl. Schöner, gepflegter Garten mit Pool, kleiner Bar und Kinderspielgeräten. Der freundliche und immer hilfsbereite Kóstas Libéris hält seine Anlage gut in Schuss. Zur Verfügung stehen 13 komplett eingerichtete Studios (für 2–3 Pers.) und 6 Apartments (für 4–5 Pers.) mit AC, von den Balkonen genießt man den Blick aufs Meer. Zu zweit bezahlt man 30–55 €, ein Apartment kostet 60–100 €, auf Wunsch wird in der dazugehörigen Bar bzw. im Hof auch ein gutes Frühstück serviert. ✆ 2695048780, ℻ 2695049146, www.kyprianos.gr.

Studios Herodótos (8), nahe der Pechquelle an der Straße zum Hafen gelegen, ruhig. Geórgios, der zusammen mit seinem Vater die Anlage leitet, betreibt im Erdgeschoss außerdem ein Reisebüro. Die freundlichen Zimmer mit AC, Bad, Kochnische und kleinem Balkon in dem hellgelben Haus kosten zwischen 20 und 40 €, die Apartments (35–60 €) sind für Familien geeignet. ✆ 2695048792, www.herodotosstudios.gr.

• *Essen und Trinken* **Restaurant La Bruschetta (15)**, hoch über der Bucht liegt das empfehlenswerte Lokal von Nino aus Kalabrien und Melanie aus der Südpfalz – ein fantastischer Blick ist garantiert. Und auch die Küche muss man loben: Sie bietet neben wunderbaren hausgemachten Nudeln und guten Pizzen auch feine Gerichte wie Fileto Balsamico oder leckere Fischvariationen sowie köstliche Desserts. Ein wahrer Gaumen- und Augenschmaus ist der Salat in italienischen Farben. Von Ende Mai bis Anfang Oktober jeweils abends geöffnet.

Tavérna Nikólaos (14), eine fast legendäre Einrichtung war das einzeln stehende Haus hinterm Strand – Touristen wie Einheimische ließen sich dort gerne von dem freundlichen Nikólaos und seiner Familie bewirten. Dieses Gebäude ist im Jahre 2008 einer Sprengung zum Opfer gefallen, und Níkos zog mit Sack und Pack in ein anderes Restaurant am Hafen um. Zwar ist die Lage nicht mehr ganz so idyllisch, doch ansonsten ist wieder alles wie früher: Es gibt frischen Fisch, aber auch hervorragende Fleischgerichte, z. B. leckere kleine Souvlákia vom Holzkohlengrill und saftige Koteletts. Dazu schmeckt das auf dem Grill geröstete, mit Olivenöl bestrichene Brot mit Kräutern.

Tavérna Tzanétos (13), direkt daneben betreibt der Bruder von Níkos einen ebenfalls empfehlenswerten Familienbetrieb, in dem traditionelle Küche serviert wird: kross gebratene Kalamária, gegrillter Oktopus, dazu ein Salat – was will man mehr? Wir wurden hier noch nie enttäuscht.

Tavérna Kerí (11), auch hier packt wieder einmal die ganze Familie mit an. Gute Fischgerichte, lecker fanden wir z. B. die Barboúnia und die Spaghetti mit Shrimps, die in einer großen Pfanne serviert werden.

Tavérna Poseidon (3), das große Lokal hoch über dem Strand sieht abends beleuchtet fast wie ein Schiff aus. Eine nette albanische Familie serviert hier gute griechische Küche. Das lecker mit Knoblauch abgeschmeckte Moussaká kommt im Tontopf auf den Tisch. Wunderbarer Blick über den Hafen.

Tavérna To Pósto (5), bei den Einheimischen beliebtes Grilllokal, in dem man hübsch in einem Garten sitzt. Während die Eltern sich Souvláki, Brízola & Co. schmecken lassen, toben die Kleinen auf dem Spielplatz herum.

Bar Mýthos (16), toller Platz für die Happy Hour, wo man nicht nur den weiten Blick auf den Hafen, sondern auch die letzten Sonnenstrahlen genießen kann. Gönnen Sie sich einen Drink oder auch einfach ein Bier, Süßschnäbel freuen sich dagegen über ein Joghurt mit Früchten oder einen Eisbecher.

Marathiá

Für die Bucht von Laganás völlig untypisch ist der recht große Strand mit weißen Kieselsteinen am Kap Marathiá. Oberhalb davon stehen einige Häuser. In dem glasklaren Wasser lässt es sich wunderbar baden, zudem geht es hier noch sehr viel ruhiger zu als an den Sandstränden. Da der Beach nicht allzu steil abfällt, ist er für größere Kinder geeignet. Ein Sonnenschirm- und Liegenverleih ist vorhanden.

• *Anfahrt* Vom Hafen in Límni Kerioú geht oder fährt man zunächst steil aufwärts, dann mal auf, mal ab weiter in Richtung Kap Marathiá. An der Taverne Marathiá Star führt ein Pfad abwärts zu großen Klippen, auf denen man sein Handtuch ausbreiten und sich sonnen kann. Wem das zu unbequem ist, der geht/fährt auf der Straße weiter bis zur zweiten Taverne (To Vótsalo) und folgt von dort einem 200 m langen, steilen Fußweg hinab zum Kiesstrand. Allzu spät sollte man am Nachmittag aber nicht kommen, denn die Felswände werfen früh Schatten.

• *Übernachten (Karte S. 165)* **Villas Cavo Marathiá**, einsam liegt am Ende des Asphaltsträßchens oberhalb vom Kap die wunderschöne Anlage von Jánnis und seiner deutschen Frau Petra. Auch sehr viele Leser waren begeistert. Lassen Sie sich nicht von dem Sperrschild an der Zufahrtsstraße abschrecken! Man wohnt in unterschiedlich großen, sehr geschmackvoll eingerichteten Studios und Apartments mit AC, Kühlschrank, z. T. Sat-TV, immer jedoch mit einem umwerfenden Meerblick vom Balkon; überall wird die Liebe zum Detail sichtbar. Besonders hübsch fanden wir die auf 2 Ebenen angelegten Galeriesuiten. Zur Anlage gehört ein Pool mit Jacuzzi sowie ein Fitnessraum. Zu zweit bezahlt man inkl. bombastischem Frühstücksbuffet 100–120 € bzw. 135–155 € für die neueren Räume. ✆ 26950 22120, ℻ 2695042957, www.vcm.gr.

Beeindruckende Felsen am Südwestzipfel der Insel

Villa Meltémi (17), zwischen Marathiá und Límni Kerioú liegt die gepflegte terrassierte Anlage oberhalb vom Meer. Sie bietet gut ausgestattete, klimatisierte Apartments, in denen auch Familien unterkommen können. Die deutschsprachige Wirtin wohnt nicht auf dem Gelände, deshalb sollte man unbedingt anrufen, bevor man sich auf den Weg zu der Anlage macht. Zu zweit bezahlt man je nach Saison 36–72 €. ✆ 2695048707, 6937564344, ℻ 2695048707, www.villameltemi.gr.

• *Essen und Trinken (Karte S. 169)* **To Vótsalo**, ihren sehr guten Ruf genießt diese Taverne nicht nur wegen des hübschen Ambientes auf der aus Kieselsteinen gemauerten Terrasse, von der man einen wunderbaren Blick auf die Bucht von Laganás hat, sondern auch, weil das Angebot ein bisschen ausgefallener ist als anderswo und zudem prima schmeckt. Als Amuse Gueule bekommt man eine pikante Joghurtcreme zu knackigen Sesamstangen, danach hat man die Qual der Wahl zwischen verschiedenen Vorspeisen: Oktopus in Tomaten-Knoblauchsauce, Pilze in Weinsauce ... Eine gute Wahl ist deshalb die Pikilía (gemischte Vorspeisenplatte), von der auch zwei Personen satt werden können. Sehr empfehlenswert sind auch die Fleisch- und Fischgerichte.

Höhlen von Kerí

Vor allem dann, wenn man keine Gelegenheit hat, den „Blauen Grotten" am Kap Skinári einen Besuch abzustatten (s. S. 256), sollte man sich diese Tour nicht entgehen lassen. Dabei bekommt man faszinierende Felsformationen an der Steilküste zu sehen, z. B. riesige Bögen, unter denen die Boote z. T. hindurchfahren. Dann tuckert man in einige der Höhlen hinein, manche weisen ein phantastisch blaues Licht auf. Höhepunkt ist jedoch das Bad in dem klaren Wasser. Badesachen also nicht vergessen! Hinweise zu Anbietern und Preisen s. „Límni Kerioú/Ausflüge/Adressen" auf S. 164 f.

Wanderung 4: Von Límni Kerioú nach Kerí und über Marathiá zurück

Eine in gut 3,5 Stunden zu bewältigende Rundtour (ca. 11 km), bei der man nicht nur schöne Landschaften sowie ein hübsches Bergdorf durchstreift und tolle Ausblicke genießt, sondern unterwegs auch einen Bade- und einen Tavernenstopp einlegen kann (nehmen Sie trotzdem ausreichend Wasser mit).

In Límni Keriou startet man am **Hafen** (WP 01), steigt, die Bar Mýthos passierend, auf einem Betonsträßchen ca. 400 m steil aufwärts. An einer T-Kreuzung (WP 02, links steht die Villa Meltémi) stößt man auf die Asphaltstraße nach Marathiá. Gehen Sie hier wenige Schritte nach rechts, um gleich darauf nach links auf eine Staubpiste einzubiegen, der Sie weiter steil bergauf folgen. Nach ca. 150 m zweigt ein stark überwachsener Weg nach links ab (WP 03), Sie wandern jedoch an einem großen Haus vorbei geradeaus weiter an der Flanke des stark bewaldeten Berges **Thirío** entlang allmählich aufwärts; alle Abzweigungen bleiben unbeachtet. Nach gut 2 km erreichen Sie auf einem Sattel wieder eine Kreuzung, von hier aus ist das Dorf Kerí zum ersten Mal zu sehen (WP 04). Geradeaus weitergehend stoßen Sie nach 300 m auf eine Asphaltstraße (WP 05). Queren Sie diese (ein Schild mit der Aufschrift „Church of Virgin Mary" weist den Weg) und wandern auf einem schmalen Sträßchen ins Unterdorf hinein. Vorbei an der **Kirche Panagía Keriótissa** (WP 06) kommt man in ca. 10 Minuten zur Straße (WP 07), die von Kerí hinab zum Leuchtturm führt. Links abzweigend hat man in wenigen Schritten die **Platía** (WP 08) erreicht.

Für den Rückweg wandert man vom WP 08 wenige Meter auf der Straße Richtung Zákynthos-Stadt und biegt bei der nächsten Möglichkeit bzw. gegenüber vom Coffeeshop Avrás nach rechts auf eine schmale, ansteigende Betonpiste ab. Hier steht rechts ein **Denkmal** zu Ehren der Gefallenen der Kriege des 20. Jh. (WP 09). Dem Sträßchen folgt man, alle Abzweigungen ignorierend, aus dem Dorf hinaus und passiert dabei ein großes Wasserreservoir. Nach 1,1 km sieht man links vom Weg die Überreste eines **mykenischen Grabes** (WP 10). Es wurde 1958 beim Bau der Straße (damals noch eine Piste) entdeckt. 200 m weiter gelangt man zu einer Abzweigung (WP 11). Gehen Sie links und folgen Sie dann konsequent dem Sträßchen weiter aufwärts. Auch die nächste Abzweigung nach rechts (WP 12) lassen Sie unbeachtet, eine rote Markierung an einer Steinmauer erleichtert die Orientierung. Links wird die Straße nun von einem dichten Kiefernwäldchen, rechts von Olivenhainen gesäumt. 500 m weiter zweigt bei einem **Haus mit Ställen** ein asphaltierter Weg nach links auf den Berg Skopós ab (WP 13). Eine Besteigung lohnt sich nicht. Sie gehen geradeaus leicht abwärts weiter. An der nächsten Gabelung (WP 14, im Jahr 2009 lag ein verrostetes Schild am Boden) halten Sie sich geradeaus, bleiben unmittelbar am Waldrand und kommen bald zu einem Weinberg und einem alten Haus mit auffallendem Backofen. Hier endete 2009 die Asphaltierung. Auf einer Piste wandern Sie nun stets abwärts Richtung Meer, der Blick öffnet sich auf die Laganás-Bucht mit dem Inselchen Marathoníssi bis hinüber nach Zákynthos-Stadt. In einer Linkskurve (WP 15) führt nach rechts eine Piste den Hang hinauf, Sie wandern jedoch nach links weiter abwärts. Ca. 700 m weiter zweigt eine Piste in spitzem Winkel nach links ab (WP 16), Sie gehen jedoch geradeaus weiter und entfernen sich so noch ein Stück weit von Límni Keriou. Nach 800 m zweigt man dann an der nächsten Gabelung (WP 17), rechts und links vom Weg sieht man einen Zaun, endlich nach links ab und nähert sich nun schnell den ersten Häusern von **Marathiá**.

Hinter zwei Gebäuden biegt man links auf eine Asphaltstraße ab (WP 18) und wandert noch 500 m bis zur **Taverne To Vótsalo** weiter (WP 19). Unterhalb von dieser liegt der schöne Strand von Marathiá.

Von der Taverne aus führt ein asphaltiertes Sträßchen zur Taverne Marathiá Star und dann ca. 200 m aufwärts nach Norden. Für diese Anstrengung wird man mit einem tollen Blick auf Límni Keriou belohnt. An der Villa Meltémi (WP 02) zweigt man nach rechts ab und erreicht so in wenigen Minuten den **Hafen von Límni Keriou** (WP 01 bzw. 20).

Das Nonnenkloster Elefheótria in Macherádo

Der Osten: das Flach- und Hügelland

Üppig grün zieht sich von der Bucht von Laganás bis nach Alikés und Katastári ein ausgedehntes Tiefland, in dem auch Zákynthos-Stadt liegt. Doch wer in der ausgesprochen fruchtbaren Ebene nur langweilige Felder erwartet, wird angenehm überrascht, denn die Natur sorgt mit wunderschönen Buchten und Stränden an der Küste und einer von Dörfern gekrönten Hügelkette fast unmittelbar dahinter für Abwechslung. Und auch in den kleinen Bauernorten westlich davon, am Fuße des mächtigen Kalkgebirges, gibt es einiges zu entdecken.

Kaum ein Fleckchen Erde wird hier nicht landwirtschaftlich genutzt: Olivenhaine, Weinberge, Orangen-, Zitronen- und andere Obstbäume, so weit das Auge reicht. An vielen Häusern hängen Schilder mit der Aufschrift „Wein zu verkaufen", zwei große Kellereien vermarkten den Rebensaft ganz professionell. Im Sommer sieht man überall neben den vielen Sträßchen auf Netzen zum Trocknen ausgelegte Korinthen. Kein Wunder, dass der Osten die höchste Bevölkerungsdichte aufweist – zählt man die Einwohner der Chóra dazu, leben im Flach- und Hügelland insgesamt zwei Drittel aller Inselbewohner. Wer einmal nachts die Straße von Kilioméno nach Macherádo hinunterfährt, bekommt eine anschauliche Vorstellung davon – fast fühlt man sich angesichts der Lichter an den Anflug auf eine Millionenstadt erinnert.

Dabei leben die Bewohner in kleinen, dicht beieinander liegenden Dörfern, deren Grenzen nur Insider benennen können. Oft wird der eigentliche Kern erst auf den zweiten oder dritten Blick erkennbar, Ortsschilder zeigen nur an, wo die Gemarkung einer Gemeinde beginnt bzw. aufhört. Nach den Zerstörungen durch das Erdbeben von 1953 hatten sich viele Bewohner dazu entschlossen, ihr Haus im Dorf nicht wieder aufzubauen, sondern stattdessen ein neues direkt bei den oft kilometerweit entfernten Feldern zu errichten. Auf diese Weise entstanden die Streusiedlungen, die für die Gegend so typisch sind. Ganz im Westen ziehen sich die Dörfer die unteren Hänge des Vrachíonas-Gebirges empor, damit ja kein wertvolles Ackerland verloren geht.

Hübsches Fischerboot in Alikanás

Viele Touristen zieht es an die traumhaften Badeparadiese entlang der Ostküste. Besonders britische, aber zunehmend auch deutschsprachige Pauschalgäste fühlen sich in den beiden Touristenzentren Plános/Tsiliví und Alikés mit ihren Sandstränden wohl, und immer beliebter werden auch die kleinen Badebuchten, die zwischen diesen beiden Orten liegen. Wo heute Hotels, Tavernen und Supermärkte stehen und das große Geld verdient wird, hat man vor etwa 30 Jahren noch Felder bestellt. Ihre Besitzer galten übrigens einst als arme Schlucker, war doch der Boden nahe der Küste sandiger und oft auch morastig und damit der am wenigsten fruchtbare des Flach- und Hügellandes. Das Blatt hat sich inzwischen gewendet, denn mit neidvollen Augen blicken manche von „oben“ oder von „weiter innen“ auf die Küstenanrainer, die im Übrigen neben ihrem Hotel, Restaurant etc. oft noch einen kleinen Weinberg sowie einen Olivenhain bewirtschaften.

Routen durch das Flach- und Hügelland

Durch das Gebiet führt ein Gewirr von Straßen, die zum größten Teil von den Briten während ihrer Herrschaft über Zákynthos angelegt wurden. Uninteressant ist die viel befahrene **Durchgangsstraße** von der Chóra nach Katastári, dem größten Dorf der Insel, da sie nur die eher langweiligen Siedlungen Ágios Dimítrios und Ágios Kirikós passiert. Eine schmale, verwinkelte **Küstenstraße** verbindet Plános/Tsiliví mit Alikés. Von ihr zweigen immer wieder Stichsträßchen zu den einzelnen Buchten ab (s. Karte „Strände zwischen Plános/Tsiliví und Alikanás“ auf S. 182 f.). Zwischen diesen Routen verläuft eine **kleine Straße von der Chóra nach Alikés.** Über sie erreicht man die besonderen Schmankerl dieser Gegend, die Weinorte und die Dörfer auf den Hügeln. Auf der **westlichen Straße von Lithakiá nach Katastári** kommt man schließlich durch die Hangdörfer am Fuß des westlichen Kalkberglandes.

Das kleine Felseninselchen Wódi

Plános/Tsiliví

Quirliger Badeort mit traumhaften Stränden und großem Unterhaltungsangebot – eine gute Alternative zu Argássi und Laganás, aber auch hier boomt der Tourismus von Jahr zu Jahr mehr.

Vom stillen Bauernörtchen, dessen Bewohner einst von denjenigen der etwas höher gelegenen Dörfer Tragáki und Kipséli, der damals beliebteren Wohngegenden mit den fruchtbareren Feldern, milde belächelt wurden, hat sich Plános in den letzten Jahrzehnten zum aufstrebenden Ferienort gewandelt. Grund: der zum Ort gehörende Tsiliví-Beach, der sich parallel zu den Häusern von Plános erstreckt. Zu großen Teilen feinsandig und flach abfallend, ist er ideal für Kinder, aber auch für Wassersportler. Hinzu kommt das angenehme Klima, denn aufgrund der im Hochsommer immer mal wieder wehenden Nordwinde empfindet man die hohen Temperaturen als angenehmer als beispielsweise auf der Halbinsel Skopós. Gleichzeitig schützt das am Nordrand der Bucht ins Meer ragende Kap Gaídaros die Badenden vor zu starken Wellen.

Das Zentrum der lang gezogenen Siedlung befindet sich zwischen dem Rathaus und der Bushaltestelle bzw. dem Taxistandplatz, aber auch weiter westlich bestehen an den Zufahrten zu den einzelnen Strandabschnitten Verdichtungen mit guter touristischer Infrastruktur. Als angenehm empfinden viele Besucher die Nähe zu Zákynthos-Stadt, doch dieser Umstand führt andererseits auch dazu, dass insbesondere an den Wochenenden an den Stränden ein ziemliches Gedränge herrscht. Dennoch sind diese (wie auch das Wasser) sehr sauber, wofür sie schon häufig mit der im Rahmen eines europäischen Programmes für Naturschutz vergebenen „Blauen Flagge“ ausgezeichnet wurden.

Von vielen unbemerkt bleibt leider das schöne Hinterland von Plános, die Dörfer auf den östlichen Hügeln, in denen die Uhren noch etwas anders gehen. Ein ideales Gebiet für Spaziergänge und Radtouren!

Verbindungen/Parken/Adressen

- *Verbindungen* Mit der Inselhauptstadt bestehen häufige **Busverbindungen**, 1- mal tägl. kann man auch zum Zante Water Village sowie nach Laganás, Kalamáki und Argássi gelangen. Genauere Informationen S. 66. Die Haltestelle befindet sich gegenüber dem großen Supermarkt Arkadianós. An dieser Kreuzung warten außerdem oft mehrere **Taxis** auf Kundschaft, ein weiterer Standplatz befindet sich im westlichen Ortsteil. ✆ 2695048400.
- *Parken* Ein großer kostenfreier Parkplatz befindet sich an der östlichen Zufahrt zum Strand, ein weiterer an der Durchgangsstraße.
- *Apotheke* Nahe der großen zentralen Kreuzung bekommt man Aspirin & Co.
- *Ärztliche Versorgung* Neben der Gesundheitsstation sind während der Saison tägl. in den Vormittags- und Abendstunden 2 Arztpraxen besetzt (vgl. Plan). Sie sind unter folgenden Telefonnummern erreichbar: ✆ 2695022553 und 2695028562.
- *Auto-/Zweiradverleih* Es besteht ein überaus großes Angebot, unsere Auswahl macht nur einen Bruchteil der tatsächlich vorhandenen Anbieter aus:

Rent a Car Márgaris, verfügt gleich über zwei Büros in Tsilivi, Leser lobten den Service und die Autos der alteingesessenen Agentur sehr. ✆ 2695042145.

Blue Bird Rentals, im südöstlichen Teil des Ortes. Hier bekommt man neben Autos auch Zweiräder mit und ohne Motor sowie Quads. ✆ 2695027361.

Bike Land, am westlichen Ortseingang werden viele Fahrräder, aber auch Scooter und Quads vermietet. ✆ 6982615651.

- *Geld* An drei **Bankautomaten** (vgl. Plan) bekommt man mit EC- oder Kreditkarten Bargeld.
- *Internet* Als Internetcafés fungieren die Space Bar im südöstlichen Ortsteil sowie die Breeze Bar weiter westlich.
- *Kutschfahrten* Gegenüber dem zentralen Taxistand warten am Abend Droschken auf Kundschaft, der Preis ist Verhandlungssache.
- *Reisebüros* Dasselbe Bild wie in den anderen Touristenorten. Alle großen Agenturen auf der Insel haben Niederlassungen in Plános/Tsiliví und bieten die bekannten Ausflüge auf Zákynthos, nach Kefaloniá und hinüber zum Festland an. Mit Bussen wird man in die Chóra bracht, wo die eigentliche Tour dann beginnt. Genauere Informationen zu den Ausflügen finden Sie im Kapitel „Zákynthos-Stadt" auf S. 102 f. Buchen kann man die Touren z. B. bei **Pélargos** (✆ 2695023155) und **Mamfreda's Tours** (✆ 2695042110). Neben dem üblichen Angebot bietet die Holländerin Jacky zusammen mit ihrer Kollegin Christina in ihrer Agentur **Neféli** auch sog. Vip-Trips in kleinen Bussen bzw. Booten an. Diese Trips können bei entsprechender Nachfrage individuell gestaltet und auch auf Kinder abgestimmt werden (✆ 2695048004).
- *Unterhaltung/Kinder* Neben einer Minigolf- und einer Autoscooteranlage sorgt auch das Reptile House nahe dem Restaurant Manos Grill für Abwechslung.
- *Tankstelle* Im westlichen Ortsteil an der Ausfallstraße Richtung Tragáki kann man auftanken.
- *Wäscherei* Wer keine Lust hat, seine Wäsche selbst vom Schmutz zu befreien, bringt seine Sachen in die Niederlassungen von **Launderette**. Eine Waschmaschinenfüllung kostet 6 €, dasselbe bezahlt man noch einmal, wenn die Wäsche danach auch in den Trockner soll. Tägl. 10–14 und 19–22.30 Uhr.

Einkaufen

- *Bäckerei* Größeres Gebäude an der Durchgangsstraße, gute Auswahl an Brot und leckerem süßen Gebäck.
- *Lebensmittel* Jede Menge **Supermärkte** sind über den ganzen Ort verstreut. Zu den größten gehören Arkadianós und DIA, beide unweit vom zentralen Taxistand, sowie Gaïtanós an der Durchgangsstraße Richtung Alikanás.
- *Souvenirs* Das übliche Angebot, wer intensiv sucht, findet aber doch etwas Besonderes.

Strandvergnügen für Groß und Klein

Trenta Nove, schöner, kleiner Laden an der zentralen Stichstraße zum Strand. Viele der hier angebotenen Dekoartikel werden von der Besitzerin María selbst entworfen und von ihrem Bruder Dennis verwirklicht. Im Angebot außerdem mediterrane Keramik sowie Porzellan, aber auch auf der Suche nach traditionellen Schattenspielfiguren kann man hier fündig werden.

Authentic, der runde Pavillon lenkt die Aufmerksamkeit auf sich. Im Innern findet man ein recht hübsches Sammelsurium aus Schmuck, Keramik, Porzellanpuppen in zakynthischer Tracht und vielem mehr.

Sávvas führt Goldschmuck in recht guter Qualität.

Ceramic Art Studio, in Marinéika, einem kleinen Weiler westlich von Plános (vorbei am Rathaus, gut einen Kilometer geradeaus bis zu Dennis' Pizzeria, dann rechts und weitere 1,5 km auf dieser Straße), bietet Dionysía Avoúri ihre hübschen Kunstobjekte und Gebrauchswaren aus Keramik an, u. a. mit Schildkröten-, Fisch- und Olivenmotiven.

Baden/Wassersport/Bootsausflüge

• *Baden* Insbesondere die Strände im östlichen Abschnitt der Bucht **(Tsiliví Beach)** sind besonders feinsandig, relativ breit und deshalb sehr kinderfreundlich. Der westliche Abschnitt, auch **Paralía Boúka** genannt, besteht aus einem Kies-Sand-Gemisch und ist schmaler. Unterhalb vom **Kap Gaídaros** liegt ein hübscher kleiner Fischerhafen, auch dort kann man sehr schön baden. Überall werden Sonnenschirme und Liegen vermietet, zum Teil gibt es auch Süßwasserduschen.

• *Wassersport* Für Abwechslung am Strand sorgen ein **Tretbootverleih** und die besonders gut ausgerüstete **Tsiliví-Watersport-Station**. Hier gilt wieder einmal: Es gibt nichts, was es nicht gibt, und das auch noch in enormer Stückzahl.

Im Fischerhafen Limanáki wurden 2009 Touren mit einem Speed Boat zum Shipwreck-beach angeboten.

• *Tauchen* Die unter griechisch-schwedischer Leitung stehende Tauchschule **Eurodivers** bietet tägl. Ausflüge in das Gebiet von Laganás an. Eine Tour mit zwei Tauchgängen kostet ab 58 €, je mehr Touren man bucht, desto billiger wird's. Wer mag, lässt sich beim Tauchen gegen ein Entgelt (12 € für 3 Fotos) ablichten. ✆ 2695029581, www.eurodivers.nu.

Übernachten

Auch in Plános/Tsiliví dominiert der Pauschaltourismus, vor allem aus Großbritannien und auch aus Mitteleuropa. Insbesondere die Hotels entlang der Durchgangsstraße sind in der Hauptsaison von diesem Kundenkreis oft vollständig belegt. Viel schöner und auch ruhiger wohnt man aber ohnehin an den verschiedenen Strandabschnitten, und in einigen Häusern hat man dort auch als Individualtourist gute Chancen, ein Dach über den Kopf zu bekommen.

**** **Hotel Caravel (10)**, eine der komfortabelsten Unterkünfte auf der Insel, die viele Urlauber während ihres Aufenthaltes wahrscheinlich kaum verlassen, denn es gibt nichts, was es nicht gibt: Animationen, einen Pool mit großer Liegewiese, einen Tennisplatz, mehrere Restaurants und Bars, einen „Game Room", einen gut sortierten Minimarkt etc. Die 160 geschmackvoll eingerichteten Zimmer verfügen über eine hervorragende Ausstattung (Fön, AC, Kühlschrank, Sat-TV), und auch bei den z. T. mit Marmor verkleideten Bädern wurde nicht gespart. Sehr freundlicher Service, an der Rezeption spricht man Deutsch, schließlich fühlen sich hier auch viele mitteleuropäische Pauschalurlauber wohl. Das DZ kostet 100–160 €, inkl. American Breakfast, selbstverständlich kann man auch All-inclusive buchen. ✆ 2695045261, ℻ 2695045548, www.caravelzante.gr.

**** **Hotel Alexandra Beach (5)**, etwas abseits vom großen Rummel hübsch auf einem Hügel oberhalb der Küste gelegene Anlage mit großem Pool und hauseigenem Restaurant, in der sich viele Pauschalgäste auch aus deutschsprachigen Ländern wohlfühlen. Unterhalb davon zieht sich ein schmaler Sandstrand rund um eine Felsnase. Die insgesamt 120 geräumigen Zimmer und Bungalows mit schönen Balkonen (Meerblick) sind mit Bad, AC, Kühlschrank und Fön ausgestattet. Für ein DZ bezahlt man je nach Saison 80–120 € inkl. Frühstück, mit Halbpension legt man 95–135 € auf den Tisch. ✆ 2695026190, ℻ 2695026189, www.alexandrabeachotel.com.

**** **Hotel Phoenix Beach (1)**, sehr schön und ruhig direkt am Strand gelegen, es lockt aber auch die großzügige Terrasse mit ansprechendem Pool. In den 42 Zimmern kommen hauptsächlich englischsprachige Pauschaltouristen unter. Lassen Sie sich einen der im oberen Stockwerk gelegenen Räume geben – dort ist die Aussicht wesentlich besser. Ein DZ mit AC, Sat-TV, Kühlschrank und Balkon (teilweise Meerblick) kostet inkl. Frühstücksbuffet 70–100 €. ✆ 2695022483, ℻ 2695022487, www.phoenixbeachhotel.gr.

*** **Hotel Strofádes (15)**, im Jahr 2002 wurde die komfortable Anlage am östlichen Ortsrand von Plános eröffnet. Die freundlich eingerichteten Zweibett-, Dreibett- und Familienzimmer mit Balkon (Meerblick), AC, Fön, Minibar sowie z. T. auch mit Internetanschluss und Pay-TV liegen in mehreren Gebäuden um den Pool herum; außerdem gibt es ein Restaurant, zwei Bars und einen Minimarkt. Zu zweit bezahlt man 80–120 €

inkl. Frühstücksbuffet. ✆ 2695024530, 📠 269 5049227, www.strofadeshotel.gr.

** **Hotel Balcony (12)**, an der Straße von Akrotíri nach Plános/Tsiliví liegt in traumhafter Lage dieser empfehlenswerte Familienbetrieb. Von den Balkonen hat man einen umwerfenden Panoramablick auf die gesamte Bucht, an den Sandstrand führt eine Treppe hinunter, vom Ortszentrum liegt das Hotel allerdings gut 1 km entfernt. Ab Anfang Mai geöffnet. Die 34 freundlichen, unterschiedlich großen Zimmer (Kühlschrank, AC, Fön, die neueren verfügen über großzügigere Bäder entweder mit Dusche oder Badewanne), kosten 55–90 € inkl. Frühstück. Für ein Apartment (4–5 Pers.) mit Kochnische bezahlt man, wiederum mit Frühstück, 70–120 €. ✆ 2695026179, 📠 269502 8638, balcony@zakynthos-net.gr.

** **Hotel Anétis (4)**, zentral und doch ruhig in unmittelbarer Nähe zum Strand. In all dem Trubel von Plános ist das Haus ein echt uriges griechisches Hotel geblieben, in dem Individualtouristen besonders gute Chancen haben. Mittlerweile hat der junge Dennis das Regiment in dem Familienbetrieb übernommen. Die 12 Zwei-, Drei- und Vierbettzimmer sind zweckmäßig mit Kühlschrank und AC ausgestattet, von den Balkonen hat man Meerblick. Zu zweit zahlt man zwischen 30 und 60 €, Frühstück kostet extra (3 €). ✆ 2695028839, 📠 2695028758, www.gozakynthos/gr/hotels/anetis.

Studios Trenta Nove (7), oberhalb bzw. an der Rückseite des gleichnamigen Shops vermieten dessen Besitzer 8 sehr empfehlenswerte Studios mit AC, Kühlschrank, schönem Bad und z. T. 2 Balkonen (Meerblick). Geschmackvolle und qualitätsbewusste Ausstattung in zartem Hellgrün, auch praktische Helfer wie Fön, Bügelbrett und Bügeleisen fehlen nicht, vor eventuellem Lärm schützen doppelte Fenster. Die oberen Zimmer haben den schöneren Ausblick. Zu zweit bezahlt man 35–50 €, jedes weitere Kind wird mit 4 € berechnet. ✆ 269 5045728, www.zanteweb.gr.

Domátia Ánna (16), an der Durchgangsstraße, einige Räume sind aber nach hinten gerichtet. Bei Ánna fühlen sich vor allem Familien mit Kindern wohl, ihre geräumigen Wohnungen verfügen nämlich über 4 Betten und sind mit AC, Bad, Küche und Balkon praktisch eingerichtet. Zu viert kostet eine Wohnung in der Nebensaison 40 €, im August 60 €. ✆ 2695049015.

Essen und Trinken (s. Karte S. 176/177)

Restaurant Majestic (19), im Zentrum von Plános, bietet auf seiner schönen Terrasse ein Riesenangebot vom Frühstück bis zum Abendessen und ist auch deshalb meist sehr gut besucht. Neben Moussaká, Souvláki & Co. gibt es auch viele internationale Gerichte. Beliebt sind vor allem die Crêpes mit verschiedenen Füllungen. Im Angebot ist auch das Eis der bekannten Firma Dodóni. Tagsüber geöffnet.

Tavérna Olive Tree (20), schräg gegenüber speist man unter einem Olivenbaum in einer alteingesessenen Taverne hauptsächlich Landestypisches. Sehr würzig fanden wir den aus Wurst und Gemüse bestehenden Eintopf Spetsofái und die Muscheln à la Chef.

Restaurant Renzo Enzo (23), die richtige Adresse für Fans der italienischen Küche. Klassisches Vorspeisenrepertoire, außerdem gibt es gute Pastavariationen – lecker z. B. mit Spargel und Scampi – sowie einige vegetarische Gerichte, Pizzen und natürlich auch tolle Desserts. Probieren Sie einmal die Profiteroles!

Restaurant Trenta Nove (8), man sitzt in einem großen Garten unter Eukalyptus- und Nadelbäumen besonders schön und ruhig – wirklich angenehm, dass hier keine laute Musik aus irgendwelchen Bars die Tischgespräche übertönt! Auf der Speisekarte können Sie eine kulinarische Reise durch alle Kontinente unternehmen. Selbstverständlich darf man absolut authentische Küche nicht erwarten, wenn man z. B. italienische Pasta oder ein chinesisches Reisgericht wählt – sicherer fährt man mit den griechischen Speisen. Gut fanden wir z. B. die Papoutsákia (gefüllte Auberginen). Große Auswahl an Salaten.

Tavérna Koúkos (17), trotz Touristentrubel und der üblichen meterlangen Speisekarte ist dieses Lokal immer noch eine bodenständige Taverne geblieben. Bei Familie Koúkos aus Ágios Dimítrios bekommt man leckere zakynthische Gerichte, mehrere Vorspeisenplatten (sehr empfehlenswert der ellinikó Piáto) und Gutes vom Grill wie z. B. das saftige Kontosoúvli oder zarten Oktapódi. Auch Leser waren von dem Gebotenen angetan.

Restaurant Anétis (3), keine Frage, der Koch in diesem zum gleichnamigen Hotel gehörenden Lokal versteht sein Handwerk. Täglich frisch bereitet er ausgezeichnete zakynthische Hausmannskost zu. Dazu schmeckt der Hauswein, der aus zwei riesigen Holzfässern gezapft wird.

Mános Grill (13), hat zwar den Standort gewechselt, doch abgesehen davon ist alles beim Alten geblieben. Wer mal wieder Lust auf ein deftiges Gýros oder eine würzige Souvláki-Pitta hat, ist in dem kleinen Lokal an der Durchgangsstraße genau richtig.

Tavérna Avgoustís (2), romantisches Plätzchen im westlichen Strandbereich (Paralía Boúka). Auf einer hübschen Terrasse ohne großen Schnickschnack kann man hier sehr gut Fisch und griechische Gerichte aus dem Ofen oder Kochtopf essen.

Tavérna Limanáki (6), toller Platz auf einer großen Terrasse mit wunderbarem Blick vom kleinen Fischerhafen Limanáki über den Strand bis zum Felseninselchen Wódi. Abends wird gegrillt, tagsüber gibt es aber auch ein ordentliches Angebot an griechischer Küche, darunter auch einfache Fischgerichte wie Xifías und Kalamáres.

Old Vineyard Tavérna (9), hinter dem Hotel Caravel liegt oberhalb vom Strand das kleine, unauffällige Lokal, das wegen seiner authentischen zakynthischen Küche einen guten Ruf genießt. Fußgänger erreichen es am besten über einen Weg durch das Gelände des Hotels Caravel (beschildert), mit dem Fahrzeug fährt man Richtung Alikanás und folgt hinter dem Ortsschild Tragáki den entsprechenden Wegweisern.

Restaurant Balcony (11), an der Straße zum Kap Akrotíri spektakulär oberhalb vom Tsilivi-Strand gelegen. Schöner Platz für einen Snack oder einen Frappé, der hier gerne auch mit Vanilleeis serviert wird. Wer großen Hunger hat, sollte das Moussaká bestellen, eine Spezialität der Mama des Hauses. Den tollen Blick auf den Strand und das Felseninselchen Wódi gibt's gratis dazu.

Nachtleben (s. Karte S. 176/177)

Es gibt jede Menge Bars, in einigen bekommt man Abend für Abend meist englische Livemusik geboten.

Joker (21), in dieser Dancing-Bar sorgen wechselnde Events wie eine Elvis Clone Show oder Karaoke Night für Abwechslung.

Magdaléna's (18), fungiert tagsüber als Internetcafé, abends gibt's auch hier ein ständig wechselndes Programm wie die unvermeidlichen Karaokeabende. Vielleicht haben Sie ja auch Lust auf eine Shanghai Night?

Planet (14), auffälliges Terrassenlokal an der Durchgangsstraße. Die Auswahl an Cocktails ist so groß, dass man jeden Abend einen anderen schlürfen kann.

Paradise (22), jeden Montag gibt es hier eine griechische Nacht, ansonsten locken Karaoke-Veranstaltungen und Sport Events auf dem Bildschirm. Großes Angebot an Cocktails.

Radtour/Wanderung 5: Von Plános zu zwei Hügeldörfern und zurück

Machbar ist die Tour sowohl zu Fuß als auch mit dem Drahtesel. Da man aber ständig zwar meist stille, aber doch durchweg asphaltierte Straßen benutzen muss, schlagen wir Letzteres vor. Man kommt dabei, mal bergauf, mal bergab, in zwei der sogenannten Hügeldörfer, nach Tragáki und Kipséli. Obwohl diese Dörfer nur wenige Kilometer von der Küste entfernt liegen und mit dieser durch zahlreiche Besitzungen verbunden sind, bieten sie ein völlig anderes Bild als die Strandsiedlungen (Genaueres zu Tragáki und Kipséli finden Sie auf S. 196 ff.). Zu Fuß benötigen Sie für die 14,5 km lange Tour ca. fünf bis sechs Stunden, mit dem Rad weniger als die Hälfte. Unterwegs findet man mehrere einfache Kafenía.

In Plános startet man am Taxistand bzw. an der zentralen Kreuzung (WP 01) und verlässt den Ort auf der Küstenstraße in nordwestliche Richtung. Zunächst verläuft sie eben, erst nach 1,7 km steigt sie beim Ortsschild „Tragáki" (das eigentliche Dorf ist aber noch lange nicht erreicht) allmählich an. Nach weiteren 500 m zweigt man an einer Kreuzung (WP 02) links Richtung Tragáki ab, rechts geht es zum imposanten Kap Gaídaros mit seinem malerischen Fischerhafen. Steil aufwärtsgehend/fahrend, erreicht man 700 m weiter eine Kreuzung mit dem Schild „Iéron Naós Panagía Dermatoússa" (WP 03). Wandert oder radelt man von hier aus auf einem schmalen, mit Platten belegten Weg 200 m weiter aufwärts, gelangt man zu dem verfallenen **Dermatoússa-Kloster** (WP 04). An dieser Stelle soll einst eine in Leder (Dérma) eingewickelte Marienikone in einem Baum gefunden worden sein.

Die Rundtour führt zurück zu WP 03, weiter nach links und unmittelbar danach wieder links den Berg hinauf (Schild „Tragáki"). Etwa 2 km weiter hält man sich an einer Gabelung (WP 05) – hier trifft ein anderes Sträßchen auf das von Ihnen benutzte – halb rechts, und schon bald liegt das Dorf **Tragáki** vor einem. In diesem zweigt man an der kleinen Platía (WP 06) nach links ab, kommt bald wieder zum Ortsausgang und sieht auf dem gegenüberliegenden Hügel schon das nächste Etappenziel, Kipséli, liegen.

Man folgt der steil bergab führenden Straße nach links und erreicht nach ca. 1 km unten in einer Senke eine T-Kreuzung (WP 07). Hier hält man sich rechts und steigt/fährt zwischen alten, knorrigen Oli-

Osten: Flach- und Hügelland

venbäumen aufwärts zum hoch gelegenen Dorf **Kipséli**. Gleich am Dorfeingang zweigt man noch vor dem Kafepantopolíon halblinks ab, ein Schild mit der Aufschrift „Beach" weist den Weg (WP 08). Ein wunderschönes, gewundenes Landsträßchen führt zwischen Olivenbäumen ca. 1,5 km abwärts erneut zu einer **T-Kreuzung** (WP 09). Hier ist mit einem Supermarkt, einer Taverne, einer Bäckerei und einem Kartentelefon eine kleine „Versorgungsstation" für die nahe liegenden Strände entstanden. Nach rechts auf die Küstenstraße abzweigend, passieren Sie bald eine Ölmühle. Halten Sie sich 1 km weiter an einer Kreuzung (WP 10) geradeaus. Nur 100 m weiter biegt man an der nächsten Kreuzung (WP 11) nach links ab. Bleiben Sie nun immer auf dieser Straße. Nach weiteren 4 km erreichen Sie wieder Plános (WP 12).

Zwischen Plános und Alikanás

Schöne Badebuchten mit sauberen Sand- bzw. Sand-Kies-Stränden reihen sich zwischen dem Kap Gaídaros und dem Kap Agía Kiriakí aneinander. Sie gehören zu den Hügeldörfern und sind teilweise auch nach ihnen benannt. Mittlerweile verfügen sie über eine gute touristische Infrastruktur, es herrscht kein Mangel an Hotels, Tavernen etc.

Anfahrt/Verbindungen Von der Straße Plános – Alikés führen kurze Stichwege (teilweise durch Hotelhinweise ausgeschildert) zu den einzelnen Stränden hinab.

Ámboula-Beach/Katragáki-Beach

Nur 3 km von Plános entfernt liegt der sehr gepflegte Ámboula-Beach, ein z. T. mit feinen Kieseln durchsetzter Sandstrand. Auch hier weht wieder die „Blaue Flagge" als Auszeichnung für die Sauberkeit von Strand und Wasser. Das Angebot an Wassersportmöglichkeiten ist gut, außerdem werden Sonnenschirme und Liegen verliehen. Etwa 1 km weiter westlich liegt der Katragáki-Beach, ein ruhiger Minikiesstrand.

• *Übernachten* (s. Karte S. 182/183) ****** Hotel Iberostar Plágos Beach (15)**, Ámboula-Beach. Eine der besten Adressen der Insel. Wie überall lässt es die Iberostar-Kette auch hier nicht an Komfort fehlen. Strahlend weiß ist der Eingangsbereich, die großzügigen 161 Einzel-, Doppel- und Familienzimmer liegen in mehreren Wohngebäuden, ausgerichtet zum Garten oder Meer. DZ je nach Lage 90–176 €, inkl. Halbpension. Dafür stehen einem dann aber auch vielfältige Einrichtungen wie Tennisplatz, Billardtische, Pool mit Kinderschwimmbecken etc. und ein Animationsprogramm kostenfrei zur Verfügung. ✆ 2695 062800, 📠 2695062900, www.iberostar.com.

Studios Fiorentinós (12), Katragáki-Beach. Sehr empfehlenswerte Adresse für alle, die gerne abgeschieden und ruhig wohnen. Auf einem hübschen Gelände mit Garten, Spiel- und Grillplatz vermietet eine nette Frau aus Tragáki 4 geräumige Studios mit Balkon oder Veranda zum Preis von 30–50 € sowie 2 Apartments für 50–70 € an Individualtouristen. Viele kommen immer wieder. ✆ 2695063323, 6932626844.

Camping Zante, Ámboula-Beach. An der Küstenstraße gelegen, die Entfernung nach Plános beträgt ca. 2 km. Geführt wird die gut ausgestattete Anlage (Restaurant, Minimarkt) von der netten Elefthería. Gepflegte sanitäre Anlagen, neue Gemeinschaftsküche mit Waschmaschine, Pool, direkter Zugang zu einem kleinen Kiesstrand. Pro Pers. 5,50 €, Zelt 4–5 €, Auto 3 €. Von Mai bis Ende September geöffnet. ✆ 269506 1710, 📠 2695063030.

• *Essen und Trinken* **Tavérna Ámboula (16)**, Ámboula-Beach. Alteingesessenes Lokal direkt am Strand, von der spektakulären Terrasse hat man einen tollen Blick aufs Meer. Da schmeckt der fangfrische Fisch noch einmal so gut.

Tavérna Katragáki (14), Katragáki-Beach. Etwas zurückversetzt von der Küstendurchgangsstraße gelegen. Aus der Küche kommt gute Hausmannskost. Lecker fanden wir z. B. das Pastítio.

• *Sonstiges/Ámboula-Beach* Oberhalb des Strandes findet man an der Durchgangsstraße alles für den täglichen Bedarf in einem **Supermarkt** mit Brotverkauf. Dort gibt es auch ein **Kartentelefon** und einen **Briefkasten**.

Pachiá Ámmos Beach

Durch Olivenhaine führt die Stichstraße hinab zum Meer (Schild Hotel Tsámis Zante), eine rege Bautätigkeit weist darauf hin, dass hier in den nächsten Jahren noch einige Hotels entstehen werden. Oberhalb der Klippen hat man von der Ágios-Charálambos-Kapelle einen wunderbaren Rundblick. Die steinernen Bänke auf dem Vorplatz des Kirchleins werden vor allem bei der jährlichen Feier des Namenstages des Heiligen am 10. Februar genutzt, wenn viele Zakynther hierher kommen.

Oberhalb der Kapelle kann man außerdem einen gut erhaltenen, gedrungenen Wachturm aus der Zeit der Venezianer bewundern. Unterhalb davon liegt die Paralía Pachiá Ámmos, ein schmaler Sandstrand. Einige Klippen, die Zeugnis eines schrecklichen Ereignisses sind (s. Kasten S. 182), setzen malerische Akzente.

• *Übernachten* ****** Hotel Tsámis Zante (9)**, gepflegte, gut geführte Anlage, in der sich viele deutschsprachige Pauschal- und Individualreisende aufhalten. Die beiden traumhaft über dem Meer gelegenen Pools entschädigen dafür, dass der Strand nicht der allerbeste der Insel ist. Auch ein Fitnessraum und SPA-Angebote sorgen für Abwechslung. Im Restaurant kann man sich am Buffet bedienen oder á la carte speisen. Im Angebot sind komfortable DZ mit AC, Sat-TV und Minibar für 85–140 €

Osten: Flach- und Hügelland

oder Familienapartments für 130–210 €, jeweils inkl. Frühstück. ✆ 2695062962, 📠 26950 61659, www.tsamis-zante.com.

• *Essen/Trinken* **Tavérna Pórto Roúli (7)** einsam am schmalen Sandstrand von Pachía Ámmos liegt das unscheinbare Haus des Fischers Dionýsios Avgoustís, der von seinen Freunden „Roúli" genannt wird. Frau und Tochter servieren, was der Vater in der Nacht zuvor gefangen hat: leckere Fische in allen Größen, dazu schmecken frische Salate und eine deftige Skordaliá. Die Portionen sind so üppig, dass das Essen fast über den Tellerrand quillt. Auch Liebhaber von gegrilltem Fleisch kommen auf ihre Kosten, oft gibt's auch etwas aus dem Kochtopf. Wunderbare Adresse für ein Mittagessen am Meer!

• *Einkaufen/Tanken* Gute Versorgungsmöglichkeiten, Tankstellen, Supermarkt und **Bäckerei (11)** findet man an der Kreuzung oberhalb von Pachía Ámmos.

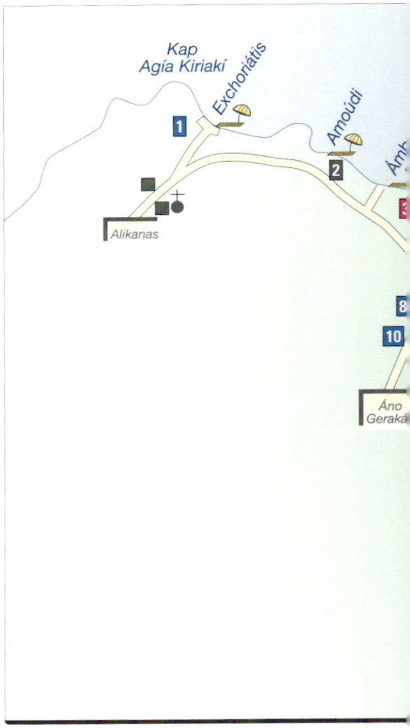

Drossiá-Beach

Unterhalb des Hügeldörfchens Kipséli liegt der sehr schmale Sandstrand, nur an wenigen Stellen wird er etwas breiter. Hier geht es auch noch im August ruhig zu, und in der Nähe gibt es weitere kleine, einsame Badeplätze, an denen man in der Nebensaison oft ganz alleine ist.

Gedenke des Feiertags, dass du ihn heiligst ...

Maróki tou Papá, Steine des Priesters, werden die Klippen auch genannt, denn ein Gottesmann war es, der hier einst fürchterlich für den Bruch des Feiertagsgebotes bestraft wurde. Dieser Pfarrer wollte nämlich an einem Namenstag eines Heiligen mit seinem Boot zum Fischen hinausfahren. Da kam ein frommer Mensch daher und erinnerte ihn daran, dass man an einem derartigen Tag doch nicht arbeiten dürfe. Das interessiere ihn nicht weiter, entgegnete der Papás trotzig, schließlich feiere man nahezu täglich irgendeinen Heiligen, da käme er ja nie zum Fischen. Entschlossen ruderte er los, doch nach wenigen Augenblicken erfasste eine riesige Welle sein Boot, zerbrach es und schleuderte die Stücke an den Strand. Diese wurden wie der Priester selbst zu Stein bzw. zu den Klippen, die Sie hier sehen.

• *Übernachten* In vereinzelt zwischen Feldern und Gärten stehenden Häusern werden Studios vermietet. Für Ruhesuchende ein Tipp!

Ilíessa (13), nicht am Strand, sondern 800 m davon entfernt vermieten Chará und Dionýsios Papageorgópoulos 5 idyllisch, mitten zwischen Oliven-, Zitronen- und Granatäpfelbäumen gelegene, geschmackvoll eingerichtete Steinhäuschen für 2–5 Pers. Von den Veranden hat man einen wunderbaren Blick auf die Küste, die Ausstattung lässt

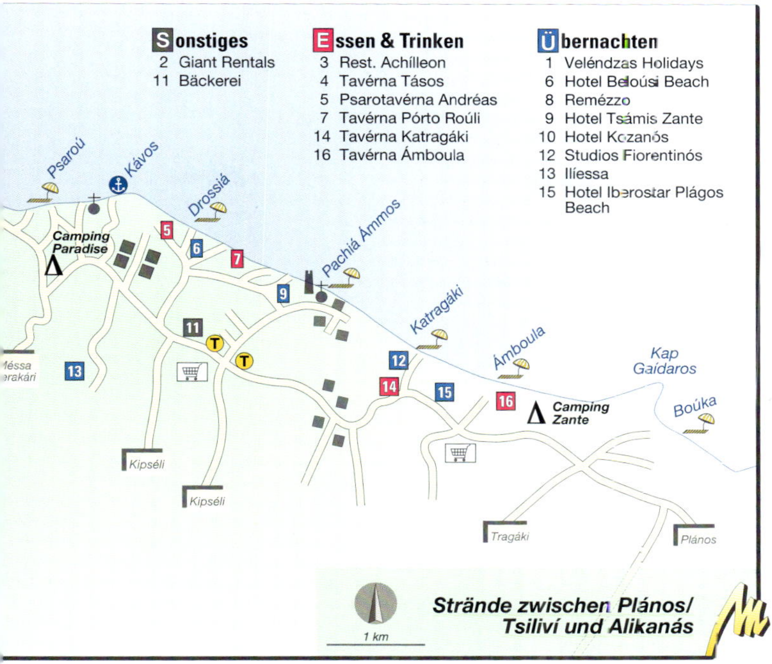

mit Küche, AC, Aufenthaltsraum nichts zu wünschen übrig; tägl. Reinigung. Für ein Häuschen bezahlt man je nach Größe und Saison 50–120 €. ✆/📠 2695027707, www.ilyessa.gr.

*** **Hotel Beloúsi Beach (6)**, direkt am Strand werden in einem zweistöckigen Gebäude Studios in unterschiedlicher Ausstattung und Familienapartments v. a. an Pauschal-, aber auch an Individualgäste vermietet. Pool vorhanden. Empfehlenswert ist auch das angeschlossene Restaurant. Für ein Studio zahlt man je nach Größe und Saison 60–100 €, für ein Apartment 80–140 €, alle Mahlzeiten sind im Preis inbegriffen. ✆ 2695061954, 📠 2695062995, www.belussi-beach.com.

• *Essen und Trinken* **Psarotavérna Andréas (5)**, der gleichnamige freundliche Besitzer serviert in seiner urigen Taverne direkt am Hauptstrand von Drossiá frischen Fisch und Gemüse aus dem eigenen Garten; empfehlenswert.

Psaroú-Beach

Einst ohne Zweifel einer der schönsten Flecken zwischen Plános und Alikanás, der zudem bisher vom Pauschaltourismus noch kaum entdeckt worden ist. Mittlerweile wird aber sowohl oben an der Durchgangsstraße als auch unten am Strand sehr viel gebaut – wirkliche Idylle kann man also auch hier nicht mehr erwarten. Die erste Zufahrtsstraße (Schild „Kávos") führt zur Anlegestelle für die Fischerboote, von der die Gegend ihren Namen (Fischerstrand) hat. Das weiter nördlich abzweigende Sträßchen endet an einem schmalen Strand mit feinem Sand unterhalb einer malerischen **Marienkapelle,** Liegematten und Sonnenschirm, wenn man beides unbedingt benötigte, musste man 2009 noch selbst mitbringen. Im Hinterland breiten sich üppige Felder und Gärten aus und unmittelbar vor der ersten Abzweigung entdeckt man noch eine der für das einstige Zákynthos so typischen Vergákia-Hütten (siehe S. 211).

• *Übernachten* **Camping Paradise**, sehr gepflegter Platz, von Pappeln, Eukalyptus-, Bananen-, Oliven- und Maulbeerbäumen bestanden. Gute Ausstattung (Minimarkt, Taverne, saubere sanitäre Anlagen, Wasch- und Bügelplätze sowie Küchen), der nette Besitzer steht bei Fragen mit Rat und Tat zur Seite. Preise je nach Saison: Pers. 4,50–6 €, Zelt 3,50–6 €, Wohnwagen 5–6 €, Stromanschluss 4 €, Auto 3–3,50 €. ✆ 2695061888.

Zimmer findet man z. B. an dem Zufahrtssträßchen mit dem Schild „Kávos".

• *Essen und Trinken* Unterhalb der Kapelle Panagía Psaroú sitzt man sehr schön in einer einfachen **Strandtaverne**, die von vielen Griechen zum Fischessen aufgesucht wird, aber auch ein umfangreiches Angebot an Snacks bietet.

Amoúdi-Beach/Ámboula-Beach

In derselben großen Bucht, nur durch einen Felsvorsprung von Psaroú getrennt, ist an den beiden schmalen, feinsandigen Strandabschnitten Amoúdi und Ámboula (nicht zu verwechseln mit dem weiter südöstlich liegenden gleichnamigen Beach) eine regelrechte Touristensiedlung mit Hotels, Tavernen, Minimärkten etc. entstanden. Liegen und Sonnenschirme werden vermietet.

• *Auto-/Zweiradvermietung (s. Karte S. 182/183)* Bei **Giant Rentals (2)**, am Ende der Siedlung Richtung Alikanás gelegen, gibt es Autos verschiedener Größen sowie Zweiräder mit und ohne Motor. ✆ 269506 2637.

Ámboula-Beach – sauber und gepflegt

• *Einkaufen* Gute Versorgungsmöglichkeiten, von Obst bis zur Zahnpasta kann man alles bekommen.

• *Übernachten (s. Karte S. 182/182)* **Remézzo (8)**, in dem im Jahr 2000 errichteten Gebäude wohnt man ruhig und doch zentral. Vor dem Haus befindet sich eine großzügige Grünanlage, dahinter ein Olivenhain. Geräumige, helle Zimmer, teilweise mit AC ausgestattet, schöne Bäder, und auch auf den Balkonen (Meerblick) ist viel Platz. Für Einzelreisende ein absoluter Tipp! Bei der freundlichen Familie kann man entweder in einem Studio (2–3 Pers., 30–50 €) oder in einer Wohnung (4 Pers., 45–80 €) unterkommen. ✆ 2695063581, ✆ 2695 065007,www.remezzo.com.

Hotel Kozanós (10), direkt daneben liegt das noch recht neue Hotel von Familie Kozanós, die ein paar Meter weiter den gleichnamigen Supermarkt betreibt. Erst ab Ende Mai geöffnet. Hier kann man zum Preis von 30–60 € gut eingerichtete Studios mieten, für Familien stehen auch Apartments zur Verfügung. ✆ 2695061260, ✆ 26950 63544, www.kozanoshotel.com.

• *Essen und Trinken (s. Karte S. 182/183)* **Tavérna Tásos (4)**, auf einer hübschen Weinlaubterrasse werden Pizzen, Grillgerichte, aber auch deftige Hausmannskost wie Kokkinistó serviert. Wer nach der Mahlzeit in ein „Mittagsloch" gefallen ist, kann auf einer der Liegen im Garten ein Schläfchen halten.

Restaurant Achílleon (3), oberhalb vom Strand, angeschlossen ist eine Anlage, in der an englische Pauschaltouristen Studios vermietet werden. Dementsprechend gehören zum Unterhaltungsangebot auch Barbecue- und Quizabende. Auf der Speisekarte stehen neben Pizzen (üppig und lecker!) und Burgern auch griechische Gerichte. Gut z. B. das Kotópoulo foúrnou (Hähnchen aus dem Backofen).

Exchoriátis-Beach

Die recht große Bucht gehört schon zum Gebiet von Alikanás. Am schmalen, von Tamarisken bestandenen Sandstrand mit Sonnenschirm- und Liegenverleih findet man mehrere Tavernen und Unterkunftsmöglichkeiten, einige weitere zudem auch an der Straße oberhalb der Bucht.

• *Übernachten* (s. Karte S. 182/183) **Veléndzas Holidays (1)**, die oben gelegenen Räumlichkeiten bieten einen tollen Panoramablick, den man übrigens auch von dem kleinen, dreieckigen Pool genießen kann. Den Gästen steht in der Rezeption eine Internet-Corner, außerdem aber auch die hauseigene kleine Kapelle zur Verfügung. Ein älteres Ehepaar betreibt von Mitte Juni bis Anfang Oktober die größere Anlage auf einem Hügel über der Bucht. Zu haben sind Studios mit einem Doppel- und einem Einzelbett, AC und einem zum Meer gerichteten Balkon zum Preis von 30–55 €. Wer mehr Platz braucht, sollte eines der Apartments (4–5 Pers., 50–120 €) oder gar eine der Wohnungen (7 Pers.) mieten. ✆ 2695083915, www.veledzasholidays.gr.

Alikanás

Gesichtsloser Touristenort in der Nachbarschaft von Alikés. Das Zentrum besteht nur aus einer von Tavernen und Bars gesäumten, kurzen Hauptstraße.

Von dort führen Stichwege zum Strand und zu Apartmentanlagen, die nahezu komplett von britischen Pauschalunternehmen ausgebucht sind. Nirgendwo auf Zákynthos hat man es als Individualtourist so schwer wie in Alikanás. Das schönste Plätzchen ist sicherlich der kleine, lebendige **Fischerhafen** bei der Kapelle Agía Kiriakí unterhalb des gleichnamigen Kaps. In diesem Bereich bieten sich auch die besten Bademöglichkeiten.

Verbindungen/Adressen/Einkaufen

• *Verbindungen* Der **Bus** nach Alikés fährt z. T. auch über Alikanás. Genauere Informationen S. 66. Zwischen Alikés und Alikanás pendeln in den Abendstunden regelmäßig **Pferdekutschen**.

• *Ausflüge* Im Fischerhafen von Alikanás starten auch Ausflugsboote zu den Blue Caves und/oder zum Shipwreck-Beach; Dauer der Tour ca. 2 Std., 15–25 €/Pers.

Außerdem werden Motorboote zum Preis von 80 €/Tag (inkl. Benzin) vermietet.

• *Fahrzeugvermietung* **Jet Center**, am Ortsausgang Richtung Alikés, hat u. a. Quads und Bikes im Angebot. ✆ 2695084098.

Poseidon Rental, an der Straße zum Strand vermietet der nette Nick Iglésis ebenfalls Quads und Bikes, zu haben sind aber auch Fahrräder. ✆ 2695083775.

• *Geld* Beim Supermarkt Maxi gibt es einen Bankautomaten, ein weiterer befindet sich an der Straße nach Alikés.

• *Ärztliche Versorgung* Das **Medical Care** finden Sie am Ortsausgang Richtung Tsiliví. ✆ 6973565156.

• *Reisebüro* **Pélargos Tours**, gleiches Angebot wie in den Agenturen in den anderen Touristenorten. ✆ 2695084195.

• *Einkaufen* An der zentralen Kreuzung bietet der **Supermarkt Maxi** alles für den Alltag, frisches Brot kauft man am besten in der **Bäckerei** in der Hauptstraße. Probieren Sie dort einmal die leckeren Blätterteigtaschen (Tirópittes)! In dem Ort finden Sie natürlich auch ein paar **Souvenirgeschäfte**.

Baden/Wassersport/Reiten

• *Baden* Jenseits der Mole von Alikés beginnt der Strand von Alikanás, der sich bis zum Hafen bzw. bis zur Kirche Agía Kiriakí entlangzieht. Anfangs sehr schmal, wird er allmählich immer breiter und schöner. Am meisten los ist deshalb erst in dem Abschnitt nahe der Kapelle, der nach dieser auch **Paralía Agía Kiriakí** genannt wird. Hier werden auch Sonnenschirme, Liegen und Tretboote vermietet. Man erreicht den Beach, wenn man im Zentrum an der zentralen Kreuzung zum Meer abzweigt. Fährt oder geht man von der Kapelle aus über den Hügel, der im Kap Kiriakí ausläuft, kommt man zum **Exchoriátis-Beach**.

• *Wassersport* An der Paralía Agía Kiriakí wird beim Valaís-Hotel (s. u.) einiges geboten: Wasserski, Paragliding, Ringo etc.

• *Reiten* Das **Alikanás Equestrian Center** verleiht seine Pferde zu Ausritten, pro Std. zahlen Erwachsene ca. 20 €, Kinder die Hälfte. Buchbar auch bei **Pélargos Tours**, ✆ 6973565156.

Übernachten/Essen und Trinken

• *Übernachten* *** **Valaís-Hotel**, großer Komplex in ruhiger Lage am Fischerhafen mit Pool, Bar und riesigem Restaurant. Ein DZ mit Bad, Balkon (Meerblick) und AC ist zum Preis von 45–75 € zu haben, es stehen aber auch Dreibettzimmer zur Verfügung. ✆ 2695 083223, 📠 2695083748, www.valais.gr.

Studios Patrinós, am Ortseingang (von Alikés kommend). Vermieter ist der nette Kírios Patrinós, der uns glaubhaft versichert hat, sein Großvater sei aus Pátras auf die Insel übergesiedelt und habe deshalb diesen Namen erhalten. Für Individualreisende eine empfehlenswerte Adresse. Angeboten werden 16 Zwei-, Drei- und Vierbettzimmer mit Kochnische, Bad und Balkon, teilweise auch mit AC, zum Preis von 25–45 €. Seit jüngerer Zeit ist auch eine kleine Wohnung bezugsbereit, die pro Tag zwischen 50 und 60 € kosten soll. ✆ 2695083753.

• *Essen und Trinken* **Psarotavérna Neráida**, am kleinen Hafen gelegenes Fischlokal; hier sitzt man besonders schön. Aber natürlich gibt es nicht nur Meeresfrüchte, sondern auch griechische und internationale Küche.

Restaurant Madaléna, an der Hauptstraße gelegen. Das nette Lokal kann immerhin schon auf eine 25-jährige Tradition zurückblicken. Sogar in einer englischen Zeitung ist schon ein Bericht über den Familienbetrieb erschienen; voller Stolz haben ihn die Besitzer an der Kasse ausgehängt. Hier wird typisch griechisch gekocht, auch Vegetarier kommen voll auf ihre Kosten. Sehr empfehlenswert finden wir die gemischte Vorspeisenplatte, die Pikilía.

Catacómbes, schräg gegenüber, im Gebäude einer alten Ziegelei. Abends werden im Obergeschoss schreiend bunte Cocktails serviert, tagsüber kann man im Erdgeschoss alkoholische Getränke einkaufen.

Alikés

Der alte Fischerhafen von Katastári in einer weit geschwungenen Bucht hat sich zu einem beliebten Badeort gemausert, in dem es viel Abwechslung, aber dennoch noch nicht den ganz großen Trubel gibt.

Das Ortsbild wird vor allem durch die **Salinen** geprägt, die wie ein riesiger See jenseits der Küste liegen. Vor knapp 20 Jahren wurden sie stillgelegt, weil die Erträge zu gering waren. Heute lebt man hier nicht mehr vom Salz, sondern nahezu ausschließlich vom Tourismus. Die Klientel des Badeortes ist ein buntes Gemisch: Pauschalgäste aus verschiedenen Ländern, aber auch griechische Urlauber und einige Individualreisende aus ganz Europa. Sind sie abgereist, werden die Läden und Tavernen entlang der Hauptstraße fest verrammelt, denn die Besitzer gehen wieder hoch ins Dorf Katastári und verbringen dort den Winter.

Anziehungspunkt Nummer eins für die Besucher ist natürlich der **breite Sandstrand** mit zwei Molen: Die weiter nördlich gelegene ist älter und kleiner, an der

Zwischen dem Meer und den Salinen liegt das Zentrum von Alikés

neuen am südlichen Ende können die Ausflugsboote anlegen, wenn sie die Gäste zur Inselrundfahrt abholen. Trotz aller Badefreuden sollte man aber nicht versäumen, einen Spaziergang entlang des von Eukalyptusbäumen gesäumten Flusses Skoúrtis nach Alikanás zu machen. Dabei bekommt man nämlich auch die hübsche **Bogenbrücke aus venezianischer Zeit** zu sehen. Zwischen den Fischerbooten schwimmen ein paar Enten umher, ein Angler versucht von der Brücke aus sein Glück, und im stillen Wasser ist sein Spiegelbild zu sehen – man glaubt sich fast nach Holland versetzt.

Und noch ein Tipp: Die Schönheit der riesigen, von grünen Feldern und Bäumen umrahmten Bucht vor dem bergigen Hinterland kann man nur richtig genießen, wenn man sie von oben betrachtet. Einen tollen Blick auf Alikés hat man von der Terrasse der Nikolauskirche in Áno Gerakári (s. S. 199).

Verbindungen/Adressen/Einkaufen

• *Verbindungen* Mehrmals tägl. fährt der **Bus** von der Chóra über Kallipádo nach Alikés. Genauere Informationen S. 66. Die Busse halten und die **Taxis** warten an der zentralen Kreuzung nahe der Taverne Ponderosa.

Auch **Pferdekutschen** sind ein beliebtes Transportmittel. Diese sog. „Horse Taxis" warten an der Hauptstraße auf Kundschaft. Man kann die Droschken auch stundenweise für eine Spazierfahrt mieten.

• *Ausflüge* Golden Dolphin Watersports bietet Bootsausflüge zum **Shipwreck-Beach** inkl. Blaue Grotten (22 €) und nur zu den **Blue Caves** (15 €) an.

Tägl. fährt eine **Touristeneisenbahn** (To Traináki) zum Folkloremuseum nach Figadákia (s. S. 208 f.).

• *Ärztliche Versorgung* Nahe dem Taxiplatz hat man eine **Notfallpraxis** eingerichtet. ✆ 6974607059.

• *Auto-/Zweiradvermietung* **Dennis Rentals**, die richtige Adresse für Quads sowie Zweiräder mit und ohne Motor. ✆ 2695 083298.

Rent a Bike Níkos, auch hier kann man Drahtesel, Roller und Motorräder mieten. ✆ 2695083648 und 2695083171.

Alikés Rent a Car, wie der Name sagt, sind hier Autos im Angebot. ✆ 2695083616.

• *Internet* Zugang zum Internet nebst Snacks und Getränken bietet das **Café Yría (15)**.

• *Reisebüros* Auch in Alikés kann man sich wieder an die von der Chóra aus veranstalteten Ausflüge um und über die Insel „anhängen". Für die Inselumrundung legen die Schiffe bei ausreichender Nachfrage eigens einen Stopp am Hafen von Alikés ein, ansonsten wird man zur allgemeinen Abfahrt in den Hauptort gebracht. Außerdem bieten die Agenturen auch Shoppingtrips nach Zákynthos-Stadt oder Laganás an (6 €/Pers.).

Mamfreda's Tours, gehört zur TEZ-Gruppe. Die auf der ganzen Insel vertretene Agentur hat auch eine Filiale in Alikés mit dem gängigen Angebot. ✆ 2695084173.

• *Einkaufen* Neben vielen gut sortierten **Supermärkten**, die fast alle auch deutschsprachige Zeitungen verkaufen, sorgt eine **Bäckerei** für das leibliche Wohl der Urlauber. In den **Souvenirshops** gibt es das Übliche: Stoffschildkröten, T-Shirts, Olivenölseifen etc.

Baden/Wassersport/Sport

• *Baden/Wassersport* Familien mit kleinen Kindern kommen besonders gerne hierher zum Baden, denn schließlich ist der dem Ortskern vorgelagerte Strand feinsandig und flach abfallend – man kann wirklich „ewig weit" hinauslaufen. Schaut man dann zurück zum Strand, hat man einen wunderbaren Panoramablick auf das westliche Bergland mit dem lang gezogenen Dorf Katastári. Am Hauptstrand werden Sonnenschirme und Liegen vermietet, außerdem sorgen **Kóstas Watersports** (Paragliding, Ringo, Banana, Wasserski, Fly Fish) und **Golden Dolphin Watersports** (Tret- und Motorboote, Jet-Ski) für Abwechslung. Je weiter man nach Norden geht, desto kiesiger wird der Strand – dafür aber auch umso einsamer, sodass man den Blick auf Kefaloniá in idyllischer Ruhe genießen kann.

• *Reiten* Auf dem Pferderücken lässt sich die Umgebung von Alikés gut erkunden. Eine Stunde, auf Wunsch auch unter fachkundiger Begleitung, kostet für Erwachsene ca. 20 €, Kinder zahlen die Hälfte. Buchbar direkt bei **Jánnis Horse Riding** und bei **Mamfréda's Tours**, ✆ 2695084173.

• *Minigolf* **Adventure Minigolf**, angeschlossen an die Iris Bar, bietet 2 Parcours à 18 Löcher und ist tägl. von 10 bis 24 Uhr geöffnet. Eintritt 6 €, Kinder 4 €.

Übernachten

**** **Bungalows Alikés Park (10)**, riesige Anlage in idyllischer, ruhiger Lage, in der sich viele deutschsprachige Gäste wohlfühlen. In einem lichten Hain aus Pappeln, Oliven- und Eukalyptusbäumen wohnt man bei dem netten Dionýsios Láttas in kleinen Häuschen (AC, 2 Schlafzimmer, eine riesige Küche, Veranda und großzügiges Bad mit Badewanne!) oder in Apartments, die für 3–4 Pers. geeignet sind. Den Gästen steht ein Pool mit Kinderschwimmbecken zur Verfügung. Je nach Saison 40–94 €. ✆ 2695083592, ℻ 2695083419, www.alykespark.gr

*** **Hotel Koukounária (12)**, etwas zurückversetzt von der Straße nach Katastári steht das hübsche hellgelbe Haus mit Pool, Restaurant, Bar und „Game Room" zwischen mächtigen Pinien, von denen es auch seinen Namen hat. Die 80 Apartments mit voll eingerichteter Küche, Bad, großem Balkon, AC und 2–6 Betten sind hauptsächlich von Briten belegt. Zu zweit bezahlt man inkl. Frühstück zwischen 55 und 75 €, zu viert zwischen 60 und 85 €, in einem Nebengebäude stehen außerdem einfache DZ, teilweise auch mit Kochnische ausgestattet, zum Preis von 40–55 € zur Verfügung. ✆ 269 5083591, ℻ 2695083607, www.hotel-koukounaria.com.

*** **Hotel Montreal (3)**, großes Gebäude mit Pool im Norden des Ortes. Im Restaurant sitzt man auf einer von Tamarisken und Palmen gesäumten Terrasse direkt am Meer. Bei Familie Potamítis bekommt man ein DZ mit Kühlschrank, Bad, AC und Balkon (Meerblick) inkl. Frühstücksbuffet für 35–60 €. ✆ 2695083341, ℻ 2695083342.

*** **Hotel Astoria (4)**, zentral gelegen und mit direktem Zugang zum Strand. Das moderne Hotel mit Restaurant, Internetcafé, Minimarkt und gemütlicher Rezeption ist besonders bei englischen Gästen sehr beliebt. Die Zimmer sind mit Teppichboden ausgelegt und mit Bad, AC, Kühlschrank

und TV gut ausgestattet. Von den Balkonen hat man teilweise Meerblick. Zu zweit bezahlt man inkl. Frühstück 55–70 €. ✆ 269508 3533, 2695083572, www.astoriazante.com.

** **Hotel Iónion Star (16)**, am südlichen Ortseingang steht der nüchterne Bau, in dem man aber angenehme Zimmer mit Bad, Kühlschrank, AC und Balkon (Meerblick) bekommen kann. Bei Sokrátis Goussétis legt man für ein EZ 35–52 €, für ein DZ 45–70 € auf den Tisch, Frühstück jeweils inkl. ✆ 26 95083416, 2695083173.

* **Hotel Astéria (7)**, das Meer hat man direkt vor der Nase. Für Individualreisende eine empfehlenswerte Adresse. Über der gleichnamigen Taverne werden von Familie Piskopós einfache DZ mit Bad, Kühlschrank, AC und Balkon zum Preis von 35–45 € vermietet. ✆ 2695083203 und 2695084059, www.alykes.com.

Bruno's Studios (17), das mit Bougainvillea bewachsene Gebäude mit knallroten Fensterläden und Türen besitzt zwar keinen Namen, ist jedoch unverkennbar. Bruno aus Italien vermietet hier zusammen mit seiner Familie 4 unterschiedlich große und in ganz verschiedenen Stilarten möblierte Studios. In ihnen steht in der Regel ein Doppelbett, evtl. zusätzl. noch ein Einzelbett, Bad und Küche sind großzügig bemessen. Die oberen Studios besitzen einen Balkon, die unteren haben Zugang zur Gemeinschaftsterrasse. Zwei Pers. bezahlen 30–45 €. ✆/℡ 26 95083528.

Paradise Apartments (1), der Besitzer des Campingplatzes hat gegenüber von diesem vor einigen Jahren eine kleine Apartmentanlage mit Pool und Bar errichtet. Zwei Pers. können hier in einem Studio mit AC und Balkon (Meerblick) zum Preis von 30–60 € unterkommen. ✆ 2695083233, ℡ 2695024188.

Alikés Camping, nördlich des Ortes befindet sich der einfache Platz mit Zugang zum Strand, Olivenbäume sorgen für Schatten. Er verfügt über saubere sanitäre Einrichtungen, Waschplätze und Küchen und ist von Mitte Mai bis Mitte Oktober geöffnet. Wer hier sein Zelt aufschlägt, darf den Pool auf dem gegenüberliegenden Gelände der Paradise Apartments kostenlos mitbenutzen. Pro Pers. bezahlt man je nach Saison 5–6 €, Wohnwagen 5–6,50 €, Zelt und Stromanschluss je 4–4,50 €, Auto 3 €. ✆ 2695083233, ℡ 2695024188, www.alykescamping.gr.

Essen und Trinken (s. Karte S. 189)

Griechische Küche mit internationalem Einschlag – so könnte man das Angebot in Alikés zusammenfassend charakterisieren.

Olympic Kitchen (11), schon äußerlich hebt sich das kühl und sachlich eingerichtete Lokal von den üblichen Tavernen ab. Auch die Küche ist jung und frisch und bietet eine große Bandbreite von griechischen und internationalen Vorspeisen über Pasta, viel Seafood bis hin zu asiatischen Gerichten wie crispy duck. Die Qualität des Gebotenen rechtfertigt die etwas höheren Preise, auch von Einheimischen wird das Lokal sehr gelobt. Nur abends geöffnet.

Restaurant Ambrosía (8), mitten im Geschehen sitzt man in diesem bei Touristen sehr beliebten Lokal, von der Dachterrasse kann man fast den ganzen Ort überblicken.

Tavérna Astéria (9), direkt am Strand finden Sie diesen alteingesessenen Familienbetrieb. Auf einer schattigen Terrasse kann man zwischen griechischen Gerichten, verschiedenen Pizzen und Sandwiches auswählen, auch das Angebot an Kindermenüs kann sich sehen lassen. Empfehlenswert z. B. das leckere Moussaká.

Restaurant Ponderosa (14), das kleine Terrassenlokal im Zentrum bietet den typischen Mix aus griechischer und internationaler Küche, ein Kleftikó kann man z. B. auf Wunsch mit Pellkartoffeln bekommen! Bei unserem Besuch war gerade ein Lammbraten im Ofen und verströmte einen verführerischen Duft.

Restaurant Fantasía (13), riesiges Lokal an

Die venezianische Bogenbrücke von Alikés

der Straße nach Kastatári mit dem Flair der „guten alten Zeit". Statt Hamburger mit Pommes gibt es v. a. griechische Küche, aus den Lautsprecherboxen ertönen wunderbare Bouzoúkiklänge. Dennis, der Besitzer, erbaute im Jahre 1969 mit dieser Taverne das erste Lokal in Alikés. Oft sitzt er heute noch an der Kasse und freut sich, wenn es den Besuchern schmeckt. Wir waren vom Moussaká ganz begeistert.

Tavérna Apóllon (2), gut besuchtes Lokal am nördlichen Ortsrand, in dem viel Ausgefallenes serviert wird. Wie wär's z. B. mal mit Pancakes with Lemon & Sugar als Dessert? Neben fettarmen Fleischgerichten, z. B. Truthahn oder Rind, gibt es auch Leckeres für Gemüsefans.

Tavérna Anatolikós (6), ein weiteres Strandlokal, besonders mittags ist hier in der Hochsaison eine Menge los. Üppige Portionen, von der Vorspeisenplatte wird man zu zweit so satt, dass man das Hauptgericht ausfallen lassen muss. Die Küche ist sehr auf den west- und mitteleuropäischen Geschmack abgestimmt. Wer gerne Süßes mag, sollte die Spalte mit den Nachtischen studieren!

The Terrace (5), in dem kleinen Laden gibt es gutes Gebäck und leckeres Eis.

Früchte im Überfluss

Die Wein- und Hügeldörfer

Abgesehen von Kallipádo mit seiner gut besuchten Weinkellerei bekommen die Orte entlang dieser Route kaum Touristen zu sehen. Schade eigentlich, denn sie sind noch recht ursprünglich, auch die hügelige Landschaft ist ausgesprochen reizvoll und bietet z. T. grandiose Ausblicke.

In diesen Weilern jenseits der Nordostküste – z. T. liegen sie in der Ebene, z. T. thronen sie richtiggehend oben auf den Hügeln – kann man wunderschöne alte Kirchen entdecken, in urigen Kafenía sitzen, auf einer Platía dem beschaulichen Dorfleben zuschauen oder an idyllischen Plätzen, wie man sie im Urlauberrummel der Küste vergeblich sucht, einfach die Seele baumeln lassen. Zudem: Wer die Vielfalt von Zákynthos wirklich erfahren möchte, sollte auf diese Tour, die man mit einem motorisierten Fahrzeug gut an einem halben Tag schaffen kann, nicht verzichten.

• *Verbindungen* Am besten sind Sie mit einem Mietauto oder Bike unterwegs. Denn der **Bus** aus Zákynthos-Stadt hält nur in Vanáto sowie in Kallipádo und fährt dann unterhalb der Hügeldörfer zu seinem Ziel Alikés weiter. An dieser Durchgangsstraße gibt es mehrere Haltestellen. Eine Fahrt mit dem **Taxi** von Plános/Tsiliví nach Tragáki kostet etwa 7 €, für die Strecke von Alikés nach Áno Gerakári zahlt man ca. 8 €.

• *Anfahrt* Von **Zákynthos-Stadt** fährt man zunächst nach **Bóchali** hinauf, folgt der Straße jenseits des Hügels abwärts und hält sich an der nächsten Kreuzung links (Schild Alikés). Nach wenigen Minuten kommt man an den Rand von **Ga'itáni**, das durchweg aus neuen Häusern besteht und touristisch wirklich nichts zu bieten hat. Biegen Sie deshalb nicht nach links in den Ortskern hinein ab, sondern fahren Sie weiter geradeaus, vorbei an einer großen Schule, nach **Vanáto**.

Wer in **Plános/Tsiliví** startet, fährt dort die Hauptstraße entlang Richtung Zákynthos-Stadt und hält sich an der Abzweigung nach Bóchali geradeaus (s. Ortsplan auf S. 176/177). Vorbei am Hotel Pétros fährt man aus dem Ort. Auf einer schmalen Straße geht es in westliche Richtung weiter, dabei hält man sich an allen Abbiegemöglichkeiten stets geradeaus. Nach ca. 2 km stößt man am Ortseingang von **Ga'itáni** auf die Straße nach **Vanáto**. Hier biegt man rechts ab.

Die Korinthen werden zum Trocknen in der Sonne ausgebreitet

Korinthen

Fährt man im August/September durchs Flach- und Hügelland, sieht man sie überall vor den Häusern ausgebreitet, die Korinthen von Zákynthos. Ursprünglich aus der Region Achaía auf dem Peloponnes stammend, traten sie seit der Mitte des 16. Jh. ihren Siegeszug auf der Insel an. Die venezianischen Herren sahen dies übrigens gar nicht gerne, denn danach ging der Getreideanbau dramatisch zurück – die Korinthen brachten den Bauern viel mehr Profit.

Man gewinnt sie aus kleinen, kernlosen, schwarzblauen, äußerst süßen Trauben. Wenn diese ganz reif sind, erfolgt im August die Lese. Dann werden sie auf einem viereckigen Holzgestell, manchmal auch nur auf einer großen Plane oder einem engmaschigen Netz ausgebreitet, wo sie ungefähr 20 Tage in der heißen Sommersonne trocknen. Selbst ein kleiner Regenschauer, was zum Glück zu dieser Jahreszeit ganz selten passiert, schädigt die ausgelegten Früchte und drückt ihren Preis erheblich. Wenn sie ihre Feuchtigkeit weitgehend verloren haben, werden sie mit Hilfe spezieller Maschinen gereinigt bzw. von Stängeln und Blättern befreit. Früher machte man das übrigens mit einer Art Besen, mit dem man sie stundenlang umrührte. Anschließend werden sie in Säcke verpackt und zur Genossenschaft gebracht. Schon seit dem 16. Jh. wurden in Großbritannien Korinthen aus Zákynthos eingeführt, damals machte man aus ihnen sogar Wein. Heute werden sie vorwiegend in die EU-Staaten exportiert. Ein Bauer bekommt übrigens für ein Kilogramm gerade mal etwa 80 Cent.

Vanáto

Die Häuser dieses typischen zakynthischen Weindorfs liegen weit verstreut zwischen Reben und Olivenhainen. Nahezu jede Familie produziert hier eigenen Wein. Eine **kleine Kellerei am Ortseingang** verkauft einen wirklich guten Tropfen und dazu hübsche Becher und Krüge aus Ton, die zu dem kräftigen Rebensaft passen. Seit über 100 Jahren stellt Familie Moúsoura neben feinem Olivenöl Wein auf völlig natürliche Weise her und lässt ihn heute wie damals in riesigen Eichenfässern reifen. Will man von der Kellerei aus noch einen Abstecher in die Streusiedlung hinein machen, fährt man geradeaus (die Durchgangsstraße nach Alikés bzw. Kallipádo führt nach links). Auf schmalen Wegen kommt man, vorbei an einer Ölmühle, u. a. zum urigen Gartenlokal O Plátanos, das mitten zwischen Weinbergen liegt, in dem aber erst abends Essen serviert wird.

• *Öffnungszeiten der Weinkellerei* Tägl. vormittags und ab dem frühen Abend. Die nachmittägliche Siesta ist den Moúsouras heilig.

• *Essen und Trinken* **Psistariá O Plátanos**, nach einer immerhin 130 Jahre alten, mächtigen Platane ist das schöne Lokal benannt. Abends kommen viele Einheimische zum Essen hierher, denn die Grillgerichte, die Andréas und sein Vater Aléxis servieren, genießen einen vorzüglichen Ruf. Auch wir waren mit den Lammkoteletts sehr zufrieden. Am Tag freut sich der alte Aléxis aber auch über Gäste, die mit ihm ein Gläschen seines Hausweins oder ein Tässchen Kaffee trinken. Dann hat er nämlich mal wieder Gelegenheit, Inselschnurren aus vergangenen Tagen zu erzählen. Wer sich zudem für die Ereignisse des Zweiten Weltkrieges auf Zákynthos interessiert, ist bei ihm an der richtigen Adresse. Die Taverne ist ab der Abzweigung in den Ort (dort befindet sich ein auffallender Verkehrsspiegel) gut ausgeschildert.

Kírios Moúsouras ist stolz auf seinen Wein

Kallipádo

Das auf den ersten Blick etwas verschlafen wirkende Straßendorf hat bei näherem Hinsehen einiges zu bieten. Insbesondere Freunde des Rebensaftes kommen auf ihre Kosten, hat doch hier die größte private Kellerei der Insel, das Weingut Callínico, ihren Sitz.

Der Großvater des jetzigen Besitzers baute sie einst auf. Geräte aus der Anfangszeit des Betriebs und den folgenden Jahrzehnten kann man in einer **kleinen Ausstellung** anschauen: riesige Körbe, mit denen die Trauben früher aus den Weinbergen herausgeschleppt wurden, eine gewaltige Presse, die traditionellen Eichenfässer, Maschinen, die das Verkorken und Etikettieren der Flaschen erleichterten und anderes mehr. In dem hallenartigen Raum dahinter, in dem ein süßlicher Geruch den Gast fast betäubt, sieht man, wie die Weine heute in Alufässern lagern und die Flaschen maschinell gefüllt und verschlossen werden. Callínico produziert jährlich ca. 400 Tonnen verschiedene Rot-, Rosé- und Weißweine, auch zuckersüße Dessertweine sind zu haben. Eine kleine **Weinprobe** (kostenfrei) lohnt sich schon deshalb, weil man hier auch Weine kosten kann, die es nicht in den einschlägigen Geschäften der Insel zu kaufen gibt.

Anfahrt/Öffnungszeiten Gleich am Ortseingang (von Zákynthos-Stadt bzw. Vanáto kommend) zweigt man nach links ab (beschildert) und kommt so auf den Hof der Kellerei. Geöffnet ist sie tägl. außer So von 9–20.30 Uhr. Eintritt zur Ausstellung frei.

Wer nicht nur Spaß am Wein, sondern auch an alten Kirchen hat, sollte das Dorf nach dem Besuch der Kellerei noch nicht verlassen. Fahren Sie auf der Hauptstraße ortseinwärts und biegen Sie ca. 20 m nach der Apotheke rechts ab. Sie steuern nun auf die Pfarrkirche Ágios Sotíris zu. Aber nicht sie ist besonders interessant, sondern vielmehr die dahinter in einem Blumengarten stehende, mehrere hundert Jahre alte **Johanneskapelle** (Ágios Joánnis). Einst war sie im Privatbesitz einer angesehenen Adelsfamilie, die zur Zeit der Venezianer vorwiegend in militärischen Diensten tätig war. Glücklicherweise wurde das im barocken Stil erbaute Gotteshaus durch das Erdbeben von 1953 nicht allzu sehr zerstört, sodass man heute noch die mit Gold überzogene geschnitzte Ikonostase und die Bilder im italienischen Stil bewundern kann. Wenn die Kirche verschlossen ist, fragen Sie im Dorf nach dem Popen.

Ziemlich versteckt liegt die hübsche Johanneskapelle

Will man ein wenig die Gegend erkunden, kann man noch die hoch gelegene **Kirche Móni Spiliás** besuchen. Von der Kapelle aus fährt man geradeaus weiter, stößt bald auf eine größere Straße, hält sich links und biegt bei der ersten Gelegenheit wieder links ab auf ein schmales, betoniertes, aber sehr steiles und welliges Sträßchen, das hoch zur Kirche führt. Ihr Name kommt von einer kleinen Höhle (Spiliá) in der Nähe, in der man einst eine Panagía-Ikone gefunden hat. Früher befand sich hier ein Kloster, was auch verständlich ist, denn von hier oben hat man einen wunderbaren Ausblick. Wenn Sie auf dem Rückweg an der Johanneskapelle links und gleich danach wieder rechts abzweigen, kommen Sie zu einer einfachen Ouzeri bzw. zu einem **Kafeníon,** wo man Ihnen gerne ein Tässchen Kaffee oder einen Oúzo mit einem leckeren Mezé als Beigabe serviert. Touristen werden Sie hier kaum antreffen.

• *Weiterfahrt* Zurück auf der Durchgangsstraße von Kallipádo (wo sich die Apotheke befindet), fährt man weiter Richtung Alikés und biegt 1 km nach Kallipádo rechts ab (Schild „Kipséli"). Wenn Sie sich an der folgenden T-Kreuzung wieder rechts halten, erreichen Sie Tragáki.

Olivenbäume so weit das Auge reicht

Oliven und Olivenöl

Auf Zákynthos ist man sehr stolz auf das hier erzeugte Olivenöl. Nahezu jede Speise wird mit einem ordentlichen Schuss verfeinert, und der Verzicht auf Öl während der Karwoche bedeutet wirklich eine Entbehrung.

Die Ende Oktober beginnende Ernte ist arbeitsintensiv. Einerseits muss dabei sorgfältig vorgegangen werden, um die zarte Haut der Früchte nicht zu verletzen, was die Qualität des Öls drastisch sinken ließe. Andererseits soll es auch schnell gehen. Zwischen Ernte und Pressung bzw. Extraktion dürfen höchstens drei Tage liegen. Mit Rechen und Stöcken werden die reifen Oliven vom Baum gestreift bzw. geschlagen. Man legt engmaschige Netze, Tücher oder Plastikplanen auf den Boden, um die abfallenden Früchte zu sammeln.

Fast jeder größere Ort hat eine Olivenpressanlage. Dort werden die Früchte mehrmals gepresst bzw. wird das Öl mehr und mehr mit modernen Gewinnungsverfahren extrahiert. Die erste, manchmal auch eine zweite mechanische Kaltpressung oder Kaltextraktion (bei höchstens 27 °C) ergibt das hochwertige Speiseöl, das so genannte „virgin oil", die folgende hydraulische Pressung bzw. Extraktion bei höheren Temperaturen minderwertiges Öl, das z. B. zur Seifenherstellung verwendet wird. Die übrig gebliebenen festen Bestandteile dienen als Heizmaterial oder als Viehfutter. Die Durchschnittsernte eines Baumes besteht aus etwa 20 kg Oliven, woraus etwa vier bis fünf Liter Öl erzeugt werden können. Bei einer guten Ernte auf Zákynthos werden ca. 12.000 Tonnen Olivenöl produziert. Bedenkt man, dass ein Baum nur alle zwei Jahre voll trägt, bekommt man eine Vorstellung davon, wie viele es auf der Insel gibt.

Manch einer hält Olivenöl sogar für eine Medizin und empfiehlt, jeden Morgen ein Mokkatässchen davon zu trinken, wenn man ein hohes Alter erreichen will. Wem dies zu radikal ist, der sollte es aber auf jeden Fall in der Küche verwenden. Schließlich belegen Statistiken, dass in den Mittelmeerländern die Zahl der Herzerkrankungen deutlich geringer ist als dort, wo man vor allem tierische Fette verwendet.

Das Leben geht seinen geregelten Gang

Tragáki

Ein besonders liebenswerter Ort ist dieses kleine Dörfchen am Hang des Kavalláris-Hügels. Die ca. 400 Bewohner leben aufgrund ihres Landbesitzes an der Küste zwar teilweise auch vom Tourismus, hier oben bleibt man jedoch, abgesehen von ein paar Kurzbesuchern, unter sich. Weitgehend noch unverfälschtes Dorfleben und einige interessante Gebäude bekommt man bei einem kurzen Spaziergang durch Tragáki zu sehen.

Kommt man von Kallipádo, kann man gleich am Ortseingang einen tollen Panoramablick auf das gegenüberliegende Hügeldörfchen Kipséli und die Ostküste genießen. Achten Sie auch auf die vielen Granatäpfel-, Orangen- und Zitronenbäume, die sich hier den Hang hinunterziehen. Auf der stillen Hauptstraße kommt man dann, vorbei an der nach dem großen Erdbeben errichteten **Panagía-Kirche,** zu einem durch eine große Freitreppe auffallenden uralten Gebäude. Durch die geöffnete Tür können Sie erkennen, dass es sich um ein für zakynthische Dörfer so typisches **Kafepantopolíon** handelt. Die Männer palavern, zocken oder schweigen miteinander. Ab und zu kommt eine Hausfrau herein und kauft ein Paar Socken ein, einen Besen, Papiertaschentücher oder ein Stück Käse. Der nette Athanásis freut sich übrigens sehr über Gäste. Setzen Sie sich einfach zu den Männern dazu – bestimmt wird man Sie bald neugierig ausfragen.

Von hier aus sind es nur ein paar Schritte bis zu einem links in der Gasse stehenden Gebäude, aus dem Eisenstangen herausragen. Im Innern sieht es chaotisch aus. Was hier herumsteht und -liegt sind die Überbleibsel der alten **Olivenpresse,** die neue befindet sich unmittelbar daneben in einem länglichen Gebäude. Vorbei an einer einfachen Psistariá kommt man zur kleinen **Platía** des Dorfes, in deren Zentrum ein riesiger Gummibaum wuchert. In einem alten Steinhaus am Eck befand sich, erkennbar am entsprechenden Schild, seit Menschengedenken die Dorfmetzgerei. Seit sie 2008 geschlossen hat, müssen auch die Bewohner von Tragáki ihr Fleisch außerhalb des Dorfes einkaufen. Geht man hier wenige Meter nach rechts, sieht man auf der gegenüberliegenden Straßenseite vor dem Gemeindehaus das **Denkmal** für die im Griechisch-bulgarischen sowie im Ersten und Zweiten Weltkrieg Gefallenen aus Tragáki. Unter der zum Himmel blickenden Büste sind ihre Namen aufgelistet. An dieser Straße stehen einige hübsche, kleine, uralte Häuser neben ganz modernen – fast alle sind sie üppig mit Blumen geschmückt. Hält man sich an der einstigen Metzgerei dagegen links, kommt man bald zur **Nikolauskirche** und zu dem zum Meer hin orientierten **Friedhof** – alle Grabkreuze sowie die die Gräber schmückenden Figuren schauen aufs Wasser. Gegenüber befindet sich der alte **Dorfbrunnen.**

- *Parken* Auf zwei kleinen Plätzen an der Dorfgasse können Sie Fahrzeuge abstellen.
- *Essen und Trinken* **Harry's Grill**, ganz in der Nähe des Dorfplatzes betreibt Dionysía mit ihrem Mann alles auf einmal: ein Kafeníon, ein Pantopolíon, in dem man das Nötigste einkaufen kann, und eine kleine Psistariá. Auf Wunsch bereitet sie einfaches Essen zu oder brät ein Kotelett. Von der Terrasse aus kann man wunderbar das Dorfgeschehen beobachten.
- *Weiterfahrt* Zurück beim nördlichen Dorfeingang fährt man die zuvor benutzte Straße abwärts in eine Senke und dann an der bereits bekannten Kreuzung den gegenüberliegenden Hügel hinauf nach Kipséli.

Hoch oben liegt das kleine, ruhige Kipséli

Kipséli

Schon von weitem, ob von Tragáki oder von der Durchgangsstraße in der Ebene aus, beeindruckt die Lage des Dörfchens mit seiner mächtigen Paraskeví-Kirche hoch oben auf einem Hügel.

Durch ausgedehnte Olivenhaine und Felder mit den verschiedenartigsten Obstbäumen fährt man steil den Hang hinauf. Dem ganzjährig reichen Ertrag an Obst und Gemüse – man hat es mit dem ständigen Anwachsen des Honigs in einem Bienenkorb (Kipséli) verglichen – verdankt der Ort auch seinen Namen. Bei den Alten ist auch noch der einstige venezianische (nämlich Beloúsi) im Gebrauch. Abgeleitet vom italienischen „bello", bezeichnet dieser das Dorf und die umliegende Gegend als besonders „schön".

Im ruhigen und idyllischen Kipséli kann man gleich am Dorfeingang auf der rechten Seite ein hübsches altes **Kafepantopolíon** aufsuchen. Auch hier rückt man gerne zusammen, wenn Fremde sich hinzusetzen wollen. Die Straße windet sich steil hin-

In den Hügeldörfern gehen die Uhren noch anders

auf zur **Paraskeví-Kirche.** Wenn Sie Glück haben und sie geöffnet ist, können Sie ihr dreischiffiges Inneres mit der beeindruckenden hölzernen Ikonostase bewundern. Dargestellt ist die heilige Paraskeví, ihren eigenen Kopf auf einem Teller tragend. Sie wurde in der Zeit der Christenverfolgung geköpft – ihrem Vater, der den Berichten von dieser Hinrichtung keinen Glauben schenken wollte, soll sie so erschienen sein. Dass die Gläubigen von ihr besonders bei Augenleiden Hilfe erwarten, ist an den zahlreichen an der Ikone angebrachten Votivtäfelchen erkennbar.

Vor der Kirche hat man auch hier ein **Denkmal** für die gefallenen Soldaten aus dem Dorf errichtet. Von hier oben hat man einen tollen Rundblick über die Küste bis nach Kefalloniá.

Weiterfahrt Vom Dorf fährt man auf demselben Weg wieder abwärts in die Ebene bis zur Straße nach Alikés. Dieser folgen Sie weitere 2 km.

Káto Gerakári

Kleiner Knotenpunkt mit Tankstelle und einigen typischen Dorfläden. Ein Kuriosum ist die **„hohle" Panagía-Kirche** nahe der zentralen Kreuzung. Nach der Zerstörung durch das große Erdbeben wurde sie nicht wieder instand gesetzt und bietet heute nur noch Tauben einen Zufluchtsort.

• *Reiten* **Jánnis Horse-Riding**, an der Durchgangsstraße nach Alikés liegt der große Reiterhof mit 50 Pferden, die man auch stundenweise ausleihen kann (ca. 20 €, zu zweit je 15 €). Anschließend lockt ein kühles Getränk in der Saloon-Bar.

• *Weiterfahrt* Zweigen Sie an der Tankstelle rechts ab, etwa 1 km windet sich die Straße steil aufwärts. Wenn Sie an der folgenden Kreuzung noch einmal rechts abbiegen, kommen Sie nach Méssa Gerakári („Mittel-Gerakári").

Méssa Gerakári

Von dichten Bäumen verborgen liegt das vergleichsweise große Dorf isoliert auf einem Hügel. Ohnehin mutet es ein bisschen seltsam an, dass die drei Gerakári-Dörfer

(s. u. noch Áno Gerakári) räumlich und auch verwaltungstechnisch völlig voneinander getrennt sind. Die Herkunft des gemeinsamen Namens kann bis heute nicht eindeutig geklärt werden. Möglicherweise kommt er daher, dass hier in der Umgebung im Mittelalter mit Falken (Geráki) gejagt wurde, vielleicht erinnert er aber auch an heilige Spiele (ierá Karnía), die in der Antike bei einem Apollontempel durchgeführt worden sein sollen. Der Dorfhügel wird von einer mächtigen **Panagía-Kirche** gekrönt. Von hier oben hat man einen wunderschönen Blick auf die Ebene von Laganás und Zákynthos-Stadt.

• *Essen und Trinken* Die **Pizzeria Lófos** bietet „the best view" über das Flach- und Hügelland sowie schmackhaftes Essen: große Auswahl an Vorspeisen wie Melitzánes mit Knoblauch, aber auch leckere Pizza und Pasta.

• *Weiterfahrt* Von Méssa Gerakári fährt man wieder abwärts bis zu der schon bekannten Kreuzung, überquert diese und folgt dem Sträßchen hügelaufwärts ins Dorf Áno Gerakári hinein.

Áno Gerakári

Den gegenüberliegenden, etwas höheren Hügel nimmt „Ober-Gerakári" ein. Der hübsche Dorfkern zieht sich die südliche Flanke entlang, über den gesamten Nordhang verteilen sich aber bestimmt noch einmal so viele Häuser bis zur Ebene hinab.

Im Dorf erreicht man bald die kleine **Platía.** Am Abend sind die rundum stehenden Bänke von älteren Männern besetzt, die, auf ihren Stock gestützt, miteinander reden oder auch nur den spielenden Kindern zusehen. Jenseits des Platzes windet sich eine enge Straße zwischen hohen Bäumen auf die Kuppe des Hügels hinauf. Hier oben steht die von der Ebene aus weithin sichtbare **Nikolauskirche,** deren Zwiebelturm durchaus auch ins Alpenvorland passen würde. Sie teilt das Schicksal vieler Gotteshäuser auf Zákynthos, wurden doch das ursprünglich im Jahre 1590 erbaute Gebäude und auch die Folgebauten durch Erdbeben immer wieder zerstört. In ihrem Innern ist deshalb nur ein Teil der ursprünglichen Ikonostase, die von Säulen im korinthischen Stil durchgliedert wird, erhalten. Von den Einheimischen sehr verehrt werden die auf der linken Seite stehenden **Ikonen** des heiligen Nikolaus und des Schutzheiligen der Insel, des heiligen Dionýsios. Falls die Kirche aber wieder einmal geschlossen ist, können Sie immerhin den wirklich grandiosen Panoramablick auf Kefaloniá, die weite Bucht von Alikés und das grüne Tiefland bis hinüber nach Laganás genießen.

In der Nikolauskirche von Áno Gerakári

• *Essen und Trinken* Wer noch etwas länger bleiben möchte, kann ja das empfehlenswerte Speiselokal **Fioro tou Levante** aufsuchen, das von den Zakynthern gerne für Familienfeiern genutzt wird.

• *Weiterfahrt nach Alikés/Ende der Tour* Von der Kirche aus fährt man wieder abwärts zu der prägnanten Kreuzung zwischen Áno und Méssa Gerakári, zweigt dort links ab und folgt den Kehren der Straße durch wunderschönes grünes Land zum Miniweiler Alónia. Wenn man diesen passiert hat, kommt man bald erneut (obwohl man jetzt schon relativ weit unten ist) in das Gebiet von Áno Gerakári. So kompliziert sind die Verhältnisse hier. An der Ölmühle des Dorfes biegt man rechts ab und fährt auf einer größeren Straße weiter Richtung Alikés.

Süßes und Erfrischendes zum Abschluss der Tour

Etwa 500 m nach der Abzweigung Richtung Alikés sieht man rechts die neue Kirche Panagía Vrachiótissa. Nicht sie, sondern vielmehr der wunderschöne, filigran verzierte Glockenturm ihrer Vorgängerin – einer der schönsten der Insel – ist einen Stopp wert. Etwa 1 km weiter kommen alle Naschkatzen auf ihre Kosten, denn in einem kleinen, an eine Mandoláto-Fabrik angeschlossenen Laden kann man die süße Masse erstehen. Von hier ist in wenigen Minuten der Strand von Alikés erreicht, und man kann sich durch einen Sprung ins kühle Nass erfrischen.

Ein Kleinod ist der Turm der Kirche Panagía Vrachiótissa

Die Hangdörfer

Eine recht idyllische Route auf nur wenig befahrenen Straßen führt am Fuße des mächtigen westlichen Berglandes von Lithakiá nach Norden bis zum Johanneskloster nördlich von Katastári.

Kleine, idyllische Weiler, aber auch größere Dörfer mit attraktiven Sehenswürdigkeiten, z. B. Macherádo, Agía Marína und Pigadákia, machen diesen Ausflug ins Hinterland lohnenswert. Wer über ausreichende Kondition verfügt, kann die Tour auch gut mit dem Fahrrad bewältigen. Überlegenswert wäre dann, sie in Pigadákia zu beenden (einfach ca. 16 km).

Lithakiá

Recht großes Dorf oberhalb der Bucht von Laganás, zu dessen Gebiet auch die dortigen Strände von Ágios Sóstis bis Castéllo (s. S. 158 ff.) gehören, wo viele Einwohner Hotels, Pensionen, Tavernen etc. besitzen. Schon immer galt Lithakiá wegen seines fruchtbaren Bodens und der kräftig sprudelnden Quellen als besonders wohlhabend, heute tut der Tourismus ein Übriges. Das eigentliche Dorf zieht sich an der Straße nach Kilioméno den Hang hinauf. Schräg gegenüber der neuen Olivenpressanlage kann man vor der einstigen Ölmühle eine interessante Ausstellung alter landwirtschaftlicher Geräte – die meisten dienten der Olivenölgewinnung – bewundern. Wenige Meter danach zweigt vor der Schule eine Gasse zu der im 16. Jh. errichteten **Faneroméni-Kirche** ab. Sie besitzt wieder die für Zákynthos charakteristische holzgeschnitzte Ikonostase und eine Menge sehr alter, schöner Ikonen. Es sind deshalb so viele, weil man diejenigen aus anderen durch Erdbeben zerstörten Kirchen hierher gebracht hat. Geht man weiter die z. T. noch von einst charakteristischen Holzhäuschen gesäumte Hauptstraße aufwärts, erreicht man das alte Zentrum des Dorfes, die **Platía** mit Kafepantopolíon und mehreren Läden. Links davon kommt man über eine schmale Gasse zum ehemaligen **Herrenhaus** der Familie Messála, einem der prachtvollsten in Lithakiá. Heute ist darin das „Environment Education Centre" untergebracht. Regelmäßig finden darin für Kinder Schulungen zum Thema Natur statt. Noch weiter oben an der Hauptstraße steht rechts zwischen den letzten Häusern des Dorfes der 1586 erbaute Glockenturm der einstigen Kirche **Agía Marína,** der das Erdbeben von 1953 weitgehend unbeschadet überstanden hat.

• *Verbindungen* Von Zákynthos-Stadt nach Lithakiá kommt man mit dem **Linienbus**, der Kerí und Agalás anfährt. Auf dem Weg in den Norden legen zudem die Busse nach Anafonítria, Volímes und Ágios Nikólaos (Skinári) einen Stopp ein. Genauere Informationen S. 66.

• *Übernachten* **Spíros Apartments**, in der Nähe der Faneroménikirche vermietet die seit Jahren auf Zákynthos lebende Deutsche Karin Berthold in einem Mehrfamilienhaus mit einem großen gepflegten Garten 2 gut ausgestattete Dreizimmerwohnungen, in denen jeweils gut und gerne 4 Pers. unterkommen können; von der Terrasse hat man einen schönen Blick aufs Meer. Im Mai bezahlt man pro Wohnung und Woche 450 €, im August 700 €. ✆/℻ 2695052783, www.casa-feria.de.

• *Essen und Trinken* **Tavérna Dennis**, an der Durchgangsstraße Richtung Kerí gelegen. Genießt bei den Einheimischen einen guten Ruf. Besonderer Service: Mit einem Minibus wird man nach der Mahlzeit zurück ins Hotel in die Laganás-Bucht gebracht.

• *Einkaufen* **Aristéon**, unmittelbar vor dem Ort zweigt nach links eine schmale Straße (beschildert) zu der modernen Ölmühle von Athiná und Sotíris Chaikális ab. Die beiden machen gerne eine kurze Führung durch ihre Anlage, auf Wunsch kann man auch ein Video über die Olivenölproduktion ansehen. Wer mag, deckt sich hier mit biologisch hergestelltem Öl, das in flugzeugfreundlichen Blechflaschen verpackt wird, ein. Telefonische Anmeldung erwünscht. ✆ 6948328518.

• *Weiterfahrt* Um nach Pantrokrátoras zu gelangen, fährt man von Lithakiá auf der Verbindungsstraße Richtung Zákynthos-Stadt. Nach etwa 1 km zweigt man gegenüber dem Rathaus (2. Abzweigungsmöglichkeit) nach links ab und fährt auf einer schmalen Nebenstraße weiter.

Pantokrátoras

Ein typisches Hangdorf, zu dem von der Durchgangsstraße zwei Zufahrten führen. Will man dort dann den alten Ortskern kennenlernen, muss man, nachdem man die Dorfkirche passiert hat, nach links abzweigen, denn die Häuser ziehen sich steil den unteren Teil des Gebirgsabhangs hinauf.

Für die Versorgung mit dem Notwendigsten gibt es ein einfaches Pantopolíon. Weitaus mehr Infrastruktureinrichtungen (Rathaus, Fachgeschäfte, Arzt) befinden sich bereits unten an der großen Verbindungsstraße. Dort ist ein zweites Dorfzentrum entstanden, denn Pantokrátoras ist der Sitz der Verwaltung der Gemeinde Laganás.

Die meisten Grundstücke am Strand, auf denen heute die großen Hotels, Tavernen etc. stehen, gehören den 700 Einwohnern von Pantokrátoras. In dem Ort kann man besonders gut nachvollziehen, wie sich das Leben auf Zákynthos in den letzten Jahrzehnten verändert hat. Bis zum Erdbeben wohnte man in relativ einfachen Häusern am Hang. Danach bauten viele weiter unten neue Häuser, um den Feldern näher zu sein. Und als dann zwei Jahrzehnte später der Tourismus nach Zákynthos kam, errichtete man auf den Äckern in der großen Bucht Hotels und andere touristische Einrichtungen. So entstand der Badeort Laganás, in dem aber im Winterhalbjahr so gut wie niemand wohnt (s. Kasten auf S. 154.

Mouzáki

Das Dorf wurde einst auf der ganzen Insel für sein gutes Wasser gerühmt. Vor Jahren haben wir noch selbst erlebt, dass Bewohner aus Zákynthos-Stadt an dem Brunnen nahe dem Ortseingang ihre Kanister auffüllten. Inzwischen ist er weitgehend versiegt. Davor steht ein schöner **Ikonenständer** in Form einer Kapelle. Auch Mouzáki zieht sich mittlerweile weit Richtung Laganás-Bucht hinunter, weshalb an der dortigen großen Straße nach Zákynthos-Stadt ebenfalls ein Ortsschild steht.

Macherádo

Gleichgültig, aus welcher Richtung man sich dem drittgrößten Ort der Insel nähert, die mächtigen Türme seiner Agía-Mávra-Kirche und die des Klosters Panagía Eleftherótria fallen sofort ins Auge.

Im 3. Jh. n. Chr. wurden die heilige Mávra und ihr Gatte Thimótheos im ägyptischen Theben wegen ihres christlichen Glaubens grausam gefoltert und schließlich gekreuzigt. Ihnen zu Ehren errichtete man im Zentrum von Macherádo vor etwa 400 Jahren eine Kirche, die sich im Laufe der Zeit zu einem viel besuchten Pilgerziel und zur Hauptattraktion des Ortes entwickelte: Inselrundfahrt- und Pilgerbusse vom Festland, aber auch Einzelreisende legten in Macherádo einen Stopp ein, bis dann am 8. Dezember 2005 das Unfassbare geschah: Innerhalb von einer halben Stunde brannte das Gotteshaus vollständig aus. Mitten am Tag passierte es, der Küster hatte sich zur Mittagspause begeben und die Kirche verschlossen. Kaum eine Menschenseele war auf der Straße, als ein vorbeifahrender Autofahrer plötzlich den Rauch aus den Fenstern dringen sah. Alle Löschversuche kamen zu spät, die Ikonen der heiligen Mávra sowie des Thimótheos und die reich mit Girlanden verzierte und vergoldete Ikonostase waren unwiederbringlich zerstört. Nur die Außenmauern sowie der freiste-

Eingebettet im Grünen liegt Macherádo

hende Turm mit seinen besonders schön klingenden Glocken blieben stehen. Die Brandursache eindeutig festzustellen gelang den Verantwortlichen nicht. Vielleicht löste eine umgefallene Kerze das Feuer aus, vielleicht war eine defekte Stromleitung dafür verantwortlich, mancher munkelt auch, mit Hilfe von Brandstiftung habe vielleicht ein Ikonendieb seine unmittelbar vorangegangene Tat vertuschen wollen. Wie auch immer – bald schon begannen die Zakynther, den Innenraum von Trümmern zu befreien. Wie ein Wiederaufbau finanziert werden könnte, stand allerdings zunächst in den Sternen. Doch seit 2007 der tatkräftige Papás Nikólaos in Macherádo die Pfarrstelle übernommen und damit begonnen hat, die Finanzierung über Spendengelder anzukurbeln, ist einiges ins Rollen gekommen. Eine Nachbildung der hoch verehrten Agía-Mávra-Ikone ist bereits fertig, deren Schrein soll ebenso wie die einstige Ikonostase bis 2012 nach altem Vorbild nachgebildet werden. Auch Gemälde für die Decke und die Wände des Gebäudes hat man in Auftrag gegeben. Bis zur Fertigstellung stellt man in der Kirche verschiedene Ikonen der Agía Mávra aus, die zuvor in anderen Kirchen, z. T. sogar in Lagerräumen, untergebracht waren. Eine von ihnen ist mit Resten der beim Brand nur teilweise zerstörten Votivtäfelchen behängt.

So herrscht auf der Hauptstraße schon wieder recht viel Gedränge. Nicht nur die Fremden, sondern auch die Zakynther kommen gerne wieder hierher, küssen in der Kirche die Nachbildung der legendären Ikone der heiligen Mávra und lassen sich dann die leckeren Souvlákia schmecken, eine Spezialität des Dorfes, die rund um den Kirchplatz vielfach angeboten wird.

Öffnungszeiten Mai bis Oktober 7–22 Uhr, in den übrigen Monaten 8–13 und 14–17 Uhr. Alle Spenden- und Kerzengelder werden ebenso wie der Erlös der mehrsprachigen Informationsbroschüre (5 €) für den Wiederaufbau der Kirche verwendet.

Legenden um die heilige Mávra

Viele wundersame Geschichten werden aus dem Leben der Heiligen erzählt. So sollte sie einmal bei lebendigem Leib in kochend heißem Wasser getötet werden. Als sie jedoch den Bottich mit der todbringenden Flüssigkeit bestieg, wies diese plötzlich nur noch angenehme Körpertemperatur auf und Mávra war gerettet.

Ein anderes Wunder betrifft ihre Ikone. Mitglieder der zakynthischen Tzaviará-Familie hatten sie aus Ägypten auf die Insel gebracht. Viele Jahre später wurde sie von einem Hirten aus Lagopódo an einem Zaun hängend gefunden, nachdem er zuvor durch ein seltsames Licht auf sie aufmerksam geworden war. Natürlich trug er sie in die Kirche seines Dorfes. Am anderen Tag fand er sie jedoch wieder an demselben Zaun und nahm sie wieder mit. Das Ganze wiederholte sich so lange, bis man verstanden hatte, was es bedeuten sollte: Die heilige Mávra musste an genau dieser Stelle ein eigenes Gotteshaus bekommen. Zunächst baute man eine Kapelle, die im Laufe der Jahrhunderte erweitert, verändert, wieder eingerissen und schöner und größer neu errichtet wurde. Und so entstand eine der stolzesten Kirchen auf Zákynthos. Keine Legende, sondern traurige Wahrheit: Die Ikone wurde bei dem Brand 2005 unwiederbringlich zerstört.

Zur einstigen Hauptkirche Macherádos, **Agía Ipapandí,** geht man von der Agía-Mávra-Kirche auf der Straße, die nach Zákynthos-Stadt führt, ca. 100 m weit abwärts, passiert eine Snackbar, biegt gegenüber der Post nach links ein und hält sich gleich darauf rechts. Der spätmittelalterliche steinerne Glockenturm – er ist einer der höchsten der Insel – bietet mit seinen spiralförmigen Verzierungen ein schönes Bild, auch die Nordfassade der Kirche weist solche auf. Wie häufig auf Zákynthos hat sie im Innern nicht mehr viel zu bieten, da man nach dem Erdbeben alle wertvollen Ikonen in die Agía-Mávra-Kirche gebracht hat.

Einen Besuch wert ist außerdem das **Nonnenkloster Panagía Eleftheótria.** Um dorthin zu kommen, müssen Sie am Lithakiá zugewandten Ortseingang links auf die Straße nach Kilioméno abbiegen. Nach ca. 200 m erreichen Sie die hübsche, ganz in Ziegelrot und Weiß gekalkte Anlage, die sich eindrucksvoll vom Grün der Umgebung abhebt. 1961 wurde das Marienkloster von einem der Mönche des Dionýsios-Ordens in der Chóra gegründet, die den heute hier lebenden 15 Nonnen noch regelmäßig die Messe lesen und andere priesterliche Dienste leisten.

Im Hof des Nonnenklosters Eleftheótria

Streng schirmen sich die Nonnen durch eine dicke Mauer von der Außenwelt ab. Die vollständig ausgemalte **Klosterkirche** ist jedoch der Öffentlichkeit zugänglich, eine der Klosterfrauen achtet jedoch streng auf die Einhaltung von Bekleidungs- und Benimmregeln (z. B. duldet sie es nicht, wenn eine Frau mit überschlagenen Beinen in der Kirchenbank sitzt). Neben der schön geschnitzten Ikonostase und den Wandbildern ist auch eine Nische im rückwärtigen Teil des Gotteshauses interessant. Dort findet man eine Sammlung von Steinen, die zakynthische Pilger aus verschiedenen aus der Bibel bekannten Orten in das Kloster mitgebracht haben. Auch wenn man nicht gut Griechisch lesen kann, gelingt es doch, einige Aufschriften zu entziffern: Bethlehem, Nazareth, Kanaan, Samaria etc.

In einer Seitennische hängt die von den Einheimischen sehr verehrte Marienikone. Über diesen kleinen Raum kommt man in einen liebevoll angelegten **Klostergarten** mit vielen Blumen und einer Zisterne sowie zu einem mit Girlanden geschmückten **Arkadengang,** in dem einige Vogelbauer mit zwitschernden Singvögeln hängen. Jenseits davon liegen die Zellen der Nonnen, rechts gelangt man zu einem Devotionalienladen, in dem u. a. auch hübsche Handarbeiten verkauft werden.

Öffnungszeiten Tägl. 9–12 und 16–20 Uhr. Eintritt frei. Falls die Pforte verschlossen ist, darf man auch klingeln, allerdings nicht während der Siesta. Auf respektvolle Kleidung wird großer Wert gelegt.

Den schönsten Blick auf das Kloster hat man übrigens von der Straße, die in Serpentinen nach Kilioméno hinaufführt. Auf dieser erreicht man nach 2 km das **Ausflugsrestaurant Kastéli** (mittags und abends geöffnet), von dessen Terrasse Sie die Aussicht auf Kloster, Dorf sowie das dicht besiedelte Flach- und Hügelland bei einem Tässchen Kaffee genießen können.

• *Verbindungen* Macherádo wird von den **Bussen** nach Katastári und Kilioméno angefahren. Genauere Informationen S. 66.

• *Ärztliche Versorgung* Die **Gesundheitsstation** an der Platía ist nur unregelmäßig besetzt, die Notfallnummern hängen aus.

• *Einkaufen* Schräg gegenüber der Kirche Agía Mávra finden Sie einen **Bäcker**. Gut sortiert ist der **Supermarkt** in der Nähe der Platía. Ein **Souvenirgeschäft** darf natürlich auch in Macherádo nicht fehlen.

• *Post* Die Post befindet sich am Ortsausgang Richtung Zákynthos-Stadt.

• *Feste* Gleich 2-mal im Jahr feiern die Zakynther zu Ehren der heiligen Mávra: Am **3. Mai** findet eine Messfeier mit einem eigens für sie von einem zakynthischen Mönch entworfenen Gesang statt. Spektakulärer ist jedoch das Fest am **zweiten Sonntag im Juli** mit Gottesdienst und einer Prozession um die Kirche.

• *Essen und Trinken* **Café Apróopto**, mehr als nur ein Café, denn bei Loúkas bekommt man in dem kleinen Lokal gegenüber der Agía-Mávra-Kirche auch Grillgerichte. Die Souvlákia waren wirklich prima, aber auch das Spinándero (Grillgericht aus Innereien von Ziege und Lamm) sollten Sie ruhig mal probieren.

Mehrere **Snackbars** liegen gegenüber dem Kampanile. Am Vormittag sitzen die Männer im Schatten der Kirchenmauer zum Plausch beisammen, am Abend tun sie dasselbe auf der gegenüberliegenden Straßenseite.

Lagadákia und Umgebung

Nur relativ neue Häuser säumen die Durchgangsstraße. Viel ist nicht los in dem kleinen Dorf, am Ortseingang wartet ein am Rande eines Weinbergs gelegenes Pantopolíon auf Kundschaft, gegenüber davon befindet sich eine Ölmühle, vor der großen Kirche sitzen morgens und abends ein paar alte Männer beisammen und erzählen von den Zeiten vor dem Erdbeben. Damals lag das Dorf nämlich noch viel weiter oben am Gebirgshang an einer kleinen, dicht bewaldeten Schlucht namens Lagádi tou Andréa. Als die Häuser und auch die drei Kirchen 1953 dann völlig zerstört waren, beschloss man, es denen nachzutun, die schon Jahre vorher ihre Wohnungen in die Nähe der Felder, also weiter nach unten in die Ebene, verlegt hatten. Heute noch holen jedoch viele Dorfbewohner ihr Trinkwasser von der Quelle oben an der Schlucht.

Anfahrt zum verlassenen Dorf: Ein schmales Sträßchen führt gegenüber der großen Pfarrkirche Iperagías Theotókou vom heutigen Lagadákia zum alten Dorf hinauf (beschildert), von dem fast nur noch die Ruinen dreier Kirchen übrig geblieben sind. Zwischen Wohnhäusern und terrassenartig angelegten Olivenhainen fährt man zunächst ca. 600 m bis zum Friedhof, einen Kilometer weiter erreicht man dann, alle Abzweigungen ignorierend, eine markante Gabelung. Wenn Sie dem mittleren Weg folgen, können Sie nach einigen Metern einen schönen Blick auf die zerstörte Andréaskirche genießen. Um dorthin bzw. in das verlassene Dorf hineinzukommen, folgen Sie an dieser Abzweigung jedoch dem bisher befahrenen Sträßchen weiter aufwärts bis zu der wasserreichen, mit Zypressen, Kermeseichen und Feigenbäumen dicht bewachsenen Schlucht **Lagádi tou Andréa,** links des Weges ist die heute noch intakte Quelle zu sehen. Bald darauf zweigt vor einem alten Haus ein Pfad zu dem Portal der Dimítrioskirche ab. Kurz danach sieht man rechts vom Weg bei einem neuen Haus Teile der alten Außenmauern und den halben Kampanile der Georgskirche. Den schönsten und besterhaltenen Glockenturm aber hat die Andréaskirche, die von hier aus über einen links abzweigenden Stichweg zu erreichen ist.

Fährt man von Lagadákia weiter in nordwestliche Richtung, kommt man nach **Fiolítis,** wo ein alter Glockenturm neben dem neuen Kirchengebäude an vergangene Zeiten erinnert. Nicht weit davon entfernt liegt **Ágii Pántes.** Wie in Lagadákia befindet sich auch hier das alte Dorf weiter oben am Gebirgshang. Im Zentrum des heutigen Ortes lockt die nette Psisteriá Skaliótis, am Ortsausgang kann man eine Olivenpressanlage sehen.

• *Essen und Trinken* **Tavérna To Ladofanáro tou Farándou**, in dem Gebäude einer ehemaligen Ölpresse führt Spíros Mílonas, der lange in der Schweiz gelebt hat, eine sehr empfehlenswerte, originelle Taverne, deren Name auf die früher hier als Beleuchtung dienenden Öllämpchen zurückgeht. Nach alten Rezepten werden zakynthische Gerichte in Tontöpfen bzw. im Holzofen gegart, ein Genuss ist z. B. das Perlhuhn Kokkinistó in deftiger Tomatensauce. Ob im Sommer auf der Terrasse mit Blick auf das Dorf Ágios Dimítrios oder in der kalten Jahreszeit im stilvoll eingerichteten Gemäuer – hier sitzt man immer wunderbar. Die Taverne liegt außerhalb von Galáro. Folgen Sie 400 m hinter Fiolítis an der Gabelung Agíi Pántes – Galáro dem Hinweisschild zu diesem Dorf nach rechts, passieren den Ort und biegen 1,3 km weiter bei einer alten Bushaltestelle nach links ab. Nach 100 m ist die Taverne erreicht. Alternativ kann man auch von der Straße Zákynthos-Stadt – Katastári in Ágios Kírikos nach links Richtung Agía Marína abzweigen und dann den Beschilderungen folgen.

Die Taverne ist von Juni bis September tägl. außer Mo jeweils am Abend, im Winter nur am Sonntagmittag geöffnet. ✆ 269 5066180.

Zante Water Village

Seit 2004 lockt der bei dem Dörfchen Sarakinádo gelegene Wasser-Vergnügungspark zahlreiche Besucher an. „Fun for the whole family" bieten Riesenrutschen, bis zu 12 m hohe Sprungtürme, Jacuzzi, ein sogenannter „Lazy River", aber auch die „Boomer Bowl" u. a. mehr.

Öffnungszeiten/Eintritt/Anfahrt Von Mai bis Oktober tägl. 10–18 Uhr. Eintritt 18 €, Kinder 14 €, für Familien werden Vergünstigungen gewährt, ab 14.30 Uhr gibt es generell deutliche Preisnachlässe. Der Park liegt ca. 5 km außerhalb der Chóra an der Straße nach Katastári. Von Argássi, Laganás, Kalamáki und Tsiliví bestehen regelmäßige Busverbindungen.

Agía Marína

Weit oben am Hang liegen die Häuser des stillen Dorfes dicht zusammengedrängt. Zentrum ist der große Kirchplatz, auf dem auch die alten Zisternen nicht fehlen.

Im unteren Ortsteil ist in einem neuen Gebäude das **Museum Helmi** untergebracht. Auf zwei Stockwerken wird eine interessante Ausstellung zur Natur der Insel Zákynthos, der Strophaden, aber auch anderer Gebiete der Erde gezeigt. Auf Schautafeln mit Texten (auch in englischer Sprache) erfahren Sie beispielsweise viel über die Flora und Fauna Ihrer Urlaubsinsel sowie über die traditionelle Landwirtschaft.

Dazu kommen zahlreiche Muscheln, präparierte Tiere, ein Video über die Caretta caretta sowie eine anschauliche Gesteinssammlung.

Die **Kirche der heiligen Marína** wurde Mitte des 19. Jh. an der Stelle einer weitaus älteren erbaut. Auffallend ist ihr in Rot und Himmelblau gehaltener Glockenturm, den zusätzlich weiße Verzierungen schmücken. Er wurde nach dem Erdbeben von 1953 originalgetreu wieder aufgebaut. Ausgesprochen prachtvoll ist das Innere der Kirche. Mächtige Säulen im ionischen Stil unterteilen den dreischiffigen Raum und stützen die Decke, in deren Mitte Vater, Sohn und Heiliger Geist, umgeben von den Aposteln, zu sehen sind. Wunderschön ist die noch aus der alten Kirche stammende Ikonostase. Die im Altarraum aufbewahrte Marienikone ist in etwa ebenso alt, wurde sie doch 1680 von dem Künstler Vitális geschaffen. Sehr verehrt von den Einheimischen wird auch die versilberte Ikone der Agía Marína, der Namensgeberin der Kirche und des Dorfes.

Die Kirche Agía Marína: filigraner Fensterschmuck und mächtiger Kampanile

Anschließend kann man noch einen Blick auf die alte einklassige **Volksschule** am Nordostrand des Kirchplatzes werfen. Seit 1953 ist sie geschlossen, aber das Haus steht unter Denkmalschutz. Nach dem Erdbeben wurden die Kinder in einem Gebäude am unteren Ortsrand unterrichtet, heute bringt man sie, wie in vielen anderen kleinen Dörfern auf Zákynthos, in eine zentrale Mittelpunktsschule. In dem kleinen Häuschen neben der Schule waren bis in die Mitte des vergangenen Jahrhunderts Geisteskranke untergebracht. Sie wurden wahrlich grausam behandelt. Eine schwere eiserne Kette schränkte ihre Bewegungsfreiheit ein. Wenn der Platz nicht ausreichte, band man einige an den Bäumen auf dem Kirchplatz fest. Vor der Errichtung dieses „Gefängnisses" im Jahre 1912 sollen die Kranken im hinteren Teil des Kirchenschiffes angebunden worden sein – in der Hoffnung, die räumliche Nähe zur heiligen Marína beschleunige die Heilung.

- *Verbindungen* Der **Bus** nach Katastári hält auch in Agía Marína.
- *Essen und Trinken* **Tavérna Dennis Place**, ganz oben im Ort. Im Sommer genießt man von der Terrasse einen tollen Blick auf Agía Marína und das Umland, in der kälteren Jahreszeit sitzt man gemütlich zwischen alten Möbeln in dem an einen Fels gebauten Haus. Mittlerweile hat Dennis seinem Sohn Soúgios das Ruder übergeben, doch die Qualität ist geblieben. Geboten wird leckere Hausmannskost, am besten lässt man sich die Tagesgerichte nennen, anstatt in die Speisekarte zu schauen. Wir waren von dem leicht mit Zimt gewürzten Stifádo und den

Das Dorf Agía Marína mit der gleichnamigen Kirche

mit Kräutern verfeinerten Melitsánes Skordostoúpi schlichtweg begeistert. Allerdings sollten Sie unbedingt etwas Zeit für Ihren Aufenthalt mitbringen.

• *Einkaufen* **Katerína's Place**, am Ortseingang (von Zákynthos-Stadt kommend) entdeckt man rechts der Straße den besonders originellen Laden. In seinem vorderen Bereich werden v. a. Textilien, z. B. Tischdecken, Vorhänge, Kleidungsstücke etc. angeboten, die Katerína bei verschiedenen Frauen auf der Insel in Auftrag gibt. Mindestens genauso interessant fanden wir aber ihre eigenen Kreationen, Kunstobjekte und Bilder, die sie aus Holz, Muscheln, getrockneten Pflanzen, Steinen etc. herstellt.

• *Öffnungszeiten der Kirche* Das Gotteshaus ist meist verschlossen. Verwahrt wird der Schlüssel von einer netten Familie in dem zweigeschossigen Haus gegenüber. Dort hilft man Ihnen gerne weiter. Aber niemals während der Siesta!

• *Öffnungszeiten des Museums* Von Mai bis Oktober tägl. 9–17 Uhr, im Winter 9–14 Uhr. Eintritt 3 €, Kinder zahlen die Hälfte. In der angeschlossenen Cafeteria werden warme und kalte Getränke serviert.

Skoulikádo

Großes, weitläufiges Dorf mit vielen Zisternen, die sich z. T. sogar am Fahrbahnrand befinden. So kostbar ist das Wasser, dass man seinetwegen eine Einschränkung des Verkehrs hinnehmen muss – und das im geschwindigkeitsbegeisterten Griechenland. Mittelpunkt des Ortes ist die Marienkirche, auf deren Terrasse die Bewohner nicht nur an den Festtagen der Gottesmutter, sondern z. B. auch am Dionýsios-Tag im August mit Speise, Trank und Tanz kräftig feiern.

Weiterfahrt Die Route führt an der Kirche vorbei (folgen Sie dem P-Schild). Bald passieren Sie die alte Nikolauskirche und fahren durch die Felder weiter nach Kallithéa. Von dort ist es nicht mehr weit bis Pigadákia.

Jagdfieber auf Zákynthos

Wandert man auf einsamen Staubstraßen durch abgelegene Gegenden, wird man nicht selten durch ein kurzes, donnerndes Geräusch aufgeschreckt, und oft tritt einem aus dem Gebüsch ein zünftig gekleideter Zakynther mit geschultertem Gewehr entgegen. Kein Zweifel, auf dieser Insel ist das Jagen eine ganz besondere Leidenschaft. „Um 3 oder 4 Uhr in der Frühe", so erzählt María aus Pigadákia, „stehen meine großen Jungen mit Begeisterung auf, wenn sie zur Jagd gehen wollen. Aber wehe, wenn es um Arbeit oder Besorgungen geht, dann bringst du sie nicht aus dem Bett."

Junge und Alte jagen, wann immer sie die Möglichkeit dazu haben: von Oktober bis März Schnepfen, Wildenten und Stare, im April und September Hohltauben, im August Wachteln und fast das ganze Jahr über Kaninchen. Die ganz Begeisterten fahren dafür sogar extra auf die Strophadeninseln. Im Kafeníon ist die Jagd deshalb auch häufig ein wichtiges Thema. Und nicht selten wird der mitteleuropäische Fremde neugierig gefragt, wie viele Gewehre er denn zu Hause am Haken hängen habe. Denn das „Óplo", das Gewehr, gehört auf Zákynthos fast schon zum Statussymbol, schließlich sollen die 35.000 Insulaner, Babys und Alte mitgerechnet, insgesamt im Besitz von 40.000 Ballermännern sein.

Pigadákia

Weit verstreut stehen die Häuser des Dorfes am Hang des Berges Kakí Ráchi, des „schlechten Rückens", der seinen Namen deshalb trägt, weil es viel Mühe kostet, seinen Gipfel zu erklimmen. Manche Bewohner nennen ihn aber auch „guten Rücken", hält er doch durch seine Höhe oft das von Westen kommende schlechte Wetter ab.

Brunnen waren es, denen der Ort mit heute 400 Einwohnern seinen Namen verdankt. Vor der kleinen, ständig geöffneten **Panteleímonas-Kirche** am nördlichen Ende des Dorfes findet sich dann auch eine sehr ergiebige Trinkwasserquelle und in ihrem Innern, hinter der Ikonostase, ein **Brunnen mit schwefelhaltigem Wasser.** Es stinkt wirklich unglaublich, wenn man mit dem Schöpfgefäß das angeblich heilbringende Nass aus der Tiefe emporholt. An Festtagen zu Ehren des heiligen Panteleímonas, der zu Lebzeiten als Arzt wirkte, soll es sogar aus dem Brunnen hervorquellen. Wer dabei nachhilft, konnten wir nicht überprüfen. Die ursprüngliche Kirche aus dem 17. Jh. wurde durch das große Erdbeben zerstört und später wieder aufgebaut, auch der Glockenturm hat die Katastrophe nicht unbeschadet überstanden. In der modernen **Dorfkirche Agía Varvára** sammelte man nach 1953 viele Kunstschätze aus umliegenden zerstörten Gotteshäusern.

Einen Besuch wert ist das **Museum Vertzágio.** Die gleichnamige Familie hat über Jahre hinweg zakynthische Alltagsgegenstände gesammelt und auf diese Weise eine wirklich sehenswerte Ausstellung zustande gebracht. In einem großen, eigens dafür errichteten Gebäude kann man die verschiedensten inseltypischen Hauswirtschafts- und Landwirtschaftsgeräte bewundern, z. B. eine Maschine zur Reinigung der Korinthen, einen Mühlstein zum Zermahlen der Oliven, eine Olivenpresse, einen alten Webstuhl und vieles mehr. Auch die Wohnungseinrichtungen ehemaliger Zakynther aus verschiedenen sozialen Schichten und das kleine Schulzimmer sind sehenswert. Auch außerhalb des Museumsgebäudes gibt es Interessantes zu bestaunen, z. B. ein typisches Regenauffangbecken mit angeschlossener Zisterne und eine einst für Zákynthos ganz charakteristische Vergákia-Hütte (s. Kasten S. 211).

Unbedingt einen Besuch wert ist das Folkloremuseum

• *Öffnungszeiten des Museums* So–Fr 9–14 und 18–20 Uhr, Sa nur vormittags. Eintritt ca. 3 €. Beschriftungen in englischer und griechischer Sprache.

• *Ausflüge* 2-mal tägl., 1-mal am Vormittag, 1-mal am Abend, kann man von Alikanás oder Alikés mit dem Touristenbähnchen **Trainąki** eine Fahrt nach Pigadákia machen. Kosten inkl. Eintritt ins Museum und ein Getränk in der Taverne: 12,50 €, Kinder 5,50 €. Weitere Informationen im Tour-Train-Büro in Alikés (s. Ortsplan S. 189) oder unter ✆ 2695083580.

• *Essen und Trinken* **Tavérna Kakí Ráchi**, die geschäftige Familie Vertzágio betreibt auch das im traditionellen Inselstil eingerichtete Lokal gegenüber der Panteleímonas-Kirche. Auf der Terrasse kann man – wie sonst die Einheimischen in den Innenhöfen ihrer Häuser – auf mit Decken belegten Simsen sitzen. Und auch das Essen ist zu empfehlen. Falls es Ihnen geschmeckt hat, können Sie ein paar leckere Souvenirs (Wein, Öl, Korinthen) für zu Hause erstehen.

Katastári

Etwa 3000 Menschen leben in dem größten Dorf der Insel, das sich an der viel befahrenen Durchgangsstraße nach Zákynthos-Stadt entlangzieht und aus mehreren Ortsteilen besteht. Mittelpunkt ist die große Kreuzung mit der Abzweigung nach Alikés nahe der neu erbauten Dorfkirche. Hier findet man neben Rathaus, Polizei, Gesundheitsstation und verschiedenen Läden auch einige Kafenía und recht ursprüngliche Tavernen, in denen vor allem Zakynther verkehren. Schade nur, dass man seinen Frappé oder Oúzo wegen der oft in halsbrecherischem Tempo durchs Dorf rasenden Lkws nur eingeschränkt genießen kann.

• *Verbindungen* Katastári ist mit dem **Bus** v. a. von der Chóra aus, aber auch von den Dörfern des nördl. Berglands recht häufig zu erreichen. Genauere Informationen S. 66.

• *Einkaufen* Einen **Bäcker** finden Sie unmittelbar an der zentralen Kreuzung. Ein besonders gut sortierter **Supermarkt** liegt am Ortsausgang Richtung Ágios Nikólaos.

• *Medizinische Versorgung* Gegenüber der großen Dorfkirche befindet sich in einem kleinen Gebäude rechts neben dem Rathaus die **Gesundheitsstation**. Sie ist 3-mal pro Woche besetzt. ✆ 2695083208. Eine deutlich bessere Versorgung bietet das **Medical Health Centre** in Kallithéa. ✆ 2695083208.

Eine **Apotheke** finden Sie an der Durchgangsstraße nahe der großen Kreuzung.

• *Polizei* Direkt gegenüber liegt die kleine Station, erkennbar an den davor parkenden charakteristischen weißblauen Autos der Beamten. ✆ 2695083217.

• *Post* Am südlichen Ortseingang findet man die Post innerhalb eines kleinen Geschäftszentrums, geöffnet Mo–Fr 7.30–14 Uhr.

• *Übernachten* **Archontikó Village**, fast schon am nördlichen Ortsausgang stehen die 6 edel renovierten Herrenhäuschen in einer gestuften Anlage. Hinter dem Eingang scheint jenseits der Durchgangsstraße eine andere Welt zu beginnen. In gelb getünchten Häusern befinden sich 7 sehr gut ausgestattete und geschmackvoll eingerichtete zweistöckige Wohnungen, die 2–5 Pers. Platz bieten, außerdem stehen noch 6 kleine Villen zur Verfügung. Zum Strand von Alikés geht man ca. 800 m, zur Anlage gehört aber auch ein schöner Pool. Stéfanos Voútsos, der Besitzer, hat vor vielen Jahren in München studiert und spricht hervorragend Deutsch. Zwischen April und Oktober bezahlt man zu zweit 50–100 €, jede weitere Pers. kostet zusätzlich 12–18 €, Frühstück wird mit 8 € pro Pers. extra berechnet. ✆ 2695083080, ✆ 2695 083354, www.archontikovillage.com.

• *Essen und Trinken* Besonders schön fanden wir das **Kafeníon Apóllon** gegenüber der Abzweigung nach Alikés. Man sitzt unter Arkaden im Freien oder im schmucklosen Innenraum.

Zwei einfache **Tavernen** bieten vor allem Gegrilltes. Im „To Katastári" wird auch Pizza angeboten.

Kloster Ágios Ioánnis Prodrómou

Fährt man vom Ortskern von Katastári Richtung Ágios Nikólaos, zweigt nach knapp 4 km kurz vor einem Aussichtsparkplatz mit Kantína-Wagen eine asphaltierte Straße nach links zum Johanneskloster ab. Wann die große Anlage erbaut wurde, ist nicht bekannt. Rechts und links der Kirche liegen die einst von Nonnen bewohnten Klosterzellen, seit fast 30 Jahren lebt nur noch der freundliche alte Mönch Theófilos in dem linken Gebäudetrakt. Wenn er da ist, zeigt er Ihnen gerne das Innere der Kirche, die eine hübsche Ikonostase und mehrere wertvolle Ikonen aufzuweisen hat. Von besonderer Bedeutung ist die des Namensgebers des Klosters, die seine Enthauptung zeigt. Johannes der Täufer war übrigens der Schutzpatron von Zákynthos, bevor er vom heiligen Dionýsios abgelöst wurde.

Öffnungszeiten In der Regel Mo–Sa 8–12 und 17–20 Uhr, So erst ab 17 Uhr.

Vergákia-Hütten: geniale Architektur auf den Feldern

Früher waren sie zumindest im Flach- und Hügelland landschaftsprägend. Zwischen den Feldern und Weinbergen ragten die an Baumhäuser erinnernden Hütten heraus. Auf vier Holzpfosten errichtete man in etwa zwei Metern Höhe – so konnte auch der Boden darunter landwirtschaftlich genutzt werden – ein Häuschen mit Veranda aus Schilfrohr, die Wände bestanden aus Gras und getrocknetem Schilf. Man wohnte hier in der Regel nur tageweise, z. B. wenn man während der Erntezeit viel Arbeit hatte und sich den zeitaufwendigen Rückmarsch bzw. Eselsritt nach Hause ersparen wollte. Außerdem diente es der Siesta, bot es doch einen hervorragenden Schutz vor der drückenden Mittagshitze im Sommer.

Die Umgebung von Kiliméno lädt zum Wandern ein

Der Westen und der Norden: das Bergland

Vom Kap Marathiá im Südwesten bis zum Kap Skinári im Norden zieht sich ein nicht besonders hoher, aber schroff ansteigender, breiter Gebirgszug entlang, der weit mehr als die Hälfte der Insel einnimmt. Karg, rau und wild wirkt die verkarstete Landschaft, wie eine spröde Schönheit – der Gegensatz zum lieblichen, üppigen Flach- und Hügelland könnte kaum größer sein.

Atemberaubende Natur hat die bizarre, über weite Strecken senkrecht abfallende Steilküste zu bieten, in die das Meer zahlreiche zauberhaft schöne Höhlen und ein paar schlauchartige, ganz im Norden auch breitere Buchten hineingefressen hat. Nur an ganz wenigen Stellen ist sie vom Land aus zugänglich.

Kiefernwälder, Buschvegetation und manchmal auch ganz kahle Felsen prägen die Landschaft. Das war aber keinesfalls immer so, denn einst war die Gegend dicht bewaldet, und zahlreiche Menschen lebten von der Forstwirtschaft. In den Dörfern kann man immer wieder auf ältere Menschen treffen, die einem erzählen, wie waldreich ihre Heimat in ihrer Jugend noch war. Doch wie auf so vielen griechischen Inseln wurden die Wälder durch Übernutzung und vor allem durch Brände stark dezimiert. Dass diese nicht immer nur natürliche Ursachen hatten, belegt eindrucksvoll eine erhalten gebliebene Urkunde aus dem Jahre 1490. Damals wurde ein Zakynther namens Andréas Lampíris zum Tode verurteilt, weil er in der Umgebung des Kaps Skinári einen Waldbrand gelegt hatte. Vielleicht wollte er das Weideland für seine Tiere vergrößern. Auch in jüngster Zeit haben Waldbrände in der Umgebung des Dorfes Agalás große Schäden angerichtet.

Verheerende Brände im Sommer 2009

Einige Wochen nach unserer Rückkehr von der Insel und unmittelbar vor der Drucklegung der Neuauflage dieses Reiseführers erfuhren wir, dass es im August mehrere Tage lang im Bergland gebrannt hatte. Die an mehreren Stellen nahezu gleichzeitig ausgebrochenen Feuer verwüsteten insbesondere die Region zwischen Volímes und Kambí zu großen Teilen, aber auch weiter südlich gelegene, zu den Dörfern Ágios Léon und Kiliméno gehörende Gebiete waren betroffen. Zudem zerstörten die Flammen auch Wälder und Olivenhaine in der Gegend von Koríthi. Die Bewohner von Mariés wurden sicherheitshalber evakuiert, doch – Glück im Unglück – alle Dörfer, auch die Klöster und archäologischen Stätten blieben verschont. Die Behörden gehen davon aus, dass insgesamt etwa 2200 Hektar Fläche betroffen sind, als Ursache geben sie, wieder einmal, Brandstiftung an. Welche langfristigen Auswirkungen dieses Desaster haben wird, bleibt abzuwarten. Die Zugangsstraßen zur Pórto-Vrómi-Bucht z. B. könnten nun durch Erdrutsche infolge winterlicher Regenfälle zerstört werden, für die Bucht selbst besteht die ernsthafte Gefahr, dass sie durch abrutschende Felsblöcke verschüttet wird.

Inwieweit unsere Beschreibungen der Region Bergland im Einzelnen nach diesen Bränden nicht mehr mit der Realität übereinstimmen, war für uns zum Zeitpunkt der Drucklegung noch nicht abzusehen. Möglicherweise sind auch die Wanderungen 9, 12 und 13 von Feuerschäden betroffen. Sobald wir diesbezüglich über genauere Informationen verfügen, werden wir sie unter http://www.michael-mueller-verlag.de/reise-news/index.html (siehe dort: Nach Büchern, Süd- & Südosteuropa, Griechenland, Zakynthos) veröffentlichen.

Da sich das Bergland aus regendurchlässigem, weil porösem Kalkstein aufbaut, ist es ausgesprochen wasserarm und war seit jeher viel dünner besiedelt als der Rest der Insel. In Zisternen, die man in großer Zahl in den Orten sieht, sammelte und sammelt man auch gegenwärtig noch das Regenwasser. Trotz der schwierigen Naturbedingungen ist die Region bis heute zumindest teilweise Bauernland. Den Bewohnern blieb auch lange kaum eine andere Wahl, als neben der Holzwirtschaft mit Schaf- und Ziegenzucht ihren Unterhalt zu verdienen. Und den gehörnten Tieren begegnet man auch häufig, wenn man durchs Bergland fährt oder wandert. Kein Wunder, dass die zakynthischen Käsespezialitäten aus dieser Gegend kommen. Nur in den etwas fruchtbareren Karstwannen – das sind kleine Senken mit besserem Boden – sieht man Olivenhaine, ein paar Getreidefelder und ab und zu mal einen Weinberg.

Die meisten Dörfer sind noch sehr ursprünglich geblieben, auch wenn inzwischen einige Bewohner zur Arbeit in die Stadt pendeln und das Gebiet verkehrsmäßig gut erschlossen ist. Die Menschen sind herzlich und offen, man pflegt mit Hingabe den eigenen Gemüsegarten, züchtet Kaninchen und Hühner, und in den Kafenía und Tavernen geht es noch wirklich griechisch zu. Sicher, Kambí, Volímes und Anafonítria werden inzwischen regelmäßig von Ausflugsbussen und Tagestouristen per Bike oder Mietauto angefahren, und dann sieht es dort kurzfristig aus wie auf einem Rummelplatz. Die Einheimischen sehen die Möglichkeit, am Tourismus zu verdienen, und preisen mehr oder weniger aufdringlich Textilien und landwirtschaftliche Produkte an. Aber länger bleibt so gut wie keiner, am Nachmittag wird's wieder ruhig, und in den übrigen Orten legt sowieso kaum einer einen Stopp auf der Fahrt zum obligatorischen Shipwreck-Beach ein.

Panorama am Kap Kerí

Das Bergland hat immer noch relativ viel unbesiedelte Naturlandschaft zu bieten und ist auf der Insel das beste Gebiet für Spaziergänge und Wanderungen, auch wenn man manchmal auf betonierten Wegen gehen muss. Lohnende Ziele sind neben den schönen Dörfern z. T. verlassene, einsam gelegene Klöster, eine Karsthöhle oder auch der mit 756 m höchste Gipfel des Vrachíonas-Gebirges, Vouní genannt. Schließlich gehören die ins Meer hinabstürzenden weißen Felsen der Küste zum Schönsten und Spektakulärsten, was Zákynthos zu bieten hat. Nicht nur der Shipwreck-Beach, eines der bekanntesten Postkartenmotive in Griechenland überhaupt, sondern die gesamte imposante Kliffküste ist sehenswert. Mit kleinen Booten kann man zu malerischen Stränden gelangen und geheimnisvolle Höhlen mit phantastischem Lichtspiel erkunden. Neben den berühmten „Blauen Grotten" am Kap Skinári und denen bei Kerí gibt es noch sehr viele mehr. Wer Spaß am Tauchen hat, kommt voll auf seine Kosten, ein Erlebnis der besonderen Art ist aber auch ein Sprung vom Boot ins tiefblaue Meer. Und am Abend kann man dann noch hoch oben am Steilabfall einen beeindruckenden Sonnenuntergang genießen.

Kerí

Hübsches Dorf mit gemütlicher Atmosphäre oberhalb des gleichnamigen Kaps mit Leuchtturm. Nur abends, wenn die Sonne spektakulär ins Meer gesunken ist, füllen sich die zwei Grilltavernen mit Besuchern aus den nicht weit entfernten Touristenzentren Límni Kerioú, Ágios Sóstis und Laganás.

Kerí hat unter dem Erdbeben von 1953 etwas weniger gelitten als andere Inselorte. An einem sanften, dicht mit Olivenbäumen bewachsenen Hang, überragt von zwei etwas über 400 m hohen Berggipfeln (einer heißt übrigens auch Skopós wie sein Pendant auf der anderen Seite der Bucht von Laganás), ziehen sich ziemlich dicht zusammengedrängt die niedrigen Häuser der insgesamt ca. 1000 Bewohner entlang. Den Mittelpunkt bildet eine kleine, von schmalen Gassen umgebene Platía. Dort ist derzeit leider nur noch eines der beiden früher rege frequentierten Kafepantopolía unregelmäßig geöffnet. Hier bzw. vor dem moderneren Café an der Durchgangsstraße sitzen die Männer und lassen gelangweilt die Perlen ihres Kombolóis, ein Kettchen aus Holz-, Kunststoff- oder Glaskugeln, durch die Finger gleiten. Aus den Küchen duftet es verführerisch nach einem deftigen Braten oder einem Gemüseeintopf. Am Abend finden auch die Frauen Zeit, den Hocker vors Haus zu stellen und bei einer Handarbeit das Geschehen auf der Straße zu beobachten. Um diese Zeit lohnt es sich schon deshalb umso mehr, weil wegen des Sonnenuntergangs ein paar Fremde im Dorf sind. Wanderfreunde haben Kerí nicht nur als Tagesausflugsziel entdeckt, kann man doch in der reizvollen Umgebung wunderschöne Touren machen.

Im Dorf selbst zieht vor allem die **Kirche Panagía Keriótissa** die Besucher an. Von der Platía geht man auf der Straße Richtung Leuchtturm ca. 130 Meter abwärts und folgt dann einem beschilderten Abzweig nach rechts zu dem mächtigen, im Renaissance-Stil erbauten Gotteshaus. Durch das Erdbeben hat es nur leichte Schäden erlitten und weist deshalb immer noch die Originalverzierungen an den Fenstern und am säulenbestandenen Portal auf. Noch schöner sind die filigran geschnitzte Ikonostase und der hölzerne Priesterstuhl im Innern.

Der gedrungene Glockenturm neben der Kirche kann bestiegen werden – von oben schweift der Blick über das Dorf bis zur Küste hinab.

Oberhalb der Westküste liegt das hübsche Kerí,...

...wo man sich abends gern auf einen Schwatz trifft

Im prächtigen Glockenturm der Panagía-Kirche

Kerí, die Panagía und die Piraten

Wer über die Insel Zákynthos reist, kommt bei den Namen der Kirchen schnell ins Grübeln. Zahlreiche Dörfer haben ein Gotteshaus der Gottesmutter, der Panagía, geweiht und dieser dann einen lokalen Beinamen gegeben: Panagía Keriótissa, Anafonítria, Krionerítissa etc. Dass es nur eine einzige Panagía gibt, ist auch bei den Zakynthern unbestritten – hat sie aber für ein Dorf nach Meinung der Bewohner ein Wunder gewirkt, gibt man ihr als Zeichen der besonderen Verehrung und Dankbarkeit den entsprechenden Namenszusatz. So auch in Kerí:

Die Bewohner des Ortes fürchteten im Mittelalter, wie die Menschen anderer Mittelmeerinseln auch, kaum etwas so sehr wie die Piraten. Obwohl das Dorf so angelegt worden war, dass man es vom Meer aus nicht entdecken konnte, kam es doch immer wieder zu Überfällen. An einem klaren Sommertag war es wieder einmal so weit: Die Seeräuber hatten auf dem Weg von der Küste zum Dorf bereits einiges Unheil angerichtet und marschierten siegesgewiss weiter gegen Kerí. Da zog urplötzlich dichter Nebel auf, sodass sie Angst bekamen, sie könnten ihren Ankerplatz nicht mehr finden. Es blieb ihnen nichts anderes übrig, als unverzüglich den Rückzug anzutreten und das Dorf zu schonen. Und wer war dafür verantwortlich? Die Panagía natürlich.

Die meisten Besucher werden aber von den Attraktionen in der Umgebung angezogen. Vom Dorf aus führt eine schmale asphaltierte Straße etwa 1,5 km weit abwärts zum **Leuchtturm von Kerí.** Den schneeweißen Turm (er ist eingezäunt) kann man zwar nicht begehen, doch ein steiniger Fußpfad führt in ca. 10 Minuten zu einem der schönsten Aussichtspunkte der Insel (s. Wanderung 7 auf S. 218 f.). Der Blick über die steil nach unten stürzenden grün bewachsenen Felsen der Westküste ist wirklich grandios. Einen **Sonnenuntergang** hier zu erleben gehört zu den Highlights eines Zákynthos-Urlaubs.

Auf dem Weg zurück ins Dorf sollte man unbedingt im **Lighthouse Restaurant** einen Stopp einlegen. Der Panoramablick von dessen Terrasse ist nämlich umwerfend. Direkt vor einem ragen die beiden strahlend weißen **Mizíthres-Felsen** wie eine große und eine kleine Pyramide aus dem in verschiedenen Blautönen schimmernden Meer heraus, an der Küste reihen sich helle, sichelförmige Strände aneinander. Hier kann man gut und gerne einen Nachmittag vertrödeln.

• *Verbindungen* Ganzjährig fährt von Mo–Fr ein **Bus** 2-mal tägl. nach Zákynthos-Stadt. Während der Sommermonate besteht außerdem 3-mal am Tag eine Verbindung von Kalamáki über Ágios Sóstis und Límni Kerioú nach Kerí und zurück. Genauere Informationen S. 66.

• *Feste* Am Montag nach Ostern füllt sich der große Kirchplatz mit dem Brunnen. Dann feiern die Bewohner Kerís und der umliegenden Orte **zu Ehren „ihrer" Panagía** (s. auch Kasten) traditionsgemäß ein großes Fest. Nach der Liturgie wird die Ikone der Gottesmutter durch das Dorf getragen, danach gibt es ein Festmahl, und natürlich wird auch getanzt. Der **15. August**, der größte Feiertag der Muttergottes in Griechenland, verläuft dagegen eher enttäuschend, denn außer einer Messe findet nichts statt.

• *Übernachten* **Pension Apeláti**, an der Abzweigung nach Agalás steht das hübsche Haus von Familie Livéris, zum Dorfkern geht man ca. 2,5 km. Ganzjährig werden hier zum Preis von 25–40 € (inkl. Frühstück) 5 einfache Zwei- und Dreibettzimmer mit Bad und umlaufendem Balkon angeboten – der richtige Ort für Erholungssuchende. ✆ 2695043324, www.zantenet.gr/keri-lake/pension-apelati/index.html.

• *Essen und Trinken* **Tavérna Diliná**, ein kleines Lokal mitten im Ort, von dessen weinüberwachsener Terrasse man beobachten kann, wie die Sonne hinter der Dorfkirche versinkt – das Alternativprogramm zum allabendlichen Spektakel am Leuchtturm. Dem freundlichen Wirt gehört die gegenüberliegende Metzgerei – wer gerne gutes Fleisch verzehrt, ist hier genau richtig. In der Hochsaison drehen sich bei ihm allabendlich Ferkel, würziges Kokorétsi und Soúvla am Spieß. Von Mai bis September abends geöffnet, im August ganztägig.

Lighthouse Restaurant, nicht nur der schönen Aussicht wegen, sondern auch was die Küche angeht, ein Tipp! Die typisch zakynthischen Gerichte wie geschmortes Hähnchen oder gefülltes Kaninchen kommen hier aus dem Holzofen und schmecken deshalb besonders gut. Lecker auch die mit vier verschiedenen Sorten Fleisch, Gemüse und Tomatensauce gefüllte Fleischtorte. Vegetarier sollten die Jemistá probieren! Am Flaggenmast vor dem Restaurant hängt übrigens die größte griechische Flagge der Welt.

Eine ebenfalls nette Taverne gehört zur **Pension Apeláti** (s. o.). Sie ist den ganzen Tag über geöffnet. Besonders stolz ist die Wirtin auf ihren Ziegenbraten und das Stifádo, doch auch die Gemüsegerichte mit Erzeugnissen aus dem eigenen Garten sind zu empfehlen.

Coffeeshop Avrás, in der Nähe der Platía, oft winkt die junge Wirtin die Touristen schon eifrig herbei. Gute Adresse für einen Cappuccino, ein Sandwich oder auch andere kleine Gerichte wie Salat oder Omelett. Tagsüber und auch in der Vorsaison geöffnet.

Wanderung 6: Rund um Kerí

Eher ein Spaziergang als eine Wanderung ist die kaum 3 km lange Tour durch die Felder von Kerí (ca. 45 Minuten). Besonders schön ist sie am Spätnachmittag, da man im letzten Abschnitt einen wunderschönen Blick auf das in der Abendsonne liegende Meer genießen kann. **(→ Karte S. 218)**

Starten Sie an der **Platía** (WP 01) und gehen Sie vorbei an einem Kafeníon die steil ansteigende Gasse aufwärts. An der folgenden Kreuzung mit der Kapelle der **Agía Paraskeví** (WP 02) auf der rechten Seite halten Sie sich geradeaus, passieren gleich darauf den Sportplatz und wandern nun auf einem von Macchia gesäumten Betonsträßchen aus dem Dorf hinaus auf eine Anhöhe namens **Paleós Mílos** (WP 03). Hier zweigen Sie nach links ab und gehen auf einer Piste abwärts in die landwirtschaftlich genutzte Ebene **Missókampos**. Vor allem Oliven und Wein werden hier angebaut, neben vereinzelt stehenden Häusern sieht man aber auch viele der für Zákynthos typischen Nutztiere: Hühner, Kaninchen, Truthähne, vielleicht auch mal einen Pfau, den man sich seiner schönen Federn wegen hält.

Nach 800 m halten Sie sich an einer Gabelung (WP 04) links und stoßen nach wenigen Metern auf ein schmales Asphaltsträßchen (WP 05). Links abzweigend haben Sie schon bald einen wunderbaren Blick auf das Meer und die Steilküste. In 800 m ist die Durchgangsstraße (WP 06) erreicht, die Sie zur Platía zurückbringt.

Wanderung 7: Rund um den Leuchtturm am Kap Kerí

Die ca. 7 km lange Rundtour, für die Sie etwa 2,5 Stunden einplanen sollten, verläuft durch eine besonders schöne Ecke der Insel. Dabei können Sie atemberaubende Ausblicke auf die Halbinsel Kerí und die Westküste genießen und unterwegs in das Lighthouse Restaurant mit seiner spektakulär gelegenen Terrasse einkehren. Festes Schuhwerk, aber auch Trittsicherheit und Schwindelfreiheit sind unbedingt erforderlich.

In der Mitte des Dorfes Kerí folgen Sie an der kleinen **Platía** (WP 01) dem Wegweiser zur Tavérna Lighthouse. Auf der abwärts führenden, schmalen Asphaltstraße gelangt man, einen Wegweiser zur Kirche Panagía Keriótissa (WP 02) passierend, in 1,3 km dorthin (WP 03). Ab hier führt die Straße in Kehren 300 m leicht aufwärts zum **Leuchtturm** (WP 04), der für die Öffentlichkeit nicht zugänglich ist. Überqueren Sie den rechts davon liegenden Parkplatz in südwestlicher Richtung und wandern Sie dann, links von einer kleinen Kiefer, auf einem schmalen, nicht immer einfach zu begehenden Fußpfad abwärts. Zwischen Wacholder- und anderem stacheligem Gariguegebüsch windet er sich abwärts zu einem kleinen Plateau mit einer auffallenden Kiefer, einem besonders schönen **Aussichtspunkt** auf die senkrecht

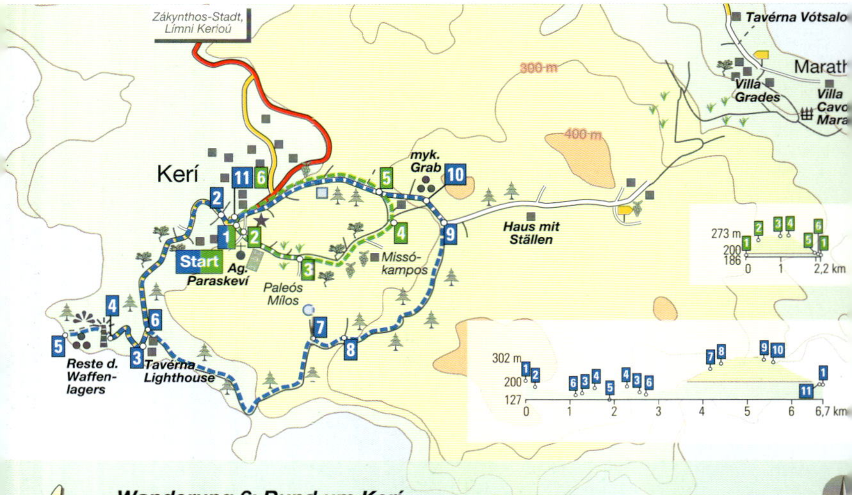

Wanderung 6: Rund um Kerí
Wanderung 7: Von Kerí zum Leuchtturm am Kap Kerí und zurück

ins Meer abfallenden weißen Felswände der Westküste (WP 05). Auf dem Rückweg können Sie wenige Meter hinter der Plattform einen Abstecher nach rechts zu dem kreisrunden Fundament eines ehemaligen Waffenlagers und Beobachtungspostens der Italiener und später der Deutschen während des Zweiten Weltkriegs machen. (Wer nicht hinabsteigen möchte, kann gegenüber vom Eingangstor zum Leuchtturm etwa 100 m auf einem bequemen Schotterweg zu einem ebenfalls schönen Aussichtspunkt gehen).
Zurück zum Parkplatz benutzt man denselben Fußweg oder einen Trampelpfad, der weiter links verläuft. Oben wandert man wieder abwärts zum **Lighthouse Restaurant**. Hier sollten Sie unbedingt eine Pause einlegen, denn von der Terrasse bekommt man eines der beliebtesten Fotomotive der Insel geboten: den Blick auf die beiden **Mizíthres-Felsen** (zum Fotografieren ist der Nachmittag die beste Zeit; s. Foto auf S. 18).
Um wieder nach Kerí zu gelangen, wandern Sie noch etwa 100 m auf der Asphaltstraße und zweigen dann bei der nächsten Möglichkeit auf eine Piste nach rechts ab (WP 06). Durch einen dichten Kiefernwald geht es ständig aufwärts an der westlichen Flanke des Kakavákia-Berges (416 m) entlang. Nach ca. 1,4 km zweigt nach links ein schmaler Weg zu ummauerten Feldern und einer alten Zisterne ab (WP 07). Um die Tour fortzusetzen, bleibt man auf der bisher benutzten Piste und hält sich ebenso wie an der nächsten Gabelung 200 m weiter geradeaus (WP 08). Hier sieht man links unten Felder, auf denen Bewohner von Kerí hauptsächlich Olivenbäume, aber auch Weinstöcke angepflanzt haben. Man folgt immer der Piste, bis man nach weiteren 1,1 km auf ein Asphaltsträßchen stößt (WP 09). Hier zweigt man nach links ab. Wenige Minuten später entdeckt man rechts vom Weg unterhalb einiger Kiefernbäume die Reste eines tholosförmigen **mykenischen Grabes** (WP 10). Alle Abzweigungen ignorierend, kommt man in knapp 15 Minuten zu der Gabelung mit der Hauptstraße von Kerí (WP 11), von wo man bald die kleine Platía mit ihren Kafenía erreicht hat.

Agalás

Gäbe es nicht die ungewöhnliche, weil doppelstöckige Höhle des Damianós ganz in der Nähe, die man als Ansichtskartenmotiv kennt, käme wohl kaum ein Tourist in dieses abgelegene Bergdorf, das aber doch einiges mehr zu bieten hat.

So gut wie kein Verkehr herrscht auf der Straße, die sich von Kerí durch infolge zweier Waldbrände mittlerweile z. T. verkohlten Pinienwald zu dem oberhalb der Westküste gelegenen Örtchen zieht. Zusammen mit den üppigen Olivenhainen sorgte er einst für Arbeit und Brot. Heute ist der Holzschlag verboten, und die meisten der inzwischen nur noch ca. 350 Einwohner verdingen sich in den nicht allzu weit entfernten Touristenzentren der Bucht von Laganás.

Beim Bummel durch die steilen Gassen sieht man bald, dass nach dem Erdbeben von 1953 viele Bewohner ihre Häuser ganz aufgegeben haben und entweder weggezogen sind oder einfach daneben neue errichteten. Meist sind es alte Leute, denen man begegnet. Auffallend sind außerdem die zahlreichen **Zisternen** – nahezu vor jedem Haus steht eines der steinernen Becken. Agalás zeigt besonders deutlich die „Wasserproblematik" des westlichen Berglands. Erst seit etwa 35 Jahren gibt es in den Häusern fließendes Wasser. Da dieses aber salzhaltig ist, sammeln die Bewohner, wie in allen Dörfern des Berglands, auch heute noch das Regenwasser nach mehr oder weniger demselben System, wie dies schon vor Jahrhunderten üblich war.

Zisternen

Da das westliche Bergland aus wasserdurchlässigem Kalkstein besteht, versickern auch die ergiebigsten Niederschläge in große Tiefen und sind für Mensch und Tier verloren. Auch Flüsse gibt es bei einem solchen Gesteinsuntergrund nicht. Wer hier lebte, war schon immer darauf angewiesen, im Winter Regenwasser in so großen Mengen zu sammeln, dass es für den sehr trockenen Sommer reichte. Daran hat auch der Anschluss an die inselweite Wasserversorgung nichts geändert. „Zu salzig! Nicht genießbar! ", schimpfen die Menschen. Also braucht man weiterhin Zisternen, d. h. unterirdische Behälter aus Mauerwerk und Stampfbeton. Dass sie etwa einen Meter über dem Erdboden herausragen und mit einem Deckel oder einer Steinplatte verschließbar sind, soll eine Verschmutzung des gesammelten Wassers verhindern, hat aber auch architektonisch-ästhetische Gründe. Wenn es regnet, wird das Wasser von einer sauberen Unterlage, z. B. einem Flachdach oder auch einer eigens dafür betonierten, leicht geneigten Fläche auf dem Erdboden, mit Hilfe von Rohren in die Zisterne hineingeleitet. Serviert man Ihnen in einem der Dörfer des Berglands ein Glas Wasser, handelt es sich bei dem wohlschmeckenden Trunk in aller Regel um Regenwasser vom letzten Winter.

Bevor man sich zu den ganz besonders lohnenden Zielen in der Umgebung aufmacht, kann man im Dorf selbst der **Art Gallery** von Dionýsios Giatrás einen Besuch abstatten. Der Künstler stellt in einem leuchtend blau gestrichenen Gebäude neben der Pfarrkirche Kiría ton Angélon seine Werke aus. Diese zeigen vor allem die typischen Kykladenmotive, aber auch einige surrealistische Bilder sind unter seinen Arbeiten. Dionýsios hat jedoch noch mehr vor: Gegenüber der Kirche will er in einem alten, verfallenen Gebäude eine mehr als 100 Jahre alte Ölmühle restaurieren und Besuchern zugänglich machen. Zudem beabsichtigt er, ein Heimatmuseum einzurichten. Mehr als die Hinweisschilder war bei unserem letzten Besuch allerdings noch nicht zu entdecken.

Öffnungszeiten Tägl. 10–14.30 und 18–21 Uhr. Eintritt frei. Falls dennoch geschlossen ist: Dionýsios wohnt gegenüber der Kirche in einem Haus mit schmiedeeisernem Zaun.

Alte Mühle bei Agalás

Hauptattraktion ist aber die **doppelstöckige Höhle des Damianós** westlich des Dorfes. Eine beschilderte Straße führt südwestlich der Taverne I Karídia steil aufwärts aus diesem hinaus. Nach ca. 700 m weist das Schild „Milon Square" zu einer links weiter oben stehenden alten **Windmühle** hin, von der man einen tollen Rundblick über das Dorf, das Bergland und die Westküste genießen kann. Wenn Sie noch ein paar Meter weiter aufwärts bis zu einem Wendeplatz gehen, ist die Aussicht noch schöner. Wieder zurück auf der vorher benutzten Straße, fährt man noch ein paar hundert Meter zum Parkplatz vor der Tavérna Sunset. Dahinter führt ein schmaler Fußpfad am Steilhang oberhalb einer dicht bewachsenen Schlucht in wenigen Minuten zur Höhle, der Spiliá tou Damianoú. Der einstige Besitzer des umliegenden Gebiets soll das vergleichsweise kühle Plätzchen als Schaf- und Ziegenstall benutzt haben. Ziegenhafte Kletterkünste sind auch fast vonnöten, wenn man in die obere, etwas größere Höhle, die ebenso wie die untere Ansätze von Stalagtiten und Stalagmiten aufweist, gelangen will. Dazu steigt man am besten links von der unteren Höhlenkammer auf. Aber Achtung: Es besteht Rutschgefahr! Gegenüber der Taverne Sunset hat man einen hübschen Platz eingerichtet, von wo aus man das allabendliche Versinken der Sonne im Meer beobachten kann. Leider wird der Genuss durch die verkohlten Baumstämme getrübt. Die Schäden resultieren aus dem im Sommer 2007 rund um die Höhle wütenden Waldbrand. Auf dem Aussichtsplatz wurde im Übrigen auch eine der traditionellen Vergákia-Hütten (s. S. 211) aufgebaut.

Die doppelstöckige Höhle des Damianós

Ebenfalls interessant sind die **venezianischen Brunnen,** auch „Andronios Wells“ genannt. Man zweigt hinter der Dorftaverne nach links ab und fährt auf einem schmalen Asphaltsträßchen in südwestliche Richtung (s. auch Wanderung 8, S. 222 f.). Dabei hat man noch einmal einen sehr schönen Blick auf die Höhle. Am Ende der Straße biegt man nach rechts in eine weite, mit Weinreben bewachsene Karstebene ab und erreicht die elf eng beieinander liegenden, im 15. Jh. erbauten **Zisternen.** Schaut man in eine hinein, entdeckt man sein Spiegelbild; lässt man ein Steinchen hineinfallen, wundert man sich darüber, dass der Wasserstand deutlich höher ist, als man erwartet hat.

• *Verbindungen/Anfahrt* Die **Busverbindungen** nach Agalás entsprechen denen nach Kerí. Genauere Informationen S. 66. Beide Asphaltstraßen nach Agalás, die von Lithakiá und die ab Kerí, sind in gutem Zustand.

• *Essen und Trinken* **Tavérna I Karídia**, ein riesiger Walnussbaum gab dem Terrassenlokal mitten im Dorf einst seinen Namen, mittlerweile spendet eine Überdachung Schatten. Nach wie vor kann man hier aber noch ganz ohne touristische Anmache ehrliche griechische Küche genießen. Mittags ist die Auswahl zwar nicht sehr groß, aber wir wurden von den würzigen Souvlákia aus der Pfanne und dem üppigen Salat wunderbar satt; abends gibt es dann verschiedene Grillgerichte. Schöner Platz zum Relaxen und zudem preiswert.

Wie der Riese Andronio überlistet wurde

Andronio's Wells werden die alten venezianischen Sammelbecken auch genannt. Doch wer war eigentlich Andronio? Einst lebte in der Nähe von Agalás ein fürchterlicher Riese, der die Bewohner ständig in Angst und Schrecken versetzte. Sein Hunger war unermesslich, und um ihn zu stillen, mussten die Menschen ihm unentwegt Nahrung liefern. Nur wenn Andronio satt war, gab er Ruhe, in hungrigem Zustand tobte er fürchterlich. Aber seine Gefräßigkeit wurde immer größer, und den Dorfbewohnern gingen allmählich die Vorräte aus. Da ersann eine alte Frau eine List. Sie bereitete eine vergiftete Pastete zu und reichte diese dem Riesen als besondere Leckerei. Dieser biss gierig hinein, fiel unmittelbar danach tot um und stürzte in die Karstebene hinunter, die heute noch nach ihm benannt ist.

Wanderung 8: Rund um Agalás

Auf der etwa 7,6 km langen Rundtour (ca. 2,5 Stunden) um das einsam gelegene Bergdörfchen Agalás wandern Sie zunächst zu den tiefer gelegenen venezianischen Zisternen und dann auf Pisten und kleinen Asphaltsträßchen durch Olivenhaine und Kiefernwälder zurück. Unterwegs bestehen keine Versorgungsmöglichkeiten.

In Agalás folgen Sie am Gemeindehaus mit Briefkasten und Telefon (WP 01) dem Schild „Venetian Wells" und gehen auf einem schmalen, wenig befahrenen Asphaltsträßchen mehr oder weniger steil abwärts. Nach 450 m sieht man am gegenüberliegenden Berghang die Damianós-Höhle. In einer Linkskurve steht rechts vom Weg ein großer **steinerner Ikonenständer** mit mehreren Heiligenbildern (WP 02). Das Sträßchen senkt sich weiter in die landwirtschaftlich genutzte Ebene hinab. 500 m nach dem Ikonenständer hält man sich an einer Gabelung (WP 03) geradeaus, das Sträßchen wird noch schmaler. Zunächst säumen Olivenbäume den Weg, dann wird ein riesiger Weinberg sichtbar. Nach weiteren 300 m zweigt nach rechts eine Piste (WP 04) zu den **elf mittelalterlichen Zisternen** (s. o.) ab und führt zwischen diesen hindurch auf die andere Seite des Weinbergs. Gehen Sie hier links und weiter unter uralten, mächtigen Olivenbäumen eben in südöstliche Richtung.

Etwa 700 m nach den Zisternen quert man ein Asphaltsträßchen (WP 05), wandert geradeaus zwischen Olivenbäumen weiter und nimmt 80 m danach den unteren, abwärts führenden von zwei möglichen Wegen. Bald wird das Meer sichtbar. Alle Abzweigungen missachtend erreicht man nach knapp 900 m einen alten **Steinbruch** (WP 06) und biegt hier links ab. Leicht aufwärts wandert man nun auf der Piste ca. 500 m weiter und stößt dann auf ein schmales Asphaltsträßchen (WP 07). Zur Fortsetzung der Tour zweigt man links ab. (Alternativ dazu kann man auch nach rechts in ca. 5,5 km Kerí erwandern, halten Sie sich dann an den Asphaltgabelungen zuerst rechts, dann links, dann wieder rechts).

Auf dem Weg nach Agalás hält man sich nach 600 m an einer Gabelung (WP 08) links, die Straße schraubt sich zwischen Kiefern und Macchia immer höher hinauf und gibt bald den Blick bis zum Kap Gérakas frei. Nach ca. 1,6 km stößt man auf die Verbindungsstraße Agalás–Kerí (WP 09). Biegen Sie hier links ab. Sie passieren einen weiteren alten Steinbruch und wandern zwischen Olivenhainen eben bzw. leicht abwärts weiter. Ein Brand im Sommer 2008 hat leider auch hier hässliche Spuren hinterlassen. Die ersten Häuser von Agalás werden sichtbar und nach knapp 2 km ist die **Tavérna Karídia** (WP 10) erreicht, wo man sich die wohlverdiente Erfrischung gönnen kann.

Kilioméno

Kleiner Verkehrsknotenpunkt, aber dennoch ein nahezu untouristisches Bergdorf. Das Zentrum bildet der Kirchplatz an der großen Kreuzung.

Hier sitzt „Mann" in den kleinen Kafenía und grüßt die auf ihren Traktoren vorbeiratternden Kumpel, die auf dem Weg zu ihren Feldern sind. Bei einem Bummel durch die steilen Gässchen sieht man, dass vergleichsweise viele der alten Bruchsteinhäuser stehen geblieben sind. Wahrzeichen des Dorfes ist die **Ágios-Nikólaos-Kirche** bzw. deren auffällig gedrungener vierstöckiger **Glockenturm.** Dieser steht, sogar durch die Straße getrennt, ein ganzes Stück weit von dem Kirchengebäude entfernt. Einer Inschrift zufolge begann man mit seinem Bau im Jahre 1893, vollendet wurde er aber nie, bis heute fehlt ihm die Spitze. Besonders kunstvoll sind die Verzierungen an seinen Außenwänden, durch kreisrunde Bullaugenfenster fällt Licht ins Innere. Filigrane Arbeiten weist auch das „Balkonstockwerk" mit dem Glockenstuhl auf, darüber erkennt man – Sie brauchen aber ein Fernglas dazu – in acht Mauerecken hübsche Skulpturen: einen Totenkopf, eine Hand, die ein Kreuz hält, eine Schlange etc. Auch das Innere der Kirche ist mit seiner gut erhaltenen Ikonostase sehenswert. In der oberen Bilderreihe sieht man – wie es der Norm entspricht – in der Mitte Christus, eingerahmt von den Aposteln. In der unteren ist ganz links der Kirchenpatron abgebildet, rechts außen Johannes der Täufer; flankiert werden die beiden von schönen Darstellungen der Erzengel Michael und Gabriel. Die Bewohner des Dorfes verehren insbesondere die Ikone des heiligen Nikolaus an der rechten Kirchenwand.

An der Straße nach Macherádo bzw. Zákynthos-Stadt steht schon fast am Dorfausgang das kleine **Kirchlein Kiría ton Angélon.** Fährt man noch ca. 1 km weiter, sieht man einen großen Stall. Dahinter zweigt eine ca. 2 km lange Piste zum **Paleókastro** ab, den spärlichen Resten dieses mittelalterlichen Kastells. Viel ist nicht zu sehen, doch immerhin hat man von dort einen schönen Rundblick.

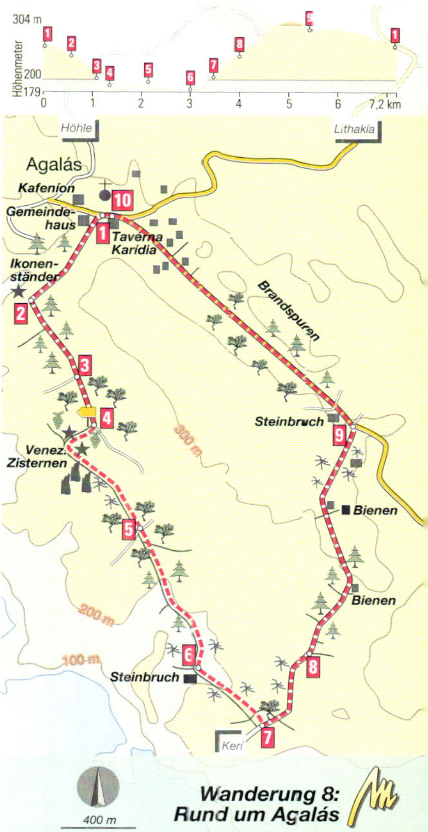

Wanderung 8: Rund um Agalás

- *Verbindungen/Anfahrt* Mit dem **Bus** bestehen mehrmals tägl. Verbindungen nach Zákynthos-Stadt und zu den Bergdörfern (genaue Informationen s. S. 66).

Landschaftlich weitaus interessanter und auch näher als die Strecke von Lithakiá ist die Route über Macherádo.

- *Polizei* Eine kleine Polizeistation befindet sich neben der Kirche.
- *Einkaufen* **I Melissiótises**, 15 Frauen verkaufen unweit der Kirche in ihrem originellen kleinen Laden, der bezeichnenderweise den Namen „Die Bienchen" trägt, eine große Auswahl an Produkten, die sie selbst hergestellt haben: Öl, Essig in verschiedenen Variationen, Gebäck, Liköre, Kosmetika, aber auch selbst gesammelte Kräuter. Tägl. 10–18 Uhr, ab Mitte Juni bis Ende August bis 22 Uhr.
- *Essen und Trinken* **Tavérna I Alitzeríni**, seit über einem Vierteljahrhundert genießt dieser Familienbetrieb auf der Insel einen ausgezeichneten Ruf. Im Jahr 2005 wurde das schöne alte Gebäude im Ortskern aufgegeben, die Taverne befindet sich nun am Ortsausgang Richtung Lithakiá in einem großen, bruchsteingemauerten Bauernhaus mit zweigeschossiger Terrasse. Auch hier wurde viel Wert auf die traditionelle Ausstattung gelegt, das Ambiente stimmt. Gekocht wird nach alten zakynthischen Rezepten: Kalb in dunkler Soße, gefüllter Rollbraten, Melitzánes Skordostoúpi etc. Besonders gut fanden wir auch den mit Knoblauch und Essig verfeinerten Auberginensalat. Von Juni bis September tägl. ab 19 Uhr geöffnet (möglicherweise im August auch mittags), in den anderen Monaten nur Fr/Sa jeweils abends sowie sonntagmittags. Reservieren Sie am besten Ihren Tisch im Voraus. ✆ 2695048552.

Tavérna Paleókastro, nettes Lokal mit Sitzgelegenheiten an der Straße und – etwas ruhiger – am Platz. Am schönsten ist jedoch die Terrasse mit Blick übers Dorf und die Ebene. Jánnis, der Wirt, dem ein Teil des Geländes gehört, auf dem die Ruinen des alten Kastells liegen, lebte lange in Zürich und freut sich, wenn er den Gästen Schnurren von der Insel erzählen kann. Stolz ist er auf seine riesige Kaninchenfarm außerhalb des Ortes. Mit ca. 7000 Tieren unterhält er einen der größten Kaninchenzuchtbetriebe in ganz Griechenland. Kein Wunder also, dass man auf der Insel überall Kaninchengerichte angeboten bekommt. Zum Abschied kann man für wenig Geld eine Flasche hausgemachten Wein, ein Glas Honig oder ein Päckchen Kräuter mitnehmen.

Uraltes Herrenhaus in Kilioméno

Wanderung 9: Von Kilioméno über das Kloster Iperagáthou nach Loúcha

Nur ein kurzes Stück auf der Asphaltstraße, dann auf einer breiten Piste führt diese Tour in ca. 3 Stunden (knapp 9 km) von einem der größeren Bergdörfer durch abwechslungsreiche Landschaft und vorbei an dem einsamen Kloster in eines der kleinsten. Es gibt nur geringe Steigungen, meist läuft man eben oder abwärts. Wer möchte, wandert vom Zielort noch ca. 4 km auf der Asphaltstraße abwärts nach Ágios Léon und nimmt von dort den Mittagsbus zurück nach Zákynthos-Stadt, auch den Ausgangsort Kilioméno kann man mit dem Bus erreichen. In Loúcha gibt es mehrere Einkehrmöglichkeiten.

(→ Karte S. 228)

Blick auf Louchá

In Kilioméno startet man an der zentralen Kreuzung (WP 01) und geht auf der Asphaltstraße zwischen dem frei stehenden Glockenturm und den Kafenía Richtung Ágios Léon. Am Ortsausgang passieren Sie einen charakteristischen **steinernen Ikonenständer** (WP 02). Nach insgesamt 1,3 km zweigt nach rechts eine Piste (beschildert) zum Kloster ab (WP 03). Diese senkt sich zu recht großen Feldern hinab, dazwischen liegen kleine Weinberge. Nach 700 m hält man sich an einer Gabelung (WP 04) rechts, an der folgenden Abzweigung (WP 05) links und geht, alle Abzweigungen ignorierend, zwischen Feldern und Weinbergen leicht aufwärts etwa 1,6 km weiter, bis ein Schild nach rechts zum **Kloster Iperagáthou** hinweist (WP 06). An der nächsten Gabelung (WP 07) folgt man erneut einem Schild nach rechts und erreicht in 300 m das Klostergebäude (WP 08), wo man gemütlich Rast machen kann (nähere Informationen siehe unten).

Vom Kloster gehen Sie zur Abzweigung mit dem Hinweisschild zurück (WP 07), biegen rechts ab und wandern über eine Karsthochfläche in westliche Richtung. Nach 800 m hält man sich an einer markanten Gabelung (WP 09) geradeaus und bleibt stets auf dieser Piste. Bald wird ein tiefgrüner **Zypressenhain** sichtbar, in den eingebettet eine kleine Ebene mit Weinbergen und Bauernhäusern liegt (WP 10). 1,5 km weiter geht die Piste in ein Asphaltsträßchen über (WP 11), hier tauchen die ersten Häuser von **Loúcha** auf, und in ca. 500 m hat man die Kirche und das gegenüberliegende **Kafeníon** (WP 12) erreicht.

Kloster Iperagáthou

Einsam stehen die Bruchsteingebäude der Klosteranlage zwischen Feldern und Wäldern. Im 17. Jh. wurde sie von zwei Brüdern gegründet und der Gottesmutter geweiht. Später kam sie dann in den Besitz der Mönche des **Katharinenklosters auf**

dem Berg Sinai. Von dort entsandte man im Sommer 2002 eine junge griechisch-ägyptische Familie, die jetzt in einem Haus neben dem lange Jahre verlassenen Gebäudekomplex wohnt und hier nach dem Rechten schaut. 2009 waren in der Anlage größere Umbauten und Renovierungsarbeiten im Gange.

Durch das Eingangstor betritt man den **Klosterhof** mit zwei Zisternen, dessen Mittelpunkt die einschiffige Kirche bildet. Auch deren Inneres hätte eine Renovierung dringend nötig, sind doch die alten Ikonen in dem filigran geschnitzten Altargitter und die Malereien in der Apsis ziemlich verblasst. An der rechten Wand erkennt man die Darstellung der im Mutterkloster hoch verehrten heiligen Katharina, schräg gegenüber befindet sich die Ikone der Gottesmutter.

In die der Kirche gegenüberliegenden Wirtschaftsräume kehrt jedes Jahr am 21. November Leben ein. Dann werden zu Ehren der Panagía 100 kg Stockfisch gebraten, Frauen aus Kilioméno und anderen Inselorten bereiten eine deftige Skordaliá und Salate zu. Schließlich wollen die Besucher der Messe, zu denen auch die Kinder der umliegenden Schulen gehören, verköstigt sein.

Ein Schild neben dem Haupteingang weist darauf hin, dass dieser Ort nicht immer nur religiösen Zwecken diente. Am 26. April 1944 wurde in dem Gebäudekomplex die erste Militärstation der Alliierten auf den Ionischen Inseln eingerichtet.

Anfahrt Etwa 1,3 km fährt man von Kilioméno auf der Straße nach Ágios Léon, dann zweigt man auf eine beschilderte Piste nach rechts ab (s. auch Wanderung 9).

Loúcha

Noch vor Ágios Léon zweigt ein Asphaltsträßchen zum Vrachíonas-Massiv ab, steigt zunächst an und senkt sich dann zu dem in einer kleinen Senke gelegenen Weiler ab. Begrüßt wird man zunächst von aufgeregten Gänsen und Hühnern, die hier ganz ungeniert auf der Hauptstraße umherrennen.

An den engen Gässchen stehen die Häuser noch so, wie sie im 15. Jh. errichtet worden sind – ihnen konnte das große Erdbeben nichts anhaben. Vielleicht ist es ja tatsächlich wahr, dass es Bewohner der Halbinsel Máni (Peloponnes) waren, die sich als erste hier niederließen und mit ihrer trutzigen Architektur die Gegend prägten. Jedenfalls, so versicherte der ehemalige Lehrer und heutige Kafeníon-Besitzer Panagiótis, wohne man in diesen Häusern wunderbar. Im Winter schützen die dicken Mauern vor Kälte und Wind, im Sommer vor der Hitze – das Geld für die Aircondition könne man sich sparen.

In exponierter Lage, mitten im Dorf, steht die hübsche **Johanneskirche.** Weit reicht der Blick von der kleinen Plattform vor ihrem Eingang über das sich südlich erstreckende Tal mit den dunklen Zypressenhainen. Gegenüber der Kirche bewirtschaften Panagiótis und seine liebenswerte Frau Evthymía ein wunderschönes **Kafeníon** und ein tipptopp aufgeräumtes **Pantopolíon.** Gäbe es diese für ein griechisches Dorf lebensnotwendigen Einrichtungen nicht, wären die 45 heute hier ansässigen Einwohner auch schon nicht mehr da.

Ein interessanter Spaziergang führt in etwa 15 Minuten zu einer alten **Windmühle** hinauf. Man geht dabei – und das ist auf Zákynthos leider eine Seltenheit – auf uralten Fußpfaden und kann sich vorstellen, wie die Leute früher von Dorf zu Dorf unterwegs waren. Vor der Kirche nimmt man den abwärts führenden Pfad und kommt zunächst an Gärten und Häusern vorbei. Bald steigt man an, quert eine Straße und spaziert auf der gegenüberliegenden Seite ca. 5 Minuten weiter, bis man

Einem Schäfer mit seiner Herde begegnet man im Bergland recht häufig

auf die Straße nach Éxo Chóra stößt. Wenige Meter links steht die alte Mühle, daneben wurde 2008 eine Taverne eröffnet.

• *Anfahrt* Es bestehen keine Busverbindungen nach Loúcha und auch nicht ins Nachbardorf Girí. Die Straßen von Éxo Chóra und Ágios Léon nach Loúcha und Girí sind gut befahrbar. Durchgehend asphaltiert ist auch die Straße von Loúcha zur Ostseite der Insel nach Agía Marína.

• *Essen und Trinken* **Tavérna Paleómilo**, direkt neben der alten Windmühle noch vor dem eigentlichen Dorf. Tolle Sitzplätze auf mehreren Balkonen, sodass man je nach Gusto oder auch nach Windrichtung entscheiden kann, ob man lieber Dorf- oder Meeresblick haben möchte. Die Küche bietet einige Vorspeisen – lecker z. B. die Melitzánes in Tomatensauce mit Knoblauch und Käse –, viel vom Grill, aber auch gute Tagesgerichte. Probieren Sie mal das Hähnchen aus dem Backofen!

Das **Kafeníon** von Panagiótis und Evthymía ist unbedingt einen Besuch wert. Auf der blumengeschmückten, zweistufigen Terrasse mit Weinlaube und Walnussbaum serviert Evthymía täglich eine kleine Auswahl an leckeren Tagesgerichten, z. B. Keftédes in Tomatensauce.

Wanderung 10: Von Loúcha auf das Dach der Insel

Wie ein Klotz ragt das Vrachíonas-Massiv aus dem westlichen Bergland heraus. Einen steilen Gipfel gibt es nicht, vielmehr liegen zwei fast gleich hohe Bergkuppen einander gegenüber: Mit 756 m Höhe bildet der Vouní das Dach der Insel, die Schwesterkuppe Líva weiter östlich bringt es auf 737 m. Von Loúcha kann man den Vouní in ca. 2 Stunden (4,5 km einfacher Weg) erreichen. Etwas Kondition sollte man mitbringen, die Piste steigt zwar meist nur allmählich an, doch immerhin muss man fast 300 Höhenmeter überwinden und wandert durch nahezu schattenloses Gebiet. Der Rundblick macht die Strapazen aber wieder wett. Unterwegs gibt es keine Verpflegungsmöglichkeiten. (→ **Karte S. 228**).

In Loúcha geht man an der Abzweigung zur Kirche (links ist ein Kartentelefon, WP 01) auf der **Asphaltstraße Richtung Girí** etwa 500 m leicht aufwärts und biegt dann nach links auf eine breite Piste ein (WP 02). Diese gabelt sich nach weiteren 400 m –

halten Sie sich hier rechts (WP 03). Leider spenden die niedrigen Büsche und Sträucher am Wegesrand keinen Schatten, doch immerhin scheint ihr Blattwerk den Ziegen zu schmecken. Außer den gehörnten Tieren trifft man hier niemanden. Nach weiteren 1,4 km zweigt man in einer markanten Kurve links ab (WP 04) und hält sich bald darauf rechts (WP 05).

Etwa 1 km weiter biegt man an einer T-Kreuzung auf einen Fahrweg nach links ein (WP 06) und folgt den **Serpentinen** etwa 700 m aufwärts bis zum Gipfel, den – wie immer auf griechischen Inseln – eine schnöde Betonsäule markiert (WP 07). Die Orte im Süden liegen versteckt hinter den Anhängen, doch auf die Nordseite der Insel hat man einen sehr schönen Blick. Gut

Wanderung 9: Von Kilioméno über das Kloster Iperagáthou nach Loucha
Wanderung 10: Von Loucha auf das Dach der Insel
Wanderung 11: Von Girí zur Höhle Chagióti

zu erkennen sind Anafonítria, Volímes und Orthoniés. An klaren Tagen reicht der Blick bis hinüber nach Kefaloniá und weiter auf die ionische Inselwelt.

Girí

Nur noch 30 ständige Einwohner hat das Örtchen, in dem es aber immerhin noch eine kleine Steinmetzfabrik gibt.

In dem auffallend großen Gebäude am Ortseingang wird eine alte Tradition fortgesetzt, denn die Männer von Girí gelten seit jeher als Meister in der Bearbeitung des zakynthischen Kalksteins. Gehen Sie ruhig einmal hinein und schauen Sie zu, wie die Handwerker die weißen Steinplatten mit Meißeln bearbeiten und Pfauen, Blumen, Girlanden und andere schöne Motive entstehen lassen. Spaziert man weiter ins Dorf hinein, entdeckt man schnell, dass viele Häuser leer stehen. Zentrum ist die wieder aufgebaute **Dorfkirche,** die dem Propheten Ilías gewidmet ist. Schräg gegenüber befindet sich ein uriges **Kafepantopolíon,** in dem die Männer an den kalten Wintertagen um einen Böllerofen versammelt sind. Im Sommer sitzt man in einem blumengeschmückten Innenhof mit altem Ziehbrunnen. Wenn Sie nicht einen Kaffee o. Ä. trinken wollen, werfen Sie zumindest einen Blick in den Hof hinein, stehen doch darin viele alte landwirtschaftliche Geräte, z. B. eine riesige Traubenpresse oder ein hölzerner Pflug.

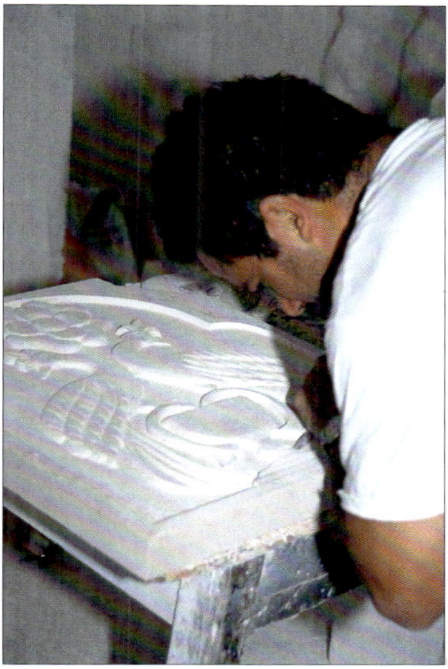

Girí ist für seine Steinmetztradition bekannt

Der touristische Ausbau der etwa 3 km außerhalb des Weilers liegenden **Chagióti-Höhle** (s. Wanderung 11) lässt leider immer noch auf sich warten. Kletterkünste und v. a. eine Taschenlampe sind unbedingt erforderlich, wenn man das unterirdische System erkunden möchte. Wir möchten dabei jedoch zu größter Vorsicht raten, da keinerlei Absicherungen bestehen.

- *Anfahrt* S. o. Loúcha, S. 227. Wenn Sie am östlichen Ortsausgang von Girí bei dem Hinweisschild zur Höhle zunächst rechts, dann bei der nächsten Gabelung links abzweigen, erreichen Sie nach ca. 1 km die neue Asphaltstraße Loúcha–Agía Marína (s. auch Skizze zur Wanderung 11).
- *Essen und Trinken* **Tavérna Kefalokolóna**, ein ganz besonderer Tipp! In dem weinlaubüberwachsenen Innenhof sitzt man auf urigen Holzbänken wirklich idyllisch. Am besten man fragt, was es gerade gibt, denn die Wirtin kocht nicht jeden Tag dasselbe. Alles ist deshalb superfrisch – die Patátes kommen noch nicht aus der Friteuse, sondern aus der Pfanne. Die mit Kräutern verfeinerten Jemistá haben unserer Ansicht nach 5 Sterne verdient; lecker ist auch der mit Möhren verfeinerte Tsatsíki. An den Abenden spielt der Wirt Gitarre und singt Kantaten. Auch außerhalb der Saison am Wochenende geöffnet.

Wanderung 11: Von Girí zur Höhle Chagióti

An der Südflanke des Vrachíonas-Gebirges entlang führt der Weg von dem liebenswerten Dörfchen Girí zu der im Berghang gelegenen Höhle Chagióti. Diese war allerdings zum Zeitpunkt unserer Recherche (Sommer 2009) der Öffentlichkeit nicht zugänglich, Sie können also nur einen Blick hineinwerfen. Der eigentliche Reiz dieser recht bequemen Tour (einfach ca. 3 km, eine Stunde) besteht deshalb eher darin, dass man von der West- zur Ostseite der Insel hinüberwandert. Verpflegungsmöglichkeiten bestehen nur in Girí. (→ **Karte S. 228**)

An der **Kirche** (WP 01) vorbei geht man in östliche Richtung dorfauswärts, zweigt an einer T-Kreuzung nach links ab (Schild/ WP 02) und erreicht bald darauf den ummauerten, von hohen Zypressen umgebenen **Friedhof** (WP 03). Zwischen Feldmauern und Brombeerhecken führt der Weg zunächst leicht aufwärts, dann eben in südöstlicher Richtung weiter. Nach knapp 1,3 km hält man sich an einer Gabelung (WP 04) links. Der Weg wendet sich nach Nordosten, führt über den Bergkamm hinweg und gibt einen weiten Blick über das Flach- und Hügelland frei. Bald passieren Sie einige markante Felsen. Die Piste endet an einer Plattform mit einer Art Unterstand (WP 05) und einem verschlossenen **Holzhäuschen** – vor Jahren hatte man die Idee, hier Getränke zu verkaufen. Links führt ein extrem steiler und steiniger Fußpfad etwa 240 m abwärts zum **Eingang der Höhle**, einer Spalte unter einem Busch, die man leicht übersieht (WP 06). Die jahrelang den Besuchern zur Verfügung stehende alte Holzleiter wurde entfernt, es ist also recht schwierig, auf den etwa 5 m tiefer liegenden Höhlenboden zu gelangen. Wer es schafft und eine Taschenlampe dabeihat, kann Stalagmiten und Stalagtiten erkennen. Der rechte der beiden Gänge endet nach wenigen Metern, der linke führt tiefer in die unterirdische Bergwelt hinein. Sie sollten bei aller Abenteuerlust jedoch unbedingt äußerste Vorsicht walten lassen, ein Sturz hier unten kann verhängnisvoll sein. Genießen Sie besser nur den Blick zur Küste von Alikés bis hinüber nach Kefaloniá.

Die Wanderung 11 bietet einen wunderbaren Ausblick auf das Flach- und Hügelland

Höhle ist nicht gleich Höhle

Auf Zákynthos gibt es Hunderte von Höhlen. Die meisten finden sich an der westlichen und nördlichen Steilküste auf Meeresspiegelniveau und sind so genannte **Brandungshöhlen**, wie z. B. die „Blaue Grotte". Durch das ständige Anrennen der Brandung wurden sie aus den Felswänden herausgearbeitet, ja geradezu herausgeschlagen, das Kalkgestein dazu z. T. auch noch chemisch gelöst.

Die Höhlen oben im Bergland sind dagegen **Karsthöhlen** und gehen auf die Lösung des Kalkgesteins durch das kohlensäurehaltige Regenwasser zurück. Dieses hat sich seinen Weg in winzigen Haarrissen gesucht, diese zu Klüften und Spalten und an manchen Stellen schließlich zu größeren Hohlräumen geweitet, d. h. gelöst, etwa so, wie Wasser auch Salz auflöst. Immer mehr Wasser sammelte sich an, es entstanden regelrechte Höhlenbäche, die die Löcher chemisch, aber auch durch Erosion und mechanische Reibung immer weiter vergrößerten, bis z. T. riesige Höhlen entstanden. Diese Bäche sind heute längst verschwunden, die meisten Höhlen sind ja auch Hunderttausende, ja Millionen Jahre alt. Das Klima war damals feuchter, zudem hat sich der Grundwasserspiegel gesenkt, die unterirdische Entwässerung liegt heute tiefer, und zwar ungefähr auf dem Niveau, auf dem die Quellen am Ostrand des Berglands austreten. Wenn mit Kalk gesättigtes Wasser langsam von der Höhlendecke herabtropft oder die Höhlenwände herabläuft, setzt sich Kalksinter ab, wodurch im Laufe der Zeit bizarre Tropfsteinformen entstehen, z. B. die Stalagtiten (an der Decke) und die Stalagmiten (vom Boden nach oben wachsend).

Ágios Léon

Das recht große Dorf heißt eigentlich Ágios Léontas, die Einheimischen gebrauchen aber lieber die Kurzform. Entlang der Hauptstraße reihen sich ein paar Kafenía, Tavernen und Minimärkte aneinander – man versucht, vom Durchgangstourismus in den Norden und in die unterhalb des Ortes liegenden Badeplätze Limiónas und Róxa zu profitieren. Meistfotografiertes Objekt ist der etwas seltsam wirkende **runde Glockenturm** der Pfarrkirche, die sich links oberhalb der Häuser befindet. Rechts der Hauptstraße, im älteren Dorfkern, stehen die Häuser dichter beieinander. Beim Bummel durch die Gassen sollten Sie einmal einen Blick in die Innenhöfe mit ihren charakteristischen Sitz- und Liegebänken entlang der Hausmauern werfen. Sie werden von den Bewohnern vielfältig genutzt: zum Mittagsschlaf, als Sitzfläche beim Handarbeiten, beim Gemüseschälen etc. In diesem Teil steht auch eine weitere Kirche, die **Agía Paraskeví.**

• *Verbindungen* Der **Bus** hält auf seiner Fahrt in den Norden der Insel auch in Ágios Léon. Genauere Informationen S. 66.

• *Einkaufen* Gleich zwei **Bäckereien**, mehrere **Minimärkte** und auch ein **Touristshop** bieten ihre Dienste an.

• *Tankstelle* In der Ortsmitte.

• *Übernachten* **** **Boschetto**, inmitten eines kleinen Hains abseits der Straße nach Loúcha führt der nette Péppos die luxuriöse, mit 5 zweistöckigen Villen überschaubare Anlage. Alle verfügen über einen eigenen Pool und sind sehr behaglich und großzügig eingerichtet: Küche, 3 Schlafzimmer, 2 Bäder, Wohnraum mit Kamin. Ganzjährig geöffnet. Zu zweit bezahlt man je nach Saison 100–200 €. Wenn alle 6 Betten belegt werden, steigt der Preis etwas in die Höhe. ✆/✆ 2695044087, www.boschettovillage.gr.

Geórgios Bastás, der Besitzer des Touristshops (achten Sie auf das Schild „rooms for rent") vermietet 3 Studios. Sie bieten Schlafmöglichkeiten für bis zu 4 Pers., Kochnische, Essraum, z. T. AC und eine Veranda. Preis von 45 bis 55 €. ✆ 2695048861 und 26950 48528.

• *Essen und Trinken* Eine Taverne und mehrere Kafenía entlang der Straße. Besonders urig fanden wir es in einem namenlosen **Kafeníon** mit grünen Stühlen in der Ortsmitte. Ein älteres Ehepaar wartet geduldig auf Kundschaft.

Pórto Limiónas: Die fjordartige, stark zerklüftete Bucht bietet wirklich einen atemberaubenden Anblick. Zwischen den steil abfallenden, grün bewachsenen Felswänden kann man im glasklaren Wasser schwimmen. Etwas abgehärtet sollte man aber schon sein, denn es ist vergleichsweise kalt. Ganz Mutige können auch in mehrere kleine Brandungshöhlen hineinschwimmen. Einen Strand gibt es nicht, man kann jedoch sein Handtuch auf einer betonierten Plattform auslegen. An Augusttagen ist diese jedoch schnell belegt.

• *Anfahrt* Zwei asphaltierte Straßen führen von Ágios Léon hinunter an die Bucht. Die ältere, schmalere, ca. 5 km lange beginnt am Souvenirshop, der fast schon am Ortsausgang Richtung Éxo Chóra liegt. Die neuere, die schon am südlichen Ortsausgang links abzweigt, führt zuerst nach Pórto Róxa (Schild „P. Róxa, New Road"). Von Pórto Róxa fährt man auf gut ausgebauter Straße noch ca. 2 km oberhalb der Küste bis zur Limiónas-Bucht.

• *Ausflüge* Mit einem kleinen Boot kann man im Sommer Touren entlang der Westküste zu kleinen Höhlen und einsamen Buchten unternehmen. Der Preis ist Verhandlungssache.

• *Essen und Trinken* **Tavérna Pórto Limiónas**, zumindest bei einem Kaffee sollte man die wunderschöne Aussicht genießen. Besonders Griechen kommen aber auch gerne zum Essen hierher, und auch wir können die Küche nur loben. Gute Tagesgerichte wie Stifádo oder Schweinefleisch in Weinsoße (Chirinó krassáto). Ein Tipp ist der mit Karotten angemachte Tsatsíki!

Pórto Róxa: Weitaus kleiner als die benachbarte Limiónas-Bucht und längst nicht so dramatisch schön ist der von einigen Fischern genutzte „Hafen" Róxa. Dafür ist hier auch weitaus weniger los. Es gibt keinen Strand, man legt sich auf die Klippen bzw. auf eine betonierte Liegefläche. Die Tavernenbesitzer stellen dort kostenfreie Liegestühle und Sonnenschirme zur Verfügung. Vor der Snackbar gibt es ein Sprungbrett.

• *Anfahrt* S. o. Pórto Limiónas.

• *Essen und Trinken* Zwei Tavernen und im Hochsommer auch eine Snackbar bieten einfache Gerichte.

Kambí

Allabendlich, kurz bevor die Sonne malerisch im Meer versinkt, füllen sich die Tavernen an den Klippen oberhalb des kleinen Weilers, der zu Éxo Chóra gehört. Denn dieses Naturspektakel wollen die meisten Zákynthos-Besucher zumindest einmal während ihres Aufenthalts auf der Insel erlebt haben.

Ganze Busladungen werden deshalb mehrmals wöchentlich hier ausgespuckt, und auch die meisten Einzelreisenden kommen für einen Abend nach Kambí. 2008 hat zudem am Ortseingang ein weithin auffallendes 5-Sterne-Hotel eröffnet. Dennoch geht es in dem 70-Seelen-Dörfchen tagsüber noch sehr beschaulich zu. Zwischen den verstreut liegenden Häusern herrscht Ruhe, der einzige Minimarkt ist meist geschlossen, nur ein alter Mann verkauft in der Nähe der Nikolauskirche Honig und Wein. Doch trotz aller Idylle – die Zeiten, in denen man hauptberuflich Land-

Der mykenische Friedhof von Kambí

wirtschaft betrieb, sind vorbei, die 15 Familien leben heute nahezu alle vorwiegend vom Tourismus.

Sowohl im Tages- wie im Abendlicht übt die tief eingeschnittene **Pórto-Skíza-Bucht** einen faszinierenden Reiz aus. Etwa 200 m stürzen die hellen Felsen senkrecht ins Meer hinab – wäre da nicht der sichernde Zaun oben an der Abbruchkante, könnte man schon etwas nervös werden. Noch beeindruckender wäre die Szenerie, wenn nicht immer wieder Feuer – z. B. in den Jahren 1963 und 1985 – die Nadelbäume auf den dahinterliegenden Hängen zerstört hätten.

Ob man den Sonnenuntergang vom Rand der Steilküste hinter dem Dorf genießt (zweigen Sie an der Kreuzung nahe der Kirche nach rechts ab) oder von weiter oben, wo ein großes, weithin sichtbares **weißes Kreuz** an die Opfer des furchtbaren griechischen Bürgerkriegs (1946–1949) erinnert, ist Geschmackssache. In den jeweiligen Tavernen sitzt man immer direkt an der Abbruchkante. Das Kreuz erreicht man, wenn man an der genannten Kreuzung nach links abbiegt und den Hügel hinauffährt. Auf dem Weg dorthin kann man noch dem **mykenischen Friedhof** einen Besuch abstatten. Sie finden ihn ca. 150 m hinter der Tavérna Sunset links der Straße. An dem direkt dem Dorf gegenüberliegenden Hang sieht man mehrere gemauerte Erwachsenen- und Kindergräber, sogenannte Schachtgräber. Auch die Menschen der mykenischen Zeit waren also von dieser grandiosen Landschaft fasziniert und siedelten hier.

• *Verbindungen* 2-mal tägl. gibt es eine Verbindung von Zákynthos-Stadt nach Kambí und zurück (Genaueres siehe S. 66).

• *Essen und Trinken* **Cross Tavern**, oben beim Kreuz betreibt der Pfarrer mit seiner Familie ein auf der ganzen Insel sehr geschätztes Lokal. Und das nicht nur, weil die Terrasse geradezu atemberaubend über dem Meer „hängt". Das Essen ist vorzüglich, die Portionen sind üppig, von der Moussaká z. B. können ohne weiteres 2 Pers. satt werden. Auch Leser waren hier sehr zufrieden.

Tavérna Sunset, auf einer großen Terrasse

sitzt man gemütlich unter Schatten spendenden Bäumen vor der Mauer, die vor dem freien Fall in den Abgrund schützt. Der Blick ist phantastisch, und die Souvlákia haben uns auch gut geschmeckt.

Tavérna Pórto Skíza, empfehlenswertes Lokal am Steilabfall, Spezialität ist hier das Mos'chári Kokkinistó. Den Gästen steht ein Swimmingpool zur Verfügung. Mehrmals in der Woche finden griechische Abende statt.

Éxo Chóra

Die meisten sausen durch das liebenswerte Dörfchen viel zu schnell hindurch und nehmen die hübsche Platía mit der großen, über 100 Jahre alten Platane im Mittelpunkt gar nicht wahr.

Schade eigentlich, denn in ihrem Schatten kann man wunderbar gemeinsam mit den Männern des Dorfes bei einem Tässchen Kaffee ein beschauliches Päuschen einlegen, dem Treiben an dem kleinen Souvenirstand zusehen oder beobachten, wie ein voll beladener Traktor sich durch die engen Gassen quält. Im Übrigen ist Éxo Chóra auch ein idealer Ausgangspunkt für Wanderungen in der schönen Umgebung.

Mächtig ist das Gebäude der einschiffigen **Nikolauskirche.** In ihrem Innern kann man, falls geöffnet ist, eine Kassetten-Holzdecke, die reich verzierte Frauengalerie und die wunderschön geschnitzte Ikonostase aus dem 17. Jh. bewundern. Besonders auffällig ist das Fries mit Elefanten, Hunden und Ebern. Ebenso wie das Gotteshaus weist auch noch ein weiteres Gebäude, ein Wohnhaus direkt an der Straße, die venezianischen Farben Rot, Weiß und Grün auf.

Senkrecht fallen die Felsen ins tiefblaue Meer

Gegenüber der riesigen Platane steht auf der anderen Straßenseite ein alter, knorriger Ölbaum. Von diesem führt ein Fußpfad ca. 100 m weit zu einem Feld mit zahlreichen **Zisternen aus venezianischer Zeit,** die allerdings nicht so gut erhalten sind wie die in Agalás. Die Einwohner behaupten, insgesamt gebe es rund um Éxo Chóra mindestens 30 oder 40 dieser alten Wasserbehälter. Wie man heute auf den Dächern das Regenwasser sammelt und über Abflussrohre in eine Zisterne fließen lässt, kann man an dem Haus links von der Kirche studieren (s. zu den Zisternen auch den Kasten auf S. 220).

Almirás: Ein im ersten Teil asphaltiertes Sträßchen führt in 4,5 km zu einem während des Zweiten Weltkriegs von den italienischen Besatzern errichteten Wachturm oberhalb der Küste – schöne Ausblicke sind garantiert. Unterhalb des Turms liegt die wunderschöne, tief eingeschnittene Bucht Almirás. Wer Lust

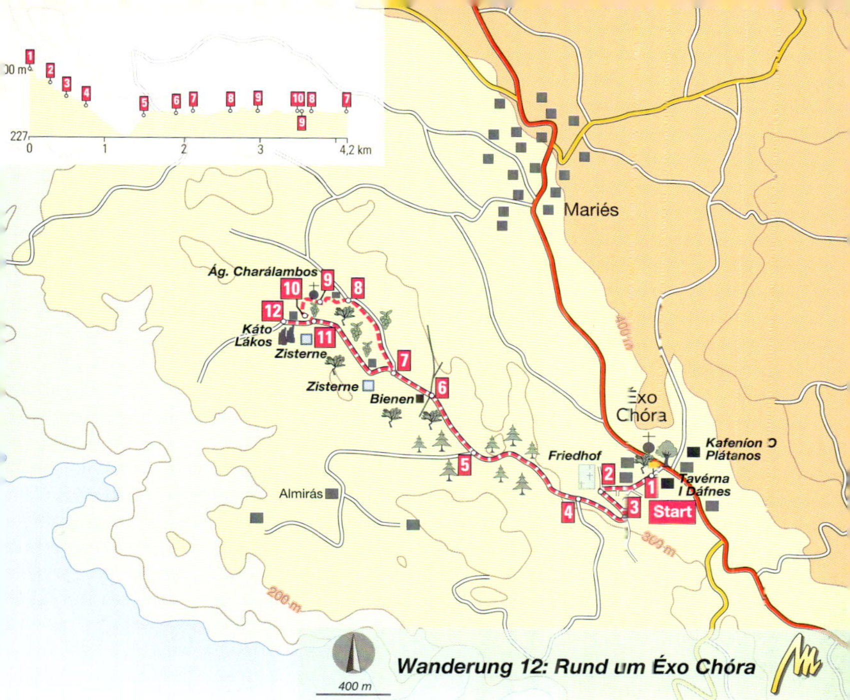

hat, fährt noch 1,5 km weiter steil abwärts dorthin. Badesachen brauchen Sie allerdings nicht mitzunehmen, es gibt keinen Zugang zum Meer. Sie erreichen die Bucht, indem Sie in Éxo Chóra an der großen Platane dem entsprechenden Wegweiser folgen und auf einer schmalen Gasse einen Teil des Dorfes durchqueren. Vorbei am Friedhof fahren Sie stets abwärts und halten sich nach ca. 1 km links. Die später nicht mehr asphaltierte Straße bringt Sie zum Ziel (s. auch Karte oben).

Ein weiteres interessantes Ziel in der Umgebung von Éxo Chóra ist **Káto Lákos,** eine riesige, mit Bäumen und Buschwerk bewachsene Vertiefung, umgeben von steilen Felsen (s. auch Wanderung 12). Im Winter, so erzählen die Einheimischen, sammelt sich darin das Regenwasser. Wahrscheinlich handelt es sich um eine einstige Höhle, deren Decke vor langer Zeit eingebrochen ist.

- *Verbindungen* Mehrmals tägl. fährt der **Bus** aus Zákynthos-Stadt nach Éxo Chóra (Näheres s. S. 66).
- *Einkaufen* An der Hauptstraße finden Sie einige **Kafepantopolía**, in denen man aber nur das Nötigste bekommt. Vor ihrem Wohnhaus nahe bei dem auffälligen, knorrigen Olivenbaum verkauft eine nette Frau schmackhaftes Olivenöl.
- *Essen und Trinken* **Kafeníon/Psistariá O Plátanos**, hier sitzt man urgemütlich, abends wird auch gegrillt.

Wanderung 12: Rund um Éxo Chóra

Eine interessante, knapp zweistündige Tour (ca. 6,5 km), bei der Sie nur am Ende aufwärts steigen müssen, führt in die Felder des kleinen Bergdorfes. Dort gibt es u. a. eine eingebrochene Höhle und eine einsam gelegene Kapelle zu sehen. Unterwegs bestehen keine Versorgungsmöglichkeiten.

In Éxo Chóra starten Sie an der **Tavérna I Dáfnes** (WP 01) und folgen dem Hinweisschild zur Almirás-Bucht in eine schmale Gasse zwischen Taverne und Schule. Wenige Meter später zweigen Sie rechts ab und wandern, alle Abzweigungen ignorierend, aus dem Dorf hinaus. Vorbei am **Friedhof** mit der Ágios-Ioánnis-Kirche (WP 02) gehen Sie leicht abwärts und halten sich an der nächsten Abzweigung (WP 03) rechts. Eine weitere nach links (WP 04) bleibt unbeachtet. Oberhalb einer kleinen Schlucht wandert man dann stetig abwärts, bis man zu einer V-förmigen Verzweigung kommt (WP 05). Nehmen Sie das rechte, obere Sträßchen und gehen nun oberhalb einer landwirtschaftlich genutzten Ebene ca. 500 m auf einem Asphaltsträßchen weiter, unterwegs kommen Sie an Bienenstöcken vorbei (WP 06). An einer weiteren V-förmigen Gabelung (WP 07) hält man sich rechts. Der nun bald nicht mehr asphaltierte Weg senkt sich etwas und führt zwischen Weinbergen hindurch. Nach etwa 500 m zweigt man bei einem verfallenen Bauernhaus nach links ab (WP 08) und geht auf einem Fußpfad ca. 200 m zu der auf einem kleinen Hügel gelegenen unscheinbaren Kapelle **Ágios Charálambos** (WP 09) hinauf. Sie besitzt eine schlichte Ikonostase; links ist der Namenspatron mit seinem langen Bart zu erkennen.

Am Anbau der Kapelle geht man schräg rechts auf einem sehr schlecht erkennbaren Pfad abwärts bis zu einem Weinberg, den man bis zu einem alten Haus entlangläuft (WP 10). Links von diesem kommt man in wenigen Minuten wieder zur Asphaltstraße hinauf (WP 11), der man nun nach rechts folgt. Nach wenigen Minuten ist die große Grube **Káto Lákos** (WP 12) erreicht. Wandern Sie von hier auf der zuletzt begangenen Piste ca. 800 m in südöstliche Richtung zurück, bis Sie wieder die V-förmige Gabelung (WP 07) erreichen. Von hier aus gehen Sie ca. 2,5 km zum Dorf zurück, wo Sie sich unter der Platane eine Erfrischung gönnen können.

Mariés

Nach gleich zwei Marien ist das relativ große, aber immer noch recht stille Dorf unterhalb des Vrachíonas-Massivs benannt. Maria Magdalena und Maria Kliopa sollen nämlich – so die Legende – auf ihrem Weg nach Rom ihre lange Seereise in dem unterhalb des Ortes gelegenen Naturhafen Pórto Vrómi unterbrochen haben und dann in den Ort aufgestiegen sein.

Maria Magdalena habe dann den Bewohnern zum ersten Mal von den Lehren Jesu berichtet und sie so zum Christentum bekehrt. Obwohl der Frau aus Magdala von manchen Zakynthern standhaft ein Fußabdruck in einem der Felsen von Pórto Vrómi zugesprochen wird, entspricht die Geschichte mit an Sicherheit grenzender Wahrscheinlichkeit nicht der Wirklichkeit, wurde doch nie durch eine offizielle kirchliche Schrift bestätigt, dass die Heilige je in Rom gewesen ist. Gleichwohl feiert die Gemeinde alljährlich am 22. Juli ein großes **Fest zu Ehren der Maria Magdalena,** nach der auch die große **Dorfkirche** im Zentrum benannt ist. Schon am Vortag backen die Frauen kunstvoll verzierte Brote, die dann während der Feiertagsliturgie geweiht werden. Nach dieser findet eine Prozession durch das Dorf statt, und in den Familien gibt es zu Mittag ein üppiges Festmahl.

Von der Durchgangsstraße zweigt man nach links in eine hübsche Gasse zur Kirche und der Platía ab, dem Kern der Siedlung. Das dreischiffige Gotteshaus ist etwa 500 Jahre alt und enthält einige wertvolle Ikonen und andere Kunstwerke aus den vergangenen Jahrhunderten, z. B. ein steinernes Kreuz. Auch die Ikonostase ist sehenswert. Der hübsch verzierte Glockenturm wurde nach dem Erdbeben verkürzt wieder aufgebaut und passt deshalb in seinen Proportionen nicht ganz zu der großen Kirche.

Auch in Mariés, wo viele Gebäude vom Verfall gezeichnet sind, gibt es noch die einst so charakteristischen Kafepantopolía zur Versorgung und Unterhaltung der Bewohner. Geht man die zentrale Gasse bis zum Ende, blickt man auf ein kleines Plateau, wo die **Kapelle des heiligen Charálambos** steht. Er wird von den Menschen hier ebenfalls sehr verehrt, soll er doch während einer Pestepidemie als Retter des Dorfes gewirkt haben.

• *Verbindungen/Anfahrt* 2-mal tägl. fährt der **Bus** von Zákynthos-Stadt nach Mariés. Genauere Informationen S. 66.

Außer über die Westküstenstraße kann man Mariés auch auf einem gut zu befahrenden Asphaltsträßchen von der Ostküste aus erreichen. Dabei kommt man an einigen Kalksteinbrüchen vorbei und muss deshalb immer wieder Lastwagen ausweichen.

• *Essen und Trinken* Mittlerweile haben sich einige Tavernen hier angesiedelt, die meisten befinden sich an der Abzweigung nach Pórto Vrómi.

Tavérna Sunset, einfaches Lokal, von dem aus man schöne Sonnenuntergänge über der Westküste erleben kann, die Charálambos-Kapelle bietet ein hübsches Motiv im Vordergrund. Aus der Küche kommen z. B. leckere Kalamária und Grillgerichte zu vernünftigen Preisen. Den Salat fanden wir besonders üppig.

Tavérna Olive Tree, das an der Abzweigung nach Katastári gelegene Lokal wurde von Lesern wegen seiner preisgünstigen und leckeren Gerichte empfohlen.

Pórto Vrómi

Pórto Vrómi

Wild zerklüftete, tief eingeschnittene Bucht, die steilen Wände sind dicht mit Kiefern bewachsen – eines der schönsten Westküstenziele, das man sich nicht entgehen lassen sollte.

Dieser Naturhafen diente in der Antike als wichtiger Anlegeplatz, denn im Osten und Süden war die Flachküste stark versumpft. Seinen Namen „Schmutzhafen", den er einst wegen der Teerausschwemmungen erhielt („Vrómia" bedeutet „Dreck"), straft er heute glücklicherweise Lügen, sind doch die beiden Ministrände und das glasklare Wasser wunderbar sauber. Zwei gut ausgebaute Straßen führen hinunter an die durch einen mächtigen Felsvorsprung zweigeteilte Bucht, eine von Mariés, eine von Anafonítria aus. An beiden Eckpunkten findet man dann jeweils einen Ministrand, und in etwa dieselbe Infrastruktur (Bootstouren, Tretbootverleih, Snackbar) vor, etwas ruhiger ist es vielleicht auf der Anafonítria-Seite. In der Mariés zugehörigen Buchthälfte wird man auf einer Infotafel über die angeblich historische Ankunft von Maria Magdalena und Maria Kliopa informiert (s. o. unter Mariés). Beeindruckend sind die hier ausgestellten Knochen eines 14 m langen und ca. 12 Tonnen schweren Blauen Wals, der im Jahre 2000 in der Bucht strandete.

Infolge der verheerenden Brände im August 2009 verfügt die Bucht möglicherweise über eine deutlich eingeschränkte Infrastruktur.

Den Reiz von Pórto Vrómi machen neben der landschaftlichen Schönheit auch die Ausflugs- und Sportmöglichkeiten aus. Neben Fahrten zum berühmten Shipwreck-Beach kann man nämlich während der Hochsaison mit Tretbooten selbst Touren zu den aus den Wänden der Bucht herausgefressenen „Blauen Höhlen" (nicht zu verwechseln mit denen bei Ágios Nikólaos) und den „Moving Rocks" (sich übereinander schiebende Felsen) oder zum „Gesicht des Poseidon" unternehmen. Wenn Sie baden möchten, sollten Sie nicht allzu empfindlich sein. Das „eiskalte" Wasser hat schon so manchen zum Zähneklappern gebracht.

• *Anfahrt* Beide Straßen sind sehr kurvenreich, aber gut ausgebaut und in etwa gleich lang, schönere Panoramablicke bietet jedoch die Anafonítria-Strecke. Achtung: Sie müssen auf derselben Route wieder zurückfahren, da die beiden Straßen nicht miteinander verbunden sind.

Die Straße von Mariés startet vom Ortsausgang hinter der Taverne Sunset. In Anafonítria fährt man zunächst zum gleichnamigen Kloster. Dorthin führen zwei Straßen: Die eine beginnt an der Taverne Galaxy am Ortseingang, die andere im Zentrum des Dorfes gegenüber vom Kafeníon „The bright Stars". Hier weist ein Schild „Shipwreckbeach" (bezieht sich nur auf Bootstouren) darauf hin. Jenseits des Klosters verläuft die Straße dann abwärts zur Bucht.

• *Parken* In beiden Buchthälften wurden Parkplätze angelegt.

• *Ausflüge* In der Hochsaison legt – wenn das Wetter es zulässt – etwa jede Stunde ein Ausflugsboot zum **Shipwreck-Beach** ab, wo man dann baden kann. Dauer ca. 2 Std., ca. 12 €.

Für ca. 12 € pro Std. kann man ein Tretboot mieten und **Exkursionen in der Bucht** unternehmen. Die Vermieter zeigen Ihnen gerne die interessantesten Ziele.

• *Essen und Trinken* **Restaurant Aéras**, an der Straße, die von Mariés (Tavérna Sunset) nach Pórto Vrómi führt, liegt auf halber Strecke dieses große Terrassenlokal mit einem umwerfenden Blick aufs Meer. Leser waren von den gastfreundlichen Wirtsleuten und dem leckeren Essen ganz begeistert.

In beiden Buchthälften wird jeweils eine einfache **Snackbar** betrieben.

Anafonítria

Auf dem Weg zum Shipwreck-Beach, zum berühmten Dionýsios-Kloster oder nach Pórto Vrómi muss man das Dorf passieren. Und genau daraus versuchen seine Bewohner natürlich auch Kapital zu schlagen: Die zahlreichen Tavernen und vor allem die schier endlose Reihe von Souvenirständen sind das Erste, was dem Besucher ins Auge fällt.

Alles, was die Bewohner in dem kargen Bergland selbst produzieren, wird auch verkauft: Gemüse, Öl, Honig – daneben aber auch Keramik und die unvermeidlichen

Webarbeiten mit Schildkrötenmotiven. Wer den alten, ganz stillen Dorfkern kennenlernen möchte, muss die sich zwischen den Häusern hindurchwindende Durchgangsstraße fast bis zum Ortsausgang entlangfahren bzw. -gehen. Hier findet man noch die typischen weiß gekalkten Häuschen – viel niedriger und kleiner als die zuvor gesehenen neueren, dafür aber fast immer mit einer gemütlichen Weinlaube neben dem Eingang. Biegt man am Kafeníon „The bright Stars“ nach rechts ab, kann man durch eine stille Dorfstraße bis zu der alten **Windmühle** hoch über dem Dorf spazieren.

Das **Kloster Panagía I Anafonítria** liegt etwa 1 km westlich vom Ort. Kaum ein Ausflugsbus, der nicht hier hält, nahezu jeder außerhalb der Insel lebende Zakynther kommt während seines Sommerurlaubs in der Heimat hierher. Denn zum einen hielt sich der heilige Dionýsios einige Zeit seines Lebens in dem Kloster auf und ist hier auch gestorben, zum anderen gilt die Panagía-Ikone als wundertätig. Überirdische Kräfte haben ohnehin – so die Überlieferung – dazu geführt, dass sie von Einheimischen gefunden wurde. Ursprünglich stammte die Ikone der den Säugling Jesus haltenden Maria nämlich aus Konstantinopel – ins Ionische Meer war sie mit einem Handelsschiff gelangt. Dieses erlitt vor der Westküste von Zákynthos Schiffbruch, und bald danach fanden Fischer das Panagía-Bild bei den Felsen unterhalb des Dorfes. Weil sie durch ein starkes Leuchten auf die Stelle aufmerksam geworden waren, glaubte man, die Ikone selbst habe nach den Rettern gerufen, und nannte sie daraufhin „Anafonítria‘, „die Rufende“. Zuerst baute man ihr eine Kapelle, im 15. Jh. dann das heutige Kloster, und schließlich wurde sogar das ganze Dorf, das ursprünglich den Namen Pelmonário trug, nach ihr benannt. Und man vertraute auch immer auf den besonderen Schutz der Gottesmutter und erbat in Notsituationen ihre Hilfe.

Heute ist das beim großen Erdbeben kaum zerstörte Kloster längst verlassen, der Dorfpfarrer von Anafonítria liest aber regelmäßig Messen hier. Beim Betreten der Anlage sieht man sofort, dass der **eckige Glockenturm** in früheren Zeiten auch der Verteidigung diente. Bei Piratenangriffen zogen sich die Mönche in diesen zurück und wehrten sich, indem sie die sechs Öffnungen im Mauerwerk als Schießscharten oder Pechnasen benutzten.

Um den **großen Innenhof** mit einer von Säulen umgebenen Zisterne gruppieren sich mehrere Gebäude. Gegenüber dem Eingang steht die **dreischiffige Klosterkirche** mit hölzernem Dach. Insbesondere im Chor und in der Apsis sind einige sehr alte Freskenreste freigelegt worden, das z. T. vergoldete Altargitter mit mehreren großen Ikonen weist starke Verfärbungen durch den Rauch der Kerzen auf. Am linken Pfeiler vor der Ikonostase steht in einem silbernen Rahmen die berühmte Panagía-Ikone, unmittelbar gegenüber dem Eingang ist ein Bild des heiligen Dionýsios zu sehen. Den Fußboden schmückt ein Relief des byzantinischen Doppeladlers.

Im Hof des Klosters Panagía I Anafonítria

Links vom Gotteshaus wird in einer kleinen **Kapelle** die Agía Anastasía verehrt, dahinter liegt der **Friedhof** des Dorfes Anafonítria. Gegenüber der Anastasíakapelle führen Stufen zu einem großen steinernen Becken hinauf. Dieses diente den Mönchen einst als **Traubenpresse.** An seiner Außenseite sieht man in der Mitte der Mauer die Öffnung, aus der der Saft der mit den Füßen gestampften Früchte abfloss. In dem kleinen Gebäude rechts neben der Kirche hat der heilige Dionýsios seine letzten Lebensjahre verbracht – mit dem Ende der seit einiger Zeit andauernden Renovierungsarbeiten soll seine Zelle, in der ein paar seiner persönlichen Gegenstände aufbewahrt werden, zur Besichtigung freigegeben werden.

• *Öffnungszeiten des Klosters* Tägl. 9–13 und 17–20 Uhr.

• *Verbindungen/Anfahrt* 2-mal tägl. fährt der **Bus** von Zákynthos-Stadt nach Katastári und von dort über Anafonítria zurück. Genauere Informationen S. 66.

Anafonítria kann man sowohl über die Westküstenroute als auch über Katastári und Orthoniés erreichen. Im Ort zweigen zwei Straßen zum Kloster ab, und zwar an der Taverne Galaxy sowie am Kafeníon „The bright Stars".

• *Einkaufen* Neben mehreren Pantopolía gibt es zahllose Souvenirstände. Vor dem Kloster werden Devotionalien verkauft.

• *Essen und Trinken* Man hat die Qual der Wahl, sogar vor dem Kloster lockt eine riesige Taverne.

Restaurant Margarítas, am nördlichen Ortsausgang genießt man einen schönen Blick von der luftigen Terrasse des erst 2002 eröffneten Lokals. Keine riesige Speisekarte, aber Gutes vom Grill, einige griechische Standardgerichte sowie mehrere Vorspeisen. Auch mit dem Service waren wir sehr zufrieden.

Tavérna Galaxy, direkt an der ersten Abfahrt zum Kloster gelegen. Geboten wird eine ordentliche Auswahl an griechischer Küche sowie verschiedene Snacks. Gut geschmeckt hat uns das Pastítsio.

Kafeníon „The bright Stars", im alten Dorfkern. Man sitzt auf einer mit Blumen geschmückten Weinlaubterrasse. Der Wirt serviert den Kaffee noch in den traditionellen Tässchen. Ein schöner Platz zum Relaxen.

Wer war der Mörder?

Immer wieder kann man nachlesen, dass der heilige Dionýsios während eines Aufenthalts im Kloster ein schreckliches Erlebnis hatte. Mitten in der Nacht wurde er durch ein Klopfen an der Pforte aufgeschreckt. Ein gesuchter Mörder stand voller Angst vor der Tür und bat flehentlich um Hilfe. Dionýsios bewegte ihn zur Reue und verhalf ihm noch in derselben Nacht zur Flucht von Pórto Vrómi aus nach Kefaloniá. Wer war der Verbrecher? Die Zakynther behaupten, es sei der Mörder seines Bruders Konstantínos gewesen, möglicherweise handelte es sich bei dem Mann jedoch um Konstantínos selbst. Dieser soll – so zumindest die Aussage eines wissenschaftlichen Werkes – im Winter 1580 in Zákynthos das Oberhaupt einer rivalisierenden Adelsfamilie getötet und danach im Kloster Zuflucht gesucht haben. Aber vielleicht haben doch die Zakynther Recht, die sich immerhin auf eine literarische Überlieferung berufen (Andréas Martzókis: „Der Abt des Anafonítria-Klosters"). Wem auch immer Dionýsios in besagter Nacht geholfen hat – es bereitete ihm sicherlich einen tiefen seelischen Schmerz.

Kloster Ágios Geórgios Krimnón

Die festungsartige, strahlend weiß getünchte Anlage aus dem 16. Jh. liegt ganz einsam inmitten eines Kiefernhains. Der Beiname „Krimnón" weist darauf hin, dass es ursprünglich direkt am Steilabfall stand – da der Untergrund dort aber mit der Zeit abzustürzen drohte, musste es an seinen heutigen Platz verlegt werden.

Wo mittlerweile nur noch zwei Mönche leben, herrschte einst reges Treiben und emsiges religiöses Studium – das Georgskloster war wegen seiner großen Bibliothek über Zákynthos hinaus bekannt und zog bedeutende Persönlichkeiten an. Der heilige Gerásimos aus Kefaloniá, der auf dieser Insel ähnlich verehrt wird wie Dionýsios auf Zákynthos, lebte hier einige Jahre als Mönch, der Theologe und Historiker Roúsanos (1508–1553) arbeitete in einer Zelle des Klosters bis zu seinem Tod an seinem Werk – sein Grab befindet sich an der Innenseite der Umfassungsmauer links vom Wohngebäude.

Ganz einsam gelegen: das Georgskloster

Betritt man den Innenhof durch das große Portal, spürt man noch viel vom Glanz der vergangenen Tage. Direkt gegenüber steht der eigenartige Wachturm mit zwölf Pechnasen und erinnert daran, dass auch diese Anlage Angriffsziel von Piraten war. Mehrmals wurde sie zerstört und musste von den Mönchen wieder aufgebaut werden. Rechts davon steht die eindrucksvolle Klosterkirche. Auf einer kleinen Terrasse vor deren Eingang hängt ein hölzernes Simandáron. Dieses Signalinstrument wird mit einer Art Hammer geschlagen, um so am Tag wie auch mitten in der Nacht die Mönche zum Kirchgang zu rufen. Im Innern zieht einen sofort das weiße, goldverzierte Altargitter in Bann. Von den zahlreichen Ikonen hat bei den Einheimischen die des Namensgebers des Klosters einen besonderen Stellenwert – achten Sie einmal auf die vielen Votivtäfelchen, die daran befestigt sind. Eine wahre Augenweide ist das der Kirche gegenüberliegende, heute noch intakte Wohngebäude mit großer Freitreppe. Die karminroten Türen und Fensterläden bieten einen reizvollen Kontrast zum blendend weißen Mauerwerk.

Hat man die Anlage wieder verlassen, kann man rechts auf einer Piste zwischen Kiefern zu einem kleinen, durch ein Holzkreuz gekennzeichneten **Aussichtspunkt über die Westküste** gelangen. Der Shipwreck-Beach ist von hier aber noch nicht zu sehen. Ebenso lohnenswert ist der kurze Spaziergang zu dem kleinen überdachten Kiosk, den man auf einem Fußweg vom Parkplatz aus erreicht. Wie in vielen orthodoxen Klöstern haben sich auch hier die Mönche einen beschaulichen Ruheplatz geschaffen, um am Abend die Landschaft zu genießen und zu entspannen.

• *Anfahrt/Öffnungszeiten* In Anafonítria fährt man an der Kreuzung mit dem großen Baum und dem Kafeníon „The bright Stars" Richtung Volímes aus dem Dorf. Nach ca. 2 km ist das Kloster erreicht. Tägl. von Sonnenauf- bis Sonnenuntergang geöffnet, allerdings legen die Klosterbrüder eine Siesta ein. Eintritt frei.

Shipwreck-Beach

Kaum ein Ansichtskartenständer in Griechenland, auf dem dieser Traumstrand nicht vertreten ist. Aber was man zu sehen bekommt, ist auch wirklich atemberaubend: Feiner, weißer Sand, das Wasser schimmert in schönen Farbtönen von Milchigblau bis Türkis, rechts und links fallen die Felswände senkrecht ins Meer hinab – und in der Mitte, wie fürs Foto drapiert, liegt das gestrandete Schmugglerschiff, das Navágio.

Den schönsten Blick genießt man nicht vom Strand aus – wenngleich diese Perspektive auch ihren Reiz hat –, sondern von oben. Der **Aussichtspunkt** mit der schwindelerregenden kleinen Plattform, auf der man ca. 100 m über dem Meer „schwebt", ist deshalb auch ein absolutes Muss bei jeder Inselrundfahrt. Will man die Bucht möglichst vollständig vor die Kamera bekommen, kann man auf einem schmalen Fußpfad einige Minuten nach rechts bzw. nach Norden gehen und sich den idealen Standort fürs obligatorische Urlaubsfoto suchen. Wenn man ganz weit hinausgeht und nach rechts auf die Flanke des nächsten Felsen blickt, sieht man tief unten einen durch ein auffälliges Kreuz gekennzeichneten Felsspalt – die **Höhle des heiligen Gerasim** von Kefaloniá. Mehrere Jahre verbrachte er hier als Asket in absoluter Einöde. Bedenken Sie aber, dass auf diesem Pfad größte Vorsicht geboten ist, die Felsen fallen z. T. unmittelbar neben diesem ins Meer hinab. Der Pfad ist zudem außerordentlich steinig, und man gerät schnell ins Stolpern. Da es zudem keine Wegsicherung gibt, sollte man ihn mit kleinen Kindern auf keinen Fall begehen.

• *Anfahrt* Vom Kloster Ágios Geórgios Krimnón fährt man ca. 100 m weiter Richtung Volímes und biegt dann auf eine asphaltierte Straße (beschildert) nach links ab. Diese endet am Parkplatz beim Aussichtspunkt. Ein Kantina-Wagen bietet Erfrischungen und Snacks an.

Achtung: Die Beschilderungen in Anafonítria sind etwas verwirrend. Nur der Wegweiser „Shipwreck-View" (beim Kafeníon

„The bright Stars") weist zu besagtem Aussichtspunkt. Die Schilder mit der Aufschrift „Shipwreckbeach" leiten einen zur Straße nach Pórto Vrómi, wo man lediglich mit einem Ausflugsboot zu dem Strand fahren kann.

Der Shipwreck-Beach: Postkartenmotiv Nummer eins

Geheimnisvolles Schmugglerwrack

Will man von den Zakynthern genaue Details über das gestrandete Schiff erfahren, bekommt man meist nur vage Angaben, erntet ein Achselzucken, stößt auf Unsicherheit. Ein wenig peinlich scheint ihnen das Ganze zu sein. Hundertprozentig sicher sind wir deshalb immer noch nicht, doch so oder so ähnlich scheint es sich im Jahre 1980 abgespielt zu haben: Unter einem Kapitän von der peloponnesischen Halbinsel Máni fuhr das Schiff „Panagiótis" eines kefalonitischen Reeders voll beladen mit geschmuggelten Zigaretten auf dem Weg nach Italien die zakynthische Küste entlang. Die hiesige Hafenpolizei hatte Wind davon bekommen und jagte dem Frachter mit Küstenwachbooten hinterher. Als sie das merkten, warfen die 15 griechischen und italienischen Besatzungsmitglieder die Zigaretten ins Meer und versuchten, sich mit Rettungsbooten in Sicherheit zu bringen. Das Schiff trieb führungslos auf dem Meer umher und strandete schließlich in besagter Bucht, die damals noch nach dem heiligen Georg benannt war.

Die Besatzung wurde gefasst, und der Schiffseigner wanderte für fünf Jahre ins Gefängnis. Dem Kapitän gelang es, sich ins belgische Anvers abzusetzen, wo er heute noch lebt. Böse Zungen behaupten, eigentlich hätten die beiden von der zakynthischen Inselregierung eine ordentliche Belohnung verdient – man bedenke nur, wie werbewirksam das Foto des gestrandeten Schiffes ist.

Volímes

Je weiter man nach Norden kommt, desto rauer wird die Landschaft. Zentrum dieser einsamen, dünn besiedelten Gegend ist Volímes. Auf den ersten Blick ein Ort voller touristischer Anmache, auf den zweiten ein liebenswertes Bergdorf, in dem es sich zu bleiben lohnt. Wenn die Ausflugsbusse abgefahren sind, wird es hier oben richtig schön.

Spricht man von Volímes, meint man damit eigentlich drei „Dörfer": Weiter westlich liegen **Káto Volíma** und **Méssa Volíma** – die Häuser der insgesamt 700 Einwohner sind schon fast zusammengewachsen, hier legen die Touristenbusse ihren obligatorischen Einkaufsstopp ein. In das oberhalb davon und weiter östlich gelegene **Áno Volíma** verirren sich dagegen nur selten fremde Besucher. Im Grunde ist „Ober-Volíma" ein echtes Bauerndorf geblieben – durch seine Lage, vielleicht aber auch deshalb, weil seine 400 Einwohner es nicht so nötig haben, sich an der Durchgangsstraße anzubiedern. Denn von den weiten Besitzungen, die die Familien der drei Dörfer hier oben im Norden haben (bis zum Kap Skinári und die nördliche Ostküste entlang), gehört denen von Áno Volíma der Löwenanteil.

Kaum 25 Jahre ist es her, dass nahezu alle Volimnioten nur von der Landwirtschaft lebten. Die Ziegen- und Schafzucht, der Anbau von Getreide und Oliven sowie die Produktion von Honig waren traditionell ihre Ernährungsgrundlage. Wein wird im Norden zwar auch angebaut, jedoch in weitaus geringerem Maße als im wärmeren und fruchtbareren Süden. Außerdem jagt man hier oben besonders gerne – bei Wanderungen in der Umgebung von Volímes begegnen einem immer wieder Männer mit geschulterten Gewehren.

Der alte Glockenturm der Ágios-Dimítrios-Kirche in Áno Volíma

Traditionelle zakynthische Weberei

Alles Handarbeit?

Nicht nur in Volímes, sondern auch in einigen anderen Bergdörfern hängen sie überall zum Verkauf an der Straße: die gewebten Teppiche mit Streifen, geometrischen Motiven oder Tierdarstellungen, wobei unter Letzteren auf Zákynthos natürlich die Schildkröte dominiert. Tischdecken, Zierdeckchen, aus reißfestem Garn gehäkelte Handtaschen und Brotkörbe mit komplizierten Spitzen vervollständigen das Angebot. Dass die in derartigen Mengen hergestellte Ware nicht allein das Ergebnis langer Winterabende sein kann, liegt auf der Hand, und auch die Preise (ein Caretta-caretta-Teppich kostet ca. 5–6 €) sprechen für sich. In der Tat kommt zumindest die gewebte Ware heute zum allergrößten Teil aus Fernost und vom griechischen Festland, z. B. aus großen Webereien der thessalischen Stadt Lárissa.

Doch es gibt tatsächlich noch traditionelle Werkstätten, in denen nur beste Materialien in Handarbeit verarbeitet werden. Geórgios Spínos webt zusammen mit seiner Frau die traditionellen Teppiche und wunderschönen Tischdecken aus reiner Baumwolle und schimmernder Kokonseide. Die Decken haben teilweise Randverzierungen aus gehäkelter Spitze, die Geórgios bei einigen Frauen aus dem Dorf in Auftrag gibt. Derartige Prachtstücke kann man aber nicht an den Souvenirständen erwerben – der Preisunterschied wäre zu krass. Wer also Interesse an der echten Ware hat, muss sich z. B. zu Geórgios in Áno Volíma aufmachen (das Haus von Familie Spínos liegt ganz oben am Ortsende von Áno Volíma, mehrere Schilder weisen darauf hin).

Heute verdient man zumindest in Unter- und Mittel-Volíma gutes Geld auch mit dem Tourismus. Vor allem entlang der Durchgangsstraße von Káto und Méssa Volíma werden nahezu vor jedem Haus Honig, Teppiche und Häkelarbeiten verkauft. Abseits davon, in den alten Dorfkernen, lernt man die Schönheit und Ursprünglichkeit der Orte sowie die Freundlichkeit der Menschen erst kennen. Volímes ist nach wie vor ein angenehmer Platz zum Bleiben, umso mehr, als es in der Umgebung einiges zu erkunden gibt.

Rundgang

Wenn Sie Spaß daran haben, griechischen Dorfalltag zu erleben und dabei einige hübsche Kirchen und ursprüngliche Kaffeehäuser aufzusuchen, empfehlen wir Ihnen den ca. einstündigen Rundgang durch Káto und Méssa Volíma.

In **Méssa Volíma** startet man an der zentralen großen Kreuzung und biegt vor dem auffallenden Gebäude des Gymnasiums nach links ein. Vorbei an zwei Bäckereien mit Cafeteriabetrieb und einigen hübschen **älteren Häusern mit einladenden Innenhöfen** kommt man zu einem winzigen Kafeníon mit dem Namen „I Soúna". Außen hat es eine wunderschöne kleine Weinlaube, doch die Männer sitzen oft lieber innen und zocken, was das Zeug hält. Und manch einer muss von seiner Frau zum Essen geholt werden. Gegenüber davon kann man nach links einen Abstecher zu dem kleinen **Kirchlein Ágios Theodósios** aus dem 15. Jh. machen, einem der ältesten Gotteshäuser auf der Insel überhaupt. Die steinerne Ikonostase im Innern der Kirche stammt allerdings erst aus dem Jahre 1860.

Wieder auf der Hauptstraße, stößt man ein paar Schritte weiter auf ein anderes Kaffeehaus, das **Kafeníon** „To Néon". Gegenüber steht die 1633 errichtete **Pfarrkirche Agía Paraskeví** mit kunstvollen Verzierungen am Portal und an den Fenstern, aber nur an der der Straße zugewandten Seite – die Baumeister hatten wohl einen besonderen Sinn fürs Ökonomische. Holzgeschnitzt sind die Decke und die vergoldete Altarwand, sehenswert außerdem die Ikonen der Agía Paraskeví und der Panagía mit Kind. Natürlich darf auch in Volímes eine Erinnerung an den großen Inseldichter Solomós nicht fehlen: Neben dem **Glockenturm,** der demjenigen der Dionýsios-Kirche in der Chóra fast zum Verwechseln ähnelt, steht eine Stele mit einem Vers des Poeten. Unschwer zu erkennen ist, dass man sich in der Umgebung der Kirche im Verwaltungszentrum des Dorfes befindet, denn hier liegen auch das Rathaus und die Gesundheitsstation.

Hinter der Abzweigung nach Ágios Nikólaos beginnt **Káto Volíma.** Zunächst fällt die nach dem Erdbeben neu errichtete Pfarrkirche Ágios Spirídonas auf. Interessanter ist aber das bei der großen Katastrophe zerstörte alte Gotteshaus 50 m weiter. Sein Glockenturm weist besondere Verzierungen auf.

Gehen Sie nun zurück Richtung neue Kirche und biegen Sie vor dieser nach rechts in ein gepflastertes Sträßchen ab, das Sie über einen kleinen Hügel führt, wobei Sie die nächste Abzweigung nicht beachten. Bald trifft man auf eine schmale Asphaltstraße, der man nach links folgt. Zweigen Sie 30 m weiter an der nächsten Gabelung wieder nach links ab und gehen geradeaus an drei uralten Zisternen vorbei bis zur **Kapelle Ágii Pántes,** der ältesten Kirche von Volímes. Erfreulicherweise ist sie ständig geöffnet, sodass man die wunderschöne alte Ikonostase in dem ansonsten völlig kahlen Innenraum in Ruhe betrachten kann. Gehen Sie ein paar Schritte zurück und an der nächsten Abzweigung nach links. Das leicht ansteigende Sträßchen führt zu zwei auffallenden alten Windmühlen, deren Betrieb Ende der 50er Jahre des 20. Jh. eingestellt wurde. Von hier hat man einen schönen Blick auf Áno Volíma. Die Gasse hinter den Mühlen führt hügelabwärts. Wenn Sie an ihrem Ende nach links abbiegen, kommen Sie zu einem kleinen Platz, an dem die **Nikolauskirche** steht. Eine steinerne Sitzbank lädt zu einer kleinen Ruhepause ein. Gehen Sie am Kampanile der Kirche vorbei und am Ende der Gasse wieder links. Sie passieren das besonders reichhaltige **Pantopolíon** von María und haben in wenigen Minuten wieder die Paraskeví-Kirche und kurz danach die große Kreuzung erreicht, wo Sie sich z. B. in der „Snackbar Volímes" ein leckeres Mahl oder einen Kuchen servieren lassen können.

Auf dem Weg nach Áno Volíma entdeckt man bei der Tavérna Kamináki einen Wegweiser zu der 500 Jahre alten Windmühle Frangojánnis, die vor einiger Zeit restauriert wurde und ab 2010 wieder in Betrieb genommen werden soll.

In den steilen Gassen von **Áno Volíma** lässt es sich weniger schön spazieren gehen. Mittelpunkt ist die abschüssige **Platía Agíou Dimítriou,** benannt nach der gleichnamigen großen Pfarrkirche. Auch sie ist ein Bauwerk aus der „Nacherdbebenzeit", der Glockenturm aus dem Jahre 1800 hat das große Unglück jedoch überstanden. Allerdings ziert seit 2007 zusätzlich ein neuer, weitaus größerer Turm das Gotteshaus. Ein von einer schweren Krankheit genesener Bürger wollte damit seine Dankbarkeit zum Ausdruck bringen.

Wer mag, beendet den Besuch des Dorfes in einem der ganz eigenen Lokale rund um den Platz. Setzen Sie sich z. B. in das von María, erkennbar an der vorgelagerten Terrasse. Kinder kommen und kaufen Kaugummi, in der Ecke wird aufgeregt politisiert, im Fernsehen läuft gerade eine griechische Seifenoper, derweil Gäste an den stilvollen Tischen Leckeres aus der Küche oder vom Fass genießen.

Käse in Ziegenhaut

Eine besondere Spezialität der nördlichen Gebirgsdörfer ist „Prétsa", ein aus Schafs- oder Ziegenmilch gewonnener Käse, den man zusammen mit aufgekochter Ziegenmilch in der Haut einer jungen Ziege zum Reifen bringt. Den Ziegenhautsack hängt man 8 bis 10 Tage auf oder legt ihn auf die Dachziegel in die Sonne. Regelmäßig wird neue Milch aufgegossen. Der Käse muss stets darin schwimmen, damit sie ihr Fett an ihn abgibt. Man isst ihn dann schließlich löffelweise mit Pfeffer und Oregano gewürzt, denn in seiner Konsistenz ähnelt er eher Butter. Im Sommer wird diese Spezialität auch auf dem Markt in Zákynthos-Stadt oder in den dortigen Supermärkten verkauft, denn in dieser Jahreszeit schätzt man das erfrischende Gericht ganz besonders.

Auf dem Heimweg

- *Verbindungen* Mehrmals tägl. fährt ein **Bus** von Zákynthos-Stadt nach Volímes und zurück. Genauere Informationen S. 66. Die Bushaltestellen befinden sich in Méssa Volíma an der zentralen Kreuzung, in Áno Volíma an der Platía Agíou Dimitríou.
- *Anfahrt* Beide Strecken (über die Bergdörfer oder über Katastári und Orthoniés) sind gut zu befahren.
- *Apotheke* Am Ortseingang von Méssa Vólima nahe der zentralen Kreuzung.
- *Ärztliche Versorgung* Zum Zeitpunkt unserer Recherche 2009 wurde gerade die neue Gesundheitsstation am Ortseingang von Méssa Volíma gegenüber der Apotheke eingerichtet.
- *Einkaufen* Ziel und Zweck des Besuches der meisten Gäste in Volímes. Geboten werden neben **Textilien** und **Töpferwaren** sehr schmackhafter **Honig, Öl, Kräuter** und auch der eingelegte milde **Käse „Prétsa"** (s. Kasten S. 247). **Handgearbeitete Tischdecken** und **Teppiche** bekommt man am besten bei Familie Spínos in Áno Volíma (Schilder weisen auf das Haus ganz oben im Dorf hin, ✆ 2695031376). **Bäckereien** findet man nahe dem Gymnasium in Méssa Volíma.
- *Tankstelle* Nahe der zentralen Kreuzung.
- *Übernachten* Auf Übernachtungsgäste ist man in Volímes kaum eingerichtet.

Geórgios Chassalévis, gleich am unteren Ortseingang vermietet der Besitzer der Snackbar eine Garsoniéra mit 2 Zimmern, Küche und Bad. Preis ist Verhandlungssache. Ganzjährig geöffnet. ✆ 2695031222.

- *Essen und Trinken* **Restaurant Kamináki**, am unteren Ortseingang von Áno Volíma liegt das im traditionellen Stil aus Bruchsteinen gemauerte Haus. Auf einer hübschen Terrasse sitzt und speist man gut. Fragen Sie nach den aktuellen Tagesgerichten, der Wirt zählt sie Ihnen gerne auf! Uns hat das Kotópoulo Ragout sehr gut geschmeckt.

Stou Dioná, seit Jahrzehnten betrieb die nette María an der Platía von Áno Volíma ein uriges Kafépantopolíon. Im Jahr 2009 stellten wir überrascht fest, dass sich einiges geändert hatte. Zwar werden nach wie vor Lebensmittel verkauft, aber zusammen mit ihrer Tochter Sofía und Bozéna aus Polen hat María im alten Bruchsteingemäuer ein ganz besonderes Lokal eingerichtet: Im Keller gibt es wunderschöne Plätze für ein Glas Wein und ein paar leckere Mezédes, darüber kann man in einem kleinen, aber sehr gepflegten Restaurant bei Kerzenschein leichte, frisch zubereitete Mittelmeerküche genießen – oder bei einem Tässchen Kaffee auf der Terrasse dem Treiben auf dem Platz zusehen. Ein Ort, den man unbedingt aufsuchen sollte!

Snackbar Volímes, Familie Kapsavéli bereitet frisch leckere Kleinigkeiten wie Sandwiches, Omeletts (auch mit Gemüse, Wurst und Käse) und gute Salate zu. Zum Nachtisch schmeckt der hausgemachte saftige Walnusskuchen.

Wanderung 13:
Von Volímes zum verlassenen Kloster Ágios Andréas

Einsame, angenehm zu gehende Tour (einfach ca. 4,7 km) durch abwechslungsreiche Landschaft zu dem durch das Erdbeben stark zerstörten Kloster Ágios Andréas, dessen Kapelle aber noch sehenswerte Freskenreste aufweist. Ein wunderschöner Platz oberhalb der Westküste – wie geschaffen für ein Picknick!

In Méssa Volíma geht man an der großen Mittelpunktkreuzung (WP 01) am auffallenden Gebäude des Gymnasiums vorbei ins Dorf hinein, passiert die Paraskeví-Kirche und kommt jenseits der Abzweigung nach Ágios Nikólaos (WP 02) nach Káto Volíma. Am südlichen Ende dieses Teilortes zweigt gegenüber von zwei einzeln stehenden Häusern, die einander zum Verwechseln ähnlich sehen, eine unbeschilderte Piste nach rechts ab (WP 03).

Diese verläuft zwischen Feldern, Weinbergen und Olivenhainen nach Westen. Nach gut 300 m hält man sich an einer Gabelung (WP 04) rechts und wandert bald durch ein recht dichtes Kiefernwäldchen, alle Abzweigungen ignorierend. Etwa 600 m weiter wendet sich die Piste in nördliche Richtung und es öffnen sich tolle Blicke auf Volímes. Oberhalb der Westküste geht man durch verschiedene Fluren mal eben, mal abwärts weiter und passiert dabei auch ein zwischen Olivenbäumen gelegenes Bruchsteingebäude mit Wellblechdach (WP 05). Folgen Sie konsequent der breiten Piste, die sich allmählich abwärts senkt. Nach ca. 1,3 km beschreibt sie einen scharfen Knick nach links und die Ruinen des Klosters sind zum ersten Mal zu sehen. Relativ steil wandert man nun abwärts zu dem durch einen Eisenzaun verschlossenen Eingang des ehemaligen Andreasklosters (WP 06). Rechts davon kann man jedoch über eine niedrige Mauer hinüberklettern und so die Anlage betreten.

Wer noch nicht allzu erschöpft ist, kann auf einem schmalen Fußpfad hinter der Klosteranlage auf einen Abhang oberhalb der Westküste hinaufklettern und den Blick auf ein kleines Felseneiland (es gehört zur Gruppe der Diapóri-Inseln) genießen, bevor man im Klosterhof Rast einlegt.

Andreaskloster: Erinnerung an längst vergangene Tage

Natürlich könne er sich noch daran erinnern, dass das Kloster bewohnt war, antwortete uns der alte Dimítrios auf unsere Frage. Aber das Erdbeben ... Auch im Kloster des heiligen Andréas hat es so viel zerstört, dass die Gebäude, die Ende des 16. Jh. von einem Priester und seinen beiden Enkeln erbaut worden waren, aufgegeben wurden.

Ein wahres Schmuckstück war die Kapelle, deren Wände ein unbekannter Künstler im 17. Jh. vollständig ausmalte. Zum Glück konnte man diese wunderschönen Illustrationen nach dem Schicksalsschlag von 1953 retten und ins Museum von Zákynthos-Stadt bringen. Doch einige Teile, insbesondere über dem Eingangsportal, sind heute noch an Ort und Stelle zu bewundern. Es ist aber sicher nur eine Frage der Zeit, wann die Sonne alle einst leuchtenden Farben ausgeblichen hat. Auch die vandalischen Kritzeleien mancher Besucher tragen zur Zerstörung bei.

Weiler rund um Volímes/Skinári

In dem Gebiet zwischen Volímes und der Nordostküste leben viele Bewohner dieses Dorfes zeitweise oder auch das ganze Jahr über in sogenannten „Außensiedlungen“. Hier liegen ihre Felder und zu den Zeiten, als es noch keine motorisierten Fortbewegungsmittel gab, hatte es sich eingebürgert, dass man bei diesen ein zweites Haus errichtete, um nicht jeden Morgen und Abend die lange Wegstrecke zwischen Dorf und Äckern bewältigen zu müssen. Manch einer mag inzwischen die Ruhe und Abgeschiedenheit des Lebens in der Natur gar nicht mehr aufgeben und kommt nur noch zu ganz bestimmten Gelegenheiten, etwa zu hohen Feiertagen, in sein Volímes zurück. Was er dort solle, fragte uns ein alter Bauer, der mit seiner Frau und vier anderen Familien an der Küste nahe Eliés lebt. Hier draußen habe er alles: frische Luft, seine Schafe, ein Fischerboot und ein Gärtchen. In Méssa Volíma herrsche hingegen Lärm und Hektik. Was würde er wohl sagen, wenn er zu Besuch in einer europäischen Großstadt wäre!

Der Name **Skinári** meint das Gebiet östlich von Áno Volíma, aber auch das Nordkap der Insel wurde danach benannt. Fährt man von Áno Volíma auf der asphaltierten Straße durch wunderschönes grünes Bergland, passiert man die kleinen Weiler, die zu diesem Landstrich gehören: das zweigeteilte **Megalóni,** wo man beim Besitzer des Minimarktes übernachten kann; kurz dahinter zweigt eine Straße zum tief unten in einem Tal gelegenen **Agía Thékli** ab. Mittelpunkt ist die gleichnamige weiße Kirche aus dem 16. Jh., die noch Wandmalereien und Ikonen aus ihrer Entstehungszeit enthält. Weiter im Nordosten liegen die wenigen Häuser und Ställe des Mini-Weilers **Askós,** in dem ein ganz besonderer Naturpark, der Stone Park, auf Sie wartet.

• *Anfahrt* Ab Áno Volíma (beschildert) führt eine gute Asphaltstraße zu den oben genannten Weilern und weiter an die Küste.

• *Stone Park* An der Straße zwischen Askós und Eliés wurde im Sommer 2003 ein großer Park eröffnet, der den Besuchern Flora und Fauna der Insel vor Augen führen soll. Auf dem terrassenartig angelegten Gelände bekommt man einen Großteil der Pflanzenwelt von Zákynthos und zahlreiche auf der Insel beheimatete Haus- und Wildtiere, aber auch fremde Arten wie Chinchil-

Geduldig wartet er auf seinen Herrn

las und Lamas zu sehen. Insbesondere für Familien ein lohnendes Ziel. Von Mai bis September 9 bis 19 Uhr, von Oktober bis April 10 bis 17 Uhr geöffnet. Eintritt 7,50 €, Kinder im Alter von 4–12 Jahren 3 €.

• *Übernachten*

Megalóni, in dem Weiler kann man bei Laurèntios Tsoukalás, dem Besitzer des Minimarktes, in einem seiner 5 Studios direkt an der Straße unterkommen. Für Ruhesuchende ein Tipp! Ganzjährig geöffnet. Die Studios sind jeweils mit 3 Betten, Küche, Bad und Balkon (Meerblick) ausgestattet und kosten ca. 30 €. ✆ 2695031067.

• *Essen* **Tavérna Windmill**, ein idyllisches Plätzchen abseits aller ausgetretener Pfade findet man in Askós bei einer alten Windmühle. Von der Terrasse des Lokals bietet sich ein überwältigender Blick über die Ostküste bis zum Berg Skopós. Und auch die Ergebnisse der Küche können sich sehen lassen. Probieren Sie einmal das Moussaká.

Eliés: In dem kleinen zu Méssa Volíma gehörenden Weiler ist nicht viel los, lediglich eine Handvoll Häuser zieht sich zwischen uralten, knorrigen Olivenbäumen den Hang hinab. Auch hier ist ein bescheidener Park entstanden, in dem allerdings nicht die Natur, sondern die traditionellen Tätigkeiten der Menschen in der Region im Mittelpunkt stehen.

• *Anfahrt* Die zwischen Káto und Méssa Volíma abzweigende Asphaltstraße nach Ágios Nikólaos führt durch Eliés.

• *Traditional Park* Hinter ihrer Taverne hat Familie Jidítsis auf einem weitläufigen Gelände alte Einrichtungen und Geräte zusammengetragen, die das Inselleben der Vergangenheit dem Besucher vor Augen führen sollen: ein steinernes Becken, in dem Trauben gestampft wurden, ein Mahlstein, landwirtschaftliche Geräte usw., aber auch Fahrzeuge wie ein Traktor, ein ausrangiertes Motorrad oder ein altes Schiff. Eintritt frei, von Mai bis September tägl. geöffnet. In der Taverne werden einfache Gerichte serviert.

Koríthi: Ein kleiner „Verkehrsknotenpunkt" ist die 20-Seelen-Siedlung auf dem Weg zum Kap Skinári. Im alten Kern entdeckt man neben verfallenen Häusern und vielen Zisternen eine alte Ölmühle und die Ruine eines Kirchengebäudes. Im ehemaligen Kirchenschiff wachsen heute Olivenbäume. Vieles wurde hier nach dem Erdbeben aufgegeben. Statt die alten Mauern wieder aufzurichten, baute man am Rande des Weilers gleich neu oder zog anderswo hin. Auch eine neue Kirche wurde auf einem zur Küste hin ausgerichteten Plateau erstellt.

Anfahrt Koríthi ist von Méssa Volíma und von Ágios Nikólaos auf einer gut ausgebauten Straße zu erreichen.

Kap Skinári

Von Koríthi aus führt die Straße ständig abwärts zum nördlichen Kap der Insel, unter dem sich die berühmten „Blauen Grotten" befinden. Einst stand hier nur ganz einsam der blendend weiße Leuchtturm, mittlerweile gibt es einige touristische Einrichtungen. Aber schön ist es hier immer noch.

Die gut ausgebaute Asphaltstraße endet in der Nähe des neuen Leuchtturms, die Ruinen des alten sieht man genau gegenüber. Von der unterhalb gelegenen Anlegestelle kann man eine Bootstour zu den nahen „Blauen Grotten" machen. Unweit der Taverne zweigt ein schmales Sträßchen zu einem weiteren kleinen Lokal mit toller Panoramaterrasse ab. Eine steile Treppe führt zum Meer hinab, wo man den Ausflugsbooten zusehen kann. Wer hier baden will, sollte Vorsicht walten lassen: Die Strömung am Kap ist nicht ungefährlich.

• *Ausflüge* **Potamítis Trips** bietet in der Saison etwa jede halbe Std. eine Tour zu den **„Blauen Grotten"** an, z. T. wird ein Glassbottomboat eingesetzt. Man zahlt ca. 7,50 €, Dauer nur 30 Min., schließlich ist von keinem Punkt der Insel die Entfernung zu den Höhlen so gering wie vom Kap. Bei ruhiger See werden auch Fahrten zum **Shipwreck-Beach** angeboten (10 €, 2 Std. inkl. Badeaufenthalt). Eine kombinierte Tour zu beiden Zielen kostet 15 €.

Am Kap Skinári

• *Übernachten* **Bar Windmill**, die Besitzerin der Bar Windmill (s. u.), übrigens auch ein Mitglied des in der Gegend so verbreiteten Potamítis-Clans, vermietet hinter ihrem Lokal in einem hübschen Haus 2 Apartments mit Bad und Balkon. Zu zweit bezahlt man 40 bis 60 €. ✆/℻ 2695031132, www.potamitisbros.gr.

Windmills, wahrscheinlich die originellsten Unterkünfte auf der Insel. Beide Windmühlen stehen der Bar gegenüber. Im Erdgeschoss befinden sich jeweils Kochnische, Bad und Balkon, im Obergeschoss der Schlafraum und ein winziger Balkon, der eine umwerfende Aussicht bietet. Eine Mühle weist traditionelles Bruchsteinmauerwerk auf und bietet bis zu 4 Pers. Platz (100–130 €), die andere mit nur 2 Betten erinnert eher an die Kykladenarchitektur (80–90 €). ✆ 2695031132 und 2695031241, ℻ 2695031132, www.potamitisbros.gr.

• *Essen und Trinken* **Bar Windmill**, einfaches Speisenangebot, aber wunderbarer Blick und nette Atmosphäre, die auch von Lesern sehr gelobt wurde.

Tavérna Fáros, direkt beim Leuchtturm führt Michális Potamítis mit seiner Familie das empfehlenswerte Lokal. Fischgerichte, wie z. B. ein interessant gewürzter Schwertfisch und zarte Kalamária, sorgen für die Zufriedenheit der Gäste. In der Nebensaison ist hier allerdings nicht allzu viel los, und es kann schon mal sein, dass es nicht alles gibt, was auf der Karte steht.

In Ágios Nikólaos findet man noch viel Ruhe

Ágios Nikólaos

In eine karge, recht unwirtliche Bucht eingebettet ist der kleine, nur im Sommer bewohnte Fischerort. Den bunten Booten gegenüber liegt die gleichnamige Insel – manchmal wird sie auch Megálo Nissí genannt – mit den Ruinen einer Nikolauskirche aus dem 15. Jh.

Die wenigen Tavernen und Läden reihen sich an der einzigen, von Tamarisken bestandenen Straße oberhalb des feinkieseligen Strandes aneinander – was es gibt, hat man schnell gesehen. Doch dafür vermittelt der Volímes zugehörige Hafen zumindest in der Vorsaison die Ruhe und Beschaulichkeit, die man in anderen Orten an der Küste oft vermisst. In der Hochsaison drängen sich jedoch auch hier die Besucher, insbesondere die Ausflugsbusse aus der Chóra sorgen dafür, dass die Plätze in den Tavernen schnell besetzt sind. Dennoch wird Ágios Nikólaos von Individualbesuchern sehr geschätzt, denn spätestens am Abend kehrt wieder Ruhe ein.

Gleich zwei Molen besitzt der Hafen. An der neuen, größeren legen die **Schiffe nach Kefaloniá** an; die alte befindet sich am nördlichen Ende der Bucht. Hier dümpeln zahlreiche Kaíkia in der Sonne, die Fischer flicken ihre Netze, ein paar Katzen warten spitzbübisch darauf, ob nicht beim Entladen eines Bootes auch für sie etwas abfällt. Dazwischen liegen die Ausflugsschiffe zu den märchenhaften **„Blauen Grotten"** am nahe gelegenen Kap. In der Saison herrscht am Hafen ein munteres Treiben, ständig kommen und gehen kleinere und größere Boote doch im Winter ist der Ort nahezu ausgestorben.

Verbindungen/Information/Adressen

• *Verbindungen* Der **Bus** fuhr im Sommer 2009 pro Woche nur an 2 Tagen je 1-mal von Zákynthos-Stadt nach Ág. Nikólaos. Genauere Informationen S. 66.

Von Mai bis Oktober pendelt die **Fähre** der „Ionion Cruises" tägl. zwischen Ágios Nikólaos und Kefaloniá (Hafen Pessáda) hin und her. Abfahrt um 10 und um 19 Uhr. Dauer der Überfahrt ca. 1 Std., pro Pers. ca. 4,50 €, Auto 24 €. Die Tickets gibt es direkt am Hafen.

• *Ausflüge* Während der Saison fahren ständig größere und kleinere Boote verschiedener Agenturen zu den **„Blauen Grotten"** ab, Dauer ca. 45 Min. Preis etwa 5–7 €, ein kleines Trinkgeld wird erwartet (eine ausführliche Beschreibung der Grotten finden Sie auf S. 257).

Fischerboote dümpeln im Wasser

Aktípis, der Marktführer, besitzt verschiedene Boote, u. a. auch mit Glasboden. Touren werden im Sommer im Stundenrhythmus angeboten. Mit dieser Agentur kann man bei ruhiger See von den Höhlen auch weiter um das Kap herum zum **Shipwreck-Beach** fahren. Dauer (inkl. Badeaufenthalt) 2 Std., Preis 15 €. Büro und Abfahrtsstelle befinden sich neben dem Hotel La Grotta.

Ein ähnliches Angebot bietet die Agentur **Theodorítis** ganz in der Nähe.

Die kleinen Boote der Agentur **Karídis** liegen am Fischerhafen. Mit ihnen kann man in der Regel sofort abfahren, ohne warten zu müssen, bis das Boot voll ist. Allerdings gilt natürlich: Je kleiner das Boot, desto stärker spürt man den Wellengang.

• *Einkaufen* Zwei **Minimärkte** verkaufen die nötigsten Lebensmittel, darunter auch frisches Obst und Gemüse, außerdem Brot. Im Angebot auch eine kleine Auswahl an **Souvenirs**.

• *Tankstelle* Mitten im Ort.

Baden

Der **feinkieselige Strand** mitten im Ort kann natürlich nicht mit den sandigen Badeplätzen im Süden mithalten – dafür hat man hier aber noch weitaus mehr Platz.

Übernachten/Essen und Trinken

• *Übernachten* Unterkünfte aller Komfortklassen gibt es im Zentrum, vor allem aber außerhalb des Ortes.

*** **Blue Beach Bungalows**, die große Anlage ca. 500 m außerhalb des Ortes an der Straße nach Koríthi ist nicht zu übersehen. Großes Angebot an Unterhaltungsmöglichkeiten: riesiger Pool, Hydromassagebecken, Heilwasserbecken, Wasserrutsche, Tennis- und Basketballplatz. Von Juni bis Mitte September geöffnet. Die mit AC, Kühlschrank, Bad und Balkon (toller Meerblick) ausgestatteten Zimmer kosten zu zweit inkl. Frühstück zwischen 45 und 84 €, ein zusätzliches Bett wird mit einem Zuschlag von 5 % berechnet. ✆ 2695031522, ✆ 2695031524, www.bluebeach.gr.

Nach dem Fischfang ist vor dem Fischfang

Studios Palatáki, neues Gebäude in toller und ruhiger Lage oberhalb der Küste in der Nähe der Blue Beach Bungalows. Das Ehepaar Tavouláris vermietet hier von Juni bis September 4 geräumige DZ mit großen Bädern, Kühlschrank und AC für 25–50 €. ✆ 26950307092, www.palatakizante.gr.

Pension Panórama, bei der freundlichen Roúla und ihrem Mann findet man ein besonders gutes Preis-Leistungs-Verhältnis vor. Etwa 600 m vor Ágios Nikólaos liegt das Haus des Ehepaares aus Volímes oberhalb der Straße, sodass man von den Veranden eine tolle Aussicht aufs Meer und die Berge hat. Von Ende April bis Anfang Oktober geöffnet. Geboten werden 10 geräumige helle Studios (bis 4 Pers.) mit AC, Bad und Kochnische zum Preis von 30–55 € inkl. kräftigem Frühstück mit Joghurt und Eiern aus eigener Produktion. ✆ 2695031013, 📠 26 95031017, panorama-apts@ath.forthnet.gr.

The Blue House, nomen est omen – in seinem stattlichen, blau getünchten Haus am Ortseingang von Ágios Nikólaos vermietet der nette Pétros Tsoukalás geräumige, sehr praktisch eingerichtete Studios und Apartments, in denen sich auch Leser schon wohl gefühlt haben. Alle Räume führen auf einen Balkon oder eine Veranda hinaus, fast immer genießt man einen tollen Blick aufs Meer. Je nach Lage und Größe des Studios bezahlt man zwischen Mai und Oktober zu zweit 25–55 €, ein Apartment (3–6 Pers.) kostet 60–180 €, AC wird mit 5 € pro Tag berechnet. ✆ 2695031170, elenits@yahoo.gr.

• *Essen und Trinken* Ágios Nikólaos ist einer der besten Plätze auf der Insel, um Fisch zu essen.

Tavérna La Stória, empfehlenswerte Fischtaverne am kleinen Hafen. Hier kann man besonders schön dem Kommen und Gehen der Boote zusehen. In einer Vitrine werden die gefangenen Prachtstücke aus dem Meer, darunter natürlich auch Hummer, ausgestellt. Der Koch bereitet auf dem Grill das Gewünschte vor den Augen der Gäste zu; gutes Preis-Leistungs-Verhältnis.

Tavérna Pórto, nüchternes Terrassenlokal am Hafen mit guter Küche. Empfehlenswert z. B. der mit Käse und Tomaten gefüllte Kalamar oder die Spaghetti Mare in fruchtiger Meeresfrüchtetomatensauce. Auf dem großen Holzkohlengrill kann man sich aber auch ein deftiges Kotelett oder einen Fisch brutzeln lassen.

Zahlreich sind die Höhlen und Grotten zwischen Ágios Nikólaos und dem Kap Ski

Die „Blauen Grotten"

Einer der Höhepunkte eines Zákynthos-Urlaubs. Um die bogenförmigen Felsdurchbrüche und die Höhlen mit ihren phantastischen Farbspielen und Lichtreflexen im Wasser wirklich zu erleben, sollten Sie die Tour aber mit einem der kleinen Boote vom Kap Skinári oder von Ágios Nikólaos aus unternehmen. Bei den großen Inselrundfahrten von Zákynthos-Stadt aus kann man die Schönheit dieses Küstenabschnitts nicht annähernd erleben. Die beste Zeit ist der Morgen bzw. der frühe Vormittag, wenn die Sonne auf der Ostseite der Insel steht. Machen Sie die Fahrt nur an einem ganz klaren Tag!

Vorbei an dem kleinen Vorinselchen tuckert das Boot nach Norden. Schon bald sieht man, dass die Steilküste hier Löcher aufweist wie ein Schweizer Käse. Fast kreisrund ist die **Höhle des Mönchs,** die im Innern einen kleinen Kiesstrand und einen Felsen aufweist, der von seiner Form her einem Klosterbruder gleicht. Schon bald folgen die beiden hintereinander liegenden **Felsbögen,** die an Arkaden erinnern. Hier herrscht manchmal Gedränge, denn jeder Bootsführer möchte seiner Kundschaft den besten Fotoblick ermöglichen und hindurchfahren. Dann kommt die **Galázia Spiliá,** die „himmelblaue Höhle". Der Meeresgrund leuchtet in Lila- und Blautönen, türkis schimmert das Wasser, die Felswände reflektieren das magische Licht. Auf dem Rückweg gleitet das Boot noch in eine weitere blaue Höhle, in die **Blé Spiliá,** hinein, und der Führer fordert einen der Fahrgäste auf, ins Meer einzutauchen. Denn hier erscheint er in anderem Licht als gewohnt – in Blau natürlich!

Mikró Nissí/Makrís Gialós

Etwa 5 km südlich von Ágios Nikólaos liegt auf einer ins Meer hinausragenden Felszunge malerisch der kleine Weiler Mikró Nissí, benannt nach der „kleinen Insel"

Auf einer Felszunge stehen die Häuser von Mikró Nissí

dahinter. Nur aus einer Anlegestelle, einer Handvoll Häusern, darunter zwei Tavernen, und einem gut erhaltenen Wachturm besteht er. Dieser wird zwar heutzutage respektlos als Lagerraum benutzt, wer genauer hinschaut, entdeckt aber links neben dem Eingang noch ein schönes altes Wappen. Die Bewohner stammen aus Áno Volíma und verbringen zum größten Teil nur die Sommermonate hier. Nur wenig weiter südlich liegt der Makrís Gialós, ein von Felsen eingerahmter langer Sandstrand. Er ist dafür verantwortlich, dass immer mehr Gäste für einen Tag oder sogar länger in der schönen Gegend bleiben und allmählich mehr touristische Einrichtungen entstehen.

• *Anfahrt* Mikró Nissí und Makrís Gialós liegen an der gut ausgebauten Straße von Ágios Nikólaos nach Katastári unmittelbar vor der Abzweigung nach Megalóni und Áno Volíma.

• *Ausflüge* Sowohl von dem kleinen Hafen von Mikró Nissí als auch von Makrís Gialós aus kann man mit kleinen Booten Touren zur nahen Xíngia-Grotte (siehe S. 258), zu den „Blauen Grotten" und (bei ruhiger See) auch zum Shipwreck-Beach machen. Fragen Sie in Mikró Nissí nach Kapitän Joánnis Spinós und in Makrís Gialós in der Tavérna Pilarinós nach. Ein Ausflug nach Xíngia oder zu den „Blauen Grotten" inkl. Badeaufenthalt kostet ca. jeweils 10 € pro Pers., die Tour zum Shipwreck-Beach 18 €.

• *Einkaufen* Oberhalb von Mikró Nissí findet man in an der Durchgangsstraße einen gut sortierten **Supermarkt**.

• *Baden* Da man in Mikró Nissí nur von einem betonierten Zugang aus ins Meer springen kann, gehen die meisten Gäste an den Makrís-Gialós-Beach. Der saubere, gepflegte Kiesstrand bietet eine gute touristische Infrastruktur u. a. Liegen-/Sonnenschirmverleih.

• *Übernachten* **Stone Apartments**, oberhalb des Makrís-Gialós-Strandes bietet Familie Pyromális ganzjährig 7 geräumige Studios mit Bad, AC und Balkon (Meerblick) an. Auf Wunsch kann man in der angeschlossenen Taverne auch Frühstück bekommen. Die nette Schwiegertochter Ivana spricht übrigens hervorragend Deutsch. Je nach Belegung (bis zu 4 Pers.) und Saison bezahlt man 40–65 €. ✆ 2695031558, www.makrisgialos.gr.

• *Essen und Trinken* **Psarotavérna Mikró Nissí**, wunderschön sitzt man oberhalb des Fischerhafens in dem kleinen Weiler, und

Wer hier eintaucht, badet ganz in Blau

auch das, was aus der Küche kommt, kann sich sehen lassen. Bei den Insulanern genießt die Taverne einen besonders guten Ruf. Leckerer Hauswein, sehr freundliche Atmosphäre.

Tavérna Pilarinós, ebenfalls in spektakulärer Lage oberhalb vom Strand. Zu dem freundlichen Tássos kommt man gerne wieder, denn neben dem tollen Blick über die Bucht gibt es auch gute Küche – schließlich packt die Mama immer noch selbst mit an. Besonders zu empfehlen das Moussaká und das Hähnchen aus dem Backofen.

Tavérna To Pétrino, schönes Terrassenlokal an der Straße mit guter hausgemachter Küche und natürlich auch einigen Grillgerichten. Vater Pyromális geht regelmäßig fischen, sodass auch oft frische Meeresfrüchte zu haben sind.

Xíngia

Fährt man von Makrís Gialós weiter nach Süden, erreicht man kurz hinter der hübschen Ágios-Pétros-Kapelle den **Xíngia-Beach,** einen von steilen Felsen eingerahmten Sandstrand, auf der Klippe oberhalb davon befindet sich eine gleichnamige Taverne, einige Meter dahinter eine weitere. Dass es manchmal ganz schön faulig stinkt, liegt an den schwefelhaltigen Quellen, die sich ganz in der Nähe ins Meer ergießen. Von Makrís Gialós bzw. von Mikró Nissí aus werden je nach Bedarf Bootstouren dorthin bzw. zur **Xíngia-Grotte** angeboten, die sich in der Felsnase hinter besagtem Strand befindet. Viele Einheimische schwören darauf, dass ein Bad in der Höhle mit dem stinkenden Wasser heilende Wirkung habe, wenn man an einer Knochenerkrankung leidet. Fährt man weiter nach Süden, entdeckt man noch einen weiteren von Felsen durchsetzten Strand namens Xíngia, zu dem 2009 aber nur eine mit Allrad zu befahrene Piste führte.

Orthoniés

Eines der stillsten Dörfer auf der Insel. Die kaum 250 Einwohner leben vor allem vom Ackerbau und der Viehzucht. Beim Spaziergang durch die Gassen mit den niedrigen, weiß gekalkten Häuschen sieht man noch auffallend viele Frauen mit dem traditionellen weißen Kopftuch. Mittelpunkt ist die kleine Platía mit der gelb gestrichenen **Taxiárchis-Kirche** und einer alten Wasserpumpe. Unweit davon treffen sich die Herren der Schöpfung im Kafepantopolíon „I Chará“. Sein Besitzer, der alte Dionýsios, erzählte uns stolz, dass er nun schon seit über 50 Jahren hier Kaffee serviere und Nudeln verkaufe. Die alte Waage auf der Theke habe schon seinem Vater gute Dienste geleistet, der immerhin 70 Jahre das Kafépantcpolíon geführt habe. Nur die Alten sind aber noch hier anzutreffen, die Jungen trinken ihren Frappé lieber in der Cafeteria gegenüber.

Wer in Orthoniés ist, sollte auch dem **Kloster Theotókou tis Spiliótissas** einen Besuch abstatten (halten Sie sich kurz nach dem Ortsausgang rechts und 900 m weiter links). Ein Geistlicher aus Zákynthos-Stadt betreut die Kirche, sodass sie nur unregelmäßig geöffnet ist. Aber ohnehin ist weniger das Gotteshaus selbst als dessen Lage in der herben Gebirgslandschaft vor dem blauen Meer interessant. Der Klosteranlage gegenüber liegt die große Höhle, in der die Marienikone einst gefunden wurde, daher der Name Spiliótissa (Spiliá = Höhle). Sie soll während der Zeit des Bildersturms dort versteckt worden sein, und für sie erbaute man dann zunächst in der Felswand ein Kloster, dessen Gebäudereste heute noch erkennbar sind. Vom Kloster führt eine gut ausgebaute Panoramastraße an die Ostküste zum Xíngia-Beach hinab.

- *Verbindungen* Der **Bus** von Volímes nach Zákynthos-Stadt fährt auch über Orthoniés. Genauere Informationen S. 66.
- *Essen und Trinken* **To Pournári**, eine besonders urige Taverne im Norden der Insel. Von Katastári kommend, liegt das Terrassenlokal mit der riesigen Kermeseiche noch vor der Abzweigung in den Ort hinein an der Durchgangsstraße. In dem sympathischen Familienbetrieb helfen von den Kindern bis zur Oma alle mit. Das Fleisch stammt fast ausschließlich von eigenen Tieren, und die Fatátes werden nicht frittiert, sondern in der Pfanne gebraten. Die Wirtsleute verkaufen auch Öl aus eigener Produktion und selbst gesammelte Kräuter. Insbesondere der intensive Oregano, mit dem auch der Salat gewürzt wird, ist sehr empfehlenswert.

Seit Jahrzehnten führt sie mit ihrem Mann das Kafepantopolíou

Die Strophaden

Völlig isoliert „ragen" die beiden Miniaturinseln Arpía und Stamvráni 37 Seemeilen südlich von Zákynthos, wozu sie verwaltungsmäßig gehören, nur wenig mehr als 15 m aus dem dort ausgesprochen tiefen Ionischen Meer. Ihr gemeinsamer Name Strophaden (= Umkehr-Insel) geht auf die Mythologie zurück. Vergil erzählt, dass die sogenannten Harpyien, Unheilsdämonen mit Flügeln und Vogelkrallen, die wohl in einer Beziehung zum Südwind stehen, von den Kindern des Bóreas, des Nordwindes, wegen einer Freveltat bis zu den beiden Inselchen gejagt wurden. Dann befahl Zeus den Verfolgern umzukehren, und die Harpyien bauten dort ihre Nester. Und heute noch leben auf den Strophaden die Artinés, große, schwarze Raubmöwen. Aber das sind nicht die einzigen gefiederten Tiere auf den beiden Eilanden. Denn diese sind wichtige Ruhestationen für zahlreiche Zugvögel auf ihrem Weg von und nach Afrika. Mehr als 1200 Vogelarten sollen es sein, die sich hier zeitweise, manche auch ständig aufhalten, weshalb jagdbesessene Zakynther immer mal wieder auf die Strophaden fahren, um ihrer Leidenschaft nachzugehen. Die Strophaden sind sehr fruchtbar und wasserreich. Wohl auch deshalb ließ Irene, die Gemahlin des byzantinischen Kaisers Theodóros, im 13. Jh. auf Stamvráni ein Kloster errichten, das im 15. Jh. der häufigen Piratenüberfälle wegen festungsartig ausgebaut wurde. Zahlreiche Mönche lebten hier, das Metamórphosis-Kloster wurde für seine umfangreiche Bibliothek gerühmt, und die Strophaden waren so etwas wie der Berg Áthos des Ionischen Meeres, denn Frauen hatten keinen Zutritt. Auch der heilige Dionýsios verbrachte zahlreiche Jahre hier. Die Mönche waren auch dafür verantwortlich, dass die Strophaden ihr Äußeres ziemlich verändert haben, holzten sie doch die einst dichten Zedernwälder bis auf einen kleinen Rest ab, um sich mit Bau- und Brennmaterial zu versorgen. Dennoch gibt es auf den Inseln noch recht viele und auch seltene Pflanzen, über 250 Arten wurden gezählt.

Heute lebt nur noch der alte Papás Grigóris auf den Strophaden. Erst seit wenigen Jahren ist er dort ganz alleine, denn seit der Leuchtturm mit Sonnenenergie betrieben wird, sind die Wärter abgezogen worden. Alle paar Monate organisieren die Mönche des Dionýsios-Klosters in der Chóra eine Versorgungsfahrt dorthin, noch viel seltener kommt Grigóris dann mal mit nach Zákynthos, aber, so erzählte man uns, schon nach zwei Tagen hat er von dem Trubel genug und will zurück in seine Inseleinsamkeit.

Auf die Strophaden werden derzeit keine Ausflüge angeboten. Man kommt also nur dorthin, wenn man von einer Jagdgesellschaft oder von dem angesprochenen Versorgungsschiff mitgenommen wird.

Verlagsprogramm

• Abruzzen • Ägypten • Algarve • Allgäu • Altmühltal & Fränk. Seenland • Amsterdam *MM-City* • Andalusien • Apulien • Athen & Attika • Australien – der Osten • Azoren • Baltische Länder • Barcelona *MM-City* • Berlin *MM-City* • Berlin & Umgebung • Bodensee • Bretagne • Brüssel *MM-City* • Budapest *MM-City* • Bulgarien – Schwarzmeerküste • Chalkidiki • Chianti – Florenz, Siena • Cilento • Cornwall & Devon • Dublin *MM-City* • Costa Brava • Costa de la Luz • Côte d'Azur • Cuba • Dolomiten – Südtirol Ost • Dominikanische Republik • Dresden *MM-City* • Ecuador • Elba • Elsass • Elsass *MM-Wandern* • England • Fehmarn • Franken • Fränkische Schweiz • Friaul-Julisch Venetien • Gardasee • Genferseeregion • Golf von Neapel • Gomera • Gomera *MM-Wandern* • Gran Canaria • Gran Canaria *MM-Touring* • Graubünden • Griechenland • Griechische Inseln • Hamburg *MM-City* • Haute-Provence • Havanna *MM-City* • Ibiza • Irland • Island • Istanbul *MM-City* • Istrien • Italien • Italienische Adriaküste • Kalabrien & Basilikata • Kanada – der Osten • Kanada – der Westen • Karpathos • Katalonien • Kefalonia & Ithaka • Kopenhagen *MM-City* • Korfu • Korsika • Kos • Krakau *MM-City* • Kreta • Kreta *MM-Wandern* • Kroatische Inseln & Küste • Kykladen • Lago Maggiore • La Palma • La Palma *MM-Wandern* • Languedoc-Roussillon • Lanzarote • Lesbos • Ligurien – Italienische Riviera, Genua, Cinque Terre • Liparische Inseln • Lissabon & Umgebung • Lissabon *MM-City* • London *MM-City* • Madeira • Madeira *MM-Wandern* • Madrid *MM-City* • Madrid & Umgebung • Mainfranken • Mallorca • Mallorca *MM-Wandern* • Malta, Gozo, Comino • Marken • Mecklenburgische Seenplatte • Mecklenburg-Vorpommern • Mittel- und Süddalmatien • Mittelitalien • Montenegro • München *MM-City* • Münchner Ausflugsberge *MM-Wandern* • Naxos • Neuseeland • New York *MM-City* • Niederlande • Nord- u. Mittelgriechenland • Nordkroatien – Kvarner Bucht • Nordportugal • Nordspanien • Norwegen • Nürnberg, Fürth, Erlangen • Oberbayerische Seen • Oberitalien • Oberitalienische Seen • Ostfriesland & Ostfriesische Inseln • Ostseeküste – Mecklenburg-Vorpommern • Ostseeküste – von Lübeck bis Kiel • Paris *MM-City* • Peloponnes • Pfalz • Piemont & Aostatal • Polnische Ostseeküste • Portugal • Prag *MM-City* • Provence & Côte d'Azur • Provence *MM-Wandern* • Rhodos • Rom & Latium • Rom *MM-City* • Rügen, Stralsund, Hiddensee • Salzburg & Salzkammergut • Samos • Santorini • Sardinien • Sardinien *MM-Wandern* • Schottland • Schwäbische Alb • Shanghai *MM-City* • Sinai & Rotes Meer • Sizilien • Skiathos, Skopelos, Alonnisos, Skyros – Nördl. Sporaden • Slowakei • Slowenien • Spanien • St. Petersburg *MM-City* • Südböhmen • Südengland • Südfrankreich • Südmarokko • Südnorwegen • Südschwarzwald • Südschweden • Südtirol • Südtoscana • Südwestfrankreich • Teneriffa • Teneriffa *MM-Touring* • Tessin • Thassos, Samothraki • Toscana • Tschechien • Tunesien • Türkei • Türkei – Lykische Küste • Türkei – Mittelmeerküste • Türkei – Südägäis • Türkische Riviera – Kappadokien • Umbrien • Usedom • Venedig *MM-City* • Venetien • Wachau, Wald- u. Weinviertel • Westböhmen & Bäderdreieck • Warschau *MM-City* • Westallgäu und Kleinwalsertal *MM-Wandern* • Westungarn, Budapest, Pécs, Plattensee • Wien *MM-City* • Zakynthos • Zypern

Aktuelle Informationen
zu allen Reiseführern finden Sie im Internet unter
www.michael-mueller-verlag.de

Michael Müller Verlag GmbH, Gerberei 19, 91054 Erlangen
Tel. 0 91 31 / 81 28 08-0; Fax 0 91 31 / 20 75 41;
info@michael-mueller-verlag.de

Register

A

Agalás 219
Agía Ipapandí (Kirche) 204
Agía Marína 206
Agía Mávra (Kirche) 202
Agía Paraskeví (Kirche) 231
Agía Paraskeví (Kirche, Méssa Volíma) 246
Agía Thékli (Kirche) 250
Agía Varvára (Kirche) 209
Ágii Pántes 206
Ágii Pántes (Kapelle) 247
Ágios Andréas (Kloster) 250
Ágios Geórgios Filikón (Kirche) 119
Ágios Geórgios Krimnón (Kloster) 241
Ágios Ioánnis Prodrómou (Kloster) 211
Ágios Joánnis (Kirche, Kallipádo) 194
Ágios Léon (Kirche) 231
Ágios Nikólaos 253
Ágios Nikólaos (Bischofskirche) 114
Ágios Nikólaos (Skopós) 134
Ágios Sóstis 158
Ágios Spirídonas (Kirche, Káto Volíma) 246
Ágios Theodósios (Kirche, Méssa Volíma) 246
Ágios-Dionýsios-Kirche 108
Ágios-Geórgios-Kirche (Vassilikós) 130
Ágios-Konstantínos-Kapelle 181
Ágios-Nikólaos-Kirche (Kilioméno) 223
Ágios-Nikólaos-Pier 110
Akardianós-Beach 158
Alikanás 185
Alikés 186
Alónia 200
Ámboúla-Beach 181
Amoúdi/Ámboula-Beach 184
Anafonítria 238
Análipsis-Kirche 114
Andronio (Riese) 222
Áno Gerakári 199
Áno Volíma 247
Anreise 54
Apartments 71
Apotheken 83
Arékia 47
Argássi 121
Argássi Hill 126
Arpía (Insel) 260
Ärzte 82
Askós 250
Autovermietung 62

B

Baden 83
Bahn (Anreise) 56
Banána-Beach 132
Banken 84
Beilagen 77
Bergland 212
Bier 81
Blaue Grotten 256
Bóchali 116
Bootsausflüge 67
Bootssport 88
Botschaften 83
Boúka-Beach 153
Brände 2009 213
Bräuche 49
Brauchtum 44
Britischer Friedhof 115
Brot 79
Busverbindungen 65
Busverbindungen (innergriechisch) 60

C/D

Camping 71
Caretta-caretta-Meeres-schildkröten 24
Castéllo 162
Chagiáti-Höhle 229
Charálambos-Kapelle 181
Charterflüge 55
Dáfni-Beach 142
Dionýsios (Heiliger) 95
Drossiá-Beach 182

E

ec-Geldautomaten 85
Einkaufen 84
Eliés 251
Ellinikós Organismós Tourismoú (EOT) 86
Erdbeben (allgemein) 19
Erdbebenkatastrophe (1953) 98
Essen und Trinken 72
Estiatório 74
Exchoriátis-Beach 185
Éxo Chóra 234

F

Fahrradfahren 64, 88
Fährüberfahrt nach Griechenland 57
Fährüberfahrt nach Zákynthos 58
Fährverbindungen (innergriechisch) 59
Faneroméni-Kirche 109
Faneroméni-Kirche (Lithakiá) 201
Fauna 23
Feiertage 51
Fisch 76, 77
Fischerei 32
Fischrestaurant 75
FKK 83
Flora 22
Flugverbindungen (innergriechisch) 58
Flugzeug (Anreise) 54
Freiheitsstatue 111
Frühstück 80

G

Gaitáni 191
Geld 84
Geographie 16
Geologie 16
Gepäckmitnahme (Flugzeug) 56
Gerásimos (Heiliger) 241

Geschichte 34
Gesten 85
Getränke 80
Gewürze 78
Girí 229
Golden-Bay-Bucht 134
Griechische Zentrale für Fremdenverkehr 85
Grüße 85

H

Handarbeit 245
Hauptgerichte 76
Hellenic Trench 17, 19
Herodot 164
Höhle des Damianós 220
Höhlen 231
Höhlen von Kerí 169
Homer 34
Hotels 70

I

Industrie 32
Information 85
Internet 86
Iónion-Beach 132
Iperagáthou (Kloster) 225
Iperagías Theotókou (Kirche) 205

J

Jagd 209
Johanneskirche (Loúcha) 226

K

Kafeníon 75
Kafepantopolíon 75
Kaffee 80
Kalamáki 145
Kallipádo 193
Kálvos, Ándreas 113
Kambí 232
Kamínia-Beach 130, 162
Kantaten 47
Kap Gaídaros 175
Kap Gérakas 138
Kap Kerí 218
Kap Skinári 252
Karneval 49
Karrér, Loukás 114
Käse 79
Kástro 116
Katastári 210
Káto Gerakári 198
Káto Volíma 246
Katragáki-Beach 181
Kerí 214
Kilioméno 223
Kipséli 197
Kirche der heiligen Marína 207
Kiría ton Angélon (Kirche) 115
Kiría ton Angelón (Kirche) 223
Klima 19
Klimatabelle 20
Kloster der Strophaden 108
Konditorei 79
Konsulate 83
Koríthi 251
Krankenhaus 82
Kreditkarten 85
Krónos-Beach 162
Kultur 44

L

Ladotíri 79
Lagadákia 205
Laganás 150
Laganás (Bucht) 144
Laganás (Strand) 153
Landkarten 86
Landwirtschaft 30
Límni Kerioú 163
Linienflüge 55
Literatur 45
Lithakiá 200
Lófos Stráni (Hügel) 118
Lokale 74
Loúcha 226

M

Macchia 22
Macherádo 202
Makrís Gialós 256
Malerei 48
Marathiá 168
Marathoníssi (Insel) 157
Mariés 236
Markuskirche (Zák.-Stadt) 113
Mávra (Heilige) 203
Mavrátzis-Beach 137
Megalóni 250
Meltémi 20
Méssa Gerakári 198
Méssa Volíma 246
Mezédes 75
Mezedopolíon 75
Mietfahrzeuge 62
Mikró Nissí 256
Mizíthres-Felsen 217
Mobiltelefon 90
Mofa 64
Móni Spiliás (Kirche) 194
Motorradvermietung 64
Mouzáki 202
Museum für nachbyzantinische Kunst 111
Museum Helmi (Agía Marína) 206
Museum Vertzágio (Pigadákia) 209
Musik 47

N

Nachspeisen 79
National Marine Park 26
Neugriechisch 89
Nikolauskirche 111
Nikolauskirche (Áno Gerakári) 199
Nikolauskirche (Éxo Chóra) 234
Nikolauskirche (Káto Volíma) 247
Nikolauskirche (Tragáki) 197
Notrufnummern 87

O

Obst 80
Odysseus 35
Öffnungszeiten 86, 87
Ölbaum 31
Oliven 195
Olivenöl 195
Olympic Airways (auf Zákynthos) 58
Omilies 45
Orthoniés 258

P

Pachiá-Ámmos-Beach 181
Panagía Eleftheótria (Kloster) 204
Panagía I Anafonítria (Kloster) 239
Panagía Keriótissa (Kirche) 215
Panagía Pikritiótissa (Kirche) 116
Panagía Skopiótissa, Kirche 126, 149
Panagía Skorapoúlia (Kirche, Kalamáki) 145
Panagía Vrachiótissa (Kirche) 200
Panagía-Kirche (Káto Gerakári) 198
Panagía-Kirche (Méssa Gerakári) 199
Panagía-Kirche (Tragáki) 196
Panteleímonas-Kirche 209
Pantokrátoras 201
Paralía Agía Kiriakí (Strand) 186
Paraskeví-Kirche 198
Patronatsfeste 52
Pechtümpel (Límni Kerioú) 164
Peloúzo (Insel) 139
Penelope 35
Pflanzenwelt 22
Philippson, Alfred 164
Phrygana 22
Pigadákia 209
Pláka-Beach 134
Plános/Tsiliví 173
Polizei 87
Pórto Kóukla 162
Pórto Limiónas 232
Pórto Róma 137
Pórto Róxa 232
Pórto Skíza 233
Pórto Vrómi 237
Pórto Zóro 132
Pórto-Mélia-Beach 142
Post 87
Postleitzahlen 16
Privatzimmer 71
Psarotavérna 75
Psaroú-Beach 183
Psistariá 75

R

Reisedokumente 88
Reiseschecks 85
Reisezeit 21
Restaurant 74
Rómas, Aléxandros 137
Rómas, Dionýsios 137

S

Sacharoplastíon 75, 79
Schnorcheln 89
Sea Turtle Protection Society (STPS) 26
Sekánia-Beach 143
Shipwreck-Beach 242
Skinári 250
Skopós (Berg) 120
Skopós (Halbinsel) 120
Skoulikádo 208
Solomós, Dionýsios 46
Solomós-Museum 113
Souvenirs 84
Spiliá Chagióti 230
Sport 88
Sprache 89
Stamvráni (Insel) 260
Statue des Dichters Solomós 111
Stráda Marína 109
Strände 83
Straßenzustand 62
Strom 90
Strophaden (Inseln) 260
Studios 71
Surfen 89

T

Tauchen 89
Taxi 67
Taxiárchis-Kirche 259
Tee 81
Tektonik 18
Telefonieren 90
Telefonvorwahl 16
Tennis 89
Theater 45
Theotókou tis Spiliótissas (Kloster) 259
Thukydides 34, 36
Tierwelt 23
Tirí 79
Toiletten 91
Tourismus 33
Touristenpolizei 86, 98
Traditionen 49
Tragáki 196
Tsiliví Beach 175

U/V

Übernachten 70
Vanáto 193
Vassilikós 130
Vergákia-Hütten 211
Vezál-Beach 158
Viehzucht 32
Volímes 244
Vourdéri-Beach 130
Vrachíonas-Massiv 227

W

Wander- und Studienreisen 55
Wandern 68, 89
Wasser 80, 91
Wassertemperatur 20
Wein 81
Weinbau 30
Wirtschaft 30

X

Xíngia-Beach 258
Xirokástello 128

Z

Zakynthische Küche 73
Zákynthos-Stadt 94
Zeit 91
Zisternen 220
Zoll 91
Zoodóchos Pigí (Kirche) 118
Zweiradvermietung 64